21世纪高等院校公共课精品教材

石河子大学商学院优秀学术专著（教材）出版资助项目

统计综合实验

何剑 等 编著

COMPREHENSIVE EXPERIMENT
OF STATISTICS

东北财经大学出版社

Dongbei University of Finance & Economics Press

大连

图书在版编目（CIP）数据

统计综合实验／何剑等编著 . —大连：东北财经大学出版
社，2014.5
（21世纪高等院校公共课精品教材）
ISBN 978-7-5654-1501-2

Ⅰ . 统… Ⅱ . 何… Ⅲ . 统计学-实验-高等学校-教材
Ⅳ. C8-33

中国版本图书馆 CIP 数据核字（2014）第 070620 号

东北财经大学出版社出版
（大连市黑石礁尖山街 217 号 邮政编码 116025）
教学支持：（0411）84710309
营 销 部：（0411）84710711
总 编 室：（0411）84710523
网 址：http://www.dufep.cn
读者信箱：dufep@dufe.edu.cn

大连美跃彩色印刷有限公司印刷 东北财经大学出版社发行

幅面尺寸：185mm×260mm 字数：529 千字 印张：24 1/4 插页：1
2014 年 5 月第 1 版 2014 年 5 月第 1 次印刷

责任编辑：石真珍 责任校对：赵楠 孙萍 王娟
封面设计：冀贵收 版式设计：钟福建

ISBN 978-7-5654-1501-2
定价：42.00 元

前　言

统计学是系统介绍如何测定、搜集、整理和分析客观现象总体数量特征的方法论科学。随着科学技术和社会经济的不断发展，统计学的应用领域也越来越广阔，尤其是统计学被调整为一级学科后，统计学与其他学科的交叉融合成为学科发展的新趋势和热点。

当前，本科生和研究生的统计学课程体系也不断更新，内容不断拓展。在学习了"概率论与数理统计"、"统计学"、"计量经济学"、"统计软件应用"、"运筹学"、"时间序列分析"、"多元统计分析"、"非参数统计"和"数据挖掘"等课程后，学生需要对以上各门课程相对独立的统计学知识模块进行归纳，形成完整的统计学知识链，提高综合应用这些知识的能力。"统计综合实验"正是基于这种需求，不仅对各门专业课程中的统计分析方法进行实验引导和综合应用，也从完整知识链的角度设计跨课程、跨体系的统计综合实验。

基于以上认识，我们希望编写出一本反映较完整统计学知识体系、与 EViews、SPSS、SAS 和 R 等主流统计软件的应用结合较好的统计综合实验教材，既有利于读者快速回顾和总体把握相对独立的统计专业知识模块，又能使读者易于掌握常用的统计分析软件，还能综合运用统计分析方法，科学合理地分析和解决问题。编写这种跨课程、跨体系的综合实验教材，既是在统计学知识面宽、综合性强的背景下，统计学专业教师面对的难题，也是统计学专业的学生提升综合分析能力的需求，更是经济、统计、管理等领域从事定量分析的工作者提升能力、借鉴经验的需要。

本教材的编写突出以下特点：

1. 脉络清晰，过程完整。本教材以统计学的学科交叉和课程体系为指导，以常用统计分析方法的应用为主线，从发现问题到数据整理直至解决问题的全过程分析，分模块介绍如何利用统计方法借助软件来快速、准确处理数据和分析解决实际问题，有别于大多数统计实验教材"以操作和软件应用为主"的编写思路和框架安排。

2. 优选案例，有机融合。统计类实验教材多数是就实验而实验，很少做理论知识的必要铺垫，而综合性的分析涉及多学科知识，没有背景知识和专业储备，分析者很难驾驭。本教材正是针对这种现状，在每个实验前都对相关统计知识做了精练的介绍，力求做到专业知识、统计方法和软件数据处理技术的有机融合。

3. 系统性好，综合性强。本教材涉及统计学类的八门重要（核心）课程以及课程间若干知识点的交叉和综合应用，我们将各章综合实验案例都运用到课堂教学，整体来看，系统性好，综合性强，教学反馈较好。通过本教材的学习和实践，读者可以快速、有效地构建统计学知识体系，系统地学习统计分析方法，提高应用统计分析能力。

本教材的编写分工安排如下：何剑负责设计大纲和内容框架，撰写第一章综合实验二和第二章，最后总纂定稿；田茂茜撰写第一章实验三和实验四；徐秋艳撰写第三章；范庆祝撰写第四章；朱辉撰写第五章和第七章；党玮撰写第一章综合实验一和第六章综合实验一；方敏撰写第八章；苟巧玲撰写第六章综合实验三；许丽萍撰写第六章综合实验二；谭斌撰写第七章综合实验三。中国人民银行乌鲁木齐中心支行的张雯，石河子大学商学院研究生董丹丹、刘琳、吉阳为本书稿的资料整理、校对付出了辛勤劳动，石河子大学教务处、石河子大学商学院领导和教学科研办公室的工作人员也给予了大力支持，在此一并表示衷心感谢！

本教材实验和练习中用到的数据文件可登录东北财经大学出版社网站（www. dufep. cn）免费下载使用。

最后，由于我们水平有限，错误和不当之处在所难免，欢迎同行专家和读者批评指正，并提出宝贵的意见。

联系方式：sdtjx_cj@163. com。

编　者
2014 年 2 月

目　录

第一章

基础统计实验和 Excel、R 应用

综合实验一 随机变量的分布及其应用

【实验目的】

1. 学会用 Excel 产生服从正态分布、χ^2 分布、t 分布、F 分布的随机数，并能画出对应随机数的直方图；
2. 会用 Excel 计算服从上述四大统计分布的分布函数值和分位点。

【方法概述】

在经济活动中，某一事件在相同的条件下可能发生也可能不发生。随机变量是描述随机现象的主要工具。随机变量是指变量的值无法预先确定，仅以一定的可能性（概率）取值的量。它是由于随机而获得的非确定值，是概率中的一个基本概念。

随机变量可以是离散型的，也可以是连续型的。例如某一时间内公共汽车站等车人数，电话交换台在一定时间内收到的呼叫次数等，都是随机变量的实例。分析测试中的测定值就是一个以概率取值的随机变量，被测定变量的取值可能在某一范围内随机变化，具体取什么值在测定之前是无法确定的，但测定的结果是确定的，多次重复测定所得到的测定值具有统计规律性。而要知道随机变量的概率，必须知道随机变量服从的分布。Excel 的函数功能可产生服从正态分布、χ^2 分布、t 分布、F 分布的随机数，可帮助计算服从统计分布的分布函数值。

【实验背景】

（一）背景材料

连续型随机变量，即在一定区间内变量取值有无限个，或数值无法一一列举出来。例如某地区男性健康成人的身高值、体重值，一批传染性肝炎患者的血清转氨酶测定值等。这种随机变量可取某个区间 [a, b] 或 （-∞, +∞） 中的一切值，而且其分布函数 F（x）是绝对连续函数。

在连续型随机变量中，服从正态分布、χ^2 分布、t 分布、F 分布的随机变量在概率论与数理统计中占有极其重要的地位，其中 χ^2 分布、t 分布、F 分布都是服从正态分布的随机变量函数的分布，在概率论与数理统计的理论研究和实际应用中都具有重要的价值，应熟练掌握和运用。我们在实际中经常需要用到服从指定分布 F（x）的随机数据，因此学会利用相关软件产生服从任意分布的随机数，对今后的学习和实际应用非常有帮助。在数理统计中，统计量就是随机变量，也是进行统计推断的基础，如进行参数估计、假设检验等。因此，研究随机变量的分布具有重要的理论意义。

（二）理论基础

1. 随机变量及其概率分布

取值具有概率规律的变量称为随机变量，常用 X，Y，Z 等大写拉丁字母表示。

设 X 是随机变量，若 X 可能取有限个值或可列个值，则称 X 为离散型随机变量，如果离散型随机变量 X 的可能取值为 x_1, x_2, …, x_k, …, 称 P（X = x_k）= p_k（k = 1, 2, …）为离散型随机变量 X 的概率分布，或分布列（律）。

设随机变量 X，如果存在非负可积函数 f(x)(-∞ < x < ∞)，使得对任意 a < b，有：

$$P(a < X < b) = \int_a^b f(x)\,dx$$

那么，称 X 为连续型随机变量，函数 f（x）称为 X 的概率密度函数或概率密度，亦称 X 服从 f（x），记作 X ~ f（x）。

2. 正态分布

（1）一般正态分布

如果随机变量 X 的密度函数为

$$f(x) = \frac{1}{\sigma\sqrt{2\pi}}e^{-\frac{(x-\mu)^2}{2\sigma^2}} \quad (-\infty < x < +\infty)$$

其中，μ 为常数，σ>0，则称 X 服从正态分布，记为 X ~ N（μ, σ^2）。

正态分布密度函数 f（x）的图形如图 1-1 所示。

（2）标准正态分布

在正态分布 N（μ, σ^2）中，若 μ=0，σ^2=1，则 N（0, 1）称为标准正态分布。它的密度函数记作：

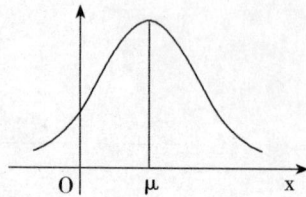

图 1-1　正态分布密度函数图

$$\varphi\ (x)=\frac{1}{\sqrt{2\pi}}e^{-\frac{x^2}{2}}\quad(-\infty<x<+\infty)$$

$\varphi\ (x)$ 的图形如图 1-2 所示。

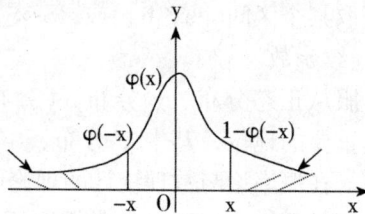

图 1-2　标准正态分布密度函数

由图 1-2 可知，$\varphi\ (x)=1-\varphi\ (-x)$，其中 $\varphi\ (x)$ 为标准正态分布的密度函数。

3. χ^2 分布、t 分布、F 分布

若独立同分布随机变量 $X_1,\ \cdots,\ X_n\sim^{iid}N\ (0,\ 1)$，则 $\chi^2=\sum\limits_{i=1}^{n}X_i^2\sim\chi^2\ (n)$；

若 $X\sim N\ (0,\ 1)$，$Y\sim\chi^2\ (n)$，且 X 与 Y 相互独立，则 $t=\dfrac{X}{\sqrt{Y/n}}\sim t\ (n)$；

若 $X\sim\chi^2\ (m)$，$Y\sim\chi^2\ (n)$，且 X 与 Y 相互独立，则 $F=\dfrac{X/m}{Y/n}\sim F\ (m,\ n)$。

【实验步骤】

(一) 正态分布

（1）利用随机数发生器产生 n＝1 000 个服从正态分布 N（8，2）的随机数，并作直方图及累积百分比曲线图。

（2）固定数学期望 μ＝0.05，分别取标准差为 σ＝0.01、0.02、0.03，绘制密度函数和分布函数的图形。

第一步：在 Excel 2003 工作表中的 A1 单元格输入 N（8，2），然后单击【工具】／【数据分析】，打开【随机数发生器】对话框，如图 1-3 所示，再单击"确定"，就可以在单元格 A2：A1001 内生成 1 000 个 N（8，2）随机数。

第二步：在单元格 B1 内输入"接收区域"，在单元格 B2 内输入"1"，单击

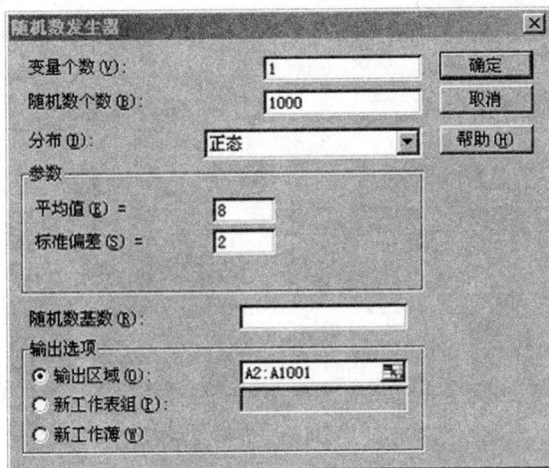

图 1-3　生成 N（8，2）的随机数

【编辑】／【填充】／【序列】，如图 1-4 所示，确定后就可以在 B2：B12 单元格内生成分组临界点 1，2，…，11。

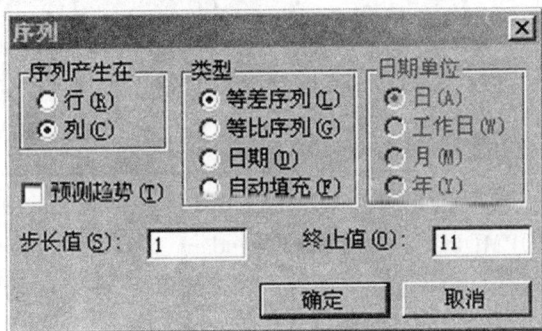

图 1-4　序列生成过程

　　第三步：再单击【工具】／【数据分析】，打开【直方图】对话框，如图 1-5 所示，确定后即得到随机数直方图和累积百分比曲线图，对图形选项作适当调整美化可得图 1-6。

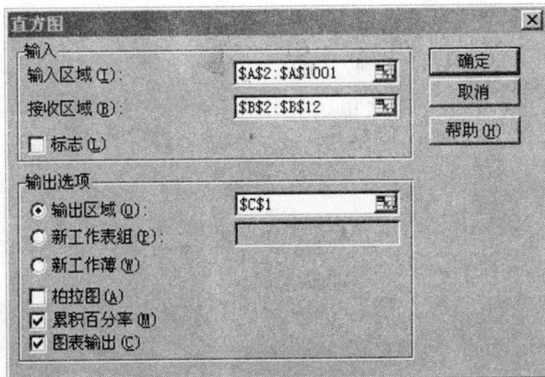

图 1-5　随机数直方图和累积百分比曲线图的生成过程

	A	B	C	D	E	F	G
1	N(8,2)	接受区域	接收	频率	累积 %		
2	7.3995357	1	1	0	0.00%		
3	5.4446337	2	2	0	0.00%		
4	8.4885146	3	3	4	0.40%		
5	10.552947	4	4	15	1.90%		
6	10.3967	5	5	50	6.90%		
7	11.466266	6	6	92	16.10%		
8	3.6328247	7	7	160	32.10%		
9	7.5316375	8	8	175	49.60%		
10	10.190045	9	9	170	66.60%		
11	5.8265987	10	10	155	82.10%		
12	6.6195917	11	11	101	92.20%		
13	4.6191353		其他	78	100.00%		
14	4.3061782						
15	6.044741						
16	6.4529859						
17	3.7641376						
18	6.8641503						
19	7.1919049						
20	8.2697061						
21	7.2690141						
22	7.3460187						
23	7.259519						
24	10.685283						
25	7.8294311						
26	7.6276847						
27	6.9735852						
28	11.944424						

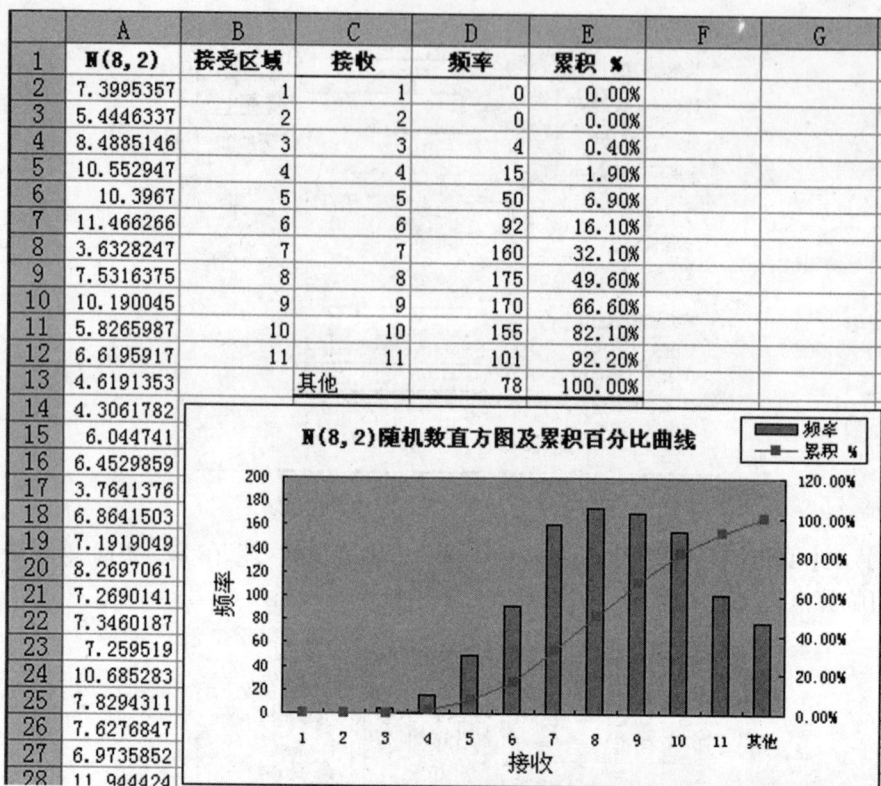

图1-6　N（8，2）随机数直方图和累积百分比曲线图

第四步：利用 NORMDIST（x，mean，standard_dev，cumulative）命令进行正态密度函数值或者分布函数值计算。当 cumulative = 0 时，该命令给出正态密度函数的值；当 cumulative = 1 时，该命令给出分布函数的值。

在新的工作表中 A4：A24 单元格中输入自变量 x 的取值 -0.05、-0.04、…、0.14、0.15，在 B4 单元格中输入命令" = NORMDIST（A4，0.05，0.01，0)"；在 C4 单元格中输入命令" = NORMDIST（A4，0.05，0.02，0)"；在 D4 单元格中输入命令" = NORMDIST（A4，0.05，0.03，0)"。再利用 Excel 的拖放填充命令计算 B、C、D 列上其他对应于 σ = 0.01、0.02、0.03 的密度函数的值。计算结果及密度函数图、分布函数图见图1-7 和图1-8。

（二）其他分布（χ^2分布、t 分布、F 分布）

（1）产生 χ^2（6）、χ^2（10）、F（6，10）和 t（6）四种随机数，并画出相应随机数的频数直方图；

（2）在同一张图中画出了 N（0，1）和 t（6）随机数频数直方图，比较它们的异同；

（3）写出计算上述四种分布的分布函数值和相应上侧分位点命令。

第一步，产生随机数，见图1-9。

（1）在 A 列上利用随机数发生器产生介于 0~1 之间均匀分布 U（0，1）的随机数 A_i；

	A	B	C	D
1	正态分布密度函数图：μ=0.05			
2		标准差		
3	自变量x	0.01	0.02	0.03
4	-0.05	7.69E-21	7.43E-05	0.0514093
5	-0.04	1.03E-16	0.000799	0.1477283
6	-0.03	5.05E-13	0.006692	0.3798662
7	-0.02	9.13E-10	0.043634	0.874063
8	-0.01	6.08E-07	0.221592	1.7996989
9	0	0.000149	0.876415	3.3159046
10	0.01	0.013383	2.699548	5.4670025
11	0.02	0.443185	6.47588	8.0656908
12	0.03	5.399097	12.09854	10.648267
13	0.04	24.19707	17.60327	12.579441
14	0.05	39.89423	19.94711	13.298076
15	0.06	24.19707	17.60327	12.579441
16	0.07	5.399097	12.09854	10.648267
17	0.08	0.443185	6.47588	8.0656908
18	0.09	0.013383	2.699548	5.4670025
19	0.1	0.000149	0.876415	3.3159046
20	0.11	6.08E-07	0.221592	1.7996989
21	0.12	9.13E-10	0.043634	0.874063
22	0.13	5.05E-13	0.006692	0.3798662
23	0.14	1.03E-16	0.000799	0.1477283
24	0.15	7.69E-21	7.43E-05	0.0514093

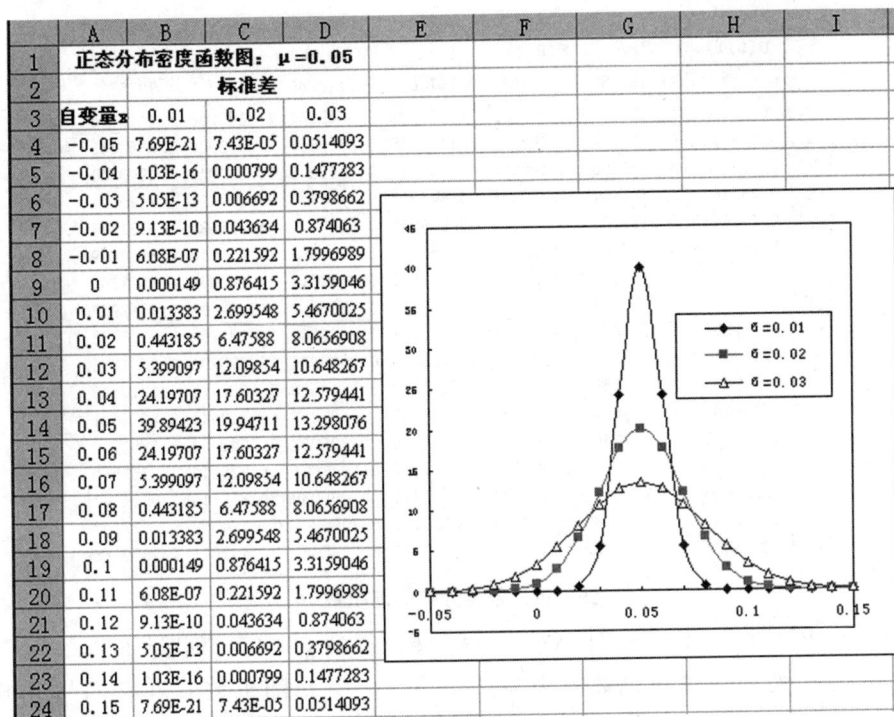

图 1-7 正态分布密度函数图

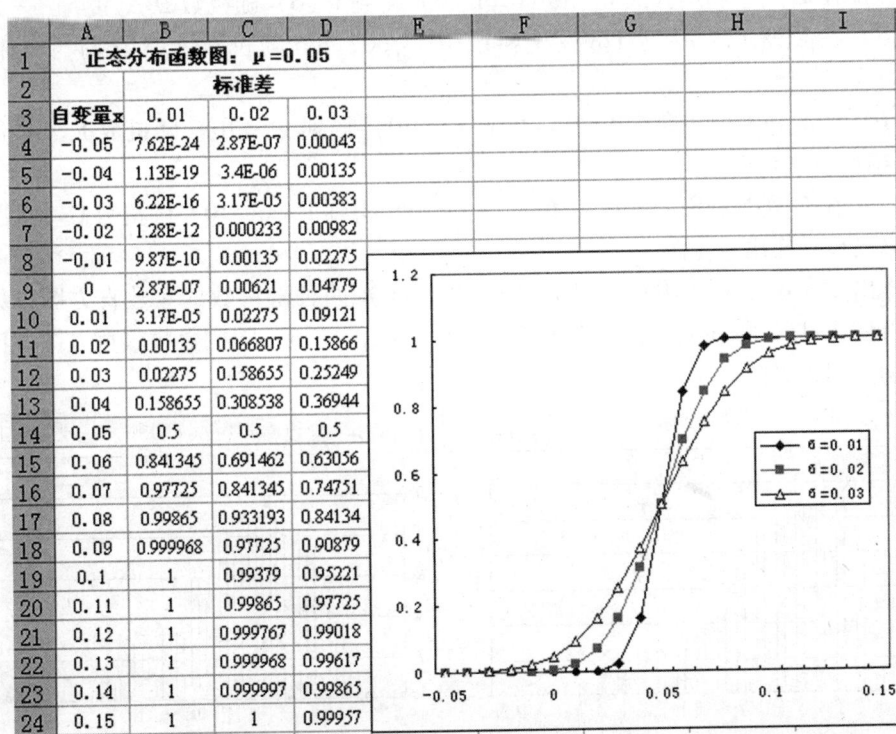

	A	B	C	D
1	正态分布函数图：μ=0.05			
2		标准差		
3	自变量x	0.01	0.02	0.03
4	-0.05	7.62E-24	2.87E-07	0.00043
5	-0.04	1.13E-19	3.4E-06	0.00135
6	-0.03	6.22E-16	3.17E-05	0.00383
7	-0.02	1.28E-12	0.000233	0.00982
8	-0.01	9.87E-10	0.00135	0.02275
9	0	2.87E-07	0.00621	0.04779
10	0.01	3.17E-05	0.02275	0.09121
11	0.02	0.00135	0.066807	0.15866
12	0.03	0.02275	0.158655	0.25249
13	0.04	0.158655	0.308538	0.36944
14	0.05	0.5	0.5	0.5
15	0.06	0.841345	0.691462	0.63056
16	0.07	0.97725	0.841345	0.74751
17	0.08	0.99865	0.933193	0.84134
18	0.09	0.999968	0.97725	0.90879
19	0.1	1	0.99379	0.95221
20	0.11	1	0.99865	0.97725
21	0.12	1	0.999767	0.99018
22	0.13	1	0.999968	0.99617
23	0.14	1	0.999997	0.99865
24	0.15	1	1	0.99957

图 1-8 正态分布函数图

	A	B	C	D	E	F	G
1	U(0, 1)	χ^2(6)	N(0, 1)	t(6)	U(0, 1)	χ^2(10)	F(6, 10)
2	0.9254433	11.482655	0.2598927	0.1878661	0.6142766	10.646379	1.7975837
3	0.902646	10.722112	1.386702	1.037334	0.3049104	7.3183298	2.4418395
4	0.5799738	6.0283102	0.9400765	0.9378665	0.1316568	5.3262936	1.8863368
5	0.222602	3.2459996	-0.440934	-0.599481	0.7968078	13.380046	0.4043334
6	0.2664571	3.5781644	-0.655571	-0.848916	0.3414716	7.6957452	0.7749227
7	0.7326273	7.6189136	-0.573868	-0.509262	0.6590472	11.21582	1.1321677
8	0.5014191	5.3596389	1.5468868	1.6366898	0.6361583	10.919276	0.8180699
9	0.3117771	3.9146693	0.8170628	1.011541	0.0612812	4.182904	1.5597893
10	0.1744743	2.8655259	-0.966343	-1.398314	0.7784661	13.03838	0.3662937
11	0.2729575	3.6267085	0.0796808	0.102488	0.9632862	19.291403	0.3133268
12	0.7142857	7.3966784	0.2390584	0.2153086	0.9580981	18.873291	0.6531875
13	0.2908719	3.7599159	0.2146476	0.2711518	0.1514328	5.5885425	1.1213168
14	0.0267647	1.2709519	0.3256991	0.707665	0.0607013	4.1710941	0.5078411
15	0.4195074	4.7177246	-0.507368	-0.57218	0.295938	7.2248384	1.0883114
16	0.9473251	12.448732	0.8586835	0.5961371	0.9078646	16.270914	1.2751519
17	0.2240364	3.257032	-0.386594	-0.524711	0.999939	36.810118	0.14747
18	0.3794977	4.4165006	-0.972216	-1.133181	0.7990967	13.424359	0.5483192
19	0.758385	7.9523508	-1.056546	-0.917733	0.0986663	4.8442922	2.7359865

图1-9　各类分布的随机数

（2）在B列上使用命令CHIINV（1-A_i, 6）得到χ^2（6）随机数B_i；

（3）在C列上利用随机数发生器产生N（0, 1）随机数C_i（它们与B_i相互独立）；

（4）在D列上利用公式C_i/SQRT（B_i/6）得到t（6）随机数D_i；

（5）在E列上利用随机数发生器产生U（0, 1）随机数E_i（它们与A_i相互独立）；

（6）在F列上使用命令CHIINV（1-E_i, 10）得到χ^2（10）随机数F_i（它们与诸B_i相互独立）；

（7）在G列上利用公式（B_i/6）／（F_i/10）得到F（6, 10）随机数G_i。

第二步，作出直方图。

作出χ^2（6）、χ^2（10）、F（6, 10）和t（6）四种随机数的频数直方图，见图1-10和图1-11。再在同一张图中画出N（0, 1）和t（6）随机数频数直方图，比较它们的异同，见图1-12。

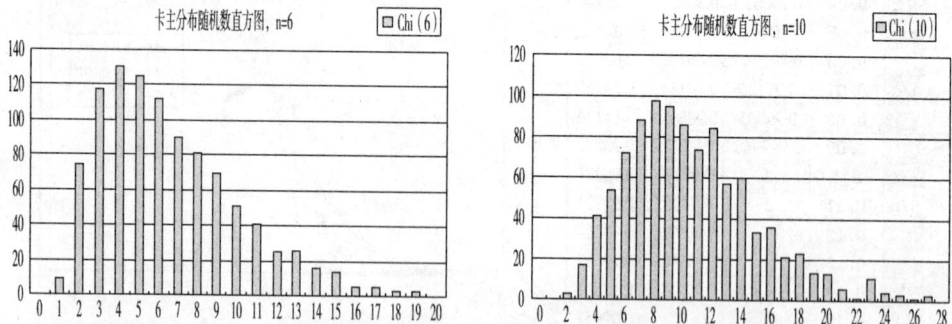

图1-10　卡方分布随机数直方图

第三步，分别计算α为0.01、0.05的上侧分位数。

F(6,10) 随机数直方图

t(6) 随机数直方图

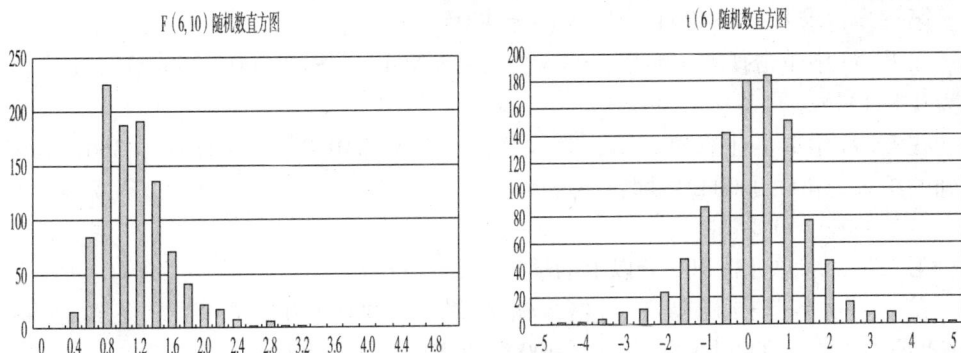

图 1-11 F 分布、t 分布随机数直方图

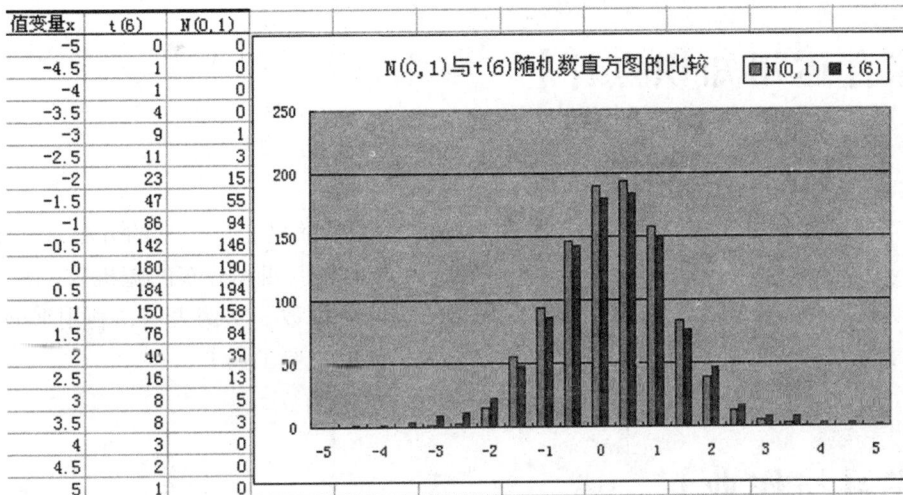

值变量x	t(6)	N(0,1)
-5	0	0
-4.5	1	0
-4	1	0
-3.5	4	0
-3	9	1
-2.5	11	3
-2	23	15
-1.5	47	55
-1	86	94
-0.5	142	146
0	180	190
0.5	184	194
1	150	158
1.5	76	84
2	40	39
2.5	16	13
3	8	5
3.5	8	3
4	3	0
4.5	2	0
5	1	0

N(0,1)与t(6)随机数直方图的比较

图 1-12 N (0, 1) 与 t (6) 随机数直方图比较

四大分布的上侧分位点分别用下面四条命令来计算（见图 1-13）：

$$U_\alpha = \text{NORMSINV} \ (1-\alpha) \qquad \chi_\alpha^2 \ (n) = \text{CHIINV} \ (\alpha, \ n)$$
$$t_\alpha \ (n) = \text{TINV} \ (2\alpha, \ n) \qquad F_\alpha \ (n_1, \ n_2) = \text{FINV} \ (\alpha, \ n_1, \ n_2)$$

	A	B	C	D
1		a=0.01	a=0.05	自由度
2	正态分布	2.326347874	1.644853627	
3	卡方分布	16.81189383	12.59158724	n=6
4	t分布	3.142668403	1.943180274	n=6
5	F分布	5.385811045	3.217174547	n₁=6, n₂=10

图 1-13 各类分布的上侧分位点

（三）应用举例

假设参加某次考试的考生共有 2 000 人，考试科目为 5 门，现已知考生总分的算术平均值为 360，标准差为 40 分，试估计总分在 400 分以上的学生人数（假设 5 门成绩总分 X 近似服从正态分布）。

操作步骤：

设 X 表示学生成绩的总分，根据题意，$\mu = 360$，$\sigma = 40$。

第一步，求 P（X>400）= 1−P（X≤400）。

在 Excel 中单击任意单元格，输入公式 "=NORMDIST（400，360，40，1）"，得数为 0. 841345。

在 Excel 中单击任意单元格，输入公式 "=NORMINV（0. 841345，360，40）"，得到的结果为 400. 000042，即：

P（X≤400）= 0. 841345

第二步，求总分在 400 分以上的学生人数。

在 Excel 中单击任意单元格，输入 "= 2 000 ∗ 0. 841345"，得到结果为 1 682. 689，即在 2 000 人中，总分在 400 分以上的学生人数约为 1 683 人。

【综合运用知识点评】

本实验以随机变量为研究对象，主要研究连续型随机变量服从的分布（正态分布、χ^2分布、t 分布、F 分布），分别利用 Excel 产生以上四大分布的随机数，并做出了直方图，并用 Excel 的函数计算四大分布的上侧分位数。实例表明，利用 Excel 函数功能，是实现对随机变量的理解由抽象变为具体的重要工具。

【练习与作业】

1. 固定标准差为 σ=0. 02，分别取数学期望为 μ=0. 03、0. 05、0. 07，绘制密度函数和分布函数的图形。

2. 已知考试成绩 X 服从正态分布，μ=600，σ=100，利用 Excel 函数（命令）求考试成绩低于 500 分的概率。

【参考文献】

［1］龚德恩. 经济数学基础（第三分册：概率统计）［M］. 4 版. 成都：四川人民出版社，2005.

［2］邱文君. Excel 统计分析与应用大全［M］. 北京：机械工业出版社，2013.

综合实验二 统计资料整理与 Excel 应用

【实验目的】

1. 熟悉统计分组的相关知识，熟练编制频数表，对数据进行结构分析；
2. 充分利用 Excel 的函数和公式，提升数据处理的效率；
3. 借助于 Excel 的分类汇总和数据透视等表分析功能，探索数据内部规律；
4. 利用 Excel 强大的图呈现功能，快速、简洁地呈现数据规律；
5. 学会运用 Excel 的矩阵运算功能，进行复杂数据分析。

【方法概述】

统计资料整理的主要内容是统计分组、汇总和编制统计图表。

（一）统计分组和频数分布

统计分组是依据统计研究的目的和客观现象的内存特点，按某个标志（或几个标志）把被研究的总体划分为若干个不同性质的组。统计分组的标志可以是品质标志，也可以是数量标志。统计分组的关键在于分组标志的选择。统计分组应遵循穷尽与互斥两个原则。数量分组有单项式分组和组距式分组，组距式分组又分为间断组距式分组与连续组距式分组、等距分组与异距分组。

频数分布，又称为次数分布，是在统计分组的基础上，将总体所有的单位按组进行归类排列，形成总体中各个单位在各组间的分布。频数分布是统计整理的一种重要形式，通过对零乱的、分散的原始资料进行有次序的整理，形成一系列反映总体各组之间单位分布状况的数列，这些数列又称为分布数列或分配数列。

（二）分类汇总和数据透视表

在数据的统计分析中，分类汇总是经常使用的。它是将同类数据汇总在一起，对这些同类数据进行求和、求均值、计数、求最大值、求最小值等运算。分类汇总前首先要对数据清单按汇总的字段进行排序。

数据透视表是一种交互式的表，可以进行某些计算，如求和与计数等。所进行的计算与数据跟数据透视表中的排列有关。之所以称为数据透视表，是因为可以动态地改变它的版面布置，以便按照不同方式分析数据，也可以重新安排行号、列标和页字段。每一次改变版面布置时，数据透视表会立即按照新的布置重新计算数据。另外，如果原始数据发生更改，则可以更新数据透视表。

（三）统计表和统计图

统计表是指分析表和容纳各种统计资料的表格，它可以有条理地显示统计资料，直观地反映统计分布特征，是统计分析的一种重要工具。统计图是利用点、线、面、体等绘制成几何图形，以表示各种数量间的关系及其变动情况的工具。常用的统计图有直方图、折线图和曲线图等。

【实验背景】

（一）背景材料

统计资料，是指在统计活动过程中所产生的、反映国民经济和社会发展情况的统计成果以及与之相联的其他资料的总称。统计资料所包括的范围主要有两个方面：一是统计调查中所取得的原始资料；二是经过整理汇总的综合统计资料。统计资料的具体表现形式包括以统计数据为主要内容的调查表、综合表、图表、文字说明、统计报告、统计分析以及电脑贮存的统计数据信息等。

当今的统计资料，极易受噪声、缺失值和不一致数据的侵扰，低质量的数据将导致低质量的统计分析结果。统计资料的整理是提升统计分析质量的重要环节。

（1）通过统计调查可以取得第一手资料，但这种资料只能反映总体各单位的具体情况，是分散、零碎、表面的。要说明总体情况，揭示出总体的内在特征，还需要对这些资料进行加工整理，使之系统化，以便通过综合指标对总体作出概括性的说明。

（2）统计整理是整个统计工作和研究过程的中间环节，起着承前启后的作用。统计整理是统计调查的继续，又是统计分析的基础。统计调查所搜集到的资料，只有通过科学的审核、分类、汇总等整理工作，才能使统计在认识社会的过程中，实现由个别到全体、由特殊到一般、由现象到本质、由感性到理性的转化，才能从整体上反映出事物的数量特征；否则统计调查所得的资料再丰富、再完备，其作用也发挥不出来，统计调查就将徒劳无益，统计分析也将无法进行。

（3）统计整理还是积累历史资料的必要手段。统计研究中经常要用动态分析，这就需要有长期累积的历史资料，而根据积累资料的要求，对已有的统计资料进行筛选，以及按历史的口径对现有的统计资料重新调整、分类和汇总等，都必须通过统计整理工作来完成。

（二）理论基础

统计资料整理应遵循目的性、联系性和简明性原则。

统计资料整理的全过程包括对统计资料的审核、分组、汇总和编制统计图表四个环节，需要按照一定的步骤进行：

（1）对搜集到的资料进行全面审核，以确保统计资料符合统计研究目的的要求，资料准确无误。

（2）根据研究目和统计分析的需要，选择整理的标志，并进行划类分组。统计分组是统计整理的重要内容和统计分析的基础，只有正确地分组才能整理出有科学价值的综合指标，并借助这些指标来揭示现象的本质与规律。

（3）在分组的基础上，将各项资料进行汇总，得出反映各组和总体数量特征的各种指标。

（4）统计资料的显示，即通过编制统计表和绘制统计图，将整理出的资料简洁明了、系统有序地显示出来。

（5）对统计数据分门别类地系统积累。

统计表根据主词是否分组和分组的程度，分为简单表、分组表和复合表。

统计表按宾词设计不同分为宾词简单排列、分组平行排列和分组层叠排列。

统计表的主词分组与宾词分组是有区别的。主词分组的结果使总体分成许多组成部分，它们是需要用统计指标（宾词）来描述和表现的。宾词分组的结果并不增加统计总体的组成部分，仅仅是比较详细地描述总体已有的各个组成部分。由此可见，主词分组具有独立的意义，而宾词分组从属于主词的要求，是为了描述主词的数量特征而设计的。

如果说统计表能够集中有序地表现统计资料，统计图则能够将统计资料展示得更为生动具体。

【实验步骤】

（一）编制频数表

Excel 提供多种方法编制频数分布表，如：利用函数 FREQUENCY 进行频数统计；利用"数据分析"中的"直方图"宏程序进行频数分析；利用"数据透视表"进行单一变量或两个以上（包括两个）变量的交叉分组等。这里介绍用"数据分析"

中的"直方图"宏程序进行频数分析。

案例：在一项统计学课程教学改革的研究中，研究者通过调查取得 16 名统计学专业学生概率论、统计学和英语这三门课程的考试成绩及他们对专业的兴趣程度资料（见表 1-1），要求对"对专业的兴趣程度"作整理，进行频数分析。

表 1-1   16 名学生专业兴趣与各科考试成绩表

学生编号	性别	对专业的兴趣程度	概率论成绩	统计学成绩	英语成绩
1	女	一般	81	72	78
2	男	感兴趣	90	90	65
3	男	感兴趣	91	96	49
4	女	一般	74	68	94
5	男	没兴趣	70	82	58
6	女	没兴趣	73	78	69
7	女	一般	85	81	76
8	女	一般	60	71	85
9	女	一般	83	78	92
10	女	感兴趣	81	94	88
11	女	一般	77	68	77
12	男	一般	60	66	90
13	男	没兴趣	66	58	83
14	男	感兴趣	84	87	79
15	女	一般	70	82	66
16	男	没兴趣	54	46	97

操作步骤如下：

（1）打开 Excel 工作表，将表 1-1 的"对专业的兴趣程度"数据输入到 B3：B18 区域，在相邻 1 列（即 C3：C18 区域）中，将"对专业的兴趣程度"变量中的"没兴趣"、"一般"和"感兴趣"取值转换成代码 1、2、3，并将代码的不同取值纵向分列在空白区域，见图 1-14。

（2）单击菜单中的"工具→数据分析"命令，弹出数据分析对话框。如果"工具"菜单中没有"数据分析"工具，可以通过"加载宏"命令加上。在"数据分析"对话框中选择"直方图"命令（见图 1-15），单击确定。

图 1-14 顺序数据集及分组

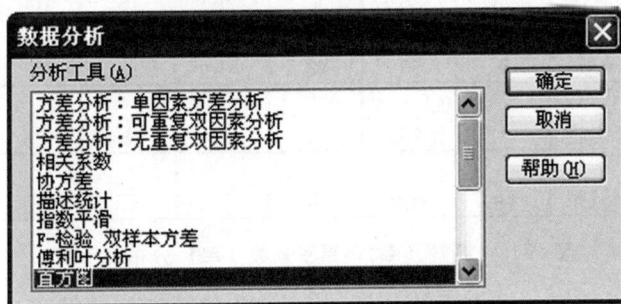

图 1-15 数据分析对话框

（3）在直方图对话框的"输入区域"中输入指定的"对专业的兴趣程度"代码列（即 C3：C18 区域），在"接收区域"方框内输入指定代码值域（即 E3：E5 区域），在"输出区域"方框中输入指定空白区域单元格（即 F2），在复选框中选定"累积百分率"，如图 1-16 所示。

（4）单击"确定"，获得顺序变量"对专业的兴趣程度"的频数分布及向上累积频率统计表，见图 1-17。

（5）利用"输出区域"的结果，编制累积频数分布表，结果如图 1-18 所示。

（二）函数和公式的使用

充分利用 Excel 的函数和公式运算，能使日常的数据处理工作变得很有效率。

案例：对工资表、业绩表或成绩表，我们通常会做分组统计、等级考核或者突出

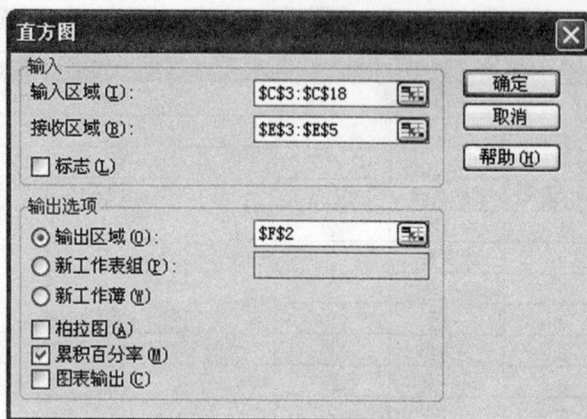

图 1-16　直方图对话框

接收	频率	累积　%
1	4	25.00%
2	8	75.00%
3	4	100.00%
其他	0	100.00%

图 1-17　频数分布及向上累积频率统计表示例

兴趣程度变量	频数	频率	向上累积频数	向上累积频率	向下累积频数	向下累积频率
没兴趣	4	25	4	25	16	100
一般	8	50	12	75	12	75
感兴趣	4	25	16	100	4	25
合计	16	100	—	—	—	—

图 1-18　频数（率）、累积频数（率）分布表示例

显示业绩优秀和不合格者等方面的分析。针对 43 位同学的成绩表，如图 1-18 所示（详见数据文件 1-1. xls），要求对学生成绩划分等级，按平均成绩进行频数分析，并突出显示成绩不及格的分数。

操作步骤如下：

（1）对"平均成绩"进行成绩等级的划分。利用 IF 函数，编制相应公式来完成。如图 1-19 所示，鼠标点击 P3 单元格，在公式编辑栏中输入"=IF（O3>=90，"优秀"，IF（O3>=80，"良好"，IF（O3>=70，"中等"，IF（O3>=60，"及格"，"不及格"）)）)）"，就可以将不小于 90 的成绩确定为"优秀"等级，介于 80 至 90 的成绩确定为"良好"，依此类推，小于 60 的成绩确定为"不及格"。公式输入结束后，选中填充手柄，向下填充，可自动生成"成绩等级"，如图 1-20 所示。

（2）按分数段进行频数分析。成绩的分布是成绩分析的一项重要任务，做成绩分布分析前，对"平均成绩"要进行分数段的划分，如图 1-21 所示。划分好分数

A	B	C	D	E	F	G	H	I	J	K	L	M	N	O
某班计算机文化基础技能测试成绩汇总														
学号	姓名	性别	是否干部	第1项	第2项	第3项	第4项	第5项	第6项	平时平均	上机测试	笔试成绩	考试成绩	平均成绩
2002141103	吴婷婷	女	是	85	90	85	85	86	90	86.8	48	64	76.8	79.8
2002141104	秦李娜	女	否	85	85	85	85	85	89	85.7	48	60	74.4	77.8
2002141105	王杰	女	是	85	85	90	85	87	88	86.7	46	62	74.0	77.8
2002141106	畅淑燕	女	否	90	90	91	85	85	87	88.0	46	43	62.6	67.4
2002141107	秦丽君	女	否	85	80	90	85	85	86	85.2	44	69	76.6	79.2
2002141108	赵丽华	女	否	90	90	89	85	85	88	88.8	41	63	70.6	76.1
2002141109	肖旋	女	否	90	85	85	85	85	86	86.0	40	54	64.4	70.9
2002141110	李淑玲	女	是	85	90	91	85	88	89	88.0	46	74	74.6	78.6
2002141111	廖多丽	女	是	90	90	90	85	92	90	90.3	43	70	76.4	80.6
2002141112	韩英	女	是	85	90	89	85	85	91	87.5	47	70	79.6	82.0

图1-18 某班计算机文化基础技能测试成绩汇总表

=IF(O3)=90,"优秀",IF(O3)=80,"良好",IF(O3)=70,"中等",IF(O3)=60,"及格","

C	D	E	F	G	H	I	J	K	L	M	N	O	P
某班计算机文化基础技能测试成绩汇总													
性别	是否干部	第1项	第2项	第3项	第4项	第5项	第6项	平时平均	上机测试	笔试成绩	考试成绩	平均成绩	成绩等级
女	是	85	90	85	85	86	90	86.8	48	64	76.8	79.8	中等

图1-19 利用 IF 函数实现成绩等级的划分

I	J	K	L	M	N	O	P
测试成绩汇总							
第5项	第6项	平时平均	上机测试	笔试成绩	考试成绩	平均成绩	成绩等级
86	90	86.8	48	64	76.8	79.8	中等
85	89	85.7	48	60	74.4	77.8	中等
87	88	86.7	46	62	74.0	77.8	中等
85	87	88.0	46	43	62.6	67.4	及格
85	86	85.2	44	69	76.6	79.2	中等
90	89	88.8	41	63	70.6	76.1	中等

图1-20 填充后的成绩等级

段，还需要对各个分数段的成绩进行频数统计，填入 S 列。

可以利用 COUNTIF 函数来完成频数统计，在"人数"所在的单元格 S3 输入公式" =COUNTIF（＄O＄3：＄O＄45，"<60"）"，即对"平均成绩"按"<60"的条件进行计数，确认后，在单元格 S4 输入公式" =COUNTIF（＄O＄3：＄O＄45，"<68"）–COUNTIF（＄O＄3：＄O＄45，"<60"）"，即对"平均成绩"按">=60"和"<68"的条件进行计数。依此类推，在 S5 至 S10 单元格完成公式的编辑输入，完成各分数段的频数统计，如图 1-22 所示。还可以在此基础上作出成绩的直方图。

（3）突出显示"笔试成绩"不合格的同学的成绩。利用 Excel 的条件格式功能，可以实现这个任务。首先，选中"笔试成绩"的数值区域 M3：M45，再点击"格式"菜单，选择"条件格式"菜单项，如图 1-23 所示。

在弹出的对话框中，设置"单元格数值小于 60"的条件，再单击"格式"按钮

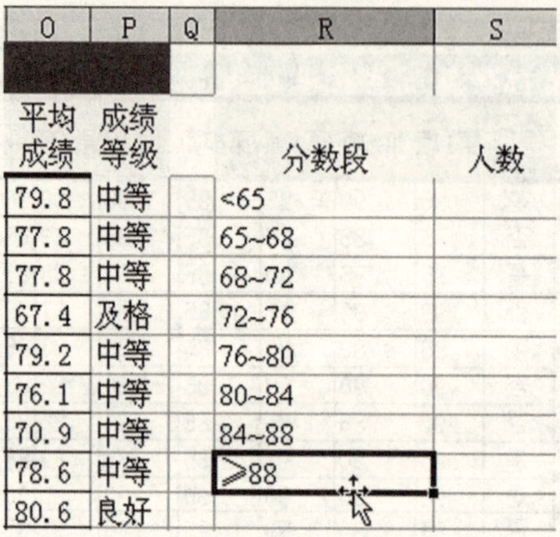

O	P	Q	R	S
平均成绩	成绩等级		分数段	人数
79.8	中等		<65	
77.8	中等		65~68	
77.8	中等		68~72	
67.4	及格		72~76	
79.2	中等		76~80	
76.1	中等		80~84	
70.9	中等		84~88	
78.6	中等		≥88	
80.6	良好			

图 1-21 按“平均成绩”确定分数段

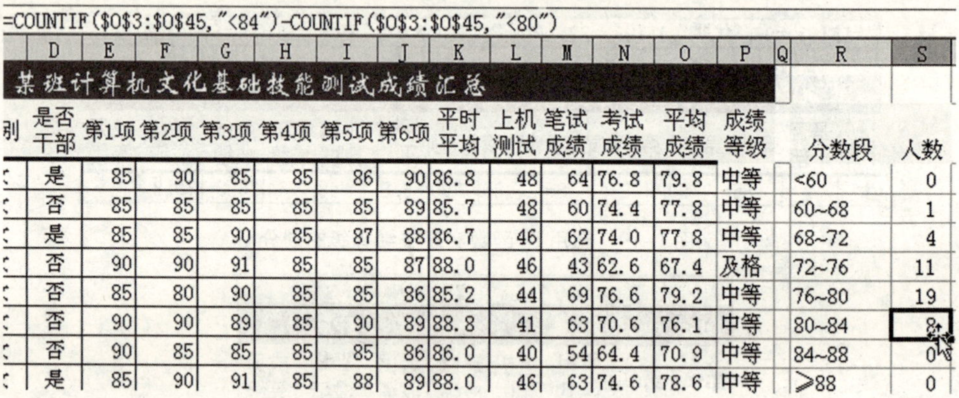

=COUNTIF($O$3:$O$45,"<84")-COUNTIF($O$3:$O$45,"<80")

某班计算机文化基础技能测试成绩汇总

	D	E	F	G	H	I	J	K	L	M	N	O	P	Q	R	S
别	是否干部	第1项	第2项	第3项	第4项	第5项	第6项	平时平均	上机测试	笔试成绩	考试成绩	平均成绩	成绩等级		分数段	人数
	是	85	90	85	85	86	90	86.8	48	64	76.8	79.8	中等		<60	0
	否	85	85	85	85	85	89	85.7	48	60	74.4	77.8	中等		60~68	1
	是	85	85	90	85	87	88	86.7	46	62	74.0	77.8	中等		68~72	4
	否	90	90	91	85	85	87	88.0	46	43	62.6	67.4	及格		72~76	11
	否	85	80	90	85	85	86	85.2	44	69	76.6	79.2	中等		76~80	19
	否	90	90	89	85	90	89	88.8	41	63	70.6	76.1	中等		80~84	8
	否	90	85	85	85	85	86	86.0	40	54	64.4	70.9	中等		84~88	0
	是	85	90	91	85	88	89	88.0	46	63	74.6	78.6	中等		≥88	0

图 1-22 利用 COUNTIF 函数按分数段进行频数统计

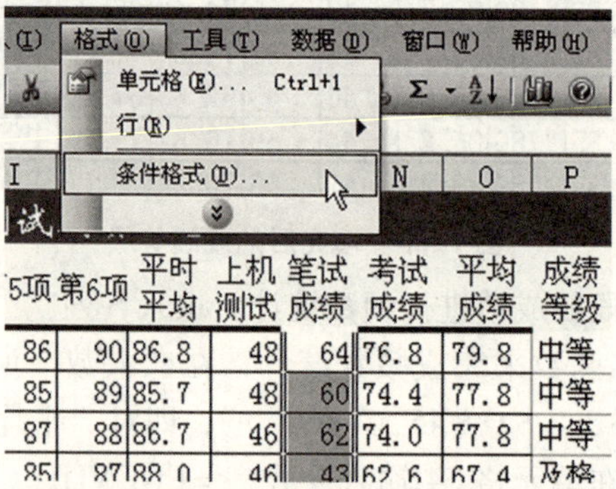

图 1-23 选择“条件格式”菜单项

设定格式，字形选择“倾斜”，颜色选择“红色”，如图 1-24 所示。

单击“确定”后，即可以倾斜和红色来突出显示“笔试成绩”不合格的成绩，如图 1-25 所示。

以上三项任务完成后，这个“成绩汇总表”可以作为一个模板保存下来，供今后成绩分析时调用。可见，类似的数据整理和初步分析存在于任何一个表格数据的整理工作中，在统计工作中是常见的。以上函数和公式的使用，使数据处理变得更加灵

图 1-24　条件格式的设置

E	F	G	H	I	J	K	L	M	N
计算机文化基础技能测试成绩汇总									
第1项	第2项	第3项	第4项	第5项	第6项	平时平均	上机测试	笔试成绩	考试成绩
85	90	85	85	86	90	86.8	48	64	76.8
85	85	85	85	85	89	85.7	48	60	74.4
85	85	90	85	87	88	86.7	46	62	74.0
90	90	91	85	85	87	88.0	46	43	62.6
85	80	90	85	86	86	85.2	44	66	76.6
90	90	89	85	90	89	88.8	41	63	70.6
90	85	85	85	85	86	86.0	40	54	64.4

图 1-25　条件格式的设置效果

活，分析工作变得更有效率。

（三）分类汇总

在统计工作中，常用"分类汇总"来展示事物内部结构，分析研究对象的内部规律。

案例：仍以图 1-18 所示 43 位同学的成绩表（详见数据文件 1-1. xls），对"性别"进行分类汇总，对男女同学的成绩进行对比分析。

操作步骤如下：

（1）选择"分类汇总"功能。选择所要分析的数据区域，此例为整个表格 A2：P45，点击"数据"菜单下的"分类汇总"菜单项，如图 1-26 所示。

（2）进行"分类汇总"的选项设定。如图 1-27 所示，分类字段选择"性别"，汇总方式选择"平均值"，选定汇总项选择"平均成绩"，在"替换当前分类汇总"选项前打钩。如果要删除已有的分类汇总结果，则点击按钮"全部删除"。

（3）分类汇总级别的调整。在如图 1-27 所示的对话框中单击"确定"后，输出结果如图 1-28 所示。此时的汇总分为三个层次，第一级是"总计平均值"，76.7 是

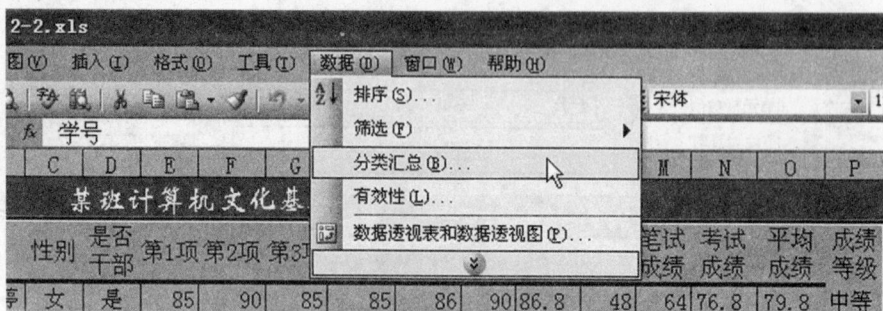

图1-26　选择"分类汇总"菜单项

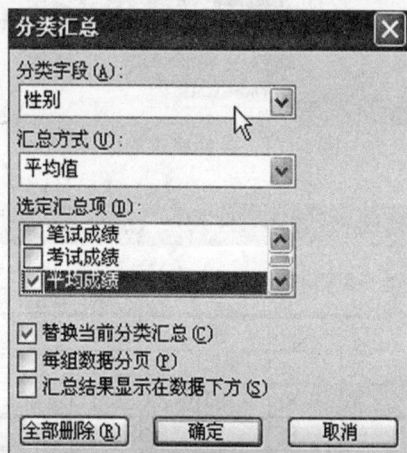

图1-27　分类汇总选项的设定

全班同学的平均成绩；第二级是男、女同学的分类平均成绩，女同学的平均成绩为77.1；第三级是每位同学的成绩。可以通过点击左上角的级别选项卡，调整显示级别，如果点击"2"，则显示如图1-29所示。

图1-28　分类汇总结果

此时，显示到第2级别，即只显示总平均成绩和男、女同学的平均成绩。还可以通过单击左侧的"-"和"+"符号来展开缩放某一级别。

（四）数据透视

数据透视，顾名思义，透视数据来把握内在规律。从结构来看，数据表大致有三

1 2 3		A	B	C	D	E	F	G	H	I	J	K	L	M	N	O
	1				某班计算机文化基础技能测试成绩汇总											
	2	学号	姓名	性别	是否干部	第1项	第2项	第3项	第4项	第5项	第6项	平时平均	上机测试	笔试成绩	考试成绩	平均成绩
-	3		总计平均值													76.7
+	4		女 平均值													77.1
+	24		男 平均值													76.3

图 1-29 按级别显示分类汇总的结果

个分类：叠加表、交叉表和嵌套表。根据一个数据表的分类变量，运用 Excel 的数据透视功能，可以将表格中数据的内部规律展示出来。

案例：仍以图 1-18 所示 43 位同学的成绩表（详见数据文件 1-1. xls），对"平均成绩"在"性别"和"是否干部"两个分类变量上的表现进行对比分析，并将分析结果用表格展现出来。

操作步骤如下：

（1）进入"数据透视表"向导。点击"数据"菜单下的"数据透视表和数据透视图"菜单项，在弹出的向导对话框中选择"数据透视表"，如图 1-30 所示。

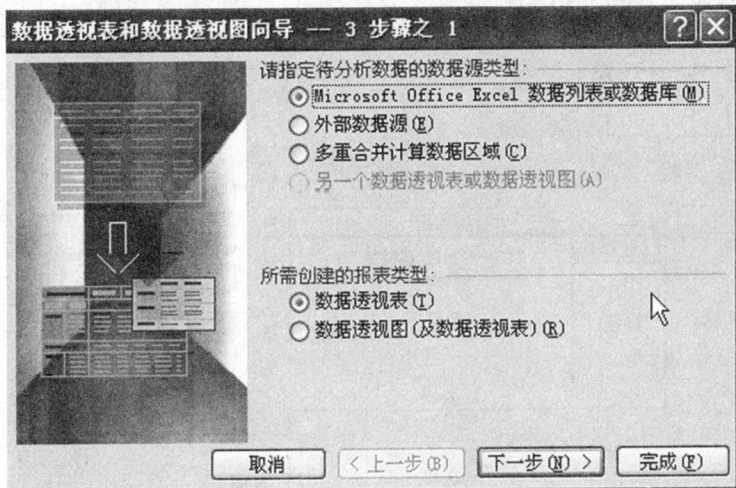

图 1-30 选择"数据透视表"

（2）选择数据透视分析的数据源。在向导的第二步，选择数据分析区域 A2：P45，单击"下一步"，如图 1-31 所示。

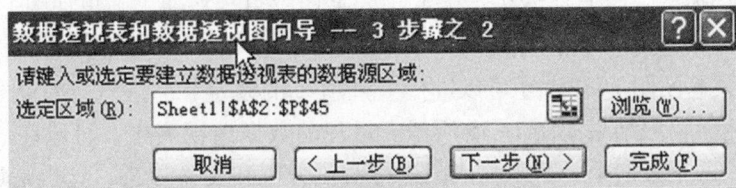

图 1-31 选择数据透视的数据源

（3）设定数据透视表的布局和选项。进入第 3 步后，选择数据透视表的位置，一般选"现有工作表"，便于透视表和源数据的对比，并设定好透视表的左上角单元格，如图 1-32 所示。

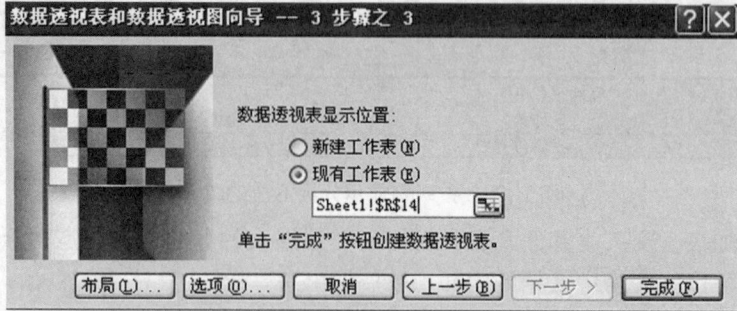

图 1-32　选定数据透视表显示的位置

　　点击图 1-32 中的"布局"按钮，可对数据透视表进行布局。按任务要求，对"平均成绩"在"性别"和"是否干部"两个分类变量上的表现进行对比分析，如图 1-33 所示，将"性别"字段安放在"行"上，"是否干部"字段安放在"列"上，"平均成绩"字段安放在"数据"内。

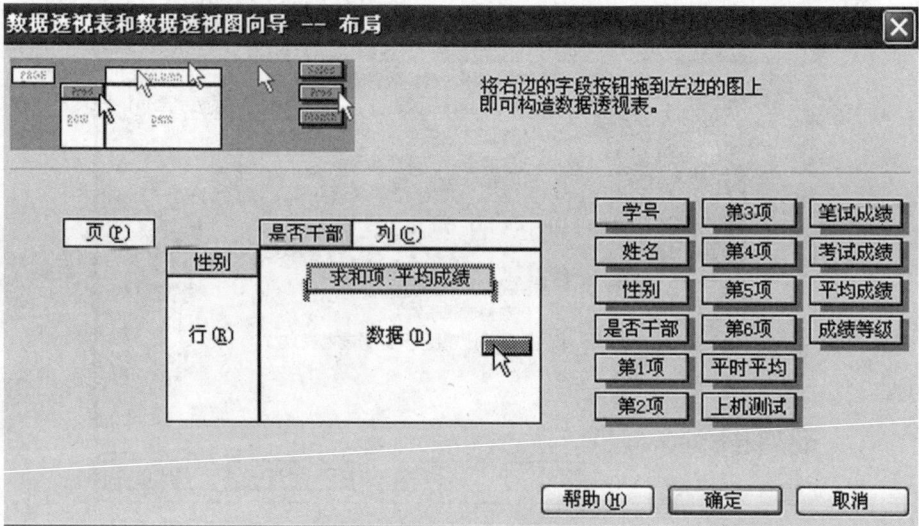

图 1-33　数据透视表的布局

　　图 1-33 中，平均成绩按"求和项"进行汇总计算，为了便于类别间的比较，应该选用"平均值"来计算，双击"求和项：平均成绩"按钮，弹出如图 1-34 所示对话框，选择汇总方式为"平均值"。

　　确定后，返回图 1-32，还可以进行"选项"的设定，一般选择默认选项，点击"完成"按钮，输出结果如图 1-35 所示。呈现的数据透视表中，可以在"性别"和"是否干部"两个方向上，对平均成绩进行对比分析和交叉分析，这也是通常所说的交叉表。这张数据透视表，按照男、女同学，是否学生干部进行汇总计算，将源表的信息浓缩为 9 个数据，简洁地呈现出男、女同学，不是干部、是干部，以及两者交叉这三个方面的对比分析结果，较清晰地把握了类别间的区别和联系。

　　如图 1-36 所示，还可以点击数据透视表工具栏，在下拉菜单上选择"数据透视

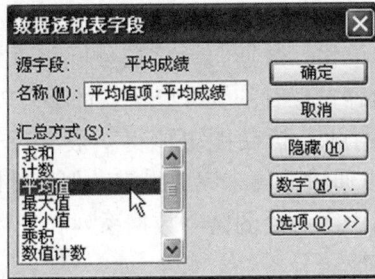

图 1-34 对平均成绩的汇总方式进行设定

图 1-35 数据透视结果

图",即可呈现透视图。如果需要对字段的汇总方式进行设置,可以选择"字段设置"菜单项进一步进行设置。

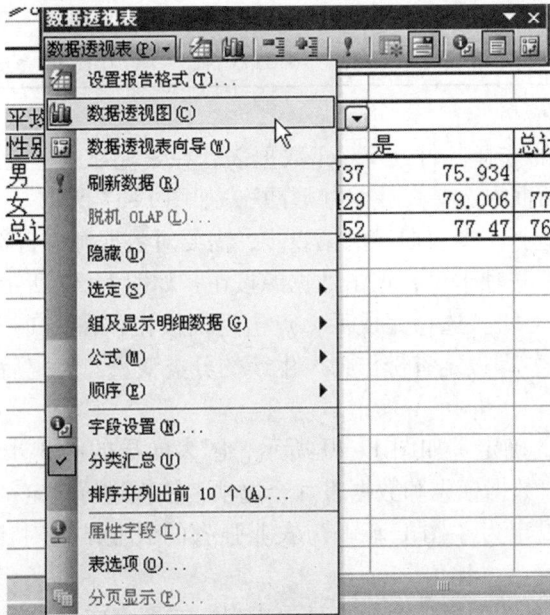

图 1-36 使用数据透视表工具栏

（五）图分析

在统计分析中，问题简单化、数据图形化是分析和研究的一个永恒主题。因此，图分析是统计分析的重要内容，现有的统计分析软件都有较好的图分析功能，但从适用性和方便性来看，Excel 的图分析功能更值得一般统计工作者来掌握和应用。在 Excel 中，统计图的绘制可以通过向导来完成设定，但统计图的美化和修饰更为重要。通过格式、字体、颜色对图表区、绘图区、数据系列和坐标轴进行修饰，才能形成一张美观、简洁的统计表，完成图分析。

1. 条图

条图是用等宽直条的长短来表示相互独立的各指标数值大小，可以表示某连续性变量的汇总指标，也可以表示分类变量的频数或构成比。实际工作中常用到复式条图，由两条或两条以上小直条组成条组的条图，各条组之间有间隙，组内小条之间无间隙。与简单条图相比，复式条图多考察一个分组因素。下面讲解复式条图的绘制。

案例：对 2004 年新疆、江苏、山东和浙江四省区的农业结构作比较，数据如表 1-2 所示（详见数据文件 1-2. xls），要求用条图将省区、农业结构的对比关系呈现出来（表中数据未用百分数表示）。

表 1-2　　　　　　　　　　　　**四个省区的农业总产值构成表**

	新疆	江苏	山东	浙江
种植业	0.6860	0.5139	0.5477	0.4448
林业	0.0184	0.0166	0.0172	0.0588
畜牧业	0.2497	0.2331	0.2961	0.2086
渔业	0.0057	0.1859	0.1234	0.2717
服务业	0.0401	0.0505	0.0156	0.0161

操作步骤如下：

（1）图表类型的选择。打开 Excel 数据表，在常用工具栏上点击"图表向导"按钮，在弹出的对话框中选择"簇状柱形图"，如图 1-37 所示。

（2）数据源的选择。图表向导的第 2 步，需要对数据源进行选择。如图 1-38 所示，在"数据区域"选项卡中，点击数据源按钮；如图 1-39 所示，拖动鼠标，即可选择对应的区域 H3：L8。选择完成后，点击返回按钮，在图 1-38 的对话框中，选择系列产生于"行"，即设定省份作为产生簇的分类变量。确定后进入图表向导的下一步"图表选项"。

（3）图表选项的确定。如图 1-40 所示，图表向导的第 3 步，根据标题、坐标轴、网格线、图例、数据标志和数据表六个选项卡依次进行设定。例如，在标题选项卡，可以将图标题设定为"图 1 新疆与农业强省的农业结构对比"，分类轴设定为"省份"，数值轴设定为"比值"。

在图 1-40 中，条图的模拟图初步显示出来。在图表向导中，尚不能对图表的格式做精确地控制和调整，待完成图表向导后，可以通过图表工具栏或点击右键选择相应菜单项的方式，对统计图进行修饰和美化。

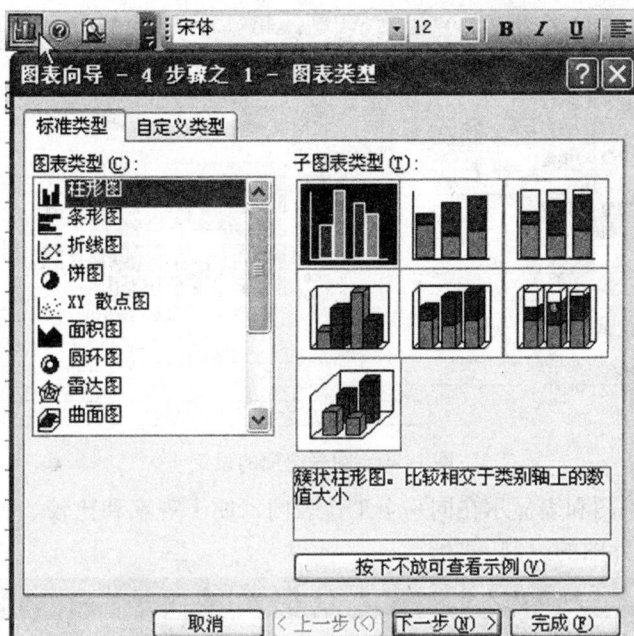

图 1-37 图表类型的选择

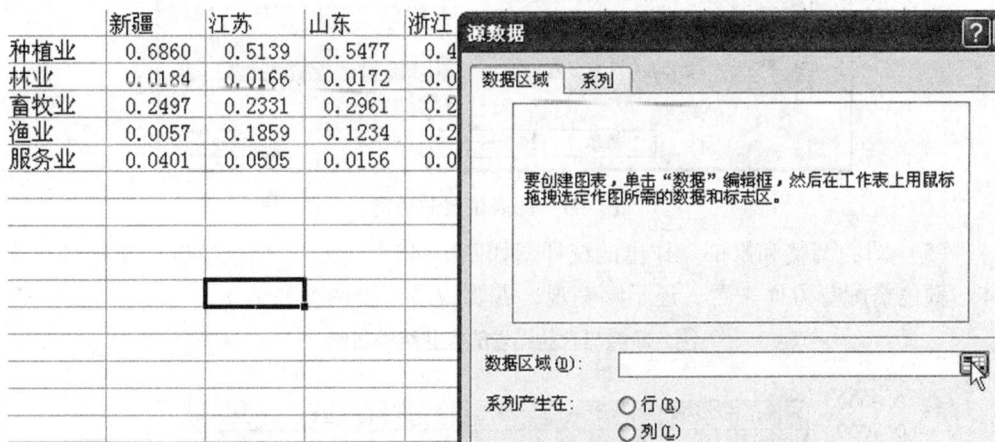

	新疆	江苏	山东	浙江
种植业	0.6860	0.5139	0.5477	0.4
林业	0.0184	0.0166	0.0172	0.0
畜牧业	0.2497	0.2331	0.2961	0.2
渔业	0.0057	0.1859	0.1234	0.2
服务业	0.0401	0.0505	0.0156	0.0

图 1-38 数据源的选择

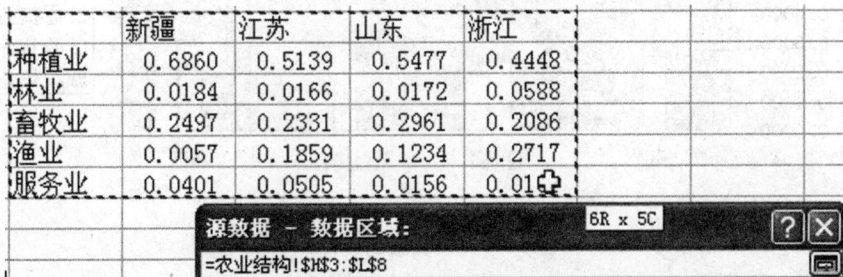

	新疆	江苏	山东	浙江
种植业	0.6860	0.5139	0.5477	0.4448
林业	0.0184	0.0166	0.0172	0.0588
畜牧业	0.2497	0.2331	0.2961	0.2086
渔业	0.0057	0.1859	0.1234	0.2717
服务业	0.0401	0.0505	0.0156	0.01

=农业结构!$H$3:$L$8

图 1-39 确定数据源区域

（4）图表位置的确定。进入图表向导第 4 步，如图 1-41 所示，选择"作为其中

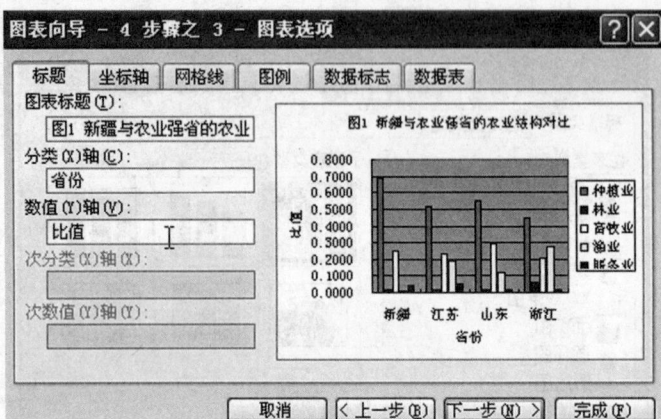

图1-40 图表选项的设定

的对象插入",使图和表显示在同一个工作表内,便于观察和比较。点击"完成"按钮,初步完成统计图的绘制。

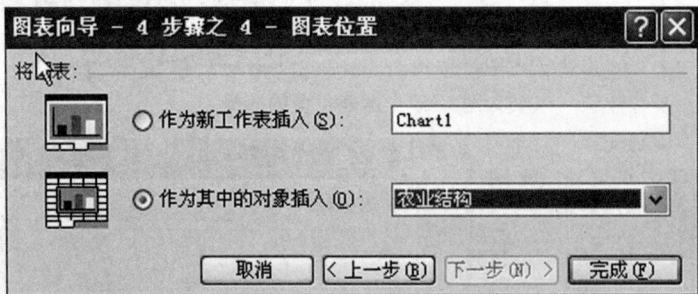

图1-41 图表位置的确定

(5)图的调整和修饰。作出的统计图如图1-42所示,从标题位置、坐标轴、字体、颜色搭配等方面来看,还不够美观,需要做进一步调整和美化。

图1 新疆与农业强省的农业结构对比

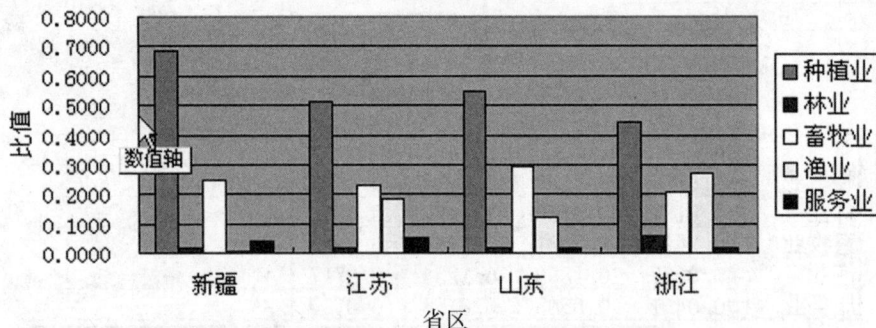

图1-42 绘制出的统计图

①可以将标题拖放到图的下方。

②设定数值轴格式。将鼠标移到纵轴,双击后,弹出如图1-43所示的对话框,对纵轴(数值轴)的数字设定为百分比。

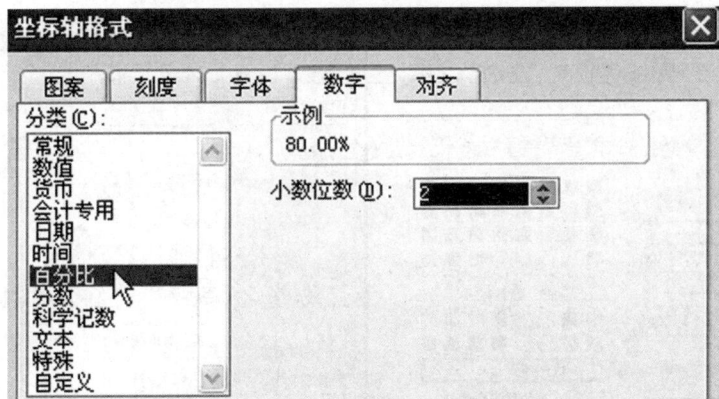

图 1-43 对纵轴的格式进行设定

③修改某个系列条图的显示格式。如图 1-44 所示,鼠标点击"种植业"系列条图,单击右键,选择"数据系列格式"。如图 1-45 所示,可以从图案、坐标轴等六个方面对数据系列进行格式设定。选择可以搭配的颜色(包括边框颜色和内部颜色)和相应的填充效果,确定后,得到最终的统计图,如图 1-46 所示。

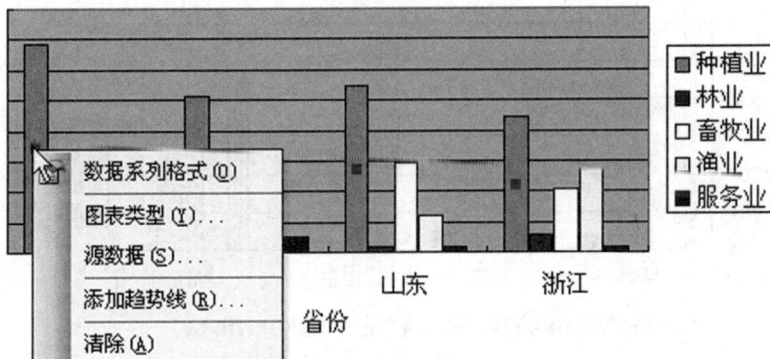

图 1-44 选择种植业进行格式设定

2. 线图

线图是用线段的升降表示一事物随另一事物的变化趋势,与复式条图相对应,如果希望考察随着时间变化,分不同类别时某指标的变化情况,或者几个指标的变化情况,需要绘制多线图,或者两轴折线图。下面讲解两轴折线图的绘制。

案例:研究新疆棉花产量的变动趋势,对产量波动幅度和波动指数的趋势进行观察和对比,如图 1-47 所示(详见数据文件 1-3. xls)。

操作步骤如下:

(1)图表类型的选择。打开 Excel 数据表,在常用工具栏上点击"图表向导"按钮,在弹出的对话框中选择"自定义类型"选项卡,选择"两轴折线图",如图 1-48所示。

(2)数据源的选择。图表向导的第 2 步,需要对数据源进行选择,在"数据区域"选项卡中,点击数据源按钮,如图 1-49 所示,拖动鼠标,先选择 D4:D30,再按住 Ctrl 键,选择不相邻的区域 G4:G30。返回后,选择系列产生于"行"。

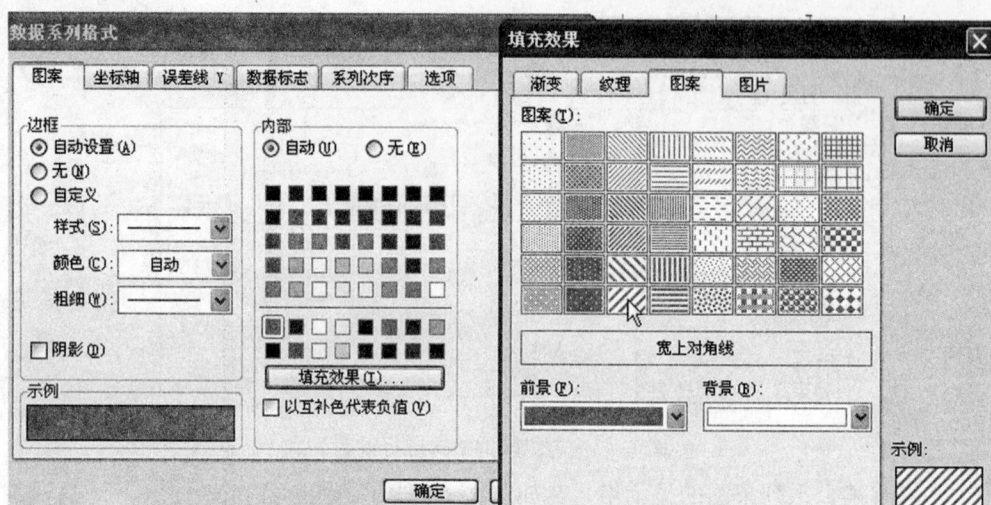

图 1-45　数据系列的格式设定

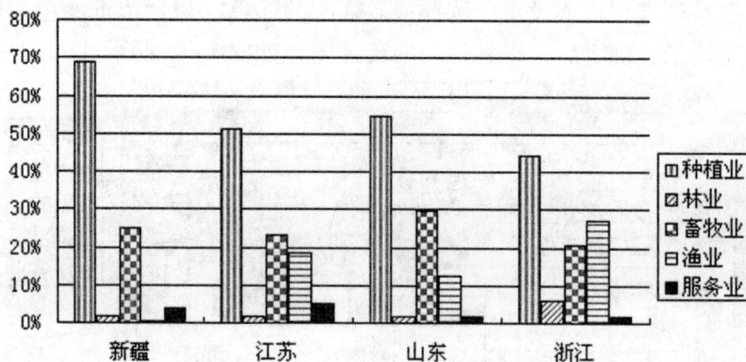

图1　2004年新疆和农业强省农业总产值构成对比

图 1-46　经过调整和修饰后的统计图

	棉花产量（万吨）	产量趋势	波动幅度%	增长率趋势%	波动值%	波动指数
1978	5.5					
1979	5.3	-18.8	-3.64	25.31	-28.94	-1.14
1980	7.9	-11.4	49.06	24.53	24.53	1.00
1981	11.4	-4.0	44.30	23.74	20.56	0.87
1982	14.6	3.4	28.07	22.96	5.11	0.22
1983	15.7	10.7	7.53	22.18	-14.64	-0.66
1984	19.2	18.1	22.29	21.39	0.90	0.04
1985	18.8	25.5	-2.08	20.61	-22.70	-1.10
1986	21.6	32.9	14.89	19.83	-4.94	-0.25
1987	28	40.2	29.63	19.05	10.58	0.56

图 1-47　新疆棉花产量变动趋势

再选择"系列"选项卡，如图 1-50 所示，对系列名称和值进行设定，分类轴标志选定为"年份"列 A4：A30，确定后进入图表向导的下一步"图表选项"。

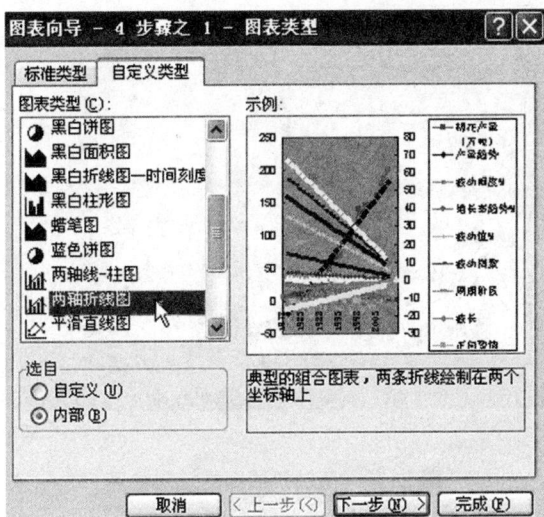

图 1-48　选择"两轴折线图"

波动幅度%	增长率趋势%	波动值%	波动指数	周期阶段	波长	正向警情	负向警情	波动值绝对值	波动指数绝对值	无警
-3.64	25.31	-28.94	-1.14							
49.06	24.53	24.53	1.00							
44.30	23.74	20.56	0.87			中警		20.56	0.866	33.52
28.07	22.96	5.11	0.22			无警		5.11	0.223	32.41

源数据 - 数据区域：
=棉花产量!$D$4:$D$30,棉花产量!$G$4:$G$30

图 1-49　数据源的选择

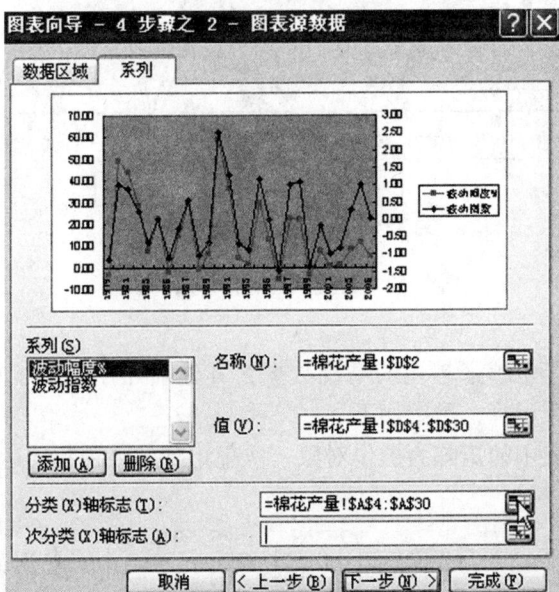

图 1-50　数据系列的设定

（3）图表选项的确定和完成绘制。与条图的"图表选项"设定相似，绘制折线图如图 1-51 所示。

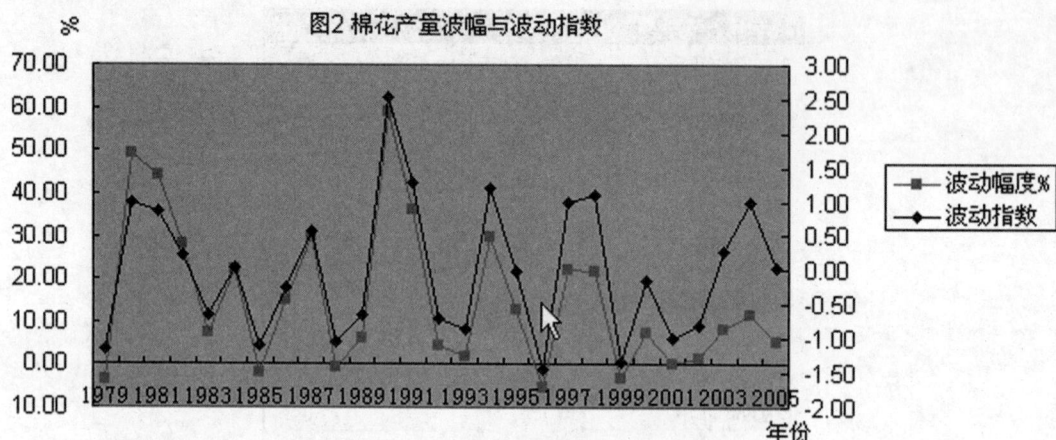

图 1-51　两轴折线图的绘制结果

（4）图的调整和修饰。对图 1-51，可以进行图例、颜色、字体和坐标轴搭配等方面的调整和修饰，与上一案例操作类似，调整和修饰结果如图 1-52 所示。

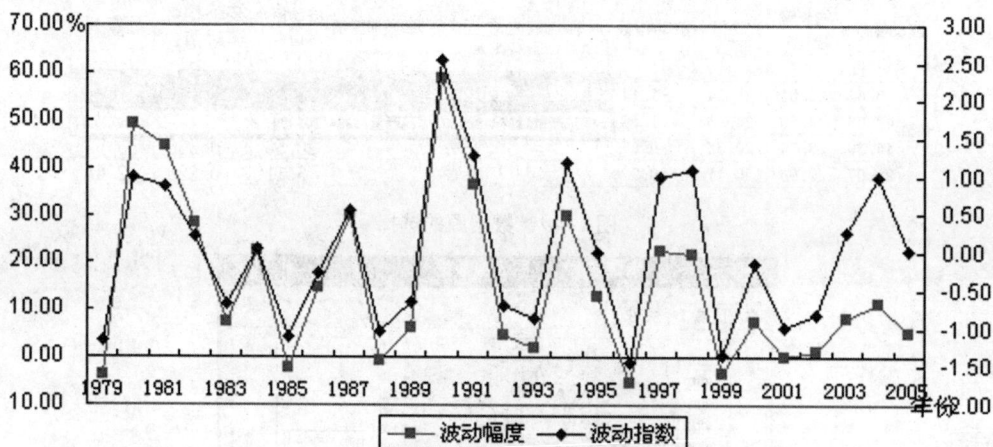

图 1-52　经过调整和修饰后的线图

（六）矩阵运算

信息化的社会产生越来越多的高维数据，其处理往往借助于矩阵的运算，Excel 能够完成一般的矩阵运算，示例如下。

案例：以数据表中的矩阵为操作对象，实现矩阵的乘积和逆运算。

操作步骤如下：

（1）矩阵的乘积。要计算矩阵 $\begin{pmatrix} 2 & 8 \\ 5 & 10 \end{pmatrix}$ 和 $\begin{pmatrix} 5 & 10 & 8 \\ 9 & 3 & 7 \end{pmatrix}$ 的乘积，如图 1-53 所示，选中单元格 E7 作为存放乘积的左上角元素占用的单元格，插入函数 MMULT，用于两个矩阵的乘积运算。在弹出的函数参数设置对话框中，设定好两个矩阵的数据区域，如图 1-54 所示。点击"确定"，数值 82 出现在 E7 单元格。

这两个矩阵的运算结果应该为 2×3 的矩阵。如图 1-55 所示，选定 E7：G8 区域

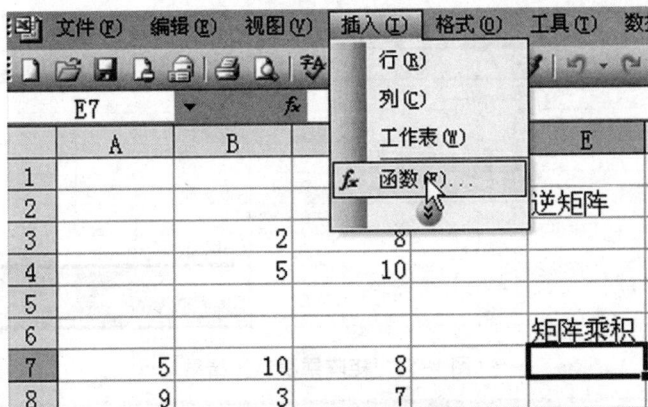

图 1-53　选择函数菜单项

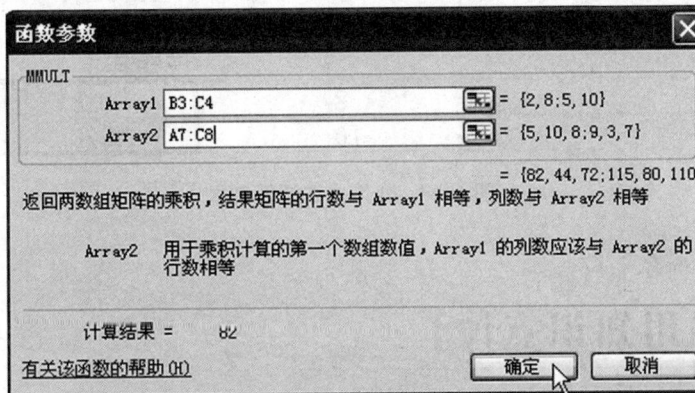

图 1-54　设定矩阵数据区域

后，鼠标点击公式编辑栏，同时按住 Ctrl + Shift + Enter 三联键，运算结果 $\begin{pmatrix} 82 & 44 & 72 \\ 115 & 80 & 110 \end{pmatrix}$ 就出现在选定区域，如图 1-56 所示。

图 1-55　选定矩阵乘积运算结果区域

（2）矩阵的逆运算。对 $\begin{pmatrix} 2 & 8 \\ 5 & 10 \end{pmatrix}$ 求逆运算，需选择 MINVERSE 函数，其他操作与以上乘积运算相似，运算结果 $\begin{pmatrix} -0.5 & 0.4 \\ 0.25 & -0.1 \end{pmatrix}$，如图 1-57 所示。

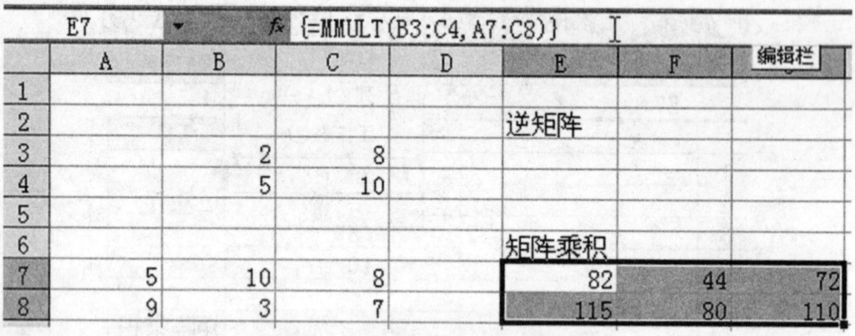

图 1-56   矩阵乘积运算结果

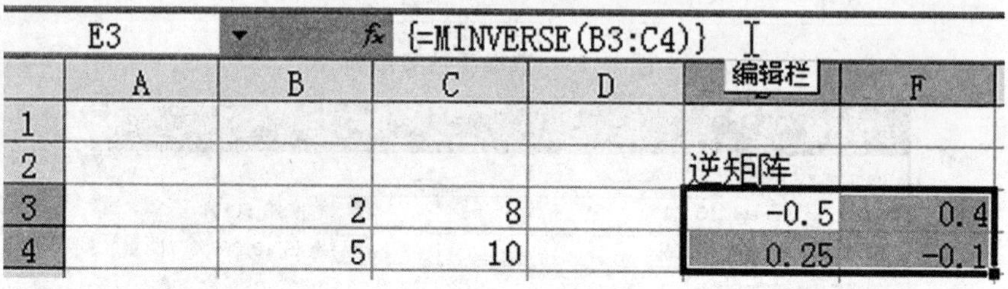

图 1-57   矩阵求逆运算结果

【综合运用知识点评】

统计资料整理是统计分析的重要环节，也是统计分析者需要掌握的最基本的技能，但往往会因为其"常用"和"简单"而被忽视。本实验从基本的统计分组开始，用 Excel 操作展示了频数表的编制，如何巧用函数和公式提高分析效率，Excel 的表分析功能和图呈现方式，以案例详细地演示了图和表的制作过程及注意要点，对制表和表分析概念作了深入的介绍和区分，示范了 Excel 方便快捷的图呈现功能。

【练习与作业】

在一项少数民族体质健康监测的研究中，研究者通过调查取得 25 名高肺活量（肺活量>3 500）回族成年女性的年龄、身高、体重、腰围、臀围和皮褶厚度等身体形态指标资料（见表 1-3）。

表 1-3 高肺活量回族成年女性身体形态指标调研部分资料

序号	城乡类别	年龄（岁）	身高（cm）	体重（kg）	腰围（cm）	臀围（cm）	皮褶厚度（mm）
1	乡村	20	154	46.8	63	80.5	58.6
2	乡村	20	163.4	49.5	68	92	48.7
3	乡村	20	165.1	55.5	74.5	91.5	41.5
4	乡村	21	164.8	56.5	73.5	92.5	88.5
5	乡村	21	162.7	51	66.5	88.5	48
6	乡村	21	165.8	53.5	71.5	85	26.5
7	乡村	22	160.9	48	65	85.5	41.5
8	城市	24	167.4	66	79	101.5	55.5
9	城市	25	161.7	52	75.5	80	53.5
10	乡村	26	155.3	45.8	70	84	56.5
11	城市	26	154	53	73	89	32.5
12	城市	26	164.7	58	86	94	48.5
13	乡村	29	158.5	57	73	94	46.5
14	乡村	30	165.5	60	79	89.5	106.1
15	乡村	32	160	56.3	74	92	90
16	乡村	33	168.4	61.2	75	94	52.5
17	乡村	33	153.4	50.5	74	90.5	69.5
18	乡村	34	161.4	61.5	85	97.5	88
19	乡村	38	163.2	59.5	81.5	92	27
20	城市	39	169	70	95	95	61
21	乡村	42	167.6	59	75	94.5	71.5
22	城市	43	153.2	43	80	83	42
23	城市	47	153	57.5	76.5	92	79.5
24	乡村	49	155	62.5	83.5	98.5	100
25	乡村	51	148.5	54.5	77.5	93.5	122

　　数据经过相关审核，请使用 Excel 工具整理分析以上资料，并进行初步分析，得出简单的分析报告：（1）分析讨论高肺活量回族成年女性的城乡区域分布和年龄分别；（2）比较不同年龄组高肺活量回族成年女性体形各指标的差异及其变化趋势；（3）城乡高肺活量回族成年女性体形身体形态差异的多维比较分析。

【参考文献】

［1］曾五一．统计学［M］．北京：北京大学出版社，2006.

［2］方敏．统计学开放实验［M］．北京：中国统计出版社，2009.

综合实验三　工资收入的众数估计

【实验目的】

改革开放带来了中国经济的飞速发展，与此伴随的是居民收入的显著变化。国家统计局、各科研单位或者调查机构经常发布全国各省市居民收入状况的调查报告，然而这些报告数据经常会引起大多数居民的质疑。为什么大多数居民会产生质疑？为什么他们觉得收入"被提高"了？最重要的原因是各种调查报告以极易受到极端值影响的平均值作为居民收入的代表值。基于此，本实验将以英国男性工人收入数据为研究对象，在拟合收入分布函数的基础上，介绍一种众数的估计方法，因为众数是让占最大比例的大多数居民都认可的重要统计量。实验者需要有统计学、概率论与数理统计、非参数统计等相关理论基础。

【方法概述】

（一）直方图

直方图是用于展示数值型数据中的分组数据频数分布的一种图形，它是用矩形的宽度和高度（即面积）来表示频数分布的。

绘制要点：

（1）坐标轴：横轴代表连续变量的取值，要用相等的距离表示相等的数量。纵轴坐标要从 0 开始。

（2）各矩形间不留空隙，即"条"是不分开的。

（3）对于组距相等的资料可以直接作图；组距不等的资料先进行换算，全部转化为组距相等的频数，用转化后的频数作图。

（二）最大似然估计

随机变量概率密度函数中参数的估计是在假定该随机变量的密度函数形式已知的前提下，对密度函数中的未知参数进行估计，主要的估计方法是最大似然估计法。不妨设总体 X 的分布为 $X \sim f(x; \theta)$，$\theta \in \Theta$，则称 $L(\theta) = L(x_1, \cdots, x_n; \theta) = \prod_{i=1}^{n} f(x_i; \theta)$ 为该总体的似然函数，若有 $\hat{\theta} \in \Theta$ 使得 $L(\hat{\theta}) = \max_{\theta \in \Theta} L(\theta)$，则称 $\hat{\theta}$ 为 θ 的最大似然估计。

（三）核密度估计

最大似然估计是建立在随机变量概率密度函数形式已知的前提下，然而随机变量密度函数具有什么形式往往是未知的，此时我们可以使用密度函数的核估计方法。

假设 $X_1, X_2, \ldots, X_n$ 同分布，其密度函数 $f(x)$ 未知。我们可以从经验分布函数导出密度函数的核估计。设经验分布函数为 $F_n(x) = \dfrac{1}{n}$（$X_1, X_2, \cdots, X_n$ 中小于 x 的个数），则密度估计为 $\hat{f}_n(x) = [F_n(x+h_n) - F_n(x-h_n)] / (2h_n) = \dfrac{1}{nh_n} \sum_{i=1}^{n} K_0\left(\dfrac{X_i - x}{h_n}\right)$，其中 h_n 为窗宽，$K_0(t)$ 为核函数，常见的核函数有高斯核函数、三角形核函数、四次方核函数、六次方核函数等。

【实验背景】

（一）背景材料

近几年来，国家统计局、科研单位或者调查机构经常发布各省市人员工资状况和居民收入状况的数据报告，然而这些数据经常会引起大多数老百姓的质疑，觉得收入"被提高"了。例如，西南财经大学中国家庭金融调查与研究中心在 2012 年发布的备受争议的《中国家庭金融报告》，其数据显示中国家庭财富净值的平均数为665 187元，中位数为 24 000 元。其中，城市家庭财富净值平均数为 1 467 860 元，中位数为 33 340 元；农村家庭财富净值平均数为 117 928 元，中位数为 20 500 元。众所周知，平均数极易受到极端值的影响，如中国家庭财富净值的平均数为 665 187 元，很显然该数据是受到极少数高收入家庭的影响而变大，大多数中国家庭财富净值远远未达到该值。家庭收入的中位数是否可以被占较大比例的中低收入家庭认可呢？答案是否定的。中位数是处于中间位置的数，代表的是"中产阶级"（一般情况下，将家庭收入在中位数三分之二至两倍区间的成年人定义为中产阶级）的收入。像家庭财富净值、工资收入、商品价格、能源消耗、食品支出等一般都服从伽马分布、对数正态分布或者 Logistic 分布等右偏分布，此时，众数要比中位数小，所以代表大多数家庭财富净值的众数要比中位数 24 000 元小，从而占最大比例的众多老百姓觉得收入"被提高"

了。如何找到一个让大多数普通居民都认可的统计量是亟待解决的问题。

政府制定最低工资标准、个人所得税税收政策或增进社会福利的宏观政策时，往往需要知道劳动者收入的分布状况，所以如何根据劳动者个人收入数据计算出收入分布函数是一个非常重要的问题。收入分布函数不仅对准确计算诸如基尼系数在内的不平等指数至关重要，还可以提供对居民收入情况更加全面的描述，比如根据其密度函数是单峰还是双峰我们可以判断是否存在收入的两极分化，基于收入的分布函数我们还可以研究收入分布与其他变量（比如消费）乃至其他变量的分布之间的关系等。更重要的，我们可以根据收入分布函数计算出众数。

（二）理论基础

众数（Mo）是一组数据中出现次数最多的数，其与平均数（$\bar{X}$）、中位数（Me）类似，都是用来描述数据集中趋势的统计量，可以反映数据的一般水平，也可以用来作为一组数据的代表。众数与平均数、中位数有显著不同，首先是计算方法不同，这也导致了其个数不一样，平均数、中位数个数只有一个，但是众数可能有一个，也可能有两个或者多个，也许没有众数；众数一定是原数据中的一个，是真实存在的，而平均数、中位数是通过计算得到的，可能不是原数据中的一个；众数反映的是出现次数最多的数据，从而代表的是"多数水平"，平均数代表"平均水平"，而中位数将数据分成前半部分和后半部分，因此代表数据的"中等水平"。一般情况下，平均数、中位数、众数在数据分布为钟形分布的情况下有如下关系：（1）数据分布呈钟形对称分布时有 $\bar{X}=Me=Mo$，如图 1-58（a）、（b）所示；（2）数据分布呈钟形右偏分布时有 $\bar{X}>Me>Mo$，如图 1-58（c）所示；（3）数据分布呈钟形左偏分布时有 $\bar{X}<Me<Mo$，如图 1-58（d）所示。

离散型数据的众数计算方法非常简单，连续型数据众数的估计比平均数、中位数的估计要困难得多，这限制了众数的广泛应用。众数的估计值通常为被估计出来的概率密度函数的最大值点，而概率密度函数可以借助最大似然估计方法估计。所以，我们可以运用最大似然估计法得到数据的拟合概率密度函数，然后再根据该函数找到众数的估计值。

【实验步骤】

R 软件操作界面主要由五部分组成：菜单栏、工具条按钮、程序运行窗口、程序编辑窗口以及图形窗口，具体如图 1-59 所示。

（一）收入数据描述性统计

本实验采用的是 BHPS（British Household Panel Survey）公布的英国男性工人在 2000 年的收入数据（英镑/月）（详见数据文件 2000uk. txt），下面给出该收入数据的描述性统计量，具体如表 1-4 所示。由均值可知英国男性工人的平均收入为

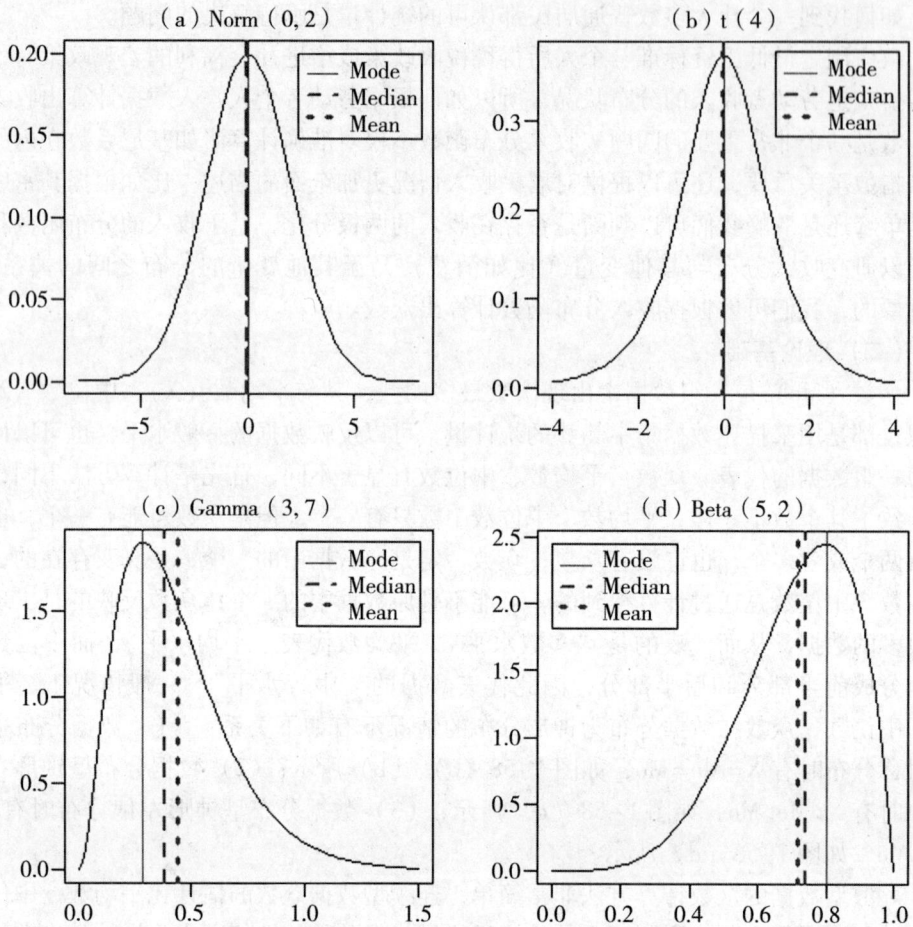

图 1-58   常见分布平均数、中位数、众数位置关系图

1 869.875英镑；中位数为 1 630 英镑，即英国男性工人收入的"中等水平"为 1 630 英镑；根据最大、最小值及标准差可知，英国男性工人收入的波动幅度较大；由偏度和峰度可知，英国男性工人收入服从尖峰、右偏分布。图 1-60 显示的是英国男性工人收入的直方图。

表 1-4   英国男性工人收入数据描述性统计

指标	均值	最大值	最小值	标准差	中位数	偏度	峰度
收入	1 869.875	12 009	43	1 074.451	1 630	2.324628	10.88064

##############R 软件源程序############################
```
rd<-read. table（"c：\ \ 2000uk. txt"，header=TRUE）        ##将数据读入 rd
y=exp（rd $ LNWAGE）
sta<-matrix（c（max（y），min（y））），ncol=2，
dimnames=list（'c1'，c（'Max_y'，'Min_y'））；sta        ##收入最大最小值
```

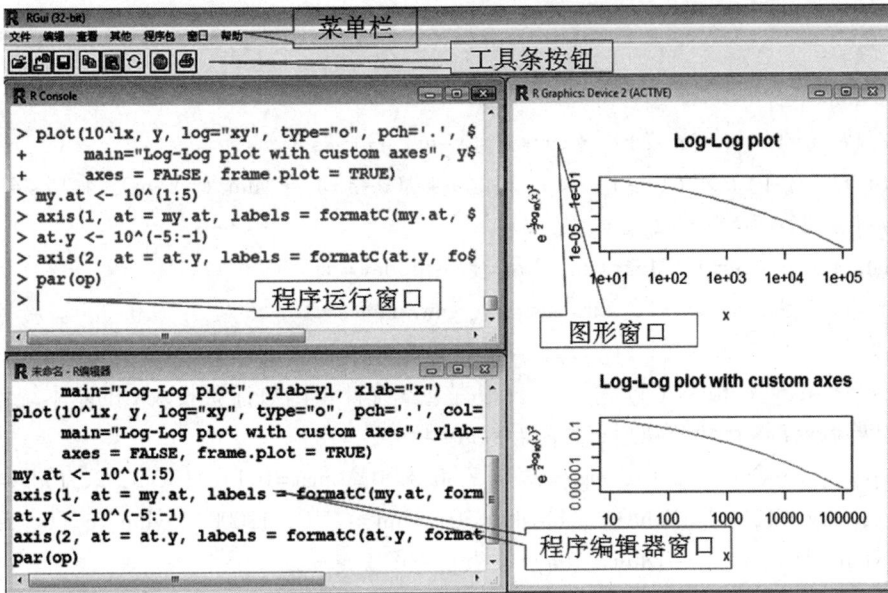

图 1-59　R 软件操作界面

（a）收入直方图

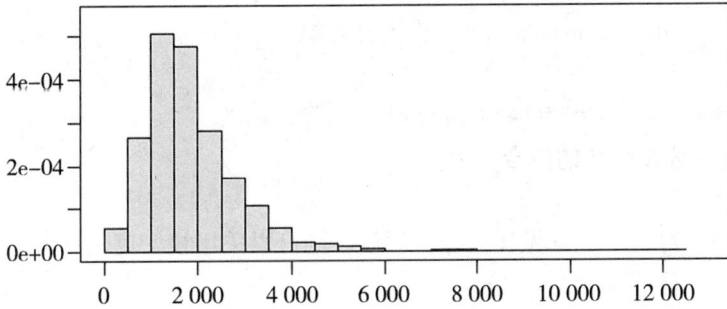

（b）收入直方图

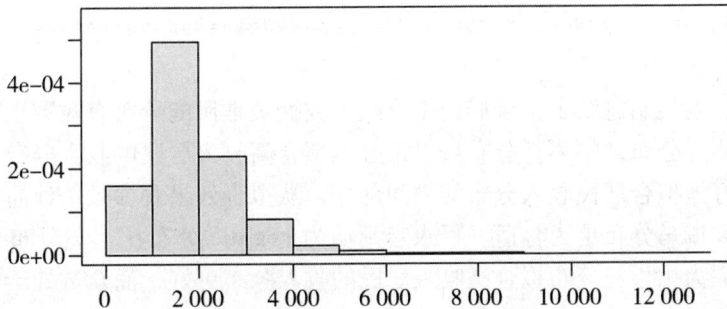

图 1-60　英国男性工人工资收入直方图

```
data_outline<-function（x）{
n=length（x）
m<-mean（x）
```

```
v = var （x）
s = sd （x）
me = median （x）
g1 = n/ （ （n-1） * （n-2）） * sum （ （x-m） ^3） /s^3
g2 = （n * （n+1）） / （（n-1） * （n-2） * （n-3）） * sum （（x-m） ^4） /s^4- （3
* （n-1） ^2） / （ （n-2） * （n-3））
    data. frame （N=n， Mean=m， Var=v， std_dev=s，
Median=me， Skewness=g1， Kurtosis=g2， row. names=1）
    }                              ###计算基本统计量的函数
y_statistic<-data_outline （y）        #根据基本统计量函数计算收入 y 的基本统计量
#####################画直方图#########
op <- par （mfrow=c （2， 1）， mgp=c （1.5， 0.8， 0）， mar=0.1+c （3， 3， 2， 1））
hist （y， prob=T， col="wheat"， breaks=30， xlim=c （0， 13000）， ylim=c （0， 5.5e-
04）， xlab=''， ylab=''， main=' （a） 收入直方图'）
                    #画出收入 y 的直方图
box （）
hist （y， prob=T， col="wheat"， breaks=10， xlim=c （0， 13000）， ylim=c （0， 5.5e-
04）， xlab=''， ylab=''， main=' （b） 收入直方图'）
box （）

#######################################
```

（二） 收入分布函数的拟合

1. 非参数方法

如果我们不对收入数据做任何分布假设，则可以采用核密度估计方法。收入数据的核密度估计具体图像如图 1-61 （a） 所示。

```
#####################核密度估计法###########################
est. y=density （y， from=0， to=13000， bw=200）
######################################################
```

2. 参数方法

黄恒君、刘黎明总结了拟合居民工资收入数据最常用的分布有对数正态分布、伽马分布、帕累托分布。帕累托分布可以很好地拟合高收入居民的收入分布，对数正态分布可以较好地拟合居民收入分布的中间部分，从拟合效果和参数估计简单程度的折中角度考虑，伽马分布更为合适。程永宏则认为 Logistic 分布比上述分布具有更好的拟合效果。因为帕累托分布拟合高收入居民的收入分布更好，而众数处于较低收入群体，所以我们只考虑其他三种常用分布即伽马分布、对数正态分布、Logistic 分布作为备选分布。它们的概率密度函数如下：

伽马分布：

$$f_1(x)=(\lambda^\alpha \Gamma(\alpha))^{-1}x^{\alpha-1}\exp(-x/\lambda)$$

其中，x>0， λ>0， α>0。

对数正态分布：

$$f_2(x) = (\sqrt{2\pi}\lambda x)^{-1}\exp(-(\log(x)-\alpha)^2/(2\lambda^2))$$

其中，x>0，λ>0。

Logistic 分布：

$$f_3(x) = s^{-1}\exp((x-\alpha)/\lambda)(1+\exp((x-\alpha)/\lambda))^{-2}$$

根据收入数据，运用最大似然估计法得到上述三种分布未知参数的最大似然估计值，具体结果见表1-5，图像如图1-61（b）、（c）、（d）虚线所示。

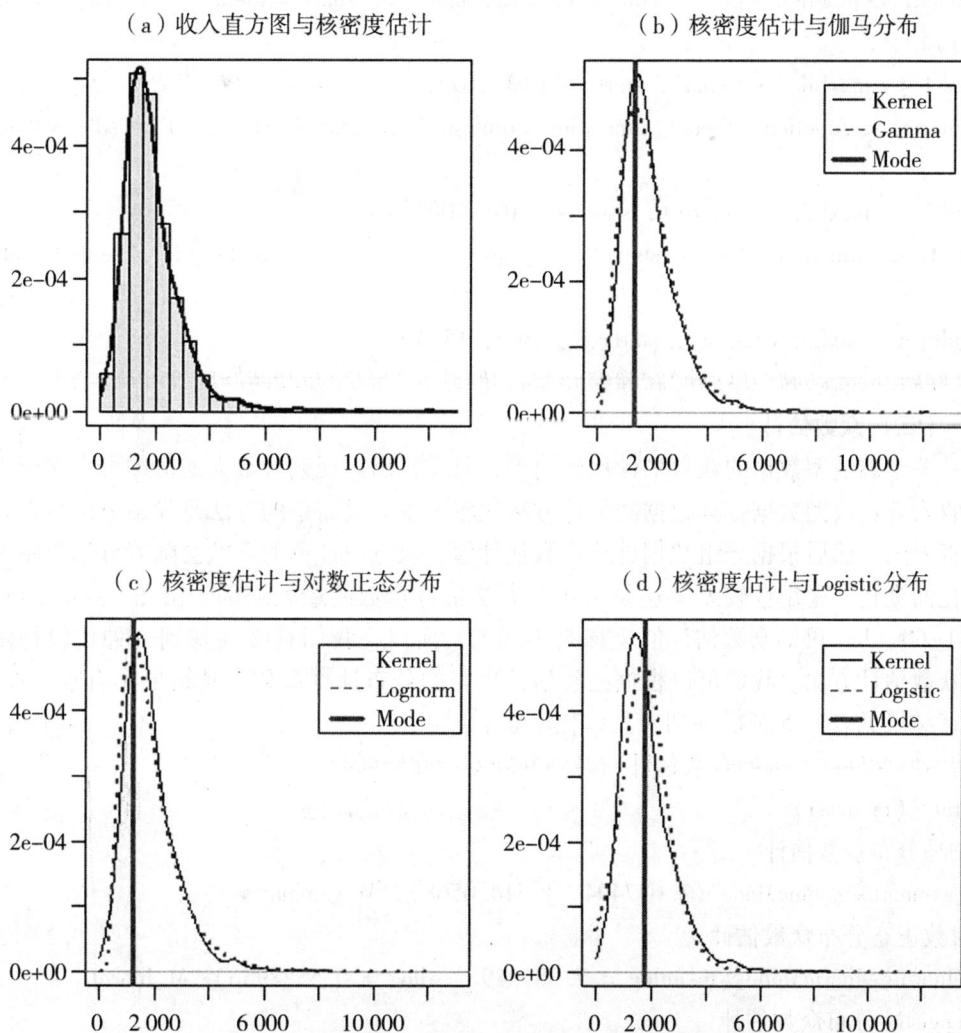

图1-61　参数、非参数方法估计结果的比较图

表 1-5   最大似然估计结果

分布 ＼ 参数	α	λ	最大似然值	众数
Gamma	3.6375	514.0568	−14 209.4300	1 355.8220
Lognorm	7.3899	0.5529	−14 222.3700	1 192.9990
Logistic	1 741.1990	528.6117	−14 359.1700	1 741.1990

```
###########################最大似然估计###########################
library（maxLik）                              #调用最大似然估计包
Gamma1 <-function（theta）sum（log（dgamma（y，shape = theta［1］，scale = theta
［2］)))
result1 <- maxLik（Gamma1，start=c（10，100））
Lognorm1 <-function（theta）sum（log（dlnorm（y，meanlog = theta［1］，sdlog = theta
［2］)))
result2 <- maxLik（Lognorm1，start=c（10，100））
Logist1 <- function（theta）sum（log（dlogis（y，location = theta［1］，scale = theta
［2］)))
result3 <- maxLik（Logist1，start=c（1800，150））
##################################################################
```

（三）众数估计

关于离散型数据的众数估计比较简单，只需找出出现频数最大的值即可。对于工资收入等连续型数据，其数据的估计方法比较困难。最简单的方法是先由分组数据画出直方图，然后根据分组数据计算众数估计值。该方法计算的众数会随着分组组距的变化而变化，稳定性较差，这是采用该方法估计众数的最大缺陷。由图 1-60（a）、图 1-60（b）可知众数估计值应该是不同的。所以，我们有必要找到一种比较稳定的众数估计方法。我们可以根据已经估计出来的分布计算众数，其结果具有唯一性，计算结果见表 1-5 最后一列。具体程序如下：

```
##################众数估计####################
library（modeest）                 #调用众数估计包
#伽马分布众数估计
M_gamma<-gammaMode（3.637494，1/514.0568）；M_gamma
#对数正态分布众数估计
M_lnorm<-lnormMode（meanlog = 7.389919，sdlog = 0.5528956）；M_lnorm
# Logistic 分布众数估计
M_logis<-logisMode（1741.199，528.6117）；M_logis
##################################################
```

（四）结论

根据表 1-5 的结果，由最大似然原理可知，我们采用伽马分布拟合英国男性工

人收入数据。此时，可以计算伽马分布的参数分别取 3.6375，514.0568 时的众数为
1 355.8220 英镑。很明显，众数要比中位数和平均数小得多。

【综合运用知识点评】

本实验从收入分布函数拟合的角度研究了工资收入数据众数的估计问题，首先根据工资收入数据设定三种分布函数，然后根据最大似然原理从设定的三种分布函数中找到拟合工资收入分布最优的伽马分布，最后根据伽马分布的众数计算公式得到工资收入数据的众数估计量。然而，参数估计方法估计众数有以下几个缺陷：（1）已知的分布类型是有限的，而我们所研究的现象是无限的；（2）在这些有限的分布类型中选择最恰当的分布存在较大困难。为了克服上述缺陷，有一种无需设定分布类型而直接根据调查数据估计众数的方法——半极差众数，有兴趣的读者可以参阅相关文献。

【练习与作业】

1. 基于 2008 年中国综合社会调查数据（CGSS）（详见数据文件 cf. txt），利用参数估计方法对中国城镇女性居民月工资收入的众数进行估计。
2. 使用下列文献［9］中介绍的半极差众数方法估计中国城镇女性居民月工资收入的众数。

【参考文献】

［1］ HENDERSON D J. A Test for Multimodality of Regression Derivatives with Application to Nonparametric Growth Regressions ［J］. Journal of Applied Econometrics, 2010, 25 (3): 458-480.

［2］ PARK C. How Does Changing Age Distribution Impact Stock Prices? A Nonparametric Approach ［J］. Journal of Applied Econometrics, 2010, 25 (7): 1155-1178.

［3］ PARK J Y, QIAN J. Functional Regression of Continuous State Distributions

［J］. Journal of Econometrics，2012，167（2）：397-412.

［4］邹亚宝. 算数平均数、中位数、众数的代表性研究［J］. 统计与信息论坛，2004，19（1）：92-94.

［5］黄恒君，刘黎明. 一种收入分布函数序列的拟合方法及扩展应用［J］. 统计与信息论坛，2011，26（12）：14-18.

［6］程永宏. 二元经济中城乡混合基尼系数的计算与分解［J］. 经济研究，2006（1）：109-120.

［7］吴海建. 众数计算问题之我见——数值型数据集中趋势测度探讨［J］. 统计研究，2002，（8）：58-60.

［8］陈黎钦，程细玉. 众数计算的进一步讨论［J］. 龙岩学院学报，2012，30（5）：13-16.

［9］田茂茜，虞克明. 连续型数据众数估计方法及应用研究［J］. 数学的实践与认识，2013，（20）：45-53.

综合实验四　基于 Copula 函数的上证综指与深证成指的相关性分析

【实验目的】

由随机向量的联合分布可以确定各自的边缘分布，然而由边缘分布却很难确定联合分布。在给定几个随机变量的边缘分布的条件下，如何确定它们的联合分布是一个非常重要的问题。本实验将以金融风险管理领域中的上证综指与深证成指收益率的相关性分析为例，介绍在边缘分布已知的条件下如何运用 Copula 函数理论确定联合分布。实验者需要具备扎实的概率论与数理统计知识与金融学基本理论。

【方法概述】

（一）矩估计

若总体 X 的 k 阶原点矩为 $\alpha_k = E(X^k)$ ，则 k 阶样本原点矩 $\widehat{\alpha}_k = \dfrac{1}{n} \sum\limits_{i=1}^{n} X_i^k$ ；若 k 阶中心矩为 $\beta_k = E\{[X-E(X)]^k\}$ ，则 k 阶样本中距为 $\widehat{\beta}_k = \dfrac{1}{n} \sum\limits_{i=1}^{n} (X_i - \bar{X})^k$ 。

（二）QQ 图检验法

QQ 图（Quantile-Quantile Plots）检验法是检验样本点是否来自于某一给定分布的图的方法，具体来说是用升幂重新排列的样本点和该分布的分位数做的散点图，如果 QQ 散点图与斜率为 1 的直线大致重合，表明被检验的样本点来自该分布；如果在尾部一端或者两端有很大的摆动，则可以得出被检验的样本点不是来自该分布的判断。

【实验背景】

（一）背景材料

在金融风险管理领域，具有尖峰、肥尾、有偏等特性的金融资产收益率之间的非线性相依结构的准确刻画是一个非常重要的问题。例如，计算单个金融资产的 VaR 时相对比较容易，但计算多个组合资产的 VaR 时会遇到很大的困难，主要问题在于如何刻画资产组合的联合分布。Copula 函数解决了在给定几个金融资产收益率的边缘分布的条件下，其联合分布如何确定的问题。

（二）理论基础

1. 收益率及其分布

（1）收益率

在金融风险管理领域，金融资产收益率一般由金融资产价格的自然对数的一阶差分来计算，即 $r_t = \ln P_t - \ln P_{t-1}$，其中 P_t，r_t 分别为第 t 期金融资产的价格和收益率。

（2）收益率的分布

金融资产收益率往往具有尖峰、肥尾及有偏等特性，所以传统的正态分布、Student-t 分布在刻画单个金融资产收益率特征时就会产生严重的后果。刻画尖峰、肥尾、有偏等特性的分布有很多，比如非对称 Laplace 分布、广义四参数非对称 Laplace 分布等，关于这些分布的参数估计及应用，Yu 和 Zhang 做了系统的阐述。下面给出非对称 Laplace 分布的定义及相关性质。

定义1：若随机变量 X 有如下的概率密度函数形式：

$$f(x \mid \mu, \sigma, p) = \frac{p(1-p)}{\sigma} \exp\left\{-\frac{x-\mu}{\sigma}(p - I_{[x \leq \mu]})\right\} \tag{1-1}$$

则称随机变量 X 服从位置参数为 μ，尺度参数为 σ，形状参数为 p 的非对称 Laplace 分布，不妨记为 X ~ ALD（μ，σ，p）。其中：位置参数 μ 恰好为 ALD（μ，σ，p）的 p 分位数；尺度参数 σ 表示该分布的波动程度；形状参数 p ∈（0，1）控制着该分布的偏斜程度，当 p ∈（0.5，1）时左偏，当 p ∈（0，0.5）时右偏，当 p = 0.5 时为对称分布。

图 1-62 所画曲线为位置参数等于 0、尺度参数和形状参数分别取不同值时用蒙特卡罗随机模拟方法生成的随机样本直方图与相应的概率密度函数曲线。上面两幅图的尺度参数等于 0.8，波动幅度小一些；下面两幅图的尺度参数等于 4.8，波动幅度要大得多。左侧两幅图形状参数为 0.3，即右偏；右侧两幅图形状参数为 0.7，即左偏。

如果 X ~ ALD（μ，σ，p），则其分布函数为：

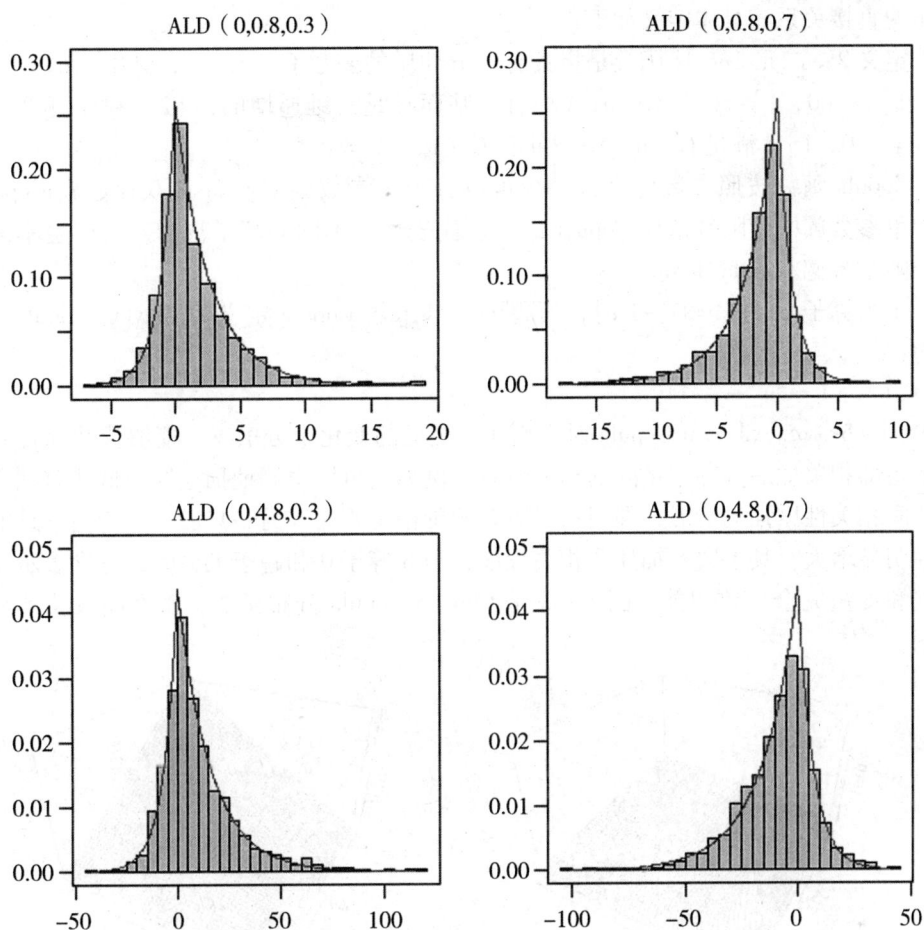

图 1-62　取不同参数时非对称 Laplace 分布的概率密度函数曲线

$$y=F\ (x\,|\,\mu,\ \sigma,\ p)=\begin{cases} p\ exp\ [\,p\ (1-p)\ \sigma^{-1}\ (x-\mu)\,], & x\leqslant\mu \\ 1-\ (1-p)\ exp\ [-p\sigma^{-1}\ (x-\mu)\,], & x>\mu \end{cases} \tag{1-2}$$

如果 $X \sim ALD\ (\mu,\ \sigma,\ p)$，则其分位数函数为：

$$x=F^{-1}\ (y\,|\,\mu,\ \sigma,\ p)=\begin{cases} \mu+(1-p)^{-1}\sigma ln\ (p^{-1}y), & 0\leqslant y\leqslant p \\ \mu-p^{-1}\sigma ln\ ((1-p)^{-1}\ (1-y)), & p<y\leqslant 1 \end{cases} \tag{1-3}$$

关于非对称 Laplace 分布的参数估计我们采用最简单的矩估计法。如果随机变量 $X \sim ALD\ (\mu,\ \sigma,\ p)$，我们可以根据（1-1）式计算出随机变量 X 的数学期望为 $E\ (X)=\mu+\sigma\ (1-2p)\ p^{-1}(1-p)^{-1}$，方差为 $Var\ (X)=\sigma^2\ (1-2p+2p^2)\ (1-p)^{-2}p^{-2}$，偏度为 $Skew\ (X)=2\ [\,(1-p)^3-p^3\,]\ [\,(1-p)^2+p^2\,]^{-3}$。根据偏度公式可以计算出形状参数 p 的矩估计，然后利用方差公式计算出尺度参数 σ 的矩估计，最后利用期望公式计算出位置参数 μ 的矩估计。

2. Copula 函数理论

（1）Copula 函数

Copula 函数最早由 Sklar 提出，它建立了多维随机向量的联合分布与其一维边缘分布的直接关系，具体定义如下：

定义 2：二元 Copula 函数是指具有以下性质的函数 C (u, v)，其中 (u, v) ∈ [0, 1] × [0, 1]：(1) C (u, v) 有零基面且是二维递增的；(2) 对于任意变量 u, v ∈ [0, 1]，满足 C (u, 1) = u 和 C (1, v) = v。

Copula 函数按照参数的个数多少可以分为单参数族 Copula 和双参数族 Copula，其中单参数族中的阿基米德 Copula 最具有代表性，不同的算子选择，会产生不同类别的阿基米德 Copula 函数。

①当算子 φ (t) = $t^{-\delta}-1$ 时，所得的阿基米德 Copula 定义为 Clayton Copula，形式为：

$$C (u, v) = (u^{-\delta}+v^{-\delta}-1)^{-1/\delta} \tag{1-4}$$

其中，$0<\delta<+\infty$。Clayton Copula 对变量在下尾处的变化十分敏感，能够快速捕捉到具有下尾部相关性的金融变量间的相关关系，例如它可以很好地描述股市低迷时期不同股票间相关性增强的情形，即当一只股票的价格暴跌时，另一只股票的价格暴跌的可能性明显增大。其参数 δ 描述了相关程度，当 δ 等于 0 和趋于无穷时，分别表示变量独立和变量完全一致相关。图 1-63 是 Clayton Copula 分布函数、密度函数及其等高线图。

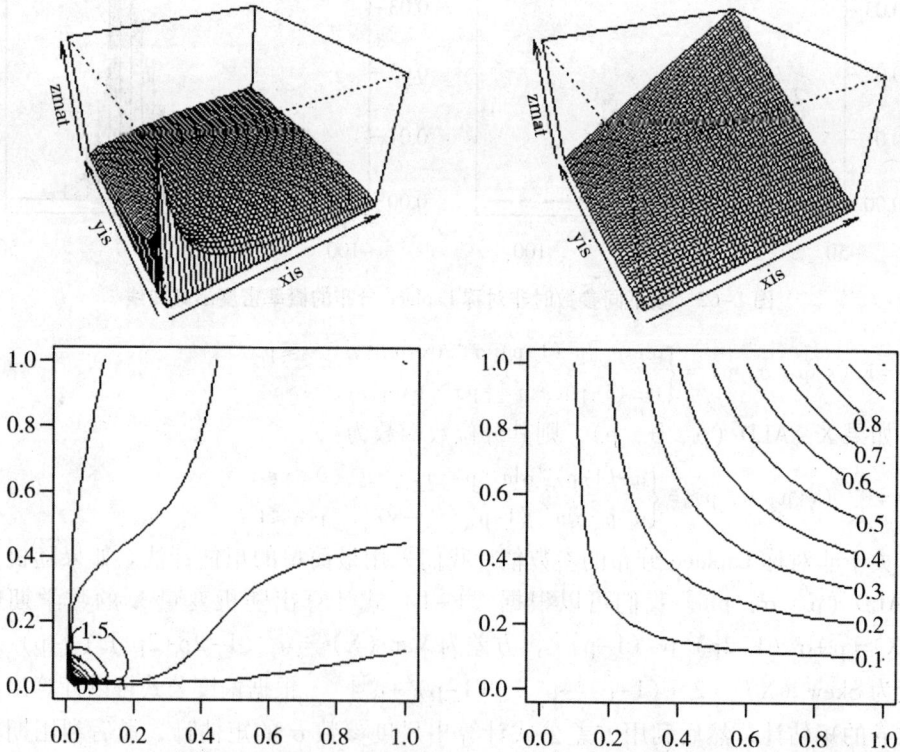

图 1-63 Clayton Copula 分布函数、密度函数及其等高线图

②当算子 φ (t) = $(-\ln t)^{\delta}$ 时，得到 Gumbel Copula，形式为：

$$C (u, v) = \exp (-[(-\ln u)^{\delta}+(-\ln v)^{\delta}]^{1/\delta}) \tag{1-5}$$

其中，$\delta \geqslant 1$。Gumbel Copula 对变量在上尾处的变化十分敏感，能够快速捕捉到具有上尾部相关性的金融市场的相关关系，例如它可以很好地描述股市繁荣时期不同股票间相关性增强的情形，即当一只股票的价格暴涨时，另一只股票的价格暴涨的可能性明显增大。其参数 δ 描述了相关程度，当 δ 等于 1 和趋于无穷时，分别表示变量独立和变量完全一致相关。图 1-64 是 Gumbel Copula 分布函数、密度函数及其等高线图。

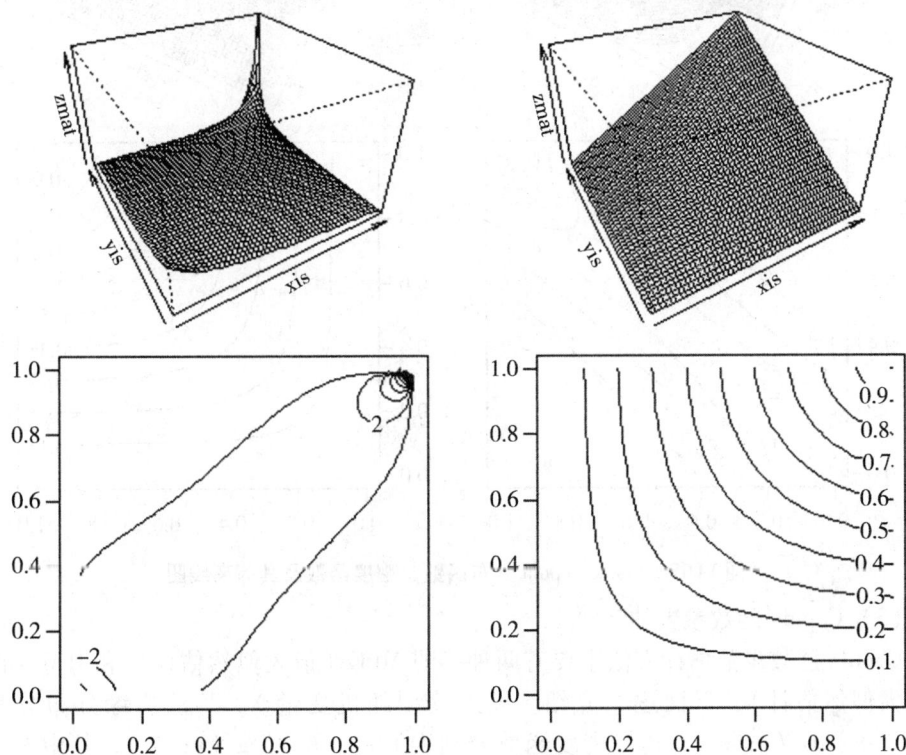

图 1-64 Gumbel Copula 分布函数、密度函数及其等高线图

③当算子 $\varphi(t) = -\ln \dfrac{e^{-\theta t}-1}{e^{-\theta}-1}$ 时，得到 Frank Copula，形式为：

$$C(u, v) = -\delta^{-1}\ln\left[1+\dfrac{(e^{-\delta u}-1)(e^{-\delta v}-1)}{e^{-\delta}-1}\right] \tag{1-6}$$

其中，$\delta \in R\backslash\{0\}$。Frank Copula 对变量在上下尾相关性的变化都不敏感，无法捕捉到金融市场间的非对称相关关系，但是 Frank Copula 较之 Gumbel Copula 和 Clayton Copula 有一个特性，可以描述两个金融变量负相关的情况。图 1-65 是 Frank Copula 分布函数、密度函数及其等高线图。

（2）Sklar 定理

下面我们给出重要的 Sklar 定理，这是 Copula 函数理论的基础：

Sklar 定理：设 H（x，y）是随机向量（X，Y）的联合分布函数、边缘分布分别为 u=F（x）和 v=G（y），则对所有的（x，y）$\in R^2$，存在 Copula 函数 C（u，v）满足 H（x，y）= C（F（x），G（y））；若 F（x）和 G（y）都是连续的，则函数 C（u，v）唯一。

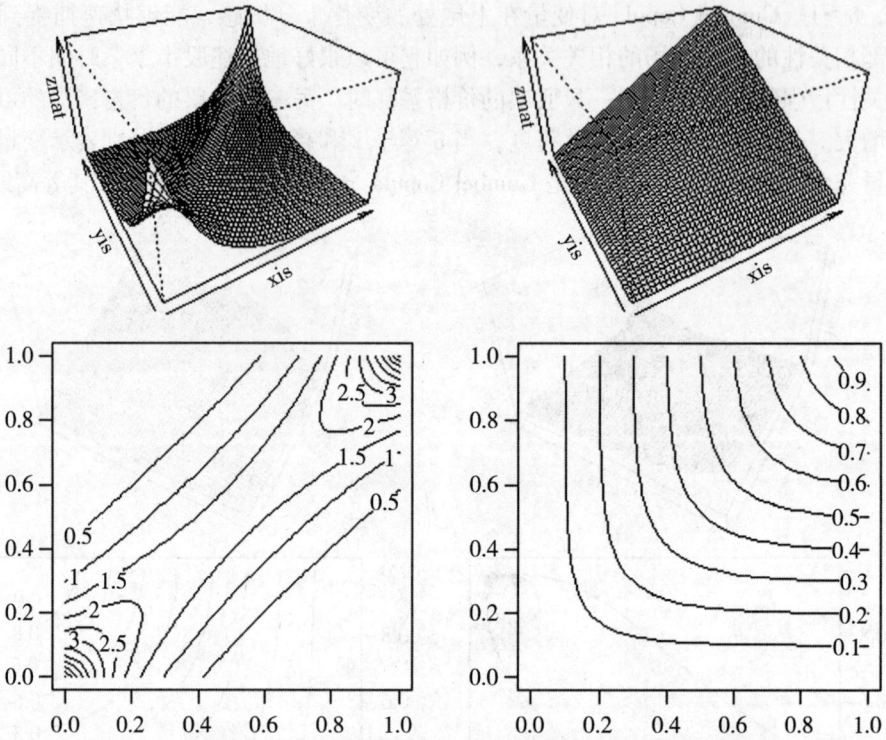

图 1-65 Frank Copula 分布函数、密度函数及其等高线图

（3）Copula 函数参数估计

Copula 函数参数估计方法主要有两种，即 MLE（最大似然估计）和 IFM（两阶段最大似然估计），下面逐一介绍。设连续型随机变量 X，Y 的边缘分布分别是 $F(x; \theta_1), G(y; \theta_2)$，边缘密度函数分别为 $f(x; \theta_1)$，$g(y; \theta_2)$，其中 θ_1，θ_2 为边缘分布的未知参数。设选取的 Copula 分布函数为 $C(u, v; \delta)$，Copula 密度函数为 $c(u, v; \delta) = \dfrac{\partial^2 C(u, v; \delta)}{\partial u \partial v}$，其中 δ 为 Copula 函数中的未知参数。如果 (X_i, Y_i) $(i=1, 2, \ldots, n)$ 为随机样本则似然函数为：

$$L(\theta_1, \theta_2, \delta) = \prod_{i=1}^{n} c\left[F(x_i; \theta_1), G(y_i; \theta_2); \delta\right] f(x_i; \theta_1) g(y_i; \theta_2)$$

相应的对数似然函数为：

$$\ln L(\theta_1, \theta_2, \delta) = \sum_{i=1}^{n} \ln c[F(x_i; \theta_1), G(y_i; \theta_2); \delta] + \sum_{i=1}^{n} \ln f(x_i; \theta_1) + \sum_{i=1}^{n} \ln g(y_i; \theta_2)$$

$$(1-7)$$

求解对数似然函数的最大值点，即可得到边缘分布和 Copula 函数中的未知参数 θ_1，θ_2，δ 的极大似然估计，这种参数估计方法称为极大似然估计，简称 MLE 估计。

如果边缘分布和 Copula 函数中有太多的参数，直接用 MLE 方法估计，精确的数值计算非常困难，此时可以考虑分步估计。先由边缘分布利用最大似然估计法求出 θ_1，θ_2 的估计 $\hat{\theta}_1 = \arg\max \sum_{i=1}^{n} \ln f(x_i; \theta_1)$，$\hat{\theta}_2 = \arg\max \sum_{i=1}^{n} \ln f(x_i; \theta_2)$，然后把 $\hat{\theta}_1$，

$\hat{\theta}_2$ 代入(1 - 7)式等号右边第一项中，求出 Copula 函数中的未知参数 δ 的估计 $\bar{\delta}$ = arg max $\sum\limits_{i=1}^{n}$ lnc （F（x_i；$\hat{\theta}_1$），G（y_i；$\hat{\theta}_2$）；δ）。这种参数估计方法称为分步估计，简称 IFM 估计。

3. 基于 Copula 函数理论的相关性分析

在金融风险分析中，讨论金融变量的尾部相关性（即极端事件的发生）是非常有意义的，例如股票市场中一只股票价格高涨（或者暴跌）后，是否会引起其他股票价格的高涨（或者暴跌）。这种极端事件的发生所引起的金融变量的尾部相关性，用 Copula 函数处理十分方便。1997 年，Joe 构造了度量这种尾部相关性的尾部相关系数。

定义 3：令二维随机向量（X，Y）的边缘分布分别为 F（x），G（y），联合分布由 Copula 函数 C（u，v）建立，分别定义：

$$\lambda^{upper} = \lim_{u \to 1} P\ \{Y > G^{-1}(u)\ |\ X > F^{-1}(u)\}$$

$$\lambda_{lower} = \lim_{u \to 0} P\ \{Y < G^{-1}(u)\ |\ X < F^{-1}(u)\}$$

为上尾相关系数和下尾相关系数。

若 λ^{upper}（或者 λ_{lower}）存在且在区间（0，1]内，则随机变量 X，Y 上尾（或者下尾）相关；若 λ^{upper}（或者 λ_{lower}）等于零，则随机变量 X，Y 在尾部相关系数意义下相互独立。

尾部相关系数的使用特别方便，其被广泛应用于极值理论的测度，用来表示当一个观测变量的实现值为极值时，另一个变量也出现极值的概率。例如研究两只股票的相关性时，上尾相关系数可以直观反映一只股票价格暴涨后，是否会引起另一只股票价格的暴涨，下尾相关系数可以直观反映一只股票价格暴跌后，是否会引起另一只股票价格的暴跌。

尾部相关系数与阿基米德 Copula 的参数 δ 有如表 1-6 所示的一一对应关系，由对应关系可以发现 Clayton Copula 的下尾相关系数及 Gumbel Copula 的下尾相关系数均随着 Copula 参数 δ 的增大而增大，随着 Copula 参数 δ 的减小而减小。

表 1-6　　　　　　　　　　　沪深指数收益率描述性统计

Copula 类型	Frank	Clayton	Gumbel
λ^{upper}	0	0	$2-2^{\frac{1}{\delta}}$
λ_{lower}	0	$2^{-\frac{1}{\delta}}$	0

【实验步骤】

R 软件操作界面主要由五部分组成：菜单栏、工具条按钮、程序运行窗口、程序编辑窗口以及图形窗口，具体如图 1-66 所示。

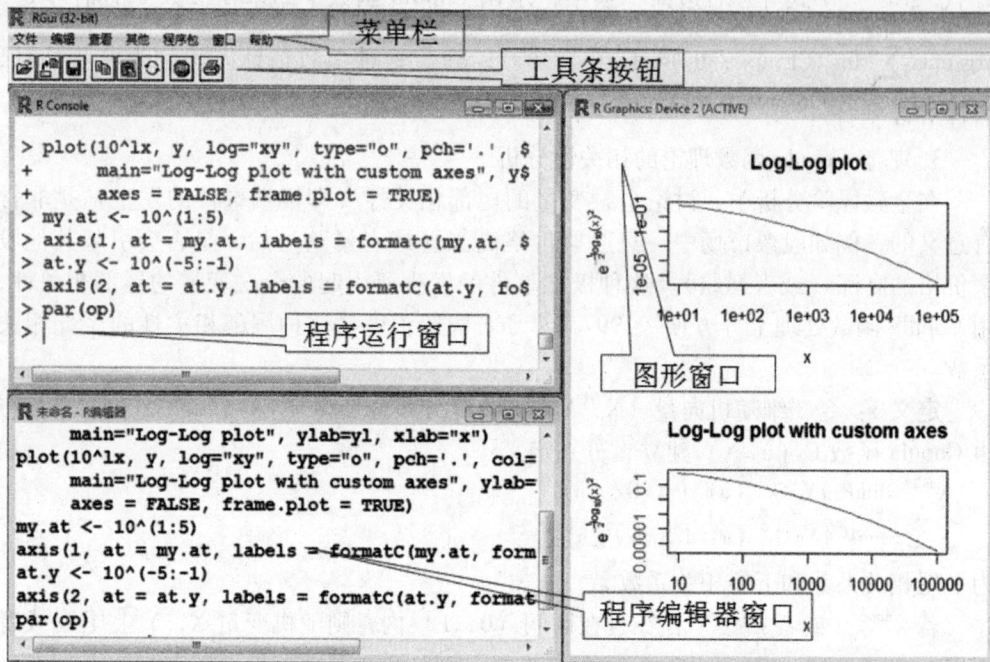

图 1-66 R 软件操作界面

（一）上证综指、深证成指收益率描述性统计

我们选取上证综指和深证成指在 2003 年 1 月 2 日—2011 年 3 月 28 日共 1 993 个交易日的收盘数据（数据选自大智慧软件，详见 shsh. txt），日收益率由上述两指数自然对数的一阶差分来计算，即 $r_t = \ln P_t - \ln P_{t-1}$。下面给出收益率数据的描述性统计量，具体如表 1-7 所示。由均值可知深证成指收益率的平均值要大于上证综指收益率；根据最大、最小值及标准差可知，深证成指收益率的波动幅度要大于上证综指收益率的波动幅度；由偏度和峰度可知，沪深指数收益率服从尖峰、左偏分布。因此，如果我们仍用正态分布来描述沪深指数收益率则会产生很大的偏差。

表 1-7   沪深指数收益率描述性统计

指标	均值	最大值	最小值	标准差	偏度	峰度
深证成指收益率	0.0786	9.1615	-9.7500	1.9690	-0.3279	2.4976
上证综指收益率	0.0409	9.0343	-9.2562	1.7838	-0.2851	3.1276

##############R 软件源程序###############################

```
rd<-read. delim（'C：\ \ shsh. txt'）                    #将数据读入 rd
x<-rd $ shenzhen                                        #x 表示深证成指收益率
y<-rd $ shanghai                                        #y 表示上证综指收益率
sta<-matrix（c（max（x），min（x），max（y），min（y））），ncol=4，
dimnames＝list（'c1'，c（'Max_x'，'Min_x'，'Max_y'，'Min_y'）），sta  #x, y 的最大
最小值
```

```
##计算基本统计量函数
data_outline<-function（x）
{
n=length（x）
m<-mean（x）
v=var（x）
s=sd（x）
me=median（x）
g1=n/（（n-1）*（n-2））*sum（（x-m）^3）/s^3
g2=（n*（n+1））/（（n-1）*（n-2）*（n-3））*sum（（x-m）^4）/s^4-（3
*（n-1）^2）/（（n-2）*（n-3））
data. frame（N=n, Mean=m, Var=v, std_dev=s,
Median=me, Skewness=g1, Kurtosis=g2, row. names=1）
}
x_statistic<-data_outline（x）        #根据基本统计量函数计算 x 的基本统计量
y_statistic<-data_outline（y）        #根据基本统计量函数计算 y 的基本统计量
##################################
```

（二）基于 Copula 函数的相关性分析

1. 边缘分布的估计

现在考虑沪深指数收益率的分布问题。假设它们服从非对称 Laplace 分布，我们采用矩估计法对分布的参数进行估计。具体方法为解下列方程组：

$$\begin{cases} E（X）=\mu+\sigma（1-2p）p^{-1}(1-p)^{-1} \\ Var（X）=\sigma^2（1-2p+2p^2）(1-p)^{-2}p^{-2} \\ Skew（X）=2[(1-p)^3-p^3][(1-p)^2+p^2]^{-3} \end{cases}$$

或者

$$\begin{cases} \mu=E（X）-\sigma（1-2p）p^{-1}(1-p)^{-1} \\ \sigma=\sqrt{\dfrac{Var（X）(1-p)^2p^2}{1-2p+2p^2}} \\ [(1-p)^2+p^2]^3 Skew（X）-2[(1-p)^3-p^3]=0 \end{cases}$$

根据偏度公式可以计算出形状参数 p 的矩估计，然后利用方差公式计算出尺度参数 σ 的矩估计，最后利用期望公式计算出位置参数 μ 的矩估计。

```
#############R 软件源程序########################
#下面是关于 x 的非对称 Laplace 分布参数估计
E_x<-x_statistic $ Mean            ##x 的样本均值
Var_x<-x_statistic $ Var           ##x 的样本方差
Sk_x<-x_statistic $ Skewness       ##x 的样本偏度
#定义关于形状参数的多项式函数
f_x<-function（p）(p^2+（1-p）^2)^1.5*Sk_x-2*（（1-p）^3-p^3）
```

```
uniroot_x<-uniroot（f_x, c（0，1））
p_x<-uniroot_x $ root                          ##x 的形状参数的矩估计
sigma_x<-sqrt（（Var_x * p_x^2 *（1-p_x）^2）/（1-2 * p_x+2 * p_x^2））    ##x 的
尺度参数的矩估计
mu_x<-E_x-sigma_x *（1-2 * p_x）/sqrt（p_x *（1-p_x））    ##x 的位置参数的矩
估计
#下面是关于 y 的非对称 Laplace 分布参数估计
E_y<-y_statistic $ Mean
Var_y<-y_statistic $ Va
Sk_y<-y_statistic $ Skewness
f_y<-function（p）（p^2+（1-p）^2）^1.5 * Sk_y-2 *（（1-p）^3-p^3）
uniroot_y<-uniroot（f_y, c（0，1））
p_y<-uniroot_y $ root
sigma_y<-sqrt（（Var_y * p_y^2 *（1-p_y）^2）/（1-2 * p_y+2 * p_y^2））
mu_y<-E_y-sigma_y *（1-2 * p_y）/sqrt（p_y *（1-p_y））
#显示最后结果
Laplace_xpa<-c（mu_x, sigma_x, p_x）；Laplace_xpa
Laplace_ypa<-c（mu_y , sigma_y, p_y）；Laplace_ypa
########################################
```

参数估计结果见表 1-8。由位置参数、尺度参数、形状参数、偏度参数可知，沪深指数收益率的分布都是左偏的，但是后者较前者左偏的程度稍大，波动幅度后者较前者偏大，而且上证综指收益率的分位数水平为 0.6264 的分位数等于 0.1257，深证成指收益率分位数水平为 0.6898 的分位数等于 0.1863。所有分布参数估计结果表现出来的特征与表 1-8 中的描述性统计量刻画的特征相吻合。沪深指数收益率直方图及其相应的概率密度函数曲线图如图 1-67 所示。

表 1-8 非对称 Laplace 分布参数估计值

参数	位置参数	尺度参数	形状参数
上证综指收益率	0.1257	0.6264	0.5338
深证成指收益率	0.1863	0.6898	0.5389

```
#############R 软件源程序###############################
####################非对称 Laplace 概率密度函数，即（1-1）式的程序实现
ALP_pdf<-function（t, p, sigma, mu）
{
z<-numeric（length（t））
  for（i in 1：length（t））
{
if（t［i］>mu）
```

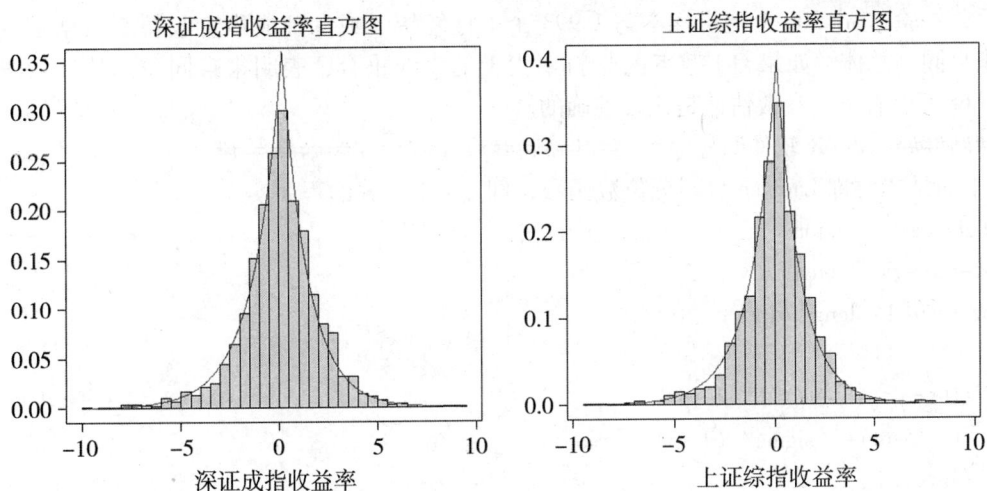

图 1-67 上证综指、深证成指收益率直方图

z [i] <-p * (1-p) /sigma * exp (- (t [i] -mu) * p/sigma)

  else
z [i] <-p * (1-p) /sigma * exp ((1-p) * (t [i] -mu) /sigma)
}
z
}
#下面画直方图及概率密度函数曲线图
hist (x, breaks =40, prob =T, col =" wheat", ylim =c (0, 0.35), xlab ='深证成指
收益率', ylab ='概率密度', main ='深证成指收益率直方图')
box ( )
alp = ALP_pdf (sort (x), p_x, sigma_x, mu_x)
lines (sort (x), alp, lty =1, col =2)

hist (y, breaks =40, prob =T, ylim =c (0, 0.4), xlab ='上证综指收益率', ylab ='概
率密度', main ='上证综指收益率直方图', col =" wheat")
box ( )
y1 <-sort (y)
alp = ALP_pdf (y1, p_y, sigma_y, mu_y)
lines (y1, alp, lty =1, col =2)
###
2. 边缘分布的检验
关于边缘分布参数的检验，采用 QQ 图检验法。具体步骤为：首先，生成 n =300
个标准均匀分布 U (0，1) 随机数；其次，将表 1-8 中的参数估计值代入 (1-3) 式
非对称 Laplace 分布分位数函数便得到 n =300 个非对称 Laplace 分布的随机样本；最

后，检验这 n=300 个随机样本与 1 993 个上证综指（或深证成指）收益率数据是否来自同一总体。如果 QQ 散点图与斜率为 1 的直线重合，表明来自同一总体。从图 1-68可以看出，参数估计是比较准确的。

###############R 软件源程序###############################

```
#下面是非对称 Laplace 分布分位数函数，即（1-3）式的程序实现
Qlaplace<-function（y，p，sigma，mu）{
z<-numeric（length（y））
for（i in 1：length（y））
{
if（0<=y[i]&y[i]<=p）
z[i]<-mu+（sigma/（1-p））*log（y[i]/p）
if（p<y[i]&y[i]<=1）
z[i]<-mu-（sigma/p）*log（（1-y[i]）/（1-p））
}
z
}
#下面画 QQ 图
qqplot（x，Qlaplace（runif（300），p_x，sigma_x，mu_x），
main="QQ-Plot"，xlab='深证成指'，ylab='QLaplace Quantile'）
abline（0，1，col='red'）
qqplot（y，Qlaplace（runif（300），p_y，sigma_y，mu_y），
main="QQ-Plot"，xlab='上证综指'，ylab='QLaplace Quantile'）
abline（0，1，col='red'）
#####################################
```

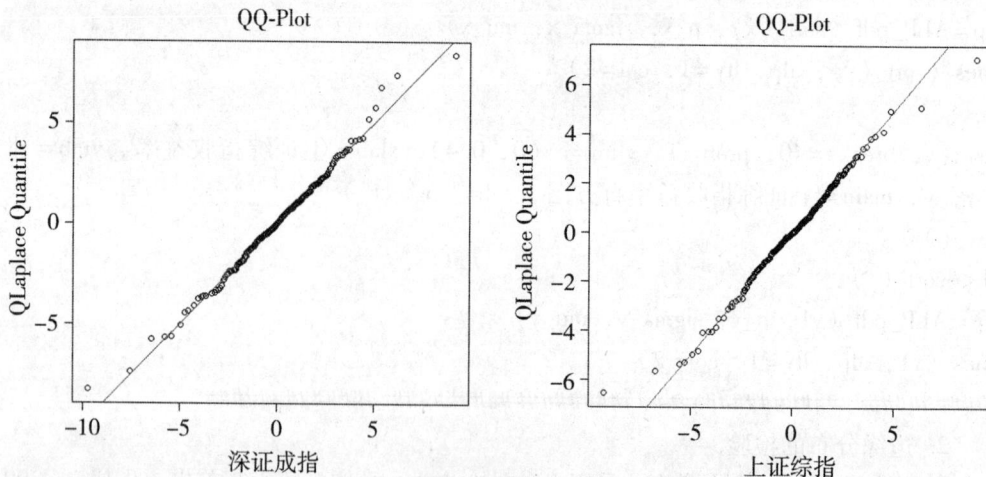

图 1-68   上证综指、深证成指收益率直方图

3. Copula 参数估计及其选择

边缘分布参数已被估计，现在考虑 Copula 参数的估计，我们采用两阶段方法（IFM）。具体估计步骤如下：

首先，根据非对称 Laplace 分布函数进行概率积分变换，即计算 $F(x_i; \hat{\theta}_1)$，$G(y_i; \hat{\theta}_2)$。

其次，根据 Copula 分布函数 $C(u, v; \delta)$ 计算 Copula 密度函数，即 $c(u, v; \delta) = \dfrac{\partial^2 C(u, v; \delta)}{\partial u \partial v}$，其中 δ 为 Copula 函数中的未知参数。

最后，根据 $\bar{\delta} = \arg\max \sum_{i=1}^{n} \ln c(F(x_i; \hat{\theta}_1), G(y_i; \hat{\theta}_2); \delta)$ 求出 Copula 函数中的未知参数 δ 的极大似然估计。

```
#############R 软件源程序#############################
#下面写非对称 Laplace 分布函数，即（1-2）式的程序实现
Dlaplace<-function (x, p, sigma, mu)
{
z<-numeric (length (x))
  for (i in 1: length (x))
{
if (x[i] <=mu)
z[i] <-p*exp ( ( (1-p) /sigma) * (x[i] -mu))
else
z[i] <-1- (1-p) *exp (- (p/sigma) * (x[i] -mu))
}
z
}
#根据分布函数进行概率积分变换
dl_x<-Dlaplace (x, p_x, sigma_x, mu_x)
dl_y<-Dlaplace (y, p_y, sigma_y, mu_y)
#下面是 Gumbel Copula 的参数估计
#首先是写出 Gumbel Copula 分布函数的表达式，即（1-5）式的程序实现
GumbelCopula. exp <- expression (exp (- ( ( (-log (u)) ^delta+ (-log (v)) ^
delta)) ^ (1/delta)))
(D. sc <-D (GumbelCopula. exp," u"))        #求关于 u 的偏导数
#下面是 Gumbel Copula 关于 u 的偏导数的表达式
GumbelCopula_u. exp <-expression (exp (- ( ( (-log (u)) ^delta+ (-log (v)) ^
delta)) ^ (1/delta)) * (((((-log (u)) ^delta+ (-log (v)) ^delta)) ^ ((1/delta) -
1) * ( (1/delta) * ( (-log (u)) ^ (delta -1) * (delta * (1/u)))))
(D. sc <-D (GumbelCopula_u. exp," v"))        #再求关于 v 的偏导数
```

```
##########################################
#下面是 Gumbel Copula 的对数似然函数
LoglGuCopula<-function (delta, u, v)
{
sum (log (exp (- ( ( (-log (u)) ^delta + (-log (v)) ^delta) ^ (1/delta)) *
    ( ( ( (-log (u)) ^delta + (-log (v)) ^delta) ^ ( (1/delta) - 1) * ( (1/delta)
    * ( (-log (v)) ^ (delta - 1) * (delta * (1/v)))) * ( ( (-log (u)) ^delta
    + (-log (v)) ^delta) ^ ( (1/delta) - 1) * ( (1/delta) * ( (-log (u)) ^
    (delta - 1) * (delta * (1/u))))) - exp (- ( ( (-log (u)) ^delta + (-log
    (v)) ^delta) ^ (1/delta)) * ( (-log (u)) ^delta + (-log (v)) ^delta) ^
    ( ( (1/delta) - 1) - 1) * ( ( (1/delta) - 1) * ( (-log (v)) ^ (delta - 1)
    * (delta * (1/v)))) * ( (1/delta) * ( (-log (u)) ^ (delta - 1) *
    (delta * (1/u)))))))))
}

#用最初等的方法寻找 Gumbel Copula 的参数, 即作 Gumbel Copula 参数与似然值的散
点图, #从散点图寻找最大值
SelectLogl<-matrix (1, 1000, 2)
for (i in 0:1000)
{SelectLogl [i,] <-c (i/100, LoglGuCopula (i/100, dl_x, dl_y))}
plot (SelectLogl, cex=0.55, col='red', xlab='Gumbel Copula 参数 delta', ylab='似然
值',
main='Gumbel Copula 参数与似然值的散点图')        #具体见图 1-69 左上
SelectLogl                                        #便于查找最大值
##########################################
#Clayton Copula 的参数估计
ClaytonCopula. exp <-expression ( (u^(-delta) +v^(-delta) -1) ^ (-1/delta))
( D. sc <- D (ClaytonCopula. exp," u"))
ClaytonCopula_u. exp<-expression ( (u^(-delta) +v^(-delta) -1) ^ ( (-1/delta) -1)
* ( (-1/delta) * (u^( (-delta) -1) * (-delta))))
( D. sc <-D (ClaytonCopula_u. exp," v"))
##########################################
LoglClaytonCopula<-function (delta, u, v)
{
sum (log ( (u^(-delta) + v^(-delta) -1) ^ ( ( (-1/delta) -1) -1) * ( ( (-1/
delta) -1) * (v^((-delta) -1) * (-delta))) * ((-1/delta) * (u^((-delta) -
1) * (-delta)))))
}
SelectLogl<-matrix (0, 1300, 2)
```

```
for (i in 1: 1300)
{SelectLogl [i,] <-c (i/100, LoglClaytonCopula (i/100, dl_x, dl_y))}

C<-matrix (c (0, min (SelectLogl [, 2])), nrow=1)
for (i in 1: 1300)
{
if (C [2] <SelectLogl [i, 2])
C<-SelectLogl [i,]
else
C
}
C
plot (SelectLogl, cex=0.55, col='red', xlab='Clayton Copula 参数 delta', ylab='似然
值',
main='Clayton Copula 参数与似然值的散点图')        #具体见图 1-69 右上
SelectLogl#便于查找最大值
###########################################
#Frank Copula 的参数估计
FrankCopula. exp<-expression ( (-1/delta) * log (1+ (exp (-delta * u) -1) *
    (exp (-delta * v) -1) / (exp (-dlta) -1)))
(D. sc <-D (FrankCopula. exp,"u"))
FrankCopula_u. exp <-expression ( (u^ (-delta) +v^ (-delta) -1) ^ ( (-1/delta) -
    1) * ( (-1/delta) * (u^ ( (-delta) -1) * (-delta))))
(D. sc <- D (FrankCopula_u. exp,"v"))
LoglfrankCopula<-function (alpha, u1, u2)
{
sum (log ( (-1/delta) * (exp (-delta * u) * delta * (exp (-delta * v) *
    delta) / (exp (-dlta) -1) / (1+ (exp (-delta * u) -1) * (exp (-delta *
    v) -1) / (exp (-dlta) -1)) -exp (-delta * u) * delta * (exp (-delta *
    v) - 1) / (exp (-dlta) -1) * ((exp (-delta * u) -1) * (exp (-delta *
    v) * delta) / (exp (-dlta) -1)) / (1+ (exp (-delta * u) -1) * (exp
    (-delta * v) -1) / (exp (-dlta) - 1)) ^2)))
}
SelectLogl<-matrix (0, 3500, 2)
for (i in 1: 3500)
{SelectLogl [i,] <-c (i/100, LoglfrankCopula (i/100, dl_x, dl_y))}
F<-matrix (c (0, min (SelectLogl [, 2])), nrow=1)
for (i in 1: 3500)
```

```
}
if（F［2］<SelectLogl［i，2］）
F<-SelectLogl［i，]
else
F
}
F
```

plot（SelectLogl，cex＝0.55，col＝'red'，xlab＝'Frank Copula 参数 delta'，ylab＝'似然值'，main＝'Frank Copula 参数与似然值的散点图')　　　#具体见图1-69 左下
SelectLogl　　　　　　　　　　　　　　　　#便于查找最大值
#######################################

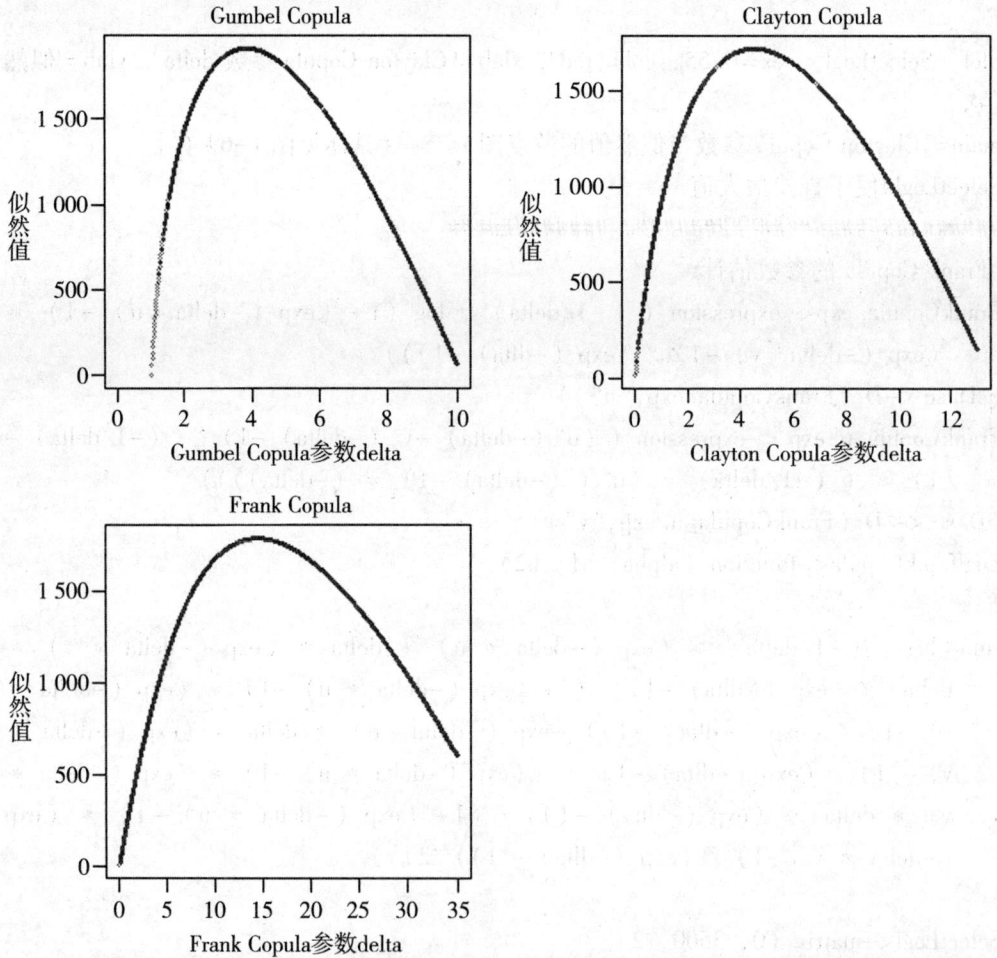

图1-69　Copula 参数与似然值的散点图

　　参数估计结果及检验结果见表1-9。由对数似然值最大准则可知，Gumbel Copula 描述沪深股市收益率间的非线性相依结构是最合适的，Frank Copula 次之，Clayton

Copula 效果最差。

表1-9 Copula **参数估计结果**

Copula 类型	Gumbel	Clayton	Frank
参数估计值	3.85	4.49	14.55
对数似然值	1 916.38	1 720.22	1 793.60

4. 上下尾部相关系数

　　因为 Gumbel Copula 描述沪深指数收益率之间的非线性相依结构是最优的，所以此时根据上尾部相关系数与 Gumbel Copula 参数 δ 的对应关系，可以得到上尾相关系数为 0.8027。这告诉我们，当上证综指暴涨时，深证成指暴涨的概率较大。如果我们应用 Clayton Copula 刻画沪深指数收益率之间的非线性相依结构则可以得到下尾相关系数为 0.8570，即当上证综指暴跌时，深证成指暴跌的概率也很大。

```
##############R 软件源程序############################
#下面计算上下尾相关系数
delta<-3.85
tau<-2-2^(1/ delta) ; tau
delta1<-4.49
tau1<-2^(-1/ delta1) ; tau1
###############################
```

【综合运用知识点评】

- -

　　本实验研究了在给定几个随机变量的边缘分布的条件下，使用 Copula 函数确定它们的联合分布的问题。特别的，我们运用 Copula 函数研究了沪深股市收益率的相关性问题，首先采用矩估计方法得到了作为边缘分布的非对称 Laplace 分布的矩估计值，然后采用两阶段方法（IFM）对 Copula 函数参数进行了估计和检验，最后知道 Gumbel Copula 描述沪深股市收益率间的非线性相依结构是最合适的，Frank Copula 次之，Clayton Copula 效果最差，并在此基础上得到了上下尾部相关系数。

【练习与作业】

- -

　　从股票交易软件下载某两只股票的交易价格数据，计算日收益率，找出刻画这两只股票非线性相依结构的最优 Copula 函数。

【参考文献】

［1］吴喜之. 统计学：从数据到结论［M］. 北京：中国统计出版社，2008.

［2］张尧庭. 实用连接函数（Copula）技术与金融风险分析［J］. 统计研究，2002（4）：48-51.

［3］YU K, ZHANG J. A Three-parameter Asymmetric Laplace Distribution and Its Extension［J］. Communications in Statistics Theory and Methods, 2005, 34（9）：1867-1879.

［4］SKLAR A. Fonctions De Répartition an Dimensions Et Leurs Marges［J］. Publ. Inst. Statis. Univ. Paris, 1959, 8（1）：229-231.

［5］NELSEN R B. An Introduction to Copulas［M］. New York：Springer - Verlag, 1999.

［6］JOE H. Multivariate Models and Dependence Concepts, Monographs on Statistics and Applied Probability［M］. Vol. 73 , London：Chapmann & Hall, 1997.

第二章

计量经济学实验和 EViews 应用

综合实验一　兵团人力资本发展
对经济增长影响的实证研究

【实验目的】

　　本实验以计量经济动态建模技术的应用为主,综合运用经济学原理知识、多元统计和综合评价等方法,动态模拟时间序列经济变量的发展态势,深入分析这些变量间相互作用的规律。针对新疆生产建设兵团(以下简称"兵团")人力资本发展对经济增长的影响,实验者需要对人力资本发展和经济增长相关理论和研究现状做深入了解,掌握与经济增长相关的建模理论知识,系统总结实证分析结论,并结合兵团人力资本发展和经济增长的实际,对提升人力资本发展水平,促进经济持续健康增长,提出合理的对策建议。

【方法概述】

(一)非平稳时间序列分析
1. 四种典型的非平稳时间序列(随机过程)
(1)随机游走过程

$$y_t = y_{t-1} + u_t, \ y_0 = 0, \ u_t \sim IID \ (0, \ \sigma^2) \tag{2-1}$$

(2)随机趋势过程

$$y_t = \alpha + y_{t-1} + u_t, \ y_0 = 0, \ u_t \sim IID \ (0, \ \sigma^2) \tag{2-2}$$

(3)趋势平稳过程(退势后平稳)

$$y_t = \beta_0 + \beta_1 t + u_t, \ u_t = \rho u_{t-1} + v_t, \ (\rho<1, \ v_t \sim IID \ (0, \ \sigma^2)) \tag{2-3}$$

（4）趋势非平稳过程

$$y_t = \phi_0 + \alpha t + y_{t-1} + u_t, \quad y_0 = 0, \quad u_t \sim IID\ (0, \sigma^2) \tag{2-4}$$

2. 单位根检验

对于时间序列 y_t 可用如下自回归模型检验单位根。

$$y_t = \beta y_{t-1} + u_t \tag{2-5}$$

零假设和备择假设分别是：

H_0：$\beta = 1$（y_t 非平稳）；H_1：$\beta < 1$（y_t 平稳）

在零假设成立条件下，用 DF 统计量进行单位根检验。

$$DF = \frac{\hat{\beta} - 1}{s(\hat{\beta})} = \frac{\hat{\beta} - 1}{s_{(u)} \big/ \sqrt{\sum\limits_{t=2}^{T} y_{t-1}^2}} \tag{2-6}$$

其中，$s_{(u)} = \sqrt{\dfrac{1}{T-1} \sum\limits_{t=2}^{T} \hat{u}_t^2}$。

以 DF 表相应百分位数作为临界值，若用样本计算的 DF>临界值，则接受 H_0，y_t 非平稳；若 DF<临界值，则拒绝 H_0，y_t 是平稳的。

上述 DF 检验还可用另一种形式表达。（2-5）式两侧同减 y_{t-1}，得

$$\Delta y_t = (\beta - 1)\ y_{t-1} + u_t \tag{2-7}$$

用于模型（2-7）的零假设和备择假设是

H_0：$\beta - 1 = 0$（y_t 非平稳）；H_1：$\beta - 1 < 0$（y_t 平稳）

判断规则与模型（2-5）相同，这种检验方法是 DF 检验的常用方法（便于在计算机上实现）。

增广检验（Augmented Dickey-Fuller）。若 AR（p）序列有单位根存在，则自回归系数之和恰好等于 1。

$$\lambda^p - \varphi_1 \lambda^{p-1} - \cdots - \varphi_p = 0 \overset{\lambda=1}{\Longrightarrow} 1 - \varphi_1 - \cdots - \varphi_p = 0 \Rightarrow \varphi_1 + \varphi_2 + \cdots + \varphi_p = 1$$

等价假设 H_0：$\rho = 0 \leftrightarrow H_1$：$\rho < 0$，其中，$\rho = \varphi_1 + \varphi_2 + \cdots + \varphi_p - 1$，检验规则与 DF 检验相同。

3. Engle-Granger 协整检验

（1）协整的概念

假定自变量序列为 $\{x_1\}$，$\cdots$，$\{x_k\}$，响应变量序列为 $\{y_t\}$，构造回归模型：

$$y_t = \beta_0 + \sum_{i=1}^{k} \beta_i x_{it} + \varepsilon_t \tag{2-8}$$

假定回归残差序列 $\{\varepsilon_t\}$ 平稳，我们称响应序列 $\{y_t\}$ 与自变量序列 $\{x_1\}$，$\cdots$，$\{x_k\}$ 之间具有协整关系。

（2）协整检验

原假设：多元非平稳序列之间不存在协整关系 H_0：$\varepsilon_t \sim I\ (k)$，$k \geqslant 1$

备择假设：多元非平稳序列之间存在协整关系 H_1：$\varepsilon_t \sim I\ (0)$

检验步骤：①响应序列与输入序列如果是同阶单整，建立它们之间的回归模型；②对回归残差序列进行平稳性检验。DF 检验和 ADF 检验使用的临界值应该用 Engle-Granger 编制的专用临界值表，该方法也称作双变量的 Engle-Granger 检验。

4. 误差修正模型（Error Correction Model）

误差修正模型简称为 ECM，是用来描述两变量间短期不均衡关系的动态结构的单方程模型。向量误差修正模型（VEC）则是针对多个方程在 VAR 模型基础上建立的。

设两变量 y_t、x_t 的短期和长期行为的误差修正模型为：

$$\Delta y_t = \alpha + \sum_{i=0}^{1} \beta_i \Delta x_{t-i} + \sum_{i=0}^{1} \gamma_i \Delta y_{t-i-1} + \lambda u_{t-1} + \nu_t \tag{2-9}$$

其中，u_t 为长期均衡误差，$u_t = y_t - b_0 - b_1 x_t$，$v_t$ 为白噪声，λ 为短期调整期数。方程估计的步骤如下：

（1）对长期关系模型的设定是否合理进行单位根检验，以保证序列平稳。

（2）估计协整回归方程 $y_t = b_0 + b_1 x_t + u_t$，得到协整向量的一致估计值 $(1, -\hat{b}_0, -\hat{b}_1)$，用它得出均衡误差 u_t 的估计值 e_t，$e_t = \hat{y}_t - \hat{b}_0 - \hat{b}_1 x_t$。

（3）用 OLS 法估计模型（2-9）。

（二）因子分析

设有 p 维可观测的随机向量 $x = (x_1, x_2, \cdots, x_p)'$，其均值为 $\mu = (\mu_1, \mu_2, \cdots, \mu_p)'$，协方差矩阵 $\sum = (\sigma_{ij})$，因子分析的一般模型为：

$$x_i = \mu_i + a_{i1}f_1 + \cdots + a_{im}f_m + \varepsilon_i \quad (m \leqslant p)$$

即
$$\begin{cases} x_1 = \mu_1 + a_{11}f_1 + a_{12}f_2 + \cdots + a_{1m}f_m + \varepsilon_1 \\ x_2 = \mu_2 + a_{21}f_1 + a_{22}f_2 + \cdots + a_{2m}f_m + \varepsilon_2 \\ \vdots \\ x_p = \mu_p + a_{p1}f_1 + a_{p2}f_2 + \cdots + a_{pm}f_m + \varepsilon_p \end{cases}$$

其中：$f_1, f_2, \cdots, f_m$ 为公共因子；$\varepsilon_1, \varepsilon_2, \cdots, \varepsilon_p$ 为特殊因子它们都是不可观测的随机变量。

或
$$\begin{bmatrix} x_1 \\ x_2 \\ \vdots \\ x_p \end{bmatrix} = \begin{bmatrix} \mu_1 \\ \mu_2 \\ \vdots \\ \mu_p \end{bmatrix} + \begin{bmatrix} a_{11} & a_{12} & \cdots & a_{1m} \\ a_{21} & a_{22} & \cdots & a_{2m} \\ \vdots & \vdots & \vdots & \vdots \\ a_{p1} & a_{p2} & \cdots & a_{pm} \end{bmatrix} \begin{bmatrix} f_1 \\ f_2 \\ \vdots \\ f_p \end{bmatrix} + \begin{bmatrix} \varepsilon_1 \\ \varepsilon_2 \\ \vdots \\ \varepsilon_p \end{bmatrix}$$

或 $x = \mu + Af + \varepsilon$

或 $x - \mu = Af + \varepsilon$

其中：$f = (f_1, f_2, \cdots, f_m)'$ 为公共因子变量；$\varepsilon = (\varepsilon_1, \varepsilon_2, \cdots, \varepsilon_p)'$ 为特殊因子变量；$A = (a_{ij})_{p \times m}$ 为因子载荷矩阵；a_{ij} 为因子载荷，第 i 个变量在第 j 个因子上的载荷。

因子分析的主要步骤如下：

（1）因子分析的前提条件鉴定

考察原始变量之间是否存在较强的相关关系，是否适合进行因子分析，可以通过相关系数矩阵和 KMO 值进行判断。

（2）因子提取

依据相关系数矩阵的特征值以及特征向量，在样本数据的基础上使用主成分法或主因子法提取综合因子，确定综合因子数以及因子结构和因子模型。

（3）因子旋转

如果因子载荷阵不利于综合因子的解释，可通过正交旋转或斜交旋转使提取出的因子具有可解释性。

（4）计算因子得分

通过各种方法求解各样本在各因子上的得分，为进一步分析奠定基础。

【实验背景】

（一）背景材料

兵团创业初期，人员主要是复转军人、大中专毕业生和支边青年。人力资本呈现出文化素质高、思想境界好、身体状况佳等特点。正是这一优势突出的人力资本，使得在当时物质投入极少而环境又极端艰苦的情况下，兵团人在荒漠戈壁组建了众多农场和工矿企业，为国家上交了大量粮油棉花等农副产品和大批轻工产品，为兵团、新疆和国家经济建设做出了突出贡献。50余年过去了，兵团经济实现巨大发展。然而，兵团发展环境与创业初期也发生了不可同日而语的变化，兵团不仅自身积累了一定的物质发展基础，而且得到了国家越来越多财力物力的支持，改变了创业初期单一的人力资本投入。以往人们对人力资本在经济发展中的作用认识淡化，觉得物质投入拉动经济增长的作用更加直接和明显，相当一部分人对人力资本重要作用的认识停留在"说起来重要，做起来次要，忙起来不要"的状态，在经济实践中没有很好地开发和利用人力资本。在中央召开新疆工作座谈会、各省市对口援疆和西部大开发第2个10年计划实施启动的历史机遇下，国家和各省市加大了对兵团人才、资金、物力等各方面的投入，如何正确认识人力资本投入在经济增长中的作用，对制定正确的发展战略，推动兵团跨越式发展尤为重要。

（二）理论基础

20世纪60年代，美国经济学家西奥多·W. 舒尔茨在美国经济学年会上首次提出人力资本概念，20世纪90年代以后，人力资本与经济增长的实证分析兴起。关于人力资本与经济增长关系的实证研究，存在促进论、中性论和阻碍论三种理论，并且得到了国内外许多学者的验证。Mankiw，Romer & Weil，Senguptat & Barro，尼尔森，费尔普斯，乌扎瓦，罗森，卢卡斯，王宇、焦建玲、徐映梅、叶峰等都持人力资本促进经济增长的观点，认为人力资本对经济增长具有十分重要的作用。在持中性论观点的学者中，Benbabib & Spiegel，Pritehett 认为人力资本的变动几乎不能解释各国经济增长的差异；胡永远认为人力资本对我国经济增长几乎没有正的贡献。Temple 以及邹薇、代谦等持阻碍论的观点，前者认为在1996年前教育投资的增加给韩国带来了高失业和劳动者报酬的下降，后者指出引进的技术与人力资本的不匹配导致了发展中国家技术模仿的失败和经济增长绩效的低下。

从国内外研究成果总体情况来看，大部分研究表明人力资本对经济增长具有显著作用，提倡加大人力资本投资以促进经济增长。然而，有关兵团人力资本与经济增长的关系研究较少，尤其是利用计量经济方法开展研究的更少。部分研究仅就人力资本本身的形成、特点及作用进行了描述概念性的分析。本案例在综合评价兵团人力资本发展的基础上，运用计量方法来分析人力资本对兵团经济增长的作用。

【实验步骤】

（一）兵团人力资本综合评价

1. 指标体系的建立

随着经济的发展，物质资本推动社会发展的作用逐渐下降，人力资本的发展越来越受到社会的广泛重视。传统的人力测度方法主要有三大类：未来收益法，累计成本法、教育存量法。无论是从收益角度还是投入角度，这些方法都只考虑人力资本的一个方面，从一个角度来衡量人力资本，即使是现在被广泛使用的受教育年限法，也只是以教育指标来度量人力资本，不能综合、全面反映人力资本的度量。本案例将根据兵团现有数据的可得性试图建立一个较为全面的人力资本综合评价体系，以期能更加全面地反映兵团人力资本发展水平。

由于影响区域人力资本综合评价的指标种类有很多，人力资本综合评价指标体系的构建很难全方位地涉及所有的指标。根据已有的文献资料及兵团的现状，人力资本发展内涵体现在人力资源的储备、开发和利用三个方面。以人力资本理论及人力资源开发理论为指导思想，在现有研究的基础上，遵循指标设计的基本原则，采用专家调查法对构建的指标体系经过几次筛选，最终，将人力资本综合评价指标体系分为人力资本储备、人力资本开发、人力资本利用三个一级指标层，在各一级指标层下设立若干个评价指标，建立的指标体系如图 2-1 所示。

2. 评价分析

人力资本受到多种因素影响，每一种因素对人力资本的影响程度各不相同，我们在对人力资本存量、人力资本开发利用等因素进行全面分析的基础上，探讨人力资本对经济增长的影响。本实验选取 1990—2009 年兵团经济发展数据作为样本数据（详见数据文件 2-1. xls），运用因子分析方法，得到各因素对人力资本主要因子载荷，即各因素对人力资本的影响程度。

根据研究的需要，对前述选取的 14 个指标，利用 SPSS18.0 进行分析，操作步骤如下：

（1）定义变量并录入数据。首先在 SPSS18.0 的变量视图中，定义好这 14 个变量及其属性，尤其要注意标签的定义，这样可以在后期的分析中增强分析结果的可读

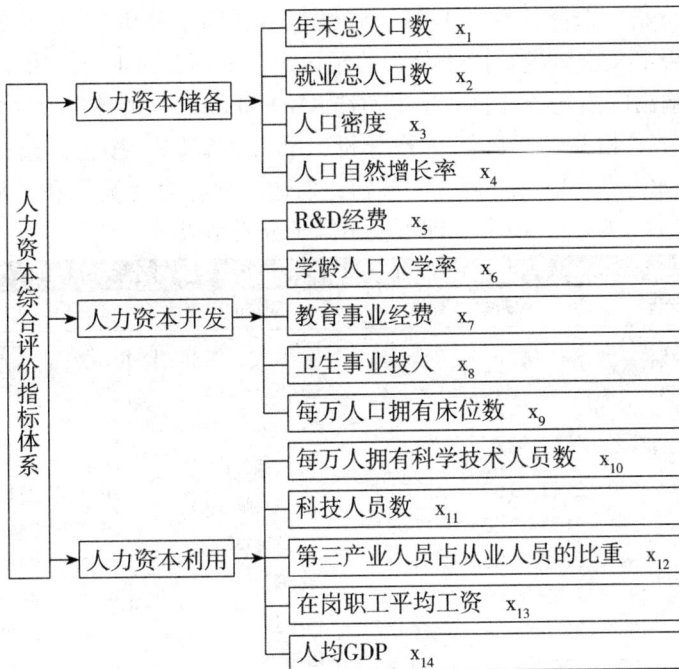

图 2-1　兵团人力资本发展综合评价指标体系

性，如图 2-2 所示。定义完成后，在数据视图中录入数据即可（可以从 Excel 数据表中拷贝数据，也可以导入数据）。

图 2-2　在变量视图中定义变量属性

（2）因子分析。选择［分析］→［降维］→［因子分析］，如图 2-3 所示。在弹出的因子分析定义窗口进行因子分析的预设定，如图 2-4 所示。单击"描述"按钮，可以定义输出的描述统计量，这里勾选 KMO 和 Bartlett 的球形度检验；单击"抽取"按钮，选择"相关性矩阵"进行分析；单击"旋转"按钮，选择"最大方差法"，输出"旋转解"；单击"得分"按钮，勾选"保存为变量"和"显示因子得分系统矩阵"。最后，单击"确定"即可输出因子分析结果。

图 2-3 选择因子分析方法

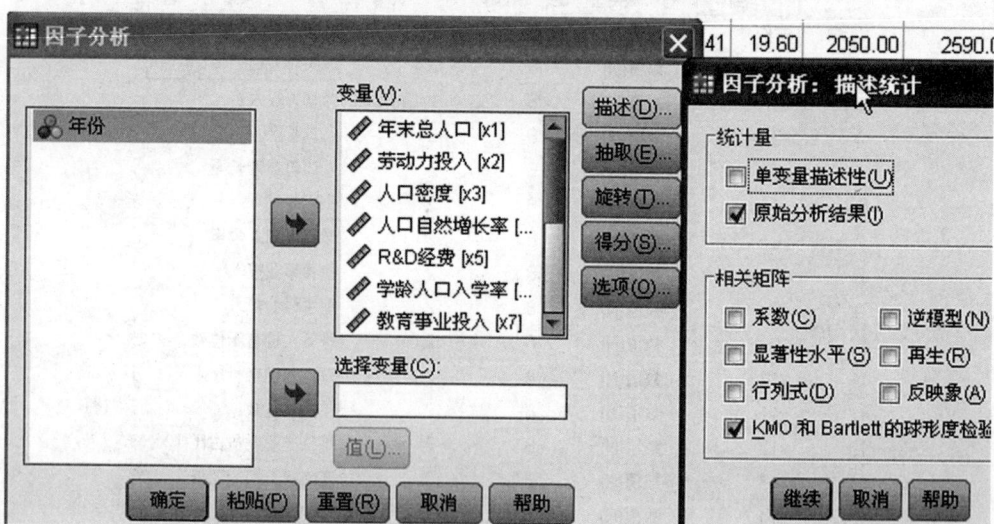

图 2-4 对因子分析进行设定

（3）提取公共因子。经过以上设定，输出的因子分析结果依次为 KMO 和 Bartlett 的球形度检验、公因子方差、解释的总方差、成分矩阵、旋转成分矩阵和成分得分系数矩阵。通过球度检验发现，相关阵是否为单位阵的检验也非常显著，说明相关阵不是单位阵，可以进行因子分析。

从表 2-1 中可以看出，因子 1 的特征根为 10.1500，方差在总方差中的比重为 72.4997%，因子 2 的特征根为 1.8018，方差在总方差中的比重为 12.8702%，前面这两个主因子特征根的累计方差贡献率达到了 85.3699%，表明这两个主因子已经包含了原始 14 个指标 x_1、x_2、…、x_{14} 的大部分信息，通过主成分法提取原始指标的初始载荷矩阵，发现各个主因子的典型代表指标并不突出，故对因子进行方差极大正交旋转，其旋转后的因子代表性增强。

表 2-1　　　　　　　　　　　特征根和累计贡献率

因子	特征根	方差贡献率（%）	累计贡献率（%）
1	10.1500	72.4997	72.4997
2	1.8018	12.8702	85.3699
3	1.1049	7.8921	93.2620
4	0.4248	3.0340	96.2960
5	0.1954	1.3956	97.6916
6	0.1589	1.1347	98.8263
7	0.0891	0.6368	99.4631
8	0.0360	0.2574	99.7205
9	0.0202	0.1445	99.8649
10	0.0117	0.0833	99.9483
11	0.0035	0.0249	99.9731
12	0.0017	0.0121	99.9852
13	0.0015	0.0108	99.9960
14	0.0006	0.0040	100.0000

从表 2-2 可以看出，因子 f_1 在 x_4、x_7、x_8、x_{11}、x_{13}、x_{14} 上的载荷值较大，所以因子 f_1 主要是人口自然增长率、教育事业投入、卫生事业投入、科技人员数、在岗职工平均工资和人均 GDP 这六个指标的综合反映，反映了影响人力资本开发的因素，故因子 f_1 命名为人力资本开发因子；因子 f_2 在其他八个指标上的载荷值较大，主要反映了影响人力资本存量的因素，故因子 f_2 命名为人力资本存量因子，这两个因子基本刻画了影响人力资本的大致状况，用它们来考核人力资本的影响因素代表性较强。

表2-2 <center>旋转后的因子载荷矩阵</center>

人力资本开发因子 f_1	科技人员数 x_{11}（万人）	**-0.3664**	0.0646
	教育事业投入 x_7（万元）	**0.9413**	0.3082
	卫生事业投入 x_8（万元）	**0.9413**	0.2697
	人口自然增长率 x_4（%）	**-0.7962**	-0.5482
	在岗职工平均工资 x_{13}（元）	**0.9246**	0.3683
	人均 GDP x_{14}（元）	**0.9293**	0.3417
人力资本存量因子 f_2	年末总人口 x_1（人）	0.6329	**0.7427**
	就业总人口 x_2（人）	-0.0402	**-0.9493**
	人口密度 x_3（人/公顷）	0.5106	**0.726**
	R&D 经费 x_5（万元）	-0.0658	**0.8218**
	学龄人口入学率 x_6（%）	0.5899	**0.657**
	每万人拥有床位数 x_9（个）	-0.5312	**-0.8312**
	第三产业人员占从业人员的比重 x_{12}（%）	0.6692	**0.7245**
	每万职工拥有科技人员数 x_{10}（人）	0.503	**0.8171**

由旋转后的因子载荷矩阵可以看出，通过因子分析提取的主因子从人力资本开发、人力资本存量两方面综合体现了人力资本的内涵，验证了前述人力资本综合评价体系建立的科学性与合理性。

（4）计算因子得分。依据因子分析输出结果中的"成分得分系数矩阵"，可以得到两个因子得分方程，计算出两个因子对应的得分值（也可用 SPSS 输出的得分值，数据的变化规律相同）。

$$f_1 = 0.027935x_1 + 0.203671x_2 - 0.0063211x_3 - 0.123091x_4 - 0.207609x_5 + 0.034068x_6 + 0.222935x_7 + 0.231672x_8 + 0.023865x_9 - 0.029394x_{10} - 0.128802x_{11} + 0.043421x_{12} + 0.0204025x_{13} + 0.211611x_{14}$$

$$(2-10)$$

$$f_2 = 0.109993x_1 - 0.315633x_2 + 0.132094x_3 - 0.006262x_4 + 0.296111x_5 + 0.090461x_6 - 0.108910x_7 - 0.122041x_8 - 0.163401x_9 + 0.164953x_{10} + 0.105531x_{11} + 0.095457x_{12} - 0.084529x_{13} - 0.094763x_{14}$$

$$(2-11)$$

通过人力资本开发因子和人力资本存量因子对人力资本发展水平的影响，运用加权平均的方法，构造人力资本综合评价指标函数：$H = a_1 f_1 + a_2 f_2$，其中 a_1、a_2 为方差贡献率，将表2-1中的贡献率代入，得 $H = 79.1738\% f_1 + 12.5307\% f_2$，即以每个主因子 f_i 的方差贡献率作为权数，乘以相应主因子上的得分，得出人力资本综合评价指标表（见表2-3）。

如表2-3所示，从人力资本各年指标变化看，人力资本开发因子在1990年到2000年总体保持平稳状态，2000年以后呈现出明显上升趋势。这说明"西部大开发"政策实施之前的10年，兵团对人力资本的投入保持在一个相对稳定的水平，"西部大开发"政策实施以来，国家和兵团对人力资本的投入逐年加大。

表 2-3　　　　　　　　　　　　人力资本发展水平综合指标表

年份	f_1	f_2	H	年份	f_1	f_2	H
1990	288 547	−105 725	195 558	2000	298 555	−48 207	210 234
1991	297 804	−114 431	201 146	2001	305 177	−50 172	214 781
1992	304 390	−120 580	205 128	2002	310 071	−54 797	217 732
1993	296 012	−103 005	201 321	2003	327 651	−60 123	229 791
1994	300 358	−102 727	204 508	2004	341 254	−62 061	239 403
1995	304 526	−96 602	208 319	2005	352 722	−70 062	246 686
1996	310 323	−94 438	212 801	2006	365 527	−75 094	265 320
1997	310 046	−85 507	213 753	2007	398 235	−92 670	286 766
1998	299 954	−63 926	209 220	2008	423 866	−113 338	300 682
1999	301 966	−58 092	211 431	2009	463 574	−135 826	290 570

　　人力资本存量因子在 1990 年到 1997 年基本保持平稳状态，1998 年到 2000 年呈上升趋势，2000 年以后呈下降趋势。这说明随着市场经济的发展和对劳动力流动的放开，兵团人力资源流失较多，90 年代保持平稳状态，90 年代末迁入兵团的人力资源略高于流失的人力资源，平衡了流失的部分。

　　人力资本综合指标总体呈上升趋势，说明在人力资本投入的增加和经济发展吸纳就业的双重作用下，人力资本在积累和增加。

（二）兵团人力资本发展水平对经济增长贡献分析

1. 模型说明

基于柯布-道格拉斯函数，建立生产函数：

$$Y_t = A_t K_t^{\alpha} L_t^{\beta} H_t^{\gamma} e^{et} \tag{2-12}$$

其中，Y_t、K_t、L_t 和 H_t 分别表示 t 期的生产总值、物质资本存量、劳动力存量和人力资本发展水平，A_t 是综合技术水平，e_t 为随机误差项。α、β、γ 分别表示物质资本存量、劳动力存量和人力资本发展水平对总产出增长的弹性系数。为消除各变量指标数据中存在的异方差现象，对各个变量取自然对数，模型变形为：

$$\ln Y_t = \ln A_t + \alpha \ln K_t + \beta \ln L_t + \gamma \ln H_t \tag{2-13}$$

2. 数据来源

（1）国内生产总值（Y_t）选用按可比价格计算的国内生产总值（GDP）衡量兵团经济增长水平。

（2）物质资本存量（K_t）为采取永续盘存法度量兵团的资本存量。基本公式为：

$$K_t = K_{t-1}(1-\delta) + I_t \tag{2-14}$$

其中，K_t 表示第 t 年的资本存量，K_{t-1} 表示第 t−1 年的资本存量，δ 为资本折旧率，I_t 为第 t 年净投资量。用 1989 年的固定资本投资总和估算兵团 1990 年的资本存量，I_t 采用当年新增固定资产投资，资本折旧率 δ 采用王小鲁给出的 5% 的经验值。

（3）劳动力（L_t）以当年就业总人口度量。

（4）人力资本发展水平（H_t）由因子分析得出。

3. 人力资本对经济增长的作用分析

（1）数据整理。运用 EViews 6.0，将以上四个变量对应的数据（详见数据文件 2-1. xls）录入到工作文件中，如图 2-5 所示。

obs	GDP	K	L	H
1990	468049.0	157468.0	1063031.	195558.0
1991	499692.0	202278.0	1096583.	201146.0
1992	523779.0	257170.0	1117744.	205128.0
1993	551206.0	334054.0	1063880.	201321.0
1994	605561.0	414423.0	1067687.	204508.0
1995	670018.0	542525.0	1065463.	208319.0
1996	681353.0	722818.0	1072638.	212801.0
1997	736005.0	850455.0	1052372.	213753.0
1998	810571.0	924353.0	985202.0	209220.0
1999	865357.0	1070606.	964016.0	211431.0
2000	1764103.	1242480.	925796.0	210234.0
2001	1871389.	1481022.	933073.0	214781.0
2002	2129251.	1707768.	955062.0	217732.0
2003	2405517.	2003416.	975457.0	229791.0
2004	2705844.	2238907.	975939.0	239403.0
2005	3311246.	2359709.	988064.0	246686.0
2006	3687941.	2678933.	987509.0	265320.0
2007	4136450.	2881315.	995146.0	286766.0
2008	4652765.	3430200.	1023976.	300682.0
2009	5287837.	4395833.	1035654.	300570.0

图 2-5　录入分析用数据

（2）序列图分析。由于对非平稳序列变量建立模型会产生虚假回归，因此，首先需要进行序列平稳性检验，若为非平稳，则需要进一步检验这些变量间是否存在长期协整关系。将原始变量取对数后，得到 lnGDP、lnH、lnK、lnL 四个序列，形成一个组并作出序列图，可以看出，变量的时间序列具有一定的趋势性（如图 2-6 所示）。

（3）单位根检验。运用单位根 Augmented Dickey-Fuller 检验对其序列平稳性进行检验，在 lnGDP 序列窗口中，选择"View"按钮，点击菜单项"Unit Root Test"，弹出单位根检验对话框，如图 2-7 所示。首先选择原序列（Level），以及趋势和截距项（Trend and intercept），滞后期长度由系统自动选择。

依次对变量进行原值、一阶差分和二阶差分检验。通过对四个变量的单位根检验，发现对其进行二阶差分检验后，四个变量均在 5% 的显著性水平下拒绝了存在单位根的假设（结果见表 2-4），序列满足做协整检验的条件。因此，可以进一步检验变量之间是否存在长期的协整关系。

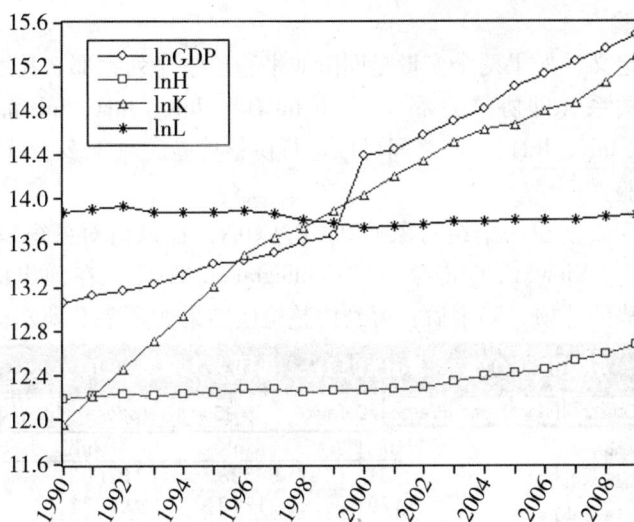

图 2-6 四个变量的序列图

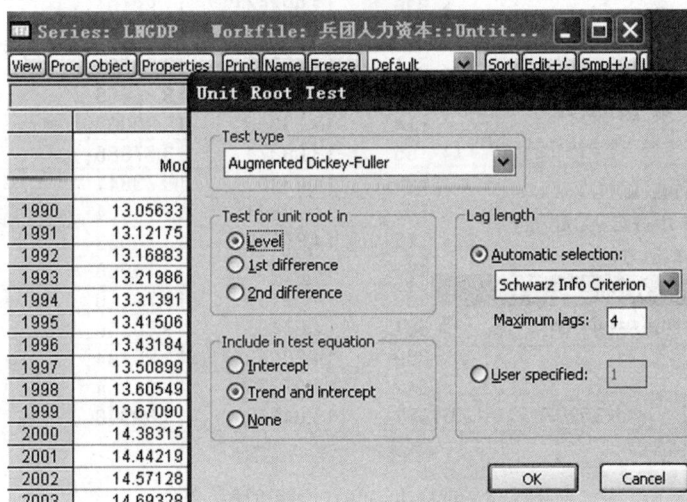

图 2-7 序列单位根检验

表 2-4　　　　　　　单位根检验——Augmented Dickey-Fuller 检验

变量	检验类型（c，t，k）	ADF 统计量	临界值（1%）	临界值（5%）	结论
lnGDP	(c, t, 0)	−2.345	−4.5325	−3.6736	非平稳
$\triangle^2$lnGDP	(c, t, 0)	−7.1894	−4.6162	−3.7105	平稳
lnL	(c, t, 1)	−1.0768	−4.5716	−3.6908	非平稳
$\triangle^2$lnL	(c, t, 0)	−5.5786	−4.6162	−3.7105	平稳
lnK	(c, t, 1)	−2.4160	−4.5716	−3.6908	非平稳
$\triangle^2$lnK	(c, t, 0)	−4.2178	−4.6162	−3.7105	平稳
lnH	(c, t, 1)	−1.4874	−4.5716	−3.6908	非平稳
$\triangle^2$lnH	(c, t, 0)	−4.1087	−4.6162	−3.7105	平稳

注：检验类型（c，t，k）分别表示检验平稳性时估计方程中的常数项、趋势项和最优滞后期。

（4）协整检验。

根据协整的定义，如果两个变量是同阶非平稳单整序列，那么其线性组合可能存在着长期稳定的关系（即协整关系）。由于lnGDP、lnK、lnH、lnL都是二阶单整序列，因此lnGDP、lnK、lnH、lnL之间可以进行协整检验。对于多变量间的协整检验，采用Johansen检验。

用以上四个变量创建一个组对象GROUP_COIN，在该组对象窗口中（如图2-8所示），选择按钮"View"，点击菜单"Cointegration Test"，在弹出的对话窗口中，选择具有线性趋势的选项，确定后，得到协整检验结果如图2-9所示。

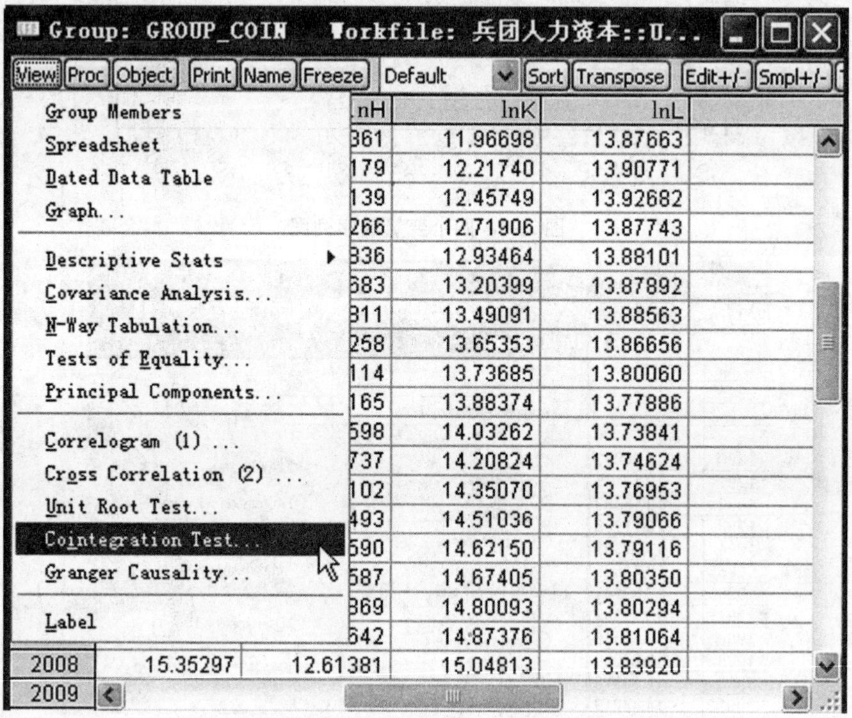

图2-8　选择Johansen协整检验菜单项

由图2-9可知，在置信水平为5%的情况下，无协整关系的原假设下，检验统计量90.9702>63.8761；至多存在一个协整关系的原假设下，检验统计量50.6869>42.9152；至多存在两个协整关系的原假设下，检验统计量27.4552>25.8721；这三个原假设均为拒绝状态。而至多存在三个协整关系的原假设是接受的，所以四个变量存在多个协整关系，即lnGDP、lnK、lnH、lnL之间存在着某种长期均衡关系，可以用OLS进行协整回归。

（5）长期协整（均衡）模型。

①模型变换。对方程$\ln Y_t = \ln A_t + \alpha \ln K_t + \beta \ln L_t + \gamma \ln H_t$回归，如图2-10所示，lnK的系数不显著，但方程的解释变量总体上对lnGDP的影响显著，可能存在多重共线性。通过lnK对lnH和lnL的辅助回归发现，$VIF_{lnk} = 1/(1-R^2_{lnk}) = 12.5$，多元线性回归方程存在严重的多重共线性。

```
III Group: GROUP_COIN    Workfile: 兵团人力资本::U...  [_][□][X]
View Proc Object  Print Name Freeze  Sample Sheet Stats Spec
              Johansen Cointegration Test

Date: 01/10/14  Time: 19:04
Sample (adjusted): 1992 2009
Included observations: 18 after adjustments
Trend assumption: Linear deterministic trend (restricted)
Series: lnGDP lnH lnK lnL
Lags interval (in first differences): 1 to 1

Unrestricted Cointegration Rank Test (Trace)

Hypothesized              Trace        0.05
No. of CE(s)   Eigenvalue  Statistic  Critical Value  Prob.**

  None *       0.893324   90.97025    63.87610       0.0001
  At most 1 *  0.724909   50.68693    42.91525       0.0070
  At most 2 *  0.673333   27.45515    25.87211       0.0315
  At most 3    0.334003    7.316471   12.51798       0.3126

Trace test indicates 3 cointegrating eqn(s) at the 0.05 level
```

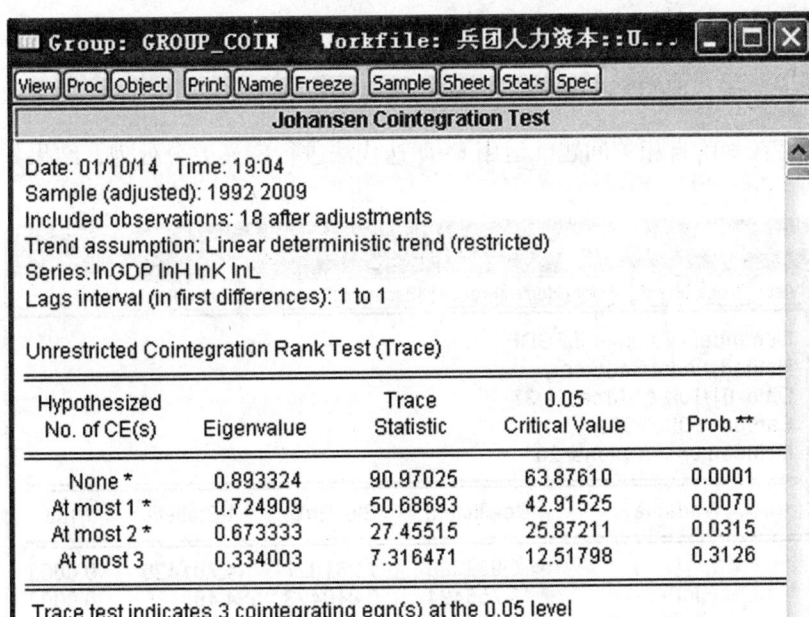

图 2-9　Johansen 协整检验结果

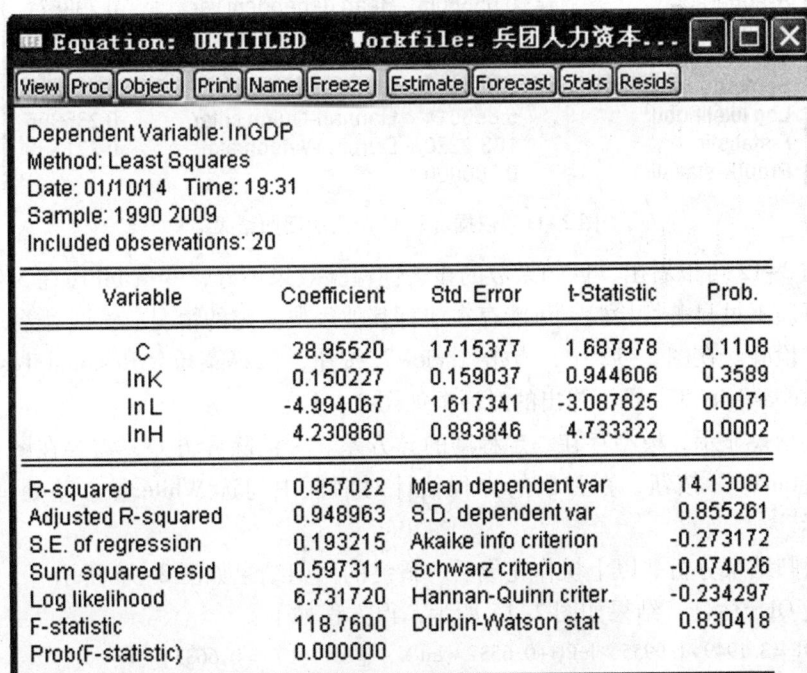

```
III Equation: UNTITLED    Workfile: 兵团人力资本...  [_][□][X]
View Proc Object  Print Name Freeze  Estimate Forecast Stats Resids

Dependent Variable: lnGDP
Method: Least Squares
Date: 01/10/14  Time: 19:31
Sample: 1990 2009
Included observations: 20

Variable     Coefficient  Std. Error   t-Statistic   Prob.

   C          28.95520    17.15377     1.687978     0.1108
   lnK         0.150227    0.159037     0.944606     0.3589
   lnL        -4.994067    1.617341    -3.087825     0.0071
   lnH         4.230860    0.893846     4.733322     0.0002

R-squared          0.957022   Mean dependent var     14.13082
Adjusted R-squared 0.948963   S.D. dependent var      0.855261
S.E. of regression 0.193215   Akaike info criterion  -0.273172
Sum squared resid  0.597311   Schwarz criterion      -0.074026
Log likelihood     6.731720   Hannan-Quinn criter.   -0.234297
F-statistic        118.7600   Durbin-Watson stat      0.830418
Prob(F-statistic)  0.000000
```

图 2-10　双对数模型的回归分析结果

为削弱多重共线性的影响，在假定规模报酬不变的前提下，构造等式 $\alpha+\beta+\gamma=1$，将 $\beta=1-\alpha-\gamma$ 代入（2-13）式整理得：

$$\ln\frac{Y_t}{L_t}=\ln A\ (t)\ +\alpha\ln\frac{K_t}{L_t}+\gamma\ln\frac{H_t}{L_t} \tag{2-15}$$

②自相关和异方差处理。依据（2-15）式进行回归分析，用 PGDP、PK、PH 来代替 $\frac{Y_t}{L_t}$，$\frac{K_t}{L_t}$，$\frac{H_t}{L_t}$，回归结果如图 2-11 所示。回归方程的 DW 值为 0.72，经 DW 检验发现模型存在一阶自相关问题，运用 C-O 迭代法进行广义差分处理，结果如图 2-12 所示。

Equation: EQ02　Workfile: 兵团人力资本::...

View Proc Object Print Name Freeze Estimate Forecast Stats Resids

Dependent Variable:lnPGDP
Method: Least Squares
Date: 01/10/14　Time: 19:37
Sample: 1990 2009
Included observations: 20

Variable	Coefficient	Std. Error	t-Statistic	Prob.
C	5.932380	1.261827	4.701420	0.0002
lnPH	3.755494	0.840423	4.468575	0.0003
lnPK	0.278348	0.130389	2.134754	0.0476

R-squared	0.955665	Mean dependent var	0.299671
Adjusted R-squared	0.950449	S.D. dependent var	0.888445
S.E. of regression	0.197768	Akaike info criterion	-0.265961
Sum squared resid	0.664908	Schwarz criterion	-0.116602
Log likelihood	5.659614	Hannan-Quinn criter.	-0.236805
F-statistic	183.2220	Durbin-Watson stat	0.721389
Prob(F-statistic)	0.000000		

图 2-11　依据（2-15）式的回归结果

从图 2-12 可以看出，回归系数的显著性检验效果不好，变量 lnPH 在 5% 的显著性水平下通不过显著性检验，可能存在违背其他经典假定的情况，尝试对差分模型进行异方差检验。在图 2-12 中，点击"View"按钮，选择菜单"Residual Test"中的"Heteroskedasticity Tests"，弹出的对话框如图 2-13 所示。

检验结果显示，模型存在一定程度的异方差。为消除异方差，需要在图 2-12 中选择"Estimate"按钮，在弹出的方程估计对话框中勾选 White 异方差处理，如图 2-14所示。

③回归结果分析。以上操作完成后，最终的回归结果如图 2-15 所示。

通过 OLS 估计，结果如图 2-15 所示，得方程如下：

$$lnPGDP = 3.1949 + 1.9955 * lnPH + 0.6537 * lnPK + [AR (1) = 0.6683]$$

$$S = (1.4198) \quad (0.8716) \quad (0.2333) \qquad (0.2940)$$

$$T = (2.2502) \quad (2.2892) \quad (2.8015) \qquad (2.2735)$$

$$R^2 = 0.9746 \qquad F = 192.22 \qquad DW = 2.0731 \qquad AIC = -0.7447 \qquad SC = -0.5459$$

用方差膨胀因子检验，$VIF_{lnPH} = 1 / (1 - R^2_{lnPH})$，得出 VIF = 7.69，由此判断，解释变量之间不存在强多重共线性。

将模型还原可得长期协整模型如下所示：

图 2-12　C-O 迭代法处理后的回归结果

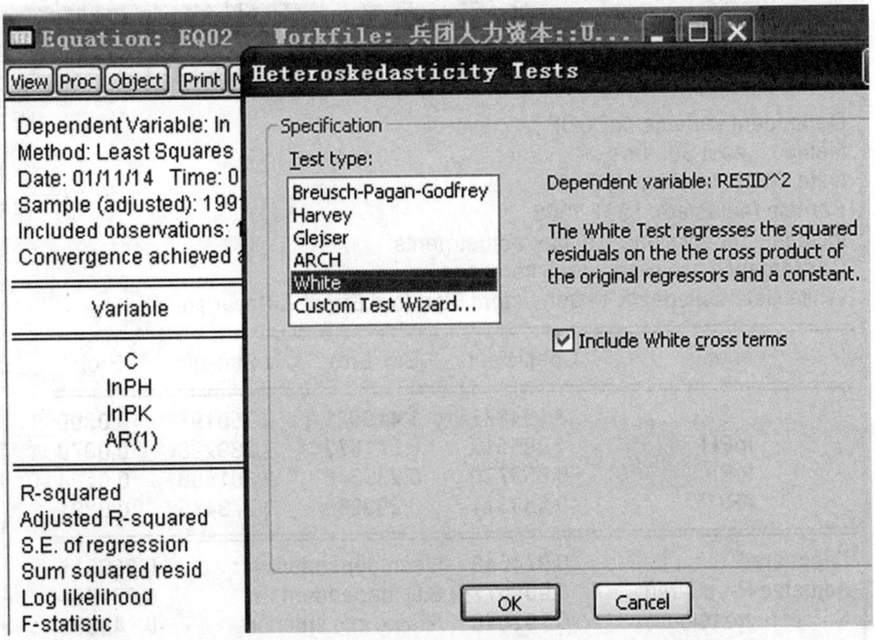

图 2-13　对广义差分模型进行异方差 White 检验

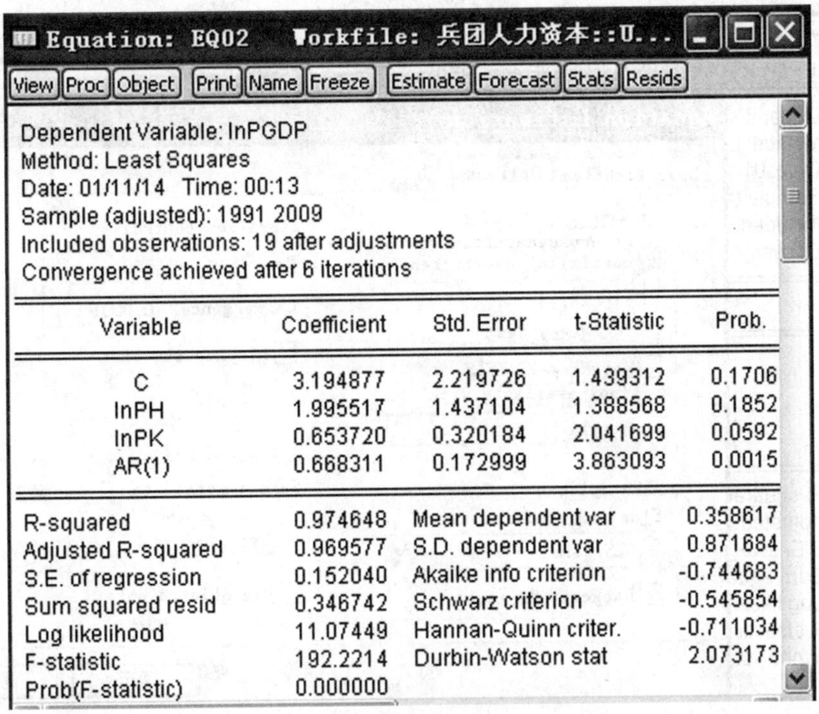

$\ln GDP = 3.1949 + 1.9955 * \ln H + 0.6537 * \ln K - 1.6492 * \ln L + [AR(1) = 0.6683]$ 　　　(2-16)

　　从模型结果可知，各变量和整个回归模型都通过了显著性检验，拟合优度经调整后 R^2 达到 0.9746，模型很好地通过了统计准则检验。用广义差分法估计模型后，根

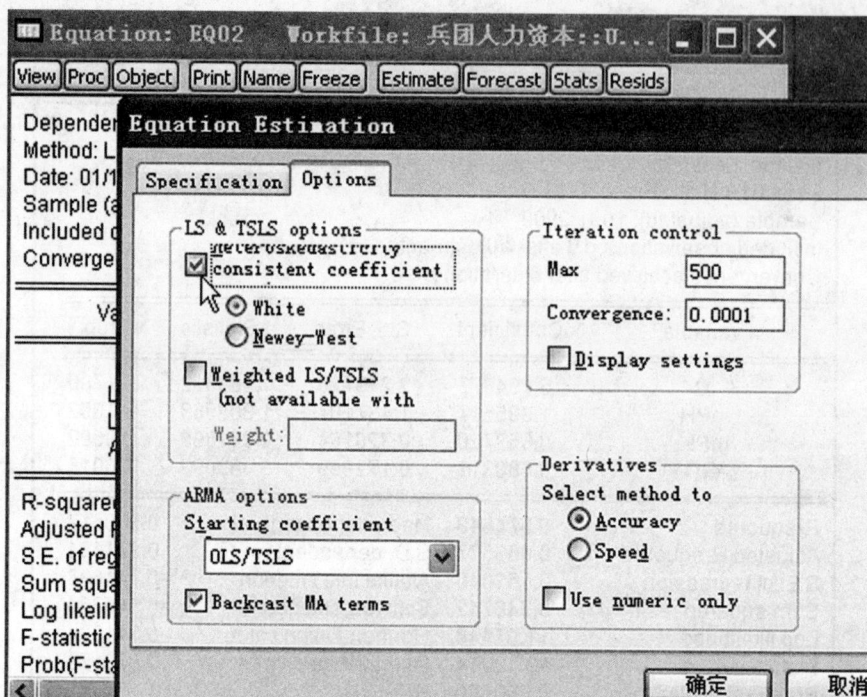

图 2-14 在选项卡中选择消除异方差

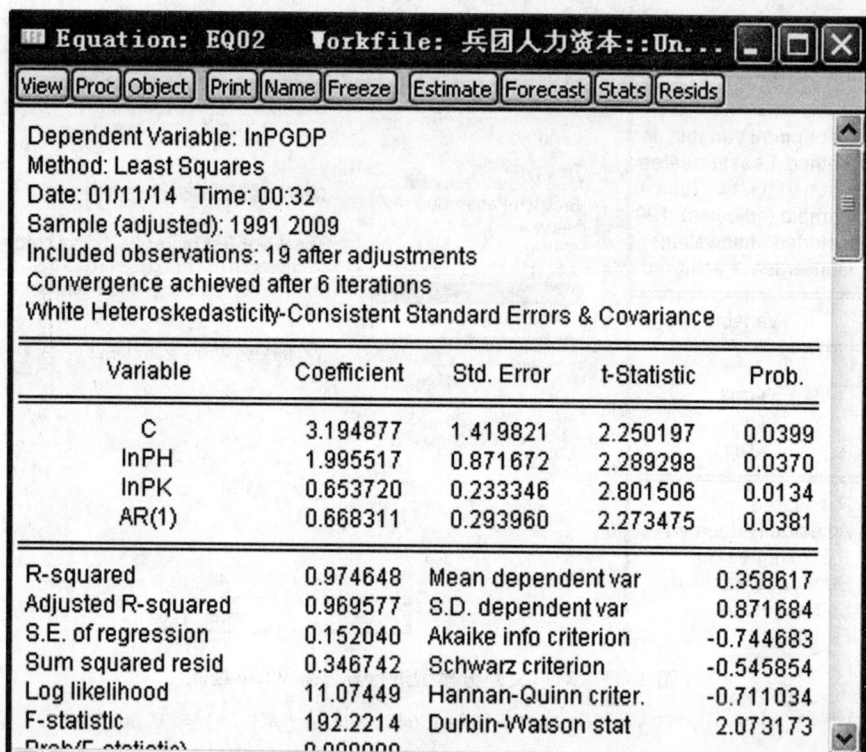

图 2-15 最终的回归结果

据 DW = 2.0731 判断，模型消除了自相关性；根据怀特检验可知模型已不存在异方差性。综合分析，该模型达到了比较理想的效果。

根据方程（2-16），我们可以得出以下结论：

第一，物质资本的产出弹性是 0.6537，即物质资本投入每增长 1 个百分点，国内生产总值将增长 0.6537%，而人力资本的产出弹性为 1.9955，即人力资本每增长 1%，国内生产总值将增长 1.9955%，可见人力资本产出弹性大于物质资本的产出弹性，表明人力资本对经济增长的拉动力要大于物质资本。但现实情况是，兵团人力资本效能没有充分发挥，经济增长依然依靠的是大量物质资本投入。

第二，从回归结果可以看出，兵团劳动力的产出弹性为 -1.6492，也就是说，简单劳动力增长 1%，反而会使经济增长速度放慢 1.6492%，其对经济增长呈现负效应，如此显著的负效应似乎有悖于以往研究，但这正表明了，随着兵团城镇化、新型工业化、农业现代化进程的推进，仅靠劳动力数量的增长很难实现经济增长。可见，对兵团来说，劳动力质量的提高远远重要于劳动力数量的提高，提高劳动力素质迫在眉睫。

第三，通过三者的边际弹性比较，可以发现物质投入和人力资本投入对兵团经济增长都有着重要作用，只是人力资本的作用更突出，而简单劳动力的增加对经济增长产生较大压力，阻碍经济的发展。当前兵团经济增长主要依靠物质投入拉动，人力资本的效能没有充分发挥，因此大有潜力可挖。具体表现在人力资本开发因子整体处于上升趋势，但上升幅度不明显，人力资本存量因了长期看呈下降趋势，表明人力资源有流失现象，人力资本储备不足，削弱了人力资本的效能发挥，增加人力资本的投入将会对经济增长产生乘数效应。

（6）短期误差修正模型。

由以上分析可知，变量之间存在协整关系，表明存在长期均衡关系，但从短期来看，可能存在非均衡的情况，为了使模型能够反映短期内的动态波动调整，用上面长期协整模型中的残差项作为均衡误差，建立短期误差修正模型（ECM）。ECM 的基本形式为

$$D(\ln GDP) = \alpha_0 + \sum_{i=0}^{1} \beta_i \ln H_{t-i} + \sum_{i=0}^{1} \gamma_i \ln K_{t-i} + \sum_{i=0}^{1} \delta_i \ln L_{t-i} + \lambda ECM_{t-1} + v_t$$

其中：

$$ECM_{(t-1)} = \ln PGDP_{(t-1)} - 3.1949 - 1.9955 * \ln PH_{(t-1)} - 0.6537 * \ln PK_{(t-1)} - [AR(1) = 0.6638]$$

读者可以自行对 ECM 模型的具体形式进行探索。由误差修正模型可进一步分析，物质资本和人力资本的短期变动对经济增长的影响结论是否与长期协整分析结果保持一致；劳动力的短期变动对经济增长带来的影响等。同时，还可分析在兵团经济发展过程中，是否存在着短期动态调整机制，使经济发展在短期波动以后，其中一部分偏差得到自动调整。

（三）结论及对策建议

1. 结论阐述

鉴于兵团发展环境变化，人力资本在兵团经济增长中的作用意识逐渐淡化，本案

例通过建立一个人力资本评价体系，运用计量分析方法，论证了人力资本与经济增长之间存在着长期协整关系，通过建立模型，得出以下基本结论：兵团人力资本对经济增长影响显著，人力资本的产出弹性系数大于物质资本的产出弹性系数，劳动力的产出弹性系数为负值，表明人力资本对经济增长的拉动作用要大于物质资本；在经济增长的意义上，劳动素质的提高相对于劳动力数量的增加更为重要。

2. 对策建议

针对以上结论，结合兵团实际，提出如下对策建议：

（1）继续加大物质资本投入的同时，更加注重人力资本的投入。通过长期协整模型研究发现，物质资本和人力资本的产出弹性系数比较接近，并且都在 0.7 以上。这说明物质资本的投入依然必要。但是无论是长期均衡还是短期变动，人力资本对经济增长的产出弹性大于物质资本，这说明人力资本对经济增长产生着更加重要的影响。同时，在现实经济中我们应该看到，兵团人力资本效能发挥不足，兵团经济发展仍然依靠大量的物质资本投入推动，总体经济增长仍表现为粗放型增长模式。近年来，兵团开始面临劳动力成本上升、节能降耗压力增大、产业结构调整、发展方式转变等紧迫任务。因此，发挥人力资本在经济增长中的作用尤为重要，要通过人力资本投资拉动经济增长，使之成为兵团经济发展新的"引擎"和原动力。

（2）创造吸引人才和发挥人尽其才的良好机制和环境。从前面的分析得出，一方面，兵团人力资本开发因子呈上升趋势，反映出人力资本开发投入在不断增加，另一方面，人力资本存量因子呈下降趋势，反映出人力资本在不断流失，说明兵团培养人才的同时也在大量流失人才。现实情况是兵团在人力资本开发方面确实具有一定的优势。2010 年，兵团总人口不到 260 万人，拥有 4 所普通高校，其中列入国家"211工程"建设学校 1 所，成人高校 2 所，还有中等专业和技工学校 31 所，为社会培养了大批人才。兵团硬件设施建设优于同等地区水平，但软件建设明显不足，某些方面为人才的发挥创造了条件，但是缺乏市场经济条件下对人才具有吸引力的工资福利待遇和培训晋升机会，反映出兵团人力资本投入存在结构问题，注重硬件投入，忽视软件建设，因此，兵团要继续增加人力资本硬件建设投入，改善兵团先天地理环境的不足，同时，更加注重提高人才的工资福利待遇和创造更多培训晋升机会，建立与现代经济管理制度相适应的灵活高效的人才资源开发运行机制，制定切实可行的优惠政策留住人才、吸引人才。

（3）加强职业技能培训和继续再教育，提高劳动力质量。兵团简单劳动力呈现出很大负效应，面临剩余劳动力增多、素质不高的状况，必将带来就业等社会发展的巨大压力。因此，要实现兵团可持续跨越式发展，必须将人力资本与经济增长结合起来，提高兵团人力资本质量和人力资本积累能力的效率。西奥多·舒尔茨指出教育是形成人力资本的主要途径。而职业技能培训和继续再教育直接面向市场需要，培养生产、管理、服务第一线的中等或高等技术应用型人才，这类人才是经济社会发展中急需量最多的一个人才阶层。目前，兵团正处在城镇化、农业现代化和新型工业化发展的进程中，加强职业技能培训和继续再教育，引导职工不断学习新知识、提高自身素质和技能水平是当前兵团提高人力资本效能急需落实的工作任务。

总之，全国及兵团正面临经济增长方式和经济结构转型的双重挑战。随着人均GDP 水平的迅速提高，物质资本积累速度在经历快速扩张之后面临减缓，物质资本积累对经济增长的贡献将会下降，要实现全面建设小康社会的战略目标，必须贯彻科学发展观，坚持以人为本，提升人力资本对经济增长的带动作用。

【综合运用知识点评】

本实验从人力资本发展的视角研究兵团经济增长问题，首先构建兵团人力资本发展水平的综合评价体系，运用因子分析法对兵团人力资本发展水平进行评价分析。在实验过程中，对经典的柯布-道格拉斯函数进行了改进，引入人力资本发展因素，建立计量经济模型。同时，综合运用了时间序列的检验方法对时序数列指标进行单位根检验，运用变量变换方法减弱了多变量间可能存在的多重共线问题，在协整检验的基础上，全面反映了兵团人力资本发展对经济增长的长期均衡影响和短期动态影响。最后，计算各变量对经济增长的贡献份额，阐释结论并提出相应对策建议。

【练习与作业】

我国 1990 年国内生产总值为 18 718.3 亿元，国家财政收入为 2 937.1 亿元，三次产业结构分别为第一产业占 27.7%，第二产业占 41.3%，第三产业占 31.6%；2009 年国内生产总值现价总量初步核实数为 340 507 亿元，国家财政收入初步统计数为 68 477 亿元，三次产业结构分别为第一产业占 10.3%，第二产业占 46.3%，第三产业占 43.4%。

20 年间，我国经济总量和财政收入显著增长、经济结构不断调整，城镇人均可支配收入、农民人均纯收入相应增长，人民生活水平不断提高。

近年来，中国政府采取有力措施应对国际金融危机，促进经济可持续发展，加快调整经济结构，增加居民收入，改善人民生活水平。与此同时，反映经济增长、财政收入、居民收入主要统计指标数据也备受各级政府和社会公众的关注。学术界也对此课题进行了许多研究，既有数据之间匹配度的论证，也有针对促进经济可持续发展的建言献策。

请根据所提供的统计数据，通过建立统计模型，分析我国经济增长、财政收入、经济结构与居民收入之间关系的变动特征和趋势，论证数据的匹配程度，并对 2010年我国经济增长、财政收入和居民收入进行统计预测（读者对以下具体要求做选择性练习）。

具体要求：

（1）论证全国和各区域经济增长、经济结构与财政收入、居民收入等主要统计数据的匹配度；

（2）分析我国经济增长、财政收入、经济结构与居民收入之间关系变动的数量特征和趋势；

（3）探讨影响居民收入的各种因素；

（4）论证所建统计模型的适用条件、合理性和可靠性；

（5）根据所建统计模型，对2010年我国经济增长、经济结构、财政收入、居民收入进行区间预测；

（6）在建模过程中，可探讨近两年国际金融危机和宏观调控对经济增长、经济结构、财政收入、居民收入之间关系变动的影响；

（7）在上述量化分析基础上，提出相应的结论和观点。

数据主要来自中国统计年鉴和各省统计年鉴，包括：①全国和地区GDP总量；②全国和地区GDP增长率；③全国和地区产业结构、行业结构；④全国和地区GDP支出结构；⑤全国和地区资本形成总额；⑥全国和地区财政收入总量；⑦全国和地区财政收入增长率；⑧全国和地区城镇居民人均可支配收入；⑨全国和地区农民人均纯收入。

说明：

①所提供的是基础数据，而非所需的全部数据；②可使用其他数据，但请注明数据来源；③注意所用数据的可信度。

（注：本题是2010年全国统计建模大赛比赛题）

【参考文献】

［1］西奥多·舒尔茨. 人力资本投资——教育和研究的作用［M］. 蒋斌，张蘅，译. 北京：商务印书馆，1990.

［2］孙敬水，许利利. 人力资本与经济增长关系实证分析［J］. 数理统计与管理，2008（5）.

［3］王小鲁，樊刚. 中国地区差距的变动趋势和影响因素［J］. 经济研究，2004（1）.

［4］吴喜之. 统计学：从数据到结论［M］. 北京：中国统计出版社，2008.

［5］胡毅，关亚丽. 新疆人力资源与经济发展［J］. 新疆财经，2000（3）.

［6］王小平. 戈壁惊开新天地——兵团屯垦戍边五十年的独特贡献和宝贵经验［J］. 兵团建设，2004（Z1）.

[7] 孟坤，杨爱民．论人力资本投资与现代经济增长［J］．文山师范高等专科学校学报，2002（2）．

[8] 王薇．新疆生产建设兵团人力资本投资现状及对策探讨［J］．经济师，2006（12）．

[9] 谢良，黄建柏．创新型人力资本、全要素生产率与经济增长分析［J］．科技进步与对策，2009（6）．

[10] 边云霞．我国人力资本对经济增长贡献率的实证分析［J］．中南财经政法大学研究生学报，2006（2）．

综合实验二　喀什地区固定资产投资需求预测

【实验目的】

　　本实验以计量经济联立方程组模型的应用为主，综合运用经济学相关知识，定性预测和定量预测相结合，系统分析所研究对象在相对的独立系统中，各影响因素之间的相互作用的规律。根据喀什地区固定资产投资对社会经济发展的重要推动作用，以及为分析资金供求、融资总量、融资结构、融资方式提供重要依据，拟对喀什地区的固定资产投资需求进行预测分析。实验者需要对投资理论和经济增长相关理论及研究现状做深入了解，掌握与固定资产投资相关的建模理论知识、与项目投融资相关的理论知识，并结合喀什地区社会和经济发展的实际，在对口援疆背景下，对喀什地区固定资产投资需求进行科学合理的预测分析。

【方法概述】

（一）联立方程组模型的一般问题

1. 联立方程组模型

　　联立方程组模型是指同时用若干个相互关联的方程表示一个经济系统中经济变量相互依存性的模型。联立方程组模型是由两个或者两个以上相互联系的单一方程组成的方程组，由于其包含的变量和描述的经济关系较多，所以能够比较全面地反映经济系统的运行规律，在经济政策制定、经济结构分析和经济预测方面起着重要作用。

2. 联立方程组模型类型

（1）结构型模型

描述经济变量之间现实经济结构关系，表现变量间直接的经济联系，将某内生变量直接表示为内生变量和前定变量函数的模型，称为结构型模型。矩阵表示为：

$$BY+\Gamma X=u \tag{2-17}$$

（2）简化型模型

每个内生变量都只被表示为前定变量及随机扰动项函数的联立方程组模型，每个方程的右端不再出现内生变量，即为简化型模型。简化模型为：

$$Y = \prod X + V \tag{2-18}$$

3. 联立方程偏倚

在联立方程组模型中，内生变量作为解释变量与随机项相关，如仍用 OLS 法去估计参数，就会产生偏倚，估计式是有偏的，而且是不一致的，这称为联立方程偏倚。

（二）联立方程组模型的识别

1. 识别问题

从本质上讲，识别是指判断联立方程计量经济学模型中某个结构方程是否具有确定的统计形式。从简化式和结构式关系的角度来看，识别问题是讨论能否从模型的简化式参数取得结构式参数。识别可分为恰好识别、过度识别。

2. 识别条件

（1）识别的阶条件

如果模型中有 M 个方程，共有 M 个内生变量和 K 个前定变量，其中第 i 个方程包含 m_i 个内生变量和 k_i 个前定变量。阶条件表述为：当模型的一个方程中不包含的变量总个数（内生变量+前定变量）大于或等于模型中内生变量总个数 M 减 1，则该方程可能识别。

阶条件只是联立方程组模型中方程识别的必要条件，即该方程不满足阶条件一定不能被识别，但满足阶条件不一定就能被识别。

（2）识别的秩条件

在有 M 个内生变量 M 个方程的完备联立方程组模型中，当且仅当一个方程中不包含但在其他方程包含的变量（不论是内生变量还是外生变量）的系数，至少能够构成一个非零的 M-1 阶行列式时，该方程是可以识别的。

3. 模型识别的一般程序

首先，考虑阶条件，阶条件不成立，则方程不可识别；其次，阶条件成立，考虑秩条件是否成立，秩条件不成立，则方程仍不可识别；最后，秩条件成立时，再根据阶条件来判断是过度识别还是恰好识别。

（三）联立方程组模型参数的估计方法

1. 估计方法的分类

联立方程计量经济学模型的估计方法分为两大类：单方程估计方法与系统估计方法。

（1）单方程估计方法，是指每次只估计模型系统中的一个方程，依次逐个估计。如间接最小二乘法、狭义的工具变量法、二阶段最小二乘法、有限信息最大似然法、最小方差比方法等。

（2）系统估计方法，是指同时对全部方程进行估计，同时得到所有方程的参数估计量。如三阶段最小二乘法、完全信息最大似然法等。

2. 恰好识别条件下的单方程估计方法

恰好识别模型通过简化型参数可以唯一确定结构型参数。显然，可以先用普通最小二乘（OLS）法估计简化型参数，然后求解出结构型参数，即间接最小二乘（ILS）法。

3. 过度识别条件下的单方程估计方法

二阶段最小二乘法的估计步骤：

第一步（第一阶段），利用简化方程，将第 i 个结构方程的内生变量直接对所有的前定变量回归，得到 $\hat{\pi}_{ij}$；

第二步（属第一阶段），求出 $\hat{Y}_i = \hat{\pi}_{11}X_1 + \hat{\pi}_{12}X_2 + \cdots + \hat{\pi}_{ik}X_k$；

第三步（属第二阶段），用估计的 $\hat{Y}_i$ 去替代结构方程中作为解释变量的内生变量 Y_i，得 $Y_i = \beta_{i1}\hat{Y}_1 + \beta_{i2}\hat{Y}_2 + \cdots + \beta_{im}\hat{Y}_m + \gamma_{i1}X_1 + \cdots + \gamma_{ik}X_k + u_i^*$，用 OLS 法估计其参数得结构方程参数的两阶段最小二乘（TSLS）估计量。

（四）情景分析

联立方程组模型还可以在外生变量的不同假设下研究拟合的结果。在计量软件中，我们把这些假设称为"情景（Scenarios）分析"。主要依靠未来各种不同的影响因素，并根据不同的假设推断出不同的结果。

【实验背景】

（一）背景材料

固定资产投资是形成物质生产的基础，固定资产的投入规模可能直接影响各地区、各产业或部门、各种经济形式等的发展。随着喀什经济特区建设工作的推进，系统性融资规划成为战略性问题，是未来喀什完成国民经济和社会发展目标的关键。

对区域经济社会发展相关领域的固定资产投资需求作出科学合理的预测，是分析资金供求、融资总量、融资结构、融资方式的基础，是从市场建设、信用建设、制度建设等方面对区域配套政策措施进行系统性设计的依据，也是完善提升各类融资平台，最终从源头上成批量地构筑项目，从体制上破解经济社会发展的融资瓶颈约束，服务地方经济社会发展的关键。

因此，区域固定资产投资需求预测是依据区域发展目标，对区域投资需求进行预测，为固定资产投资的缺口平衡设计提供依据，为区域系统性融资模式设计奠定基础。

（二）理论基础

在固定资产投资总额预测模型研究方面，石美娟、王新华（2005）运用自回归求积移动平均（ARIMA）法分别建立了上海市和武汉市的全社会固定资产投资额预测模型。丘健明等采用多因素相关模型，即基于对线性回归模型的对数变换，在一定程度上避免多元线性回归中自变量间的多重共线性问题，使回归方程更符合经济意义。模型首先是纵向优选（数据序列长度的优选），其次是横向优选（自变量组合的优选）。比选准则为回归理论中的 t 检验、R^2 检验和 F 检验准则。李丽莎（2005）等通过协整检验和误差修正模型（ECM），实证发现财政支出和利用外资是影响固定资产投资的重要因素。从长期和短期来看，财政支出和利用外资对固定资产投资的影响都很显著，且财政支出的影响大于利用外资的影响。

潘省初、孙丹等（2002）则从宏观经济多部门动态模型的视角分别对 Mudan 模型进行了理论分析和实证研究。Mudan 模型的基本核算框架是一个 59 部门的投入产出表。范德成（2003）将宏观经济学中的收入决定理论引入到静态 Leontief 投入产出模型中，从一个新角度实现投入产出模型的动态化。

王津港、杨召文、罗伟（2006）从固定资产投资对经济增长影响实证模型的研究出发，分别研究了中国固定资产投资波动与经济波动之间的相关性。利用 H-P 滤波方法建立了固定资产投资对 GDP 的脉冲响应函数。郭国峰（2006）通过平行数据分析技术研究全社会固定资产投资（TIFA）与经济增长（GDP）之间的关系。研究结论是全社会固定资产投资对经济增长具有正效应，且这种促进作用具有区域差异性。

基于固定资产投资效果及滞后效应的研究，侯荣华、李楠、李博（2002）等利用固定资产效益系数和回归模型研究固定资产投资效果及滞后效应，引入虚拟变量，区分改革开放近三十年来不同时期制度变革对经济绩效产生的影响。

另外，陆迁（2006）采用了基尼系数及其分解方法研究了中国社会固定资产投资地区差距的结构分解问题。

综上所述，区域固定资产投资需求预测可以采用数学模型计算得到，包括回归分析或时间序列的分析，还可以从项目安排、城市化影响的角度预测固定资产投资需求。将不同方法、不同模型测算出的数据进行相互印证分析，结合政府政策、外部调研、专家意见等多方面的情况进行分析修正后，合理确定区域固定资产投资的需求。

【实验步骤】

（一）实验思路

首先从喀什地区的固定资产利用结构和利用效率分析固定资产投资的特征，以此为依据，进而分析固定资产投资的主要影响因素，建立联立方程组模型对固定资产投资需求进行预测和政策仿真，最后，从联立方程系统性预测、基于重点领域的总投资预测和重点项目的总投资预测三个视角来确定"十二五"期间和远至 2020 年，喀什地区固定资产投资的需求情况。

（二）喀什固定资产投资特征分析

1. 固定资产投资利用结构

（1）城镇固定资产投资和农村固定资产投资分布不均

"十一五"以来，喀什固定资产投资总体增长速度呈现加快的基本态势，但固定资产投资在城镇和农村的分布不均匀的态势没有得到遏制。"十一五"初期，城镇固定资产投资和农村固定资产投资的比例为 80.75：19.25。"十一五"期间城镇固定资产投资累计达到 373.06 亿元，年均增长速度为 38.8%，而农村固定资产投资累计为 166.56 亿元，年均增速为 33.98%，到"十一五"末期，城镇固定资产投资和农村固定资产投资的比例为 82.85：17.15，进一步加剧了城镇和农村的固定资产投资的不平衡。

（2）固定资产投资行业结构有所优化

"十一五"初期，三次产业的固定资产投资产业结构比为 2.77：9.78：83.38，到"十一五"末期，三次产业的固定资产投资行业结构调整为 5.83：16.53：77.69，各行业内部的固定资产投资也有较大幅度的调整，其中，房地产行业的固定资产投资占行业固定资产投资比例的增长幅度最大，从"十一五"初期的 9.11% 上升到"十一五"末期的 27.04%，提高了 17.93 个百分点；公共管理和社会组织的固定资产投资的减少幅度最大，从"十一五"初期的 27.55% 降低到"十一五"末期的 8.56%，降低了 18.99 个百分点。从拉动投资的动力看，房地产业、水利环境和公共设施管理、制造业、公共管理和社会组织仍然是最重要的固定资产投资行业。

（3）中央项目增长较慢，地方项目投资较快

"十一五"初期，中央和地方项目投资结构比为 12.9：87.1，"十一五"期间，中央项目投资的年均增长率为 4.29%，地方项目投资额的年均增长率为 36.46%，到"十一五"末期，中央和地方项目投资的比重调整为 7.8：92.2，中央项目的投资比重逐年下降，地方项目投资比重逐年上升，说明在喀什地区国家宏观调控政策的影响相对于地方政府要弱，地方政府对当地经济发展的投资力度较大，在一定程度上起着导向性的作用。

（4）内资企业是拉动投资的主导力量

"十一五"初期，内资企业投资 590 640 万元，占固定资产投资总额的 98.44%，是固定资产投资的主体。内资企业内部，国有企业固定资产投资额为 376 383 万元，占内资投资总额的 63.72%。到"十一五"末期，内资企业投资 2 063 484 万元，"十一五"期间年均增长 36.71%，略高于固定资产投资总额的年均增速。在内资企业固定资产投资中，国有企业固定资产投资额为 1 240 320 万元，占内资投资总额的 56.33%，所占比例有所下降，其余所有制结构的企业固定资产投资的份额有所上升，但国有企业的固定资产投资仍是内资企业的主体。

2. 固定资产投资利用效率

从宏观角度分析，考察固定资产投资的最终效益主要采用投资率和投资效益系数这两个指标。

（1）固定资产投资率分析

投资率又称为资本形成率，指一定时期内资本形成总额占国内生产总值的比重，其计算公式为：

投资率＝当年固定资产投资总额/同期 GDP

投资率反映了一定时期生产活动的最终成果用于形成生产性非金融资产的比重。投资率过低不能满足经济发展的要求，过高又会影响到投资的效益，进而损害经济增长的质量。我国许多学者都对合理的投资率区间进行了研究，认为合理的投资率区间为 20% ~ 30%。从图 2-16 可以看出，喀什地区固定资产投资率主要呈现出两个特点：

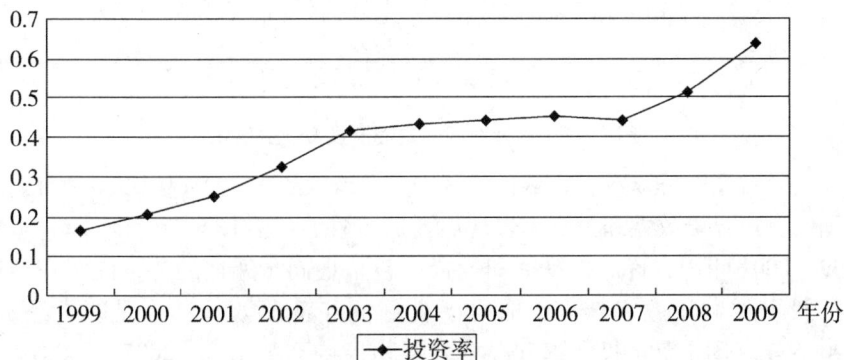

图2-16 喀什地区固定资产投资率变化情况

①喀什地区的投资率明显呈现出增长——平缓——加速三个阶段。1999—2003年，固定资产投资率呈现上升趋势，年均增长率为 26%，2003 年末固定资产投资率为 41.94%；2003—2007 年，固定资产投资率保持平稳态势，年均增长率为 1.3%，2007 年末固定资产投资率为 44.2%；2007—2009 年，固定资产投资率进入快速增长时期，年均增长率为 20%。

②喀什地区的固定资产投资率呈现出逐年增大并有进一步增大的趋势。1999—2009 年投资率年均增长 14%，到 2009 年末达到 63.71% 的新高，而新疆固定资产投资率同时期年均增长只有 1.5%，说明喀什地区的经济增长具有高投资拉动的特征。

（2）喀什固定资产投资效益系数分析

投资效益系数是反映固定资产投资"质"的指标，反映了固定资产投资提供的GDP 增加额，是反映固定资产投资效益较全面、综合性较强的指标。固定资产投资效益的综合指标可表示为：

$$E_t = \Delta Y_t / K_t \qquad (2-19)$$

其中，K_t 为一定时期固定资产投资额，ΔY 为该时期 GDP 增加额。由于投资具有时滞性，因此不仅需要考察 t 时期投资效益系数，还要考察 t-1 时期和 t-2 时期固定资产投资对该期 GDP 的影响，这种固定资产交付使用期和投资期的时间差形成效益滞后，称为固定资产投资效益滞后效应。

$$E_{t-1} = \Delta Y_t / K_{t-1} \tag{2-20}$$

$$E_{t-2} = \Delta Y_t / K_{t-2} \tag{2-21}$$

根据公式的计算结果如图 2-17 所示。

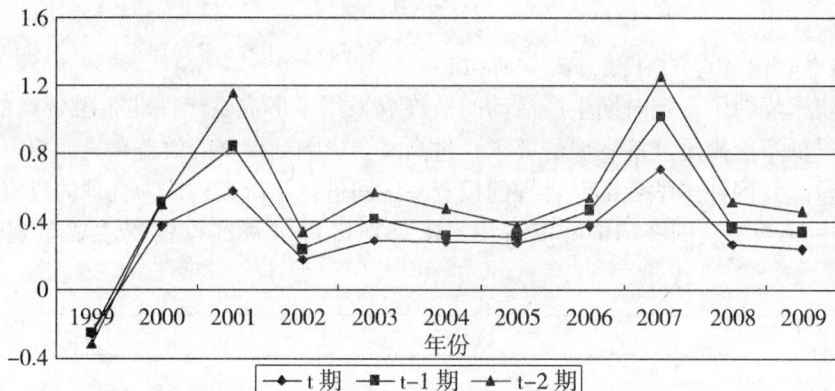

图 2-17　喀什地区固定资产投资效益变化

由投资效益系数可以看出，喀什地区固定资产投资效益表现出以下特征：

①固定资产投资效益和投资率表现出非同步性。结合图 2-16 和图 2-17 可以看出，1999—2001 年固定资产投资率和投资效益呈现同步递增趋势，说明在这段时期固定资产投资的利用效率较高，取得了良好的经济成效，有效促进了经济增长；2002—2006 年，固定资产投资率和投资效益均保持平稳态势；2007—2009 年，固定资产投资率较高，在 GDP 中占了较大的比重，但是其投资效益却呈现出逐年下降趋势，其原因可能有两种：一是喀什地区这几年 GDP 的增速较慢，使得投资效益相对较低；二是在固定资产投资过程中，由于投向、结构等方面不合理，导致资产使用效率偏低。

②固定资产投资效益的滞后性较为明显。由当期、滞后一期、滞后二期比较可知，固定资产投资效益在滞后二期后表现最为明显，即当期固定资产投资的投入，随着时间的延续，其经济效益逐渐得以凸显并逐步增大。

（三）固定资产投资需求影响因素的选择

基于以上固定资产投资呈现的特点，结合喀什地区社会经济统计数据，粗选影响固定资产投资的主要因素，如国内生产总值（GDP）、年末常住人口数、政府预算内财政支出、社会消费品总额等进行分析。下面以喀什地区各年宏观经济的相关指标进行分析说明。

1. 国内生产总值的影响

哈罗德-多马模型、新古典经济模型、新剑桥学派模型和乘数加速数理论都讨论了投资与经济增长的关系。如果把投资增长放到整个宏观经济体系中考察，那么影响投资增长的最重要的分析因素应是国内生产总值。

GDP 对于固定资产投资的影响是最为显著的。一方面，随着 GDP 的增长，国民经济实力增强，国民收入水平的提高进而储蓄水平的提高对投资有一种强大推动作用；另一方面，国民收入水平的提高进而全社会消费水平的提高对投资有一种拉动作用。

从喀什的情况看（如图 2-18 所示），1995—2006 年 GDP 年平均增长速度为8.55%，同期全社会固定资产投资增长速度为 22.02%，后者明显高于前者，也体现了更快增长的趋势。2006—2010 年 GDP 平均增长速度为 22.99%，而同期的固定资产投资平均环比增长速度为 38.10%。所以，喀什地区年度固定资产投资同GDP 具有同向增长相关关系，且年度固定资产投资比国内生产总值具有更高的增长速度。

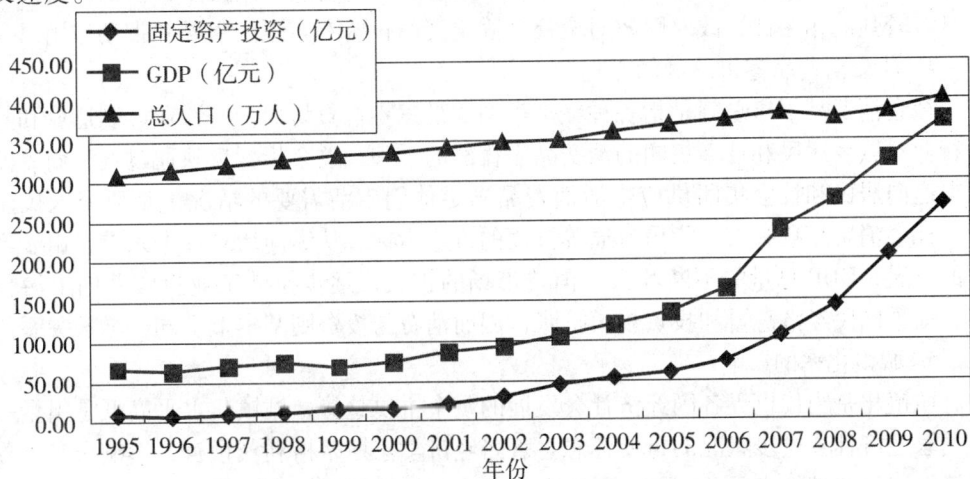

图 2-18　喀什地区固定资产投资、GDP 与总人口趋势对比

2. 人口数量的影响

人口数量对固定资产投资的影响可分为两个层次来进行分析：一是人口增长与经济增长之间的关系；二是经济增长与固定资产投资的关系。人口增长对经济增长的理论大体上可以分为两大类型，即马尔萨斯派和反马尔萨斯派。

马尔萨斯派认为，人口增长会导致劳动生产率降低，生态环境退化，社会总储蓄减少（投资率下降），从而不利于经济增长。尽管技术进步可以加速经济增长，但是，如果人口无限制地增长下去，那么，技术进步的步伐将最终赶不上人口增长的速度，从长期的观点看，人口增长阻碍经济的增长。反马尔萨斯派则认为，人口增长可能在短期内会不利于经济增长，但从较长的时期看，人口增长将最终促进经济增长。

从喀什地区的历史数据来看（如图 2-18 所示），投资和 GDP 之间的同向变动趋势非常显著，人口数量增加总体上促进了经济增长，这一点符合反马尔萨斯派观点。如果抛开 GDP，单考虑人口和投资的关系，直观来看人口数量与固定资产投资之间的关系是正相关关系，这主要在于两方面的原因：一方面，人口基数的逐步扩大需要更多的资金投入城市基础设施等的建设中，满足城市发展的需要；另一方面，人口数量的增长要求物质生活改善，必然要导致生产规模的扩大，推动固定资产投资增长。

3. 政府财政收入与财政支出的影响

政府财政收入与财政支出对全社会固定资产投资具有很大的影响作用。一方面，财政支出对固定资产投资产生间接影响，财政支出在分配、调控、配置、监督方面影响经济运行和固定资产投资；另一方面，财政支出通过政府投资（如城市基础设施建设等）的载体来干预固定资产投资的运行，并且通过政府投资的撬动作用吸引社会投资的进入。随着我国经济持续稳定的发展，这种撬动作用将会越来越显著，伴随着的是政府投资在全社会固定资产投资中的比重逐步缩小，社会资本在全社会固定资产投资中的比重稳步上升。总体来说，政府财政收入与财政支出同全社会固定资产投资具有较强的相关性，政府财政对全社会固定资产投资有较强的引导和带动作用。

4. 社会消费品零售总额的影响

社会消费品零售总额是指各种经济类型的批发零售贸易业、餐饮业、制造业和其他行业对城乡居民和社会集团的消费品零售额的总和。这个指标反映通过各种商品流通渠道向居民和社会集团供应生活消费品满足他们生活需要的情况，是研究人民生活、社会消费品购买力、货币流通等方面的重要指标。从纵向历史数据来看，由于经济的发展，GDP 总量的不断壮大，消费市场的扩大，逐步拉动工业投资并向上游传导，促进国民经济总量和投资规模扩张，因而消费与投资则基本上呈同步增长关系。

5. 城镇化率的影响

城镇化是当代世界各国经济社会发展的一个主要趋势，城镇化水平高低是衡量一个国家经济社会进步状况的重要标志。著名经济学家斯蒂格利茨预言，影响未来世界经济发展的两件大事是美国的高科技发展和中国的城镇化。有关学者的研究表明，中国的城镇化率每增加 1%，就可拉动当年生产总值增长 1% ~ 2%。郑玫（2008）在《固定资产投资与城镇化率相关性》一文中得出结论，要加快实现重庆城乡统筹的任务，提高重庆的城镇化率，就必须处理好固定资产投资在各种企业和产业间的关系，加大对集体企业和第二产业的固定资产投入。由此可见，固定资产投资与城镇化率变化有密切的联系。

6. 银行贷款的影响

国内外现有关于金融发展、金融结构和实体经济增长之间关系的研究表明，金融发展与经济增长之间存在双向互动影响。金融发展能够影响经济发展，进而对投资产生重要的影响，所以，金融发展可以积极主动地刺激全社会固定资产投资的增加。但是，在欠发达地区，金融发展对投资的积极作用主要是银行体系发展的结果，股票市场在促进投资、刺激经济增长中的作用是有限的。因而，金融发展对固定资产投资的影响主体通过银行体系的贷款反映出来。银行贷款作为投资供给的一个来源，仅占总资金供给的 1% 左右，反映喀什地区金融生态环境较差，银行业信贷功能发挥不足，银行贷款对固定资产投资的影响很小，建模时可以忽略其影响。

（四）固定资产投资需求的模型分析和预测

该部分依据经济增长理论和投资需求理论，主要研究影响固定资产投资需求的因素并对固定资产投资需求进行预测。如果将以上选定的影响因素放在经济系统中综合考虑，这些因素不仅受资金来源、人民生活水平和政策等因素的影响，同时也会反作用于其他因素。因而，可以考虑用联立方程组模型来模拟喀什地区经济系统的发展变化，以影响固定资产投资需求的系统经济因素为切入点，结合喀什地区"十二五"规划的发展目标，借以在不同的政策和情景下，更全面、系统地对固定资产投资需求进行预测。

1. 模型变量选择和方程描述

（1）模型变量的描述、数据整理

表 2-5 中列出了模型中使用的 4 个前定变量、3 个内生变量、变量的含义、计量单位，观测指标的样本区间为 1999—2009 年[①]，数据取自《喀什地区统计公报》（2000—2010 年），使用环比指数对 GDP、各部门增加值等数据进行换算。

表 2-5　　　　　　　　　　　　模型变量列表

前定变量	指标名称	单位
CZ	财政预算支出	万元
LS	社会消费零售总额	万元
POP	年末总人口	万人
INV（−1）	固定资产投资滞后一期	万元
内生变量	指标名称	单位
INV	固定资产投资	万元
GDP	国内生产总值	万元
CS	城市化率	—

（2）模型方程的描述

利用喀什 1999—2009 年的数据建立一个固定资产投资需求导向的经济联立方程组模型，模型由 3 个内生变量方程组成，模型的设计思路如图 2-19 所示。

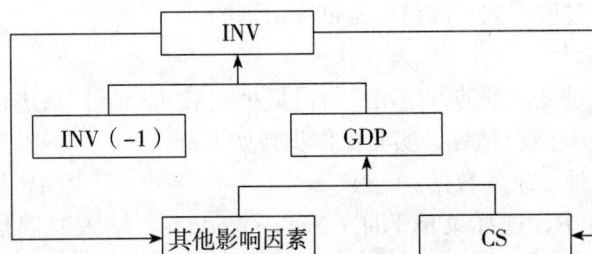

注：箭头表示影响方向。

图 2-19　固定资产投资需求导向的变量间的关系

① 本案例取样受限，联立方程模型要求样本容量较大。

①固定资产投资需求方程

log（INV）= C（1）+C（2）* log（GDP）+C（3）* log（INV（-1））

该方程描述了固定资产投资和 GDP、固定资产投资滞后期的关系。根据固定资产投资的影响因素分析可知，一个地区的全社会固定资产投资受其所处的经济发展阶段、社会环境和政策等多方面因素的影响，而其受影响最直接的途径是经济发展水平和其历史时期的固定资产投资规模的影响，结合数据的可获得性，在分析固定资产投资的直接影响因素时，引入 GDP 和 INV（-1）两个解释变量。

②经济增长方程

log（GDP）= C（4）+C（5）* log（CS）+C（6）* log（LS）

该方程描述了经济增长和城市化率、社会消费零售总额的关系。对中国经济增长因素的研究大体经历了从简单到复杂的过程，除了人力资本、物质资本等传统因素对经济增长的影响以外，城市化水平已成为促进经济持续增长的一个重要因素，除此外，社会消费零售总额作为社会消费能力的代表亦成为带动经济增长的因素，故这里引入城市化水平和社会消费零售总额两个解释变量。

③城市化模型

CS=C（7）+C（8）* log（INV）+C（9）* log（CZ）+C（10）* log（POP）

该方程描述了城市化率和固定资产投资、财政支出、人口的关系。城市化进程受经济发展水平、社会环境、政策导向等三方面因素的综合影响，故引入固定资产投资、人口规模、财政支出这三个指标分别代表这三方面的影响。

2. 模型的识别和参数估计

（1）模型的识别

联立方程组模型的识别主要是依据结构方程识别的阶条件和秩条件进行判断。以固定资产投资需求方程为例，结构模型中内生变量和前定变量的总个数分别为 3 个和 4 个，该方程中内生变量和前定变量的个数分别为 2 个和 1 个，根据阶条件 $k-k_i \geqslant m_i-1$ 判断，方程满足阶条件。根据秩条件判断，计算方程对应的矩阵（ВОГО），得出固定资产投资总需求方程的秩等于 1，内生变量个数 2 减 1 为 1，方程满足秩条件。综合阶条件和秩条件，可判断固定资产投资总需求方程为过度识别。同理可得，其余行为方程均为过度识别，故模型是过度识别的。

（2）参数的估计

基于该模型是过度识别的，使用三阶段最小二乘（3SLS）法进行模型的估计。

使用 EViews 6.0 进行估计，实验操作步骤如下：

①建立工作文件，录入数据。

在 EViews 6.0 中，选择菜单 File→New→Workfile，输入时间范围 1999—2009，建立新的工作文件"投资需求预测 . wfl"。在工作文件窗口，依次建立 6 个变量对应的序列（详见数据文件 2-2. xls），如图 2-20 所示。

②创建系统对象，估计参数。

选择菜单 Object→New Object→System，创建"系统"对象，对三个方程进行参数估计，如图 2-21 所示。

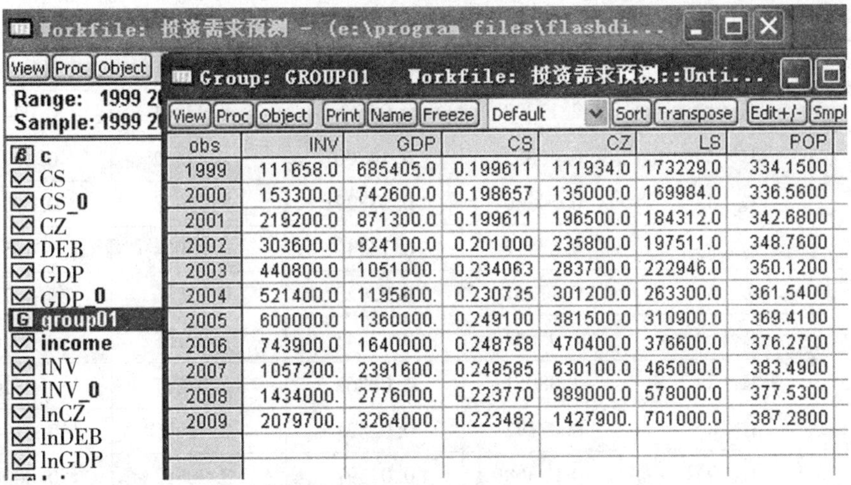

obs	INV	GDP	CS	CZ	LS	POP
1999	111658.0	685405.0	0.199611	111934.0	173229.0	334.1500
2000	153300.0	742600.0	0.198657	135000.0	169984.0	336.5600
2001	219200.0	871300.0	0.199611	196500.0	184312.0	342.6800
2002	303600.0	924100.0	0.201000	235800.0	197511.0	348.7600
2003	440800.0	1051000.	0.234063	283700.0	222946.0	350.1200
2004	521400.0	1195600.	0.230735	301200.0	263300.0	361.5400
2005	600000.0	1360000.	0.249100	381500.0	310900.0	369.4100
2006	743900.0	1640000.	0.248758	470400.0	376600.0	376.2700
2007	1057200.	2391600.	0.248585	630100.0	465000.0	383.4900
2008	1434000.	2776000.	0.223770	989000.0	578000.0	377.5300
2009	2079700.	3264000.	0.223482	1427900.	701000.0	387.2800

图 2-20　建立工作文件并录入数据

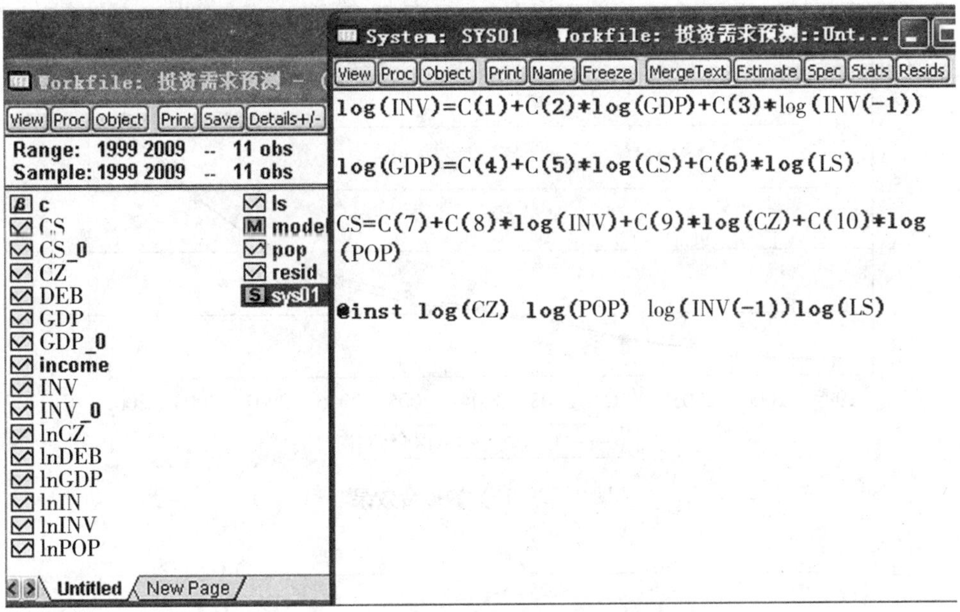

图 2-21　创建“系统”对象估计参数

方程 1：log（INV）=C（1）+C（2）＊log（GDP）+C（3）＊log（INV（-1））

方程 2：log（GDP）=C（4）+C（5）＊log（CS）+C（6）＊log（LS）

方程 3：CS=C（7）+C（8）＊log（INV）+C（9）＊log（CZ）+C（10）＊log（POP）

得到方程的估计结果如表 2-6 所示。

（3）模型拟合度检验

固定资产投资需求联立方程组模型的整体检验采用了 20 年连续事后预测。方法是将模型中内生变量 11 年实际数值赋予模型，各年外生变量取实际值，计算时间预测结果与实际数值之间的误差。模型主要内生变量的动态模拟如图 2-22 至图 2-24 所示。

表 2-6 联立方程组模型估计结果

	参数列表	系数	系数标准误	t 统计量	P 值
方程 1	C（1）	−2.17308	0.95578	−2.27361	0.03416
	C（2）	0.40835	0.14200	2.87562	0.00935
	C（3）	0.74346	0.08829	8.42028	0.00000
方程 2	C（4）	0.63112	0.74246	0.85004	0.40537
	C（5）	−0.17361	0.22923	−0.75736	0.45767
	C（6）	1.05083	0.03845	27.32765	0.00000
方程 3	C（7）	−2.08061	1.00262	−2.07517	0.05109
	C（8）	0.07192	0.02821	2.54963	0.01909
	C（9）	−0.09368	0.02397	−3.90852	0.00087
	C（10）	0.43437	0.19298	2.25087	0.03580

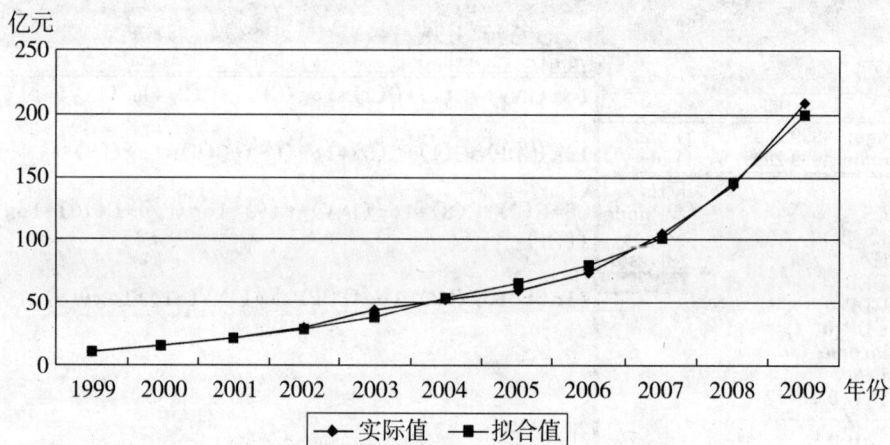

图 2-22 INV 的拟合效果

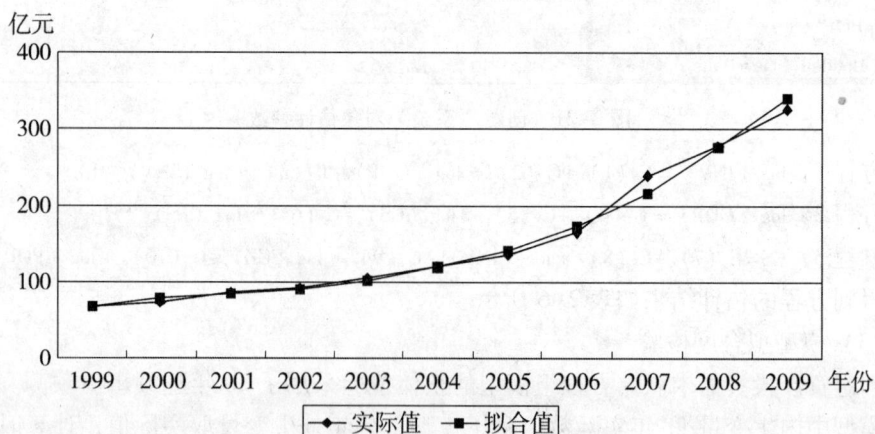

图 2-23 GDP 的拟合效果

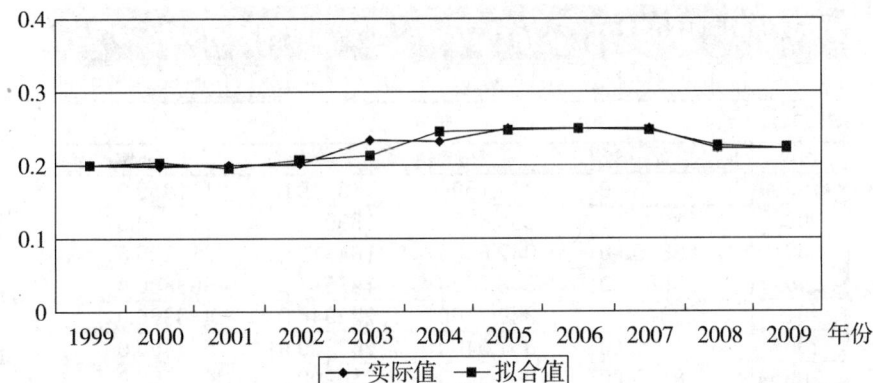

图 2-24　CS 的拟合效果

使用绝对百分比误差对联立方程系统进行检验，全部内生变量的 APE 值详见表2-7。

表 2-7　　　　　　　　　　　　模型内生变量的 APE 值

年份	INV	GDP	CS
1999	0.00	0.00	0.00
2000	0.07	0.05	0.07
2001	0.02	0.02	0.02
2002	0.05	0.02	0.05
2003	0.12	0.02	0.12
2004	0.04	0.00	0.04
2005	0.10	0.04	0.10
2006	0.07	0.06	0.07
2007	0.04	0.10	0.04
2008	0.02	0.00	0.02
2009	0.04	0.04	0.04

　　3 个内生变量的 APE 值都在 10% 以内，说明模型具有较高的总体历史有效性，模型的总体设定以及宏观经济变量相互关系的定量估计比较符合客观历史事实，可以用此模型来预测、分析喀什固定资产投资需求额并进行政策仿真。

　　3. 模型预测和政策仿真分析

　　（1）模型预测

　　利用前文建立的宏观经济计量模型，对喀什 2010—2015 年内生变量进行样本期外推预测。此模型共包括 4 个前定变量：财政预算内支出（CZ）、年末总人口（POP）、社会消费品零售总额（LS）和 INV（−1）。根据 4 个前定变量前期的变动趋势计算平均增长速度，假定在 2010—2015 年区间内的变化趋势也符合这一规律，首先推算出外生变量在 2010—2015 年区间内的时间序列值。

　　①确定前定变量样本期外的值。调整时间范围即 1999—2015 年，将 EViews 中的数据导出到 Excel，分别计算 CZ、POP、LS 和 INV 四个变量 1999—2009 年期间的平均发展速度为 129.00%，101.49%，115.00% 和 133.97%。外推计算出 2010—2015 年这四个变量的值，再复制到 EViews 中，如图 2-25 所示。

　　②模型预测。在"System"对象窗口中选择 Proc→Make Model，进入"Model"

obs	CZ	POP	LS	INV
1999	111934.0	334.1500	173229.0	111658.0
2000	135000.0	336.5600	169984.0	153300.0
2001	196500.0	342.6800	184312.0	219200.0
2002	235800.0	348.7600	197511.0	303600.0
2003	283700.0	350.1200	222946.0	440800.0
2004	301200.0	361.5400	263300.0	521400.0
2005	381500.0	369.4100	310900.0	600000.0
2006	470400.0	376.2700	376600.0	743900.0
2007	630100.0	383.4900	465000.0	1057200.
2008	989000.0	377.5300	578000.0	1434000.
2009	1427900.	387.2800	701000.0	2079700.
2010	1841923.	393.0400	806172.1	2786197.
2011	2375992.	398.8800	927123.3	3732698.
2012	3064916.	404.8100	1066221.	5000736.
2013	3953594.	410.8300	1226188.	6699541.
2014	5099947.	416.9300	1410155.	8975448.
2015	6578687.	423.1300	1621722.	12024505

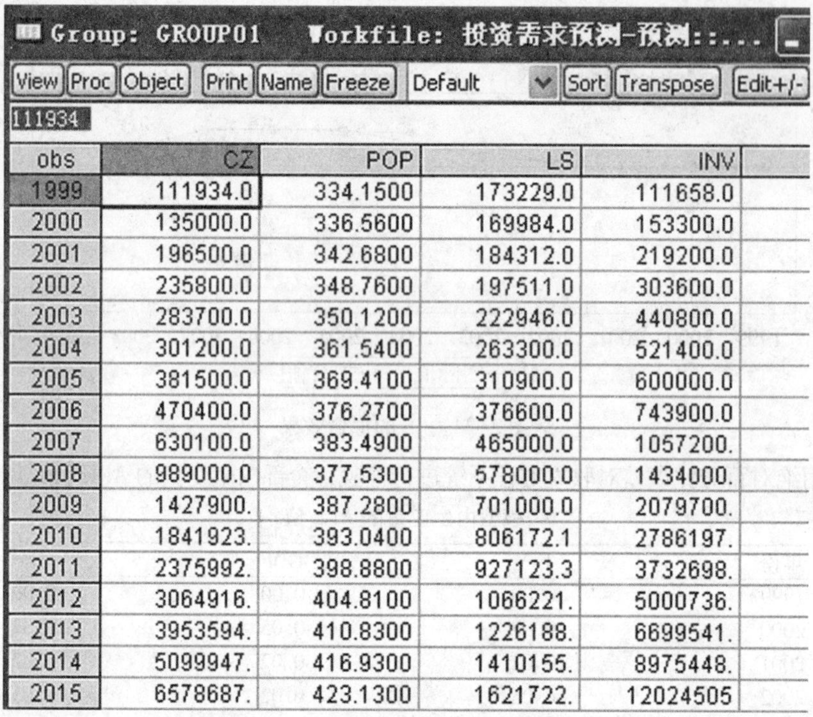

图 2-25　确定样本期外前定变量值

对象设定窗口，如图 2-26 所示。

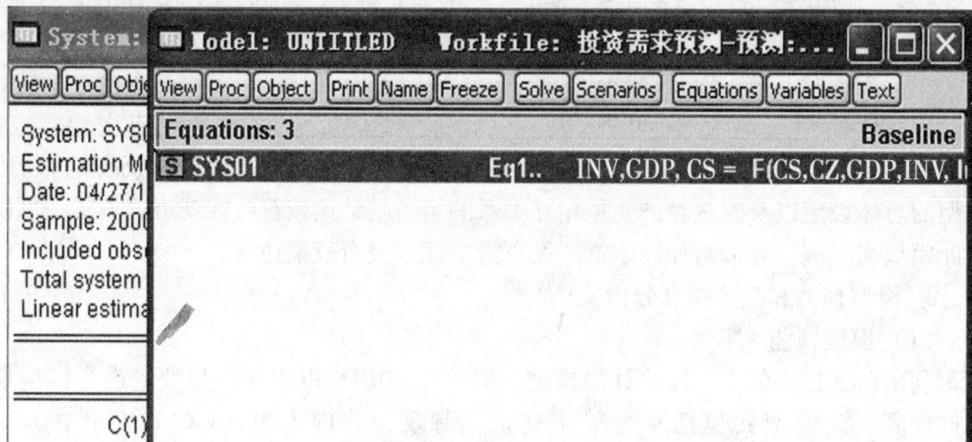

图 2-26　进行预测模型的设定

在图 2-26 的窗口中，可以进行方程和变量的设定，本实验的方程和变量来源于已经创建的系统对象，不需再做设定。点击“Solve”按钮，进入“Model Solution”（模型求解）对话框，如图 2-27 所示。确定后，生成 3 个内生变量的预测值，对应着后缀为“0”的序列。

在宏观经济条件以及主要价格指数不发生较大变动的前提下，通过以上模拟求解出 3 个内生变量 2010—2015 年的预测值，见表 2-8。

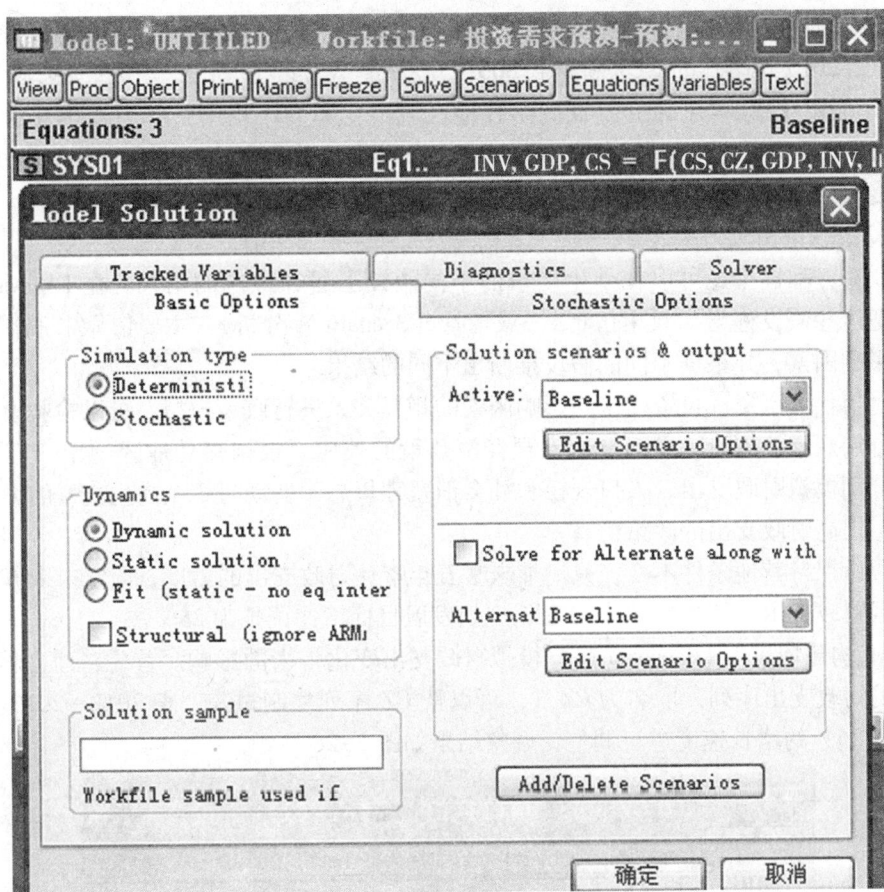

图 2-27 模型求解 (预测)

表 2-8 模型求解内生变量结果

年份	INV (万元)	GDP (万元)	CS
2010	2 786 143	3 903 612	0.230168
2011	3 674 132	4 512 970	0.232622
2012	4 845 170	5 217 534	0.23508
2013	6 389 492	6 032 199	0.23754
2014	8 426 130	6 974 242	0.239991
2015	11 111 990	8 063 492	0.242452

利用预测结果, 对 2011—2015 年喀什地区经济发展趋势进行预测分析:

A. 固定资产投资。"十二五"期间喀什地区固定资产投资年均增长率为 31.87%, 预测结果显示, 经济若按历史轨迹运行, 未来五年喀什的固定资产投资力度将进一步加大, 2015 年喀什固定资产投资将达到 1 111.20 亿元, "十二五"期间全社会固定资产投资总额达 3 444.69 亿元。

B. 国内生产总值。"十二五"期间喀什地区国内生产总值的年均增长率为

15.62%，预测结果显示，经济若按历史轨迹运行，未来五年喀什的 GDP 将保持较快的增长，2015 年喀什的 GDP 将达到 806.35 亿元。

C. 城市化率。“十二五”期间喀什地区城市化率的年均增长率为 1.04%，预测结果显示，经济发展若按历史轨迹运行，未来五年喀什地区的城市化率将有所提高，但速度较慢，2015 年喀什地区的城市化率约可达到 24.25%。

（2）政策仿真

联立方程模型还可以在外生变量的不同假设下研究拟合的结果。在 EViews 中，我们把这些假设称为“政策仿真”（或情景（Scenario）分析）。主要依靠未来各种不同的影响因素，并根据不同的假设推断出不同的结果。

对喀什固定资产投资需求与影响因素的相互关系进行政策模拟，可以检验模型是否符合宏观经济理论，进而分析宏观经济政策的效应。根据喀什地区“十二五”规划，分别模拟财政支出、人口规模和社会消费零售总额变动对 3 个内生变量的影响。

①提高财政支出的政策仿真

假设保持其他条件不变，只增加未来五年喀什财政支出的力度。假定未来五年喀什地区财政支出按照喀什“十二五”规划发展目标增速调整为 25%。

A. 构建情景 1（Scenario 1），模拟财政支出变化带来的影响。首先，建立情景 1 对应的财政支出序列，取名为 CZ_1，可以从 CZ 序列复制过来，把 2012—2015 年的数据按 25% 的增长速度进行调整，调整结果如图 2-28 所示。

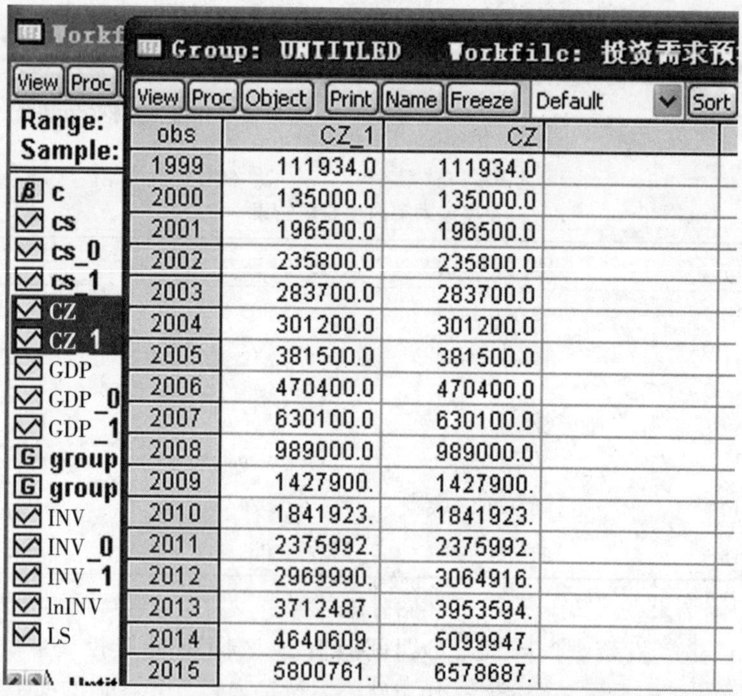

obs	CZ_1	CZ
1999	111934.0	111934.0
2000	135000.0	135000.0
2001	196500.0	196500.0
2002	235800.0	235800.0
2003	283700.0	283700.0
2004	301200.0	301200.0
2005	381500.0	381500.0
2006	470400.0	470400.0
2007	630100.0	630100.0
2008	989000.0	989000.0
2009	1427900.	1427900.
2010	1841923.	1841923.
2011	2375992.	2375992.
2012	2969990.	3064916.
2013	3712487.	3953594.
2014	4640609.	5099947.
2015	5800761.	6578687.

图 2-28　调整政策仿真（情景 1）的财政支出数据

然后，在模型（Model）窗口，点击 Scenario 按钮，进行情景设定。在弹出的 Scenario Specification 对话框中，新建一个政策仿真（情景 1，即 Scenario 1），如图

2-29所示。设定更改变量（Overrides）为财政支出（CZ），即在情景分析过程中，用 CZ_1 替换 CZ 进行模型预测，如图 2-30 所示。

图 2-29　创建一个情景 Scenario 1

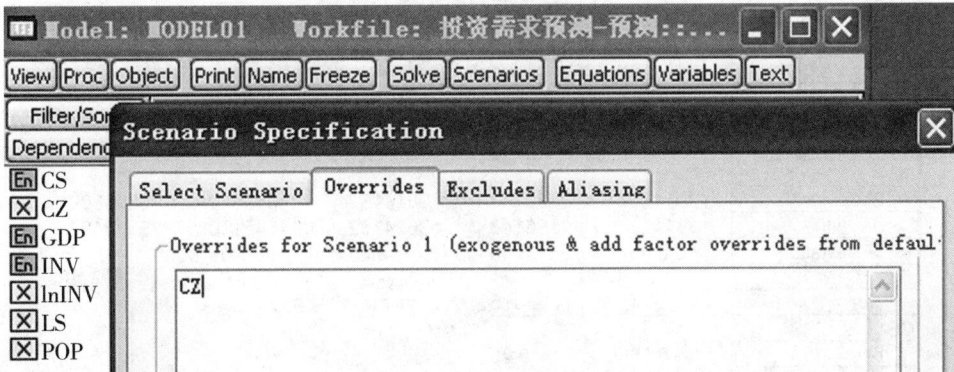

图 2-30　设定更改变量为 CZ

B. 得到情景分析结果。以上设定完成后，就可以在模型（Model）窗口点击 Solve 按钮，在弹出的 Model Solution 窗口中选择 Scenario 1，确定后，可得到喀什"十二五"期间，财政支出增速为 25% 的情景下对应的 3 个内生变量的预测值 INV_1，GDP_1 和 CS_1。

C. 政策仿真评价。在模型（Model）窗口点击 Proc 按钮，选择 Make Group/Table 菜单项，弹出的窗口如图 2-31 所示。选择 3 个内生变量，基于情景 1（Scenario 1）

和基准情景（Baseline）作对比分析，确定后结果如图 2-32 所示。

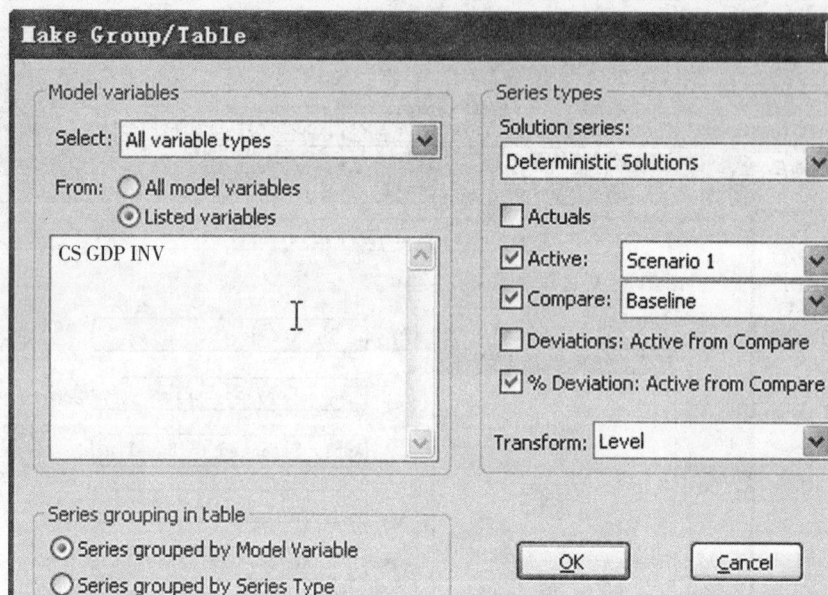

图 2-31 构建表格进行情景对比分析

	2009	2010	2011	2012	2013
CS					
Scenario 1	0.22	0.23	0.23	0.24	0.24
Baseline	0.22	0.23	0.23	0.24	0.24
% Deviation	0.00	0.00	0.00	1.23	2.43
GDP					
Scenario 1	3387403	3903612	4512970	5206497	6007108
Baseline	3387403	3903612	4512970	5217534	6032199
% Deviation	0.00	0.00	0.00	-0.21	-0.42
INV					
Scenario 1	1994422	2786143	3674132	4840982	6378626
Baseline	1994422	2786143	3674132	4845170	6389492
% Deviation	0.00	0.00	0.00	-0.09	-0.17

	2014	2015
CS		
Scenario 1	0.25	0.25
Baseline	0.24	0.24
% Deviation	3.61	4.76
GDP		
Scenario 1	6931448	7998596
Baseline	6974242	8063492
% Deviation	-0.61	-0.80
INV		
Scenario 1	8404978	11075390
Baseline	8426130	11111990
% Deviation	-0.25	-0.33

图 2-32 情景对比分析结果

运行计算结果显示：调整"十二五"期间喀什财政支出的增速为 25%，预测得到的固定资产投资、GDP 和城市化率都有一定的变化，其中，2015 年，固定资产投资相对降低了 0.33 个百分点，GDP 相对降低了 0.8 个百分点。

②扩大人口规模的政策仿真

与以上操作步骤相同，假设保持其他条件不变，只增加未来五年总人口的数量，假定未来五年喀什总人口数量按照喀什"十二五"规划发展目标增速调整为 3%，运行计算结果显示：调整喀什地区总人口数量使得固定资产投资、GDP 和城市化率都有一定的变化，其中，2015 年，固定资产投资相对降低了 0.7 个百分点，GDP 相对降低了 1.7 个百分点。

③增加社会消费零售总额的政策仿真

同理，假设保持其他条件不变，只增加未来喀什地区的社会消费零售总额，假定未来五年喀什社会消费零售总额按照喀什"十二五"规划发展目标增速调整为 24%，运行计算结果显示：调整喀什地区社会消费零售总额使得固定资产投资、GDP 和城市化率都有一定的变化。其中，其中，2015 年，固定资产投资相对提高了 13.5 个百分点，GDP 相对提高了 36.4 个百分点。

（五）喀什地区重点领域固定资产投资需求预测

重点领域固定资产投资在固定资产投资规模中占有重要比重，对社会经济有着非常重要的影响。虽然重点领域投资规模在相邻年度之间有一定的波动，但由于建设周期的连续性，在一段时间内（如五年）却是基本稳定的。通过对重点领域投资的分析可以总体上把握固定资产投资的总体情况。国民经济和社会发展规划中都会确定一个时期内的支柱产业作为重点投资的领域，可以将这些支柱产业作为固定资产投资的重点领域。另外，每个年度的国民经济和社会发展规划中，也会确定本年度的重点项目，考察重点项目的固定资产投资情况，可以从更微观的视角分析和把握一个地区的固定资产投资情况。从重点领域（行业）和重点项目两个方面分析"十一五"期间喀什地区重点领域和重点项目的固定资产投资情况，继而依据喀什地区"十二五"期间重点领域和重点项目规划，分析其固定资产投资总规模。

1. 重点领域（行业）固定资产投资需求预测

喀什地区"十一五"期间确定了六个支柱产业，分别为石油天然气化工建材业、棉纺织加工业、特色农副产品加工业、出口商品加工（组装）业、矿产资源勘探开发冶炼业和商贸旅游服务业，以这些产业作为重点投资领域，其固定资产投资变化如图 2-33 所示。"十一五"期间，喀什地区重点领域的固定资产投资从 2006 年的 34.48 亿元增加到 2010 年的 158.73 亿元，平均增长速度为 46.48%，快于同期全社会固定资产投资平均增长速度（38.07%）。随着国家援建和支持的常态化，这种高速的增长在"十二五"期间会放缓，以深圳市各个时段全社会固定资产平均增长速度作为参考，可以推测喀什地区在"十二五"期间维持 20% 左右平均增长速度。由此可推断，重点领域的投资增长速度维持在 30% 左右。

"十二五"期间，喀什地区将围绕实现经济跨越式发展的总体目标，大力推进农产品加工、棉花纺织、建筑建材、商贸物流、旅游目的地、清真食品、出口组装、大

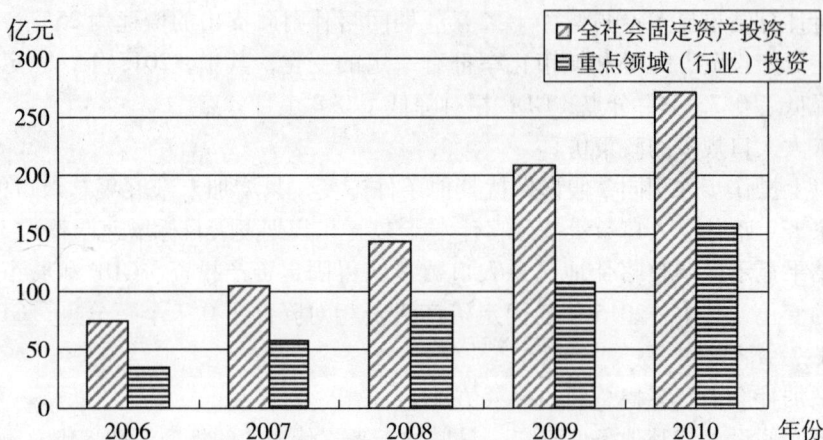

图 2-33 喀什地区"十一五"期间重点领域固定资产投资

型冶金、石油化工、高新技术十大基地建设。以 2010 年为基点，依据以上 10 个重点投资领域计算得到喀什地区 2010 年重点领域的投资为 161.8 亿元，"十二五"期间，喀什经济特区的集聚效应和四个省市对口援建将提升重点领域的投资增长速度，这种提升效应在 5% 左右。因此，可以将喀什地区重点领域平均投资增长速度估算为 35%，2011—2015 年重点领域的投资情况预测如表 2-9 所示。

表 2-9   2010—2015 年喀什地区重点领域投资情况预测   单位：亿元

年份	2010	2011	2012	2013	2014	2015
重点领域投资预测	161.80	218.43	294.88	398.09	537.42	725.52

依据图 2-33 反映出的重点领域固定资产投资与全社会固定资产投资的比例约为 1∶2，可以预测出，到 2015 年，喀什地区的全社会固定资产投资为 1 451.03 亿元。"十二五"期间的喀什地区全社会固定资产投资总规模为 4 348.67 亿元。

2. 重点项目固定资产投资需求预测

重点项目工作的核心就是要以项目为载体，引导资源向符合城市发展需要、符合产业政策导向的领域配置，加快产业结构调整升级步伐，推动经济、社会和城市建设的协调发展。依据《喀什地区"十二五"建设项目规划表（实施项目）》、《喀什地区"十二五"工业化重点项目规划表》和《喀什地区"十二五"重点招商项目》，钢铁冶炼生产项目、喀什和伽师棉纺厂建设项目、英吉沙和叶城水泥生产线项目、广州新城、阿凡提乐园等项目都是投资超过 10 亿元的重大项目。"十二五"期间 80 个重点招商项目预计总投资 160 亿元，工业化重点项目总投资 202 亿元，"十二五"建设项目规划总投资 645 亿元，对这三个文本中的重点项目进行梳理后，可以计算出喀什地区"十二五"期间重点项目总投资额为 885 亿元左右，考虑到对口援疆和特区建设的放大效应，重点项目总投资额可以调整为 1 000 亿元左右。

从 2010 年来看，喀什地区重点项目投资完成 108.16 亿元，占全社会固定资产投资的 39.97%，可见重点建设项目在喀什地区的基础设施、产业发展和社会事业等领域具有引领和支撑作用。这个比重（39.97%）不排除在 2010 年完成"十一五"期间的投资"任务"而作出的努力，也包括对口援疆项目跟进的成果。

由于"十二五"重点项目规划编制的依据之一是项目建设单位申报的数据，因此"十二五"重点项目投资在一定程度上反映了同期重点项目的投资需求。从已有的文献和历年的数据来看，重点项目投资占固定资产投资的比重相对稳定，例如，深圳市"九五"和"十五"期间，重点项目投资占全社会固定资产投资的比重基本稳定在 20% 左右。作为新的经济特区，在第一个五年规划内，重点项目投资的比重可以调高 5%，即"十二五"期间，喀什地区的重点项目投资占全社会固定资产投资的比重为 25% 左右。由此可以推断，喀什地区"十二五"期间全社会固定资产投资总规模为 4 000 亿元左右。

（六）结论

综上所述，基于三个视角对喀什地区固定资产投资的预测如表 2-10 所示。到 2015 年，全社会固定资产投资需求区间为 1 111.20 亿 ~ 1 438.45 亿元，"十二五"期间全社会固定资产投资总额区间为 3 444.69 亿 ~ 4 348.67 亿元。更远至 2020 年来看，特区效应释放和对口援建更趋稳定会使喀什地区的固定资产投资速度在"十三五"期间放缓，预计平均增长速度为 30% 左右，由此可以预测 2020 年喀什地区的全社会固定资产投资区间为 3 520.99 亿 ~ 4 108.36 亿元，如表 2-10 所示。

表 2-10　　"十二五"期间和 2020 年喀什地区固定资产投资需求预测　　单位：亿元

年份	联立方程系统性预测	基于重点领域的固定资产投资预测	基于重点项目的固定资产投资预测
2011	367.41	443.79	408.21
2012	484.52	595.45	547.71
2013	638.95	798.95	734.89
2014	842.61	1 072.03	986.07
2015	1 111.20	1 438.45	1 323.12
2020	3 520.99	4 108.36	3 778.96

【综合运用知识点评】

本实验以喀什地区固定资产投资需求为研究对象，依据经济理论和文献查阅，选择喀什地区国内生产总值、人口数量、政府财政支出、社会消费品零售总额和城镇化率等变量作为影响固定资产投资的重要因素。实验过程中，运用统计图、表对喀什地区固定资产投资的利用结构、利用效率进行了统计分析，充分利用联立方程组模型来反映固定资产投资需求分析的系统性，进行了预测分析和政策仿真分析。同时，综合了联立方程组模型的系统性预测、基于重点领域的固定资产投资预测和基于重点项目的固定资产投资预测三个方面，推测出"十二五"期间乃至 2020 年喀什地区固定资产投资需求的变动情况。

【练习与作业】

关于农民收入与农业投资的研究，可以从相互影响的视角来做系统性研究。一方面，研究农业投资对农民收入的影响。关于影响农民收入的因素分析，包括农业投资，已有大量的文献作了探讨。这些因素归纳起来有两点：一是结构性因素；二是体制性因素。另一方面，研究农民收入对农业投资的影响。市场经济条件下，农户应当也必须成为农业生产投资的主体，农民收入应对农业投资具有决定性的作用。以新疆数据为例，试用联立方程组模型对农业投资对农民收入的影响、农民收入对农业投资的影响，以及对两者有重要影响的因素进行实证分析。

选取的指标有：

农村居民可支配总收入 X_0（万元）、国家投资 X_1（万元）、集体投资 X_2（万元）、农民总投资 X_3（万元）、农民人均税费负担 X_4（元）、农业贷款额 X_5（万元）、农村居民储蓄额 X_6（万元）、农民人均生活消费支出 X_7（元）（数据见 EViews 工作文件 2-3. wfl）。

【参考文献】

［1］喀什地区国民经济和社会发展第十二个五年规划纲要.

［2］《喀什地区统计年鉴》若干期.

［3］石美娟. ARIMA 模型在上海市全社会固定资产投资预测中的应用［J］. 数理统计与管理, 2005（1）: 69-74.

［4］李丽莎, 于姝. ECM 模型对固定资产投资的实证分析［J］. 中央民族大学学报: 自然科学版, 2005（5）: 151-154.

［5］潘省初, 吴海英, 赵韵东. 新一代 Mudan 模型: 结构和计算逻辑［J］. 数量经济技术经济研究, 2002（5）: 25-28.

［6］范德成. VSD-IOD 模型与黑龙江省产业投资研究［D］. 哈尔滨工程大学博士论文, 2003.

［7］王津港, 孔凡云. 固定资产投资波动对中国经济的影响［J］. 云南财贸学

院学报，2006（6）：56-58.

[8] 郭国峰，刘孟晖. 固定资产投资与经济增长关系探究：来自平行数据的证据 [J]. 统计研究，2006（12）：72-73.

[9] 侯荣华. 固定资产投资效益及其滞后效应分析 [J]. 数量经济技术经济研究，2002（3）：13-16.

[10] 陆迁，刘志峰，朱捷，社会固定资产投资地区差距的结构分析 [J]. 软科学，2006（1）：24-26.

第三章

多元统计分析实验和 SPSS 应用

综合实验一　兵团十四师经济综合实力比较研究

【实验目的】

　　本实验就兵团十四师经济综合实力比较研究问题，以多元统计分析方法的应用为主，综合运用经济学原理知识、统计学原理知识及多元统计分析方法技术，分析评价兵团十四师的经济综合实力。实验者需要对经济综合实力相关理论基础做深入了解，掌握因子分析法、聚类分析法、判别分析法在经济综合实力评价中的应用，认真总结实证分析的结论，并结合兵团各师经济综合实力问题的实际，提出提升兵团各类师经济综合实力的对策和建议。

【方法概述】

　　本实验需要用到多元统计分析中的因子分析法、聚类分析法及判别分析法。
　　（一）因子分析法的定义及基本思想（见第二章）
　　（二）聚类分析法的基本思想及其亲疏程度的度量方法
　　聚类分析根据所用的方法可分为两类：系统聚类分析（Hierarchical Cluster）与快速聚类分析（K-Means Cluster）。系统聚类分析有两种形式：一种是 Q 型聚类，另一种是 R 型聚类。本实验使用的是系统聚类分析中的 Q 型聚类。
　　1. Q 型聚类分析的基本思想
　　Q 型聚类分析又称层次聚类分析，根据样本观察值或变量之间的亲疏关系，将最相似的对象结合在一起，以逐次聚合的方式将观测值分类，直到最后所有样本都聚成一类。Q 型聚类分析使具有相似特征的样本聚集在一起，使差异性大的样本分离开来，以便对不同类的样本进行分析。

2. 亲疏程度的度量方法

Q 型聚类分析中，测量样本之间的亲疏程度是关键，它将直接影响最终的聚类结果。聚类时会涉及两种类型亲疏关系的计算：一种是样本数据之间的亲疏关系程度，另一种是样本数据与小类、小类与小类之间的亲疏关系。对连续变量的样本距离的测定有明考夫斯基（Minkowski）距离、Block 距离、欧氏距离（Euclidean Distance）、平方欧式距离（Squared Euclidean Distance）、切比雪夫（Chebychev）距离、用户自定义（Customized）距离。样本数据与小类、小类与小类之间的亲疏程度度量方法有最短距离法（Nearest Neighbor）、最长距离法（Furthest Neighbor）、组间平均链接法（Between-groups Linkage）、组内平均链接法（Within-groups Linkage）、重心法（Centroid Clustering）、离差平方和法（Ward's Method）。

该实验对样本数据之间亲疏关系程度的度量用的是平方欧式距离，对样本数据与小类、小类与小类之间的亲疏关系程度的度量用的是组间平均链接法。

（1）平方欧式距离

两个体（x，y）之间的平方欧式距离是两个体 k 个变量值之差的平方和，计算公式为：

$$SEUCLID(x,\ y) = \sum_{i=1}^{k}(x_i - y_i)^2$$

其中，k 表示每个样本有 k 个变量，x_i 表示第一个样本在第 i 个变量上的取值，y_i 表示第二个样本在第 i 个变量上的取值。

（2）组间平均链接法

本实验采用的是组间平均链接法，即两个小类之间的距离为两个小类内所有样本间的平均距离。

（三）判别分析法的基本思想及使用方法

1. 判别分析法的基本思想

根据观测到的样本的若干数量特征（称为因子或判别变量）对样本进行归类、识别，判断其属性的预测称为定性预报，解决处理这种定性预报的多元分析方法称为判别分析。其主要目的是识别一个个体所属类别的情况，有着广泛的应用。根据已掌握的、历史上若干样本的 p 个指标数据及所属类别的信息，总结出该事物分类的规律性，建立判别公式和判别准则。根据总结出来的判别公式和判别准则，判别未知类别的样本点所属的类别。

2. 判别分析常用方法

（1）距离判别法

距离判别法是计算任意一点（研究对象）到各个已知分类的重心（各类的均值）的距离，找出其中的最小值，按就近原则归类，判断该对象所属类别。一个较常用的距离是马氏（Mahalanobis）距离。样本点 X 和类 G 之间的马氏距离定义为 X 和类 G 重心间的距离，计算公式如下：

$$d^2(X, G) = (X-\mu)' \sum{}^{-1} (X-\mu)$$

其中，μ 为类的均值向量（重心），$\sum$ 为协方差矩阵。

用来比较样本点到各个重心距离的数学函数称为判别函数。

（2）费希尔（Fisher）判别法

费希尔判别法又称为典型判别法，就是用投影的方法将 k 组 p 维数据投影到某一个方向，使得它们的投影组与组之间尽可能地分开，借助方差分析的思想构造一个较好区分各个总体的线性判别函数，使得不同组间的区别最大（组间离差平方和），同时又使每个组内的离差平方和达到最小，从而确定判别函数中的系数。然后，可根据各个样本的判别函数值与判别临界值比较，来判断该样本所属的类型。

（3）贝叶斯（Bayes）判别法

贝叶斯判别法的基本思想是在样本属于各类（总体）的先验概率的基础上，根据贝叶斯公式计算出任意一个样本来自第 i 个总体（类）的后验概率：

$$P(G_i \mid D) = \frac{P(D \mid G_i) \times P(G_i)}{\sum\limits_{i=1}^{k} P(D \mid G_i) \times P(G_i)} \quad i=1, 2, \cdots, k$$

其中，D 为该样本，$P(G_i)$ 为样本属于各个类（总体）的先验概率，$P(G_i \mid D)$ 为后验概率。

找出样本 D 最大的后验概率，则判别该样本属于此类。

（4）逐步判别法

逐步判别法是一种选择最能反映类间差异的变量子集建立判别函数的方法。它是从模型中没有任何变量开始，每一步都对模型进行检验，将模型外对模型的判别贡献最大的变量加入到模型中，同时检查在模型中是否存在由于新变量的引入而对判别贡献不太显著的变量，如果有，将其从模型中删除，直到模型中的所有变量都符合引入模型的条件，而模型外的所有变量都不符合引入模型的条件为止。

本实验用的是费希尔判别法。

【实验背景】

（一）背景材料

随着全球经济一体化的发展和社会经济结构的演变，世界各国经济、技术、市场与贸易越来越相互依存、相互开放和相互融合，既带来了巨大的发展和利益空间，又将日趋激烈的市场竞争、极大的不确定性和不稳定因素扩展到世界的每一个角落。2010 年"两会"期间，温家宝提出"提高宏观调控水平，保持经济平稳较快发展；加快转变经济发展方式，调整优化经济结构"，以此作为新时期的主要任务之一。这一任务的提出，凸显了经济发展的重要性，在当今有着重要的现实性和紧迫性。

2010 年中央新疆工作座谈会提出"要把城镇化、新型工业化、农业现代化作为兵团特殊体制和社会主义市场经济体制紧密结合的有效措施，通过安排中央预算内投资和国有资本经营预算等渠道扶持兵团产业发展，加大对兵团的综合财力补助力度，提高中央财政对兵团公共事业发展的保障水平，增强兵团自我发展能力等举措"。面对这样的历史性机遇，当前研究兵团区域经济综合实力问题具有重要的意义：一是有利于兵团整体、兵团师级区域在市场经济条件下增强区域经济综合实力，实现社会和谐的最终目标；二是有利于找出兵团区域经济综合实力的影响要素，对兵团及各师经济综合实力的发展与提升有着重要的价值。

（二）理论基础

杨柳主要运用了多元统计的知识——主成分分析和聚类分析，对全国主要行业的经济综合实力进行排名，并将它们分类分析。宋焕斌、孙鸿鹏应用因子分析法对我国 31 个地区在 2000 年和 2005 年的经济实力进行了比较分析。刘小丹、刘化飞、李莎莎运用变异系数法和距离综合评价方法对黑龙江省和其他 30 个省市进行了经济综合实力评价。李小菊主要从静态和动态两个视角，采用极端绝对差异、极端相对差异和综合差异法来分析兵团垦区综合差异状况。魏华以地区经济实力具有复杂性和模糊性为切入点，利用模糊综合评判来对南宁市辖县的区域经济综合实力进行客观而准确的评价。司光南以区域经济为出发点，制定相应指标衡量体系，采用基于时序全局主成分分析方法，对新疆 5 大经济区域的有关数据进行了经济、社会状况分析，研究比较了不同区域间的经济发展水平。盛明兰基于层次分析法和灰色关联度法，建立了县（区）域经济发展水平的多层次灰色评价模型，对重庆市 40 个县（区）域的经济综合实力进行了客观、科学的评价。黄启才将基于面板数据的二次加权动态评价方法引入县域经济实力评价研究之中，并以福建省 58 个县市为实证分析对象，对其 2000—2005 年的经济实力水平进行综合评价。

从以上研究成果总体情况看，大部分研究者针对中国及各区域的经济综合实力进行了评价研究，但有关兵团经济综合实力评价的研究较少，尤其采用多元统计分析方法的研究更少。个别研究采用的是极端绝对差异、极端相对差异和综合差异三种方法分析兵团垦区综合差异状况。本实验运用因子分析法、聚类分析法及判别分析法来综合评价兵团十四师的经济综合实力。

【实验步骤】

（一）数据来源及说明

本实验所使用的数据均来自《新疆生产建设兵团统计年鉴（2009）》，详见数据文件 3–1. xls。

（二）兵团经济综合实力指标体系的构建

本实验遵循构建指标体系的针对性、层次性、全面性、可操作性及动态性原则，构建了一个集经济发展水平、经济发展潜力、人民生活水平、对外开放程度于一体的区域经济综合实力的评价指标体系，如表 3-1 所示。

表 3-1   兵团区域经济综合实力评价指标体系

一级指标	二级指标	三级指标
区域经济综合实力 A	B_1：经济发展水平	X_1：人均国内生产总值（元）
		X_2：全社会消费品零售总额（万元）
		X_3：工业总产值（万元）
		X_4：第三产业占 GDP 比重（%）
	B_2：经济发展潜力	X_5：城镇化率（%）
		X_6：公路运输货运量（万吨）
		X_7：每千人拥有卫生技术人员数（人）
		X_8：每千人拥有科技人员数（人）
	B_3：人民生活水平	X_9：职工人均纯收入（元）
	B_4：对外开放程度	X_{10}：进出口总额（万美元）

（三）多元统计分析法在兵团十四师经济综合实力评价中的应用

本实验以 2008 年兵团十四师的数据为例，进行因子分析、聚类分析及判别分析。

1. 因子分析法

因子分析的类似过程、结果及解释参阅本章综合实验二"兵团十四师城镇化进程综合评价分析"，这里从略，因子分析最终结果见表 3-2。

表 3-2 中的得分给出了各师的量化描述，得分越高表示经济综合实力越强，从表中的后两列我们可以清楚地看到，兵团 14 个师的经济综合实力水平极不平衡，差异很大。其中，农八师的区域经济综合实力最强，综合得分为 0.82，建工师次之，综合得分为 0.61。这表现在反映经济发展的因子，反映产业化、消费水平和基础设施建设的因子得分领先于其他师。农一师、农二师、农七师、农六师分别排在第三至六位。影响这四个师经济综合实力最大的因素是反映经济发展的因子，其次是反映产业化、消费水平和基础设施建设的因子。农十三师、农十师、农五师、农十二师、农九师、农三师排在七至十二位。与上述各师相比，这几个师的经济综合实力相对较弱，表现在这几个师反映产业化、消费水平和基础设施建设的因子和反映对外开放的因子得分较低。农四师和农十四师排名最后两位，表现在除反映对外开放程度的因子得分较高以外，其他因子得分均较低。

2. 聚类分析法

在本实验中以因子得分为依据，通过聚类分析法进行分类，聚类分析的主要过程、结果及解释如下：

（1）建立 2008 年兵团十四个师区域经济综合实力得分数据，如图 3-1 所示。

表 3-2　　　　　　　　　　2008 年兵团十四个师区域经济综合实力得分及排名

师	因子得分				综合得分	排名
	F_1	F_2	F_3	F_4	F	
农一师	0.33	0.63	0.74	0.26	0.43	3
农二师	0.15	0.38	0.82	0.38	0.32	4
农三师	−0.66	−0.62	−0.09	0.01	−0.41	12
农四师	−0.29	0.25	−0.63	−2.71	−0.56	13
农五师	−0.22	−0.52	0.97	0.19	−0.08	9
农六师	−0.23	1.06	−0.39	−0.15	0.19	6
农七师	0.08	0.25	0.31	0.44	0.20	5
农八师	0.14	2.51	0.25	−0.31	0.82	1
农九师	−0.40	−0.99	0.65	0.42	−0.30	11
农十师	−0.04	−0.60	0.36	0.62	−0.08	8
建工师	3.20	−0.87	−0.77	−0.24	0.61	2
农十二师	−0.57	0.37	−2.49	1.84	−0.17	10
农十三师	−0.32	−0.54	1.32	0.26	−0.07	7
农十四师	−0.18	−1.31	−1.03	−1.02	−1.04	14

	师	F
1	农一师	0.43
2	农二师	0.32
3	农三师	-0.41
4	农四师	-0.56
5	农五师	-0.08
6	农六师	0.19
7	农七师	0.20
8	农八师	0.82
9	农九师	-0.30
10	农十师	-0.08
11	建工师	0.61
12	农十二师	-0.17
13	农十三师	-0.07
14	农十四师	-1.04

图 3-1　兵团各师经济综合实力得分

（2）从菜单上依次选择 Analyze→Classify→Hierarchical Cluster，打开 Hierarchical Cluster Analysis（系统聚类法）对话框，把参与系统聚类分析的"F"变量选入 Variables（s）框中，并将"师"变量作为标识变量选到 Label Cases by 框中，在

Cluster 选择 Cases 即做 Q 型聚类分析，选择 Display 栏下的选项 Plots，如图 3-2 所示。

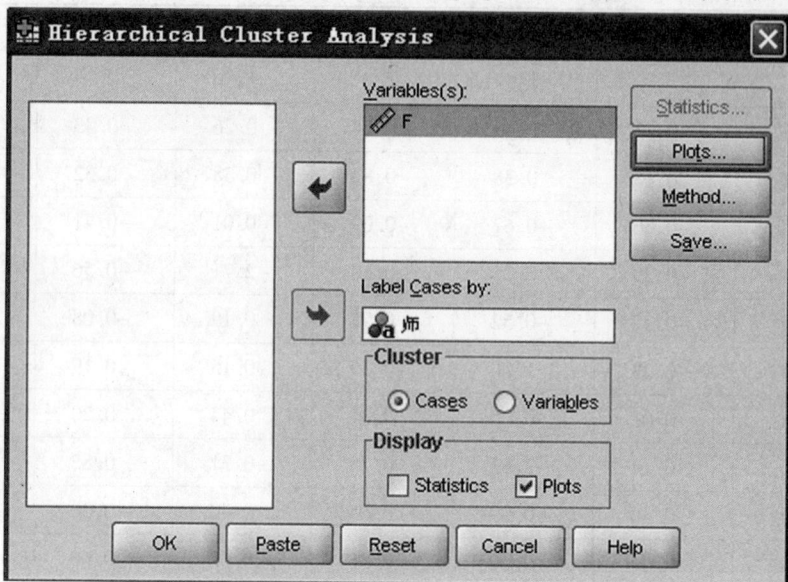

图 3-2　Q 型聚类分析窗口

（3）选择 Plots 按钮，点击"OK"，打开 Plots 子对话框，指定输出哪种聚类分析图，这里选中 Dendrogram 项，并选择纵向（Vertical）输出聚类全过程（All clusters）的冰柱图，如图 3-3 所示。

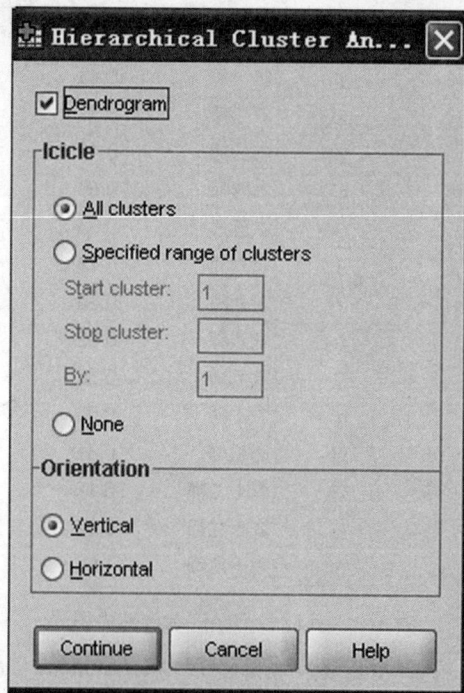

图 3-3　纵向的冰柱图窗口

(4) Hierarchical Cluster 对话框中的 Method 按钮用来指定距离的计算方法。这里小类之间的距离计算方法选择 Between-groups linkage，样本距离的计算方法选择 Euclidean distance，如图 3-4 所示，得到系统聚类分析的树形图，如图 3-5 所示。

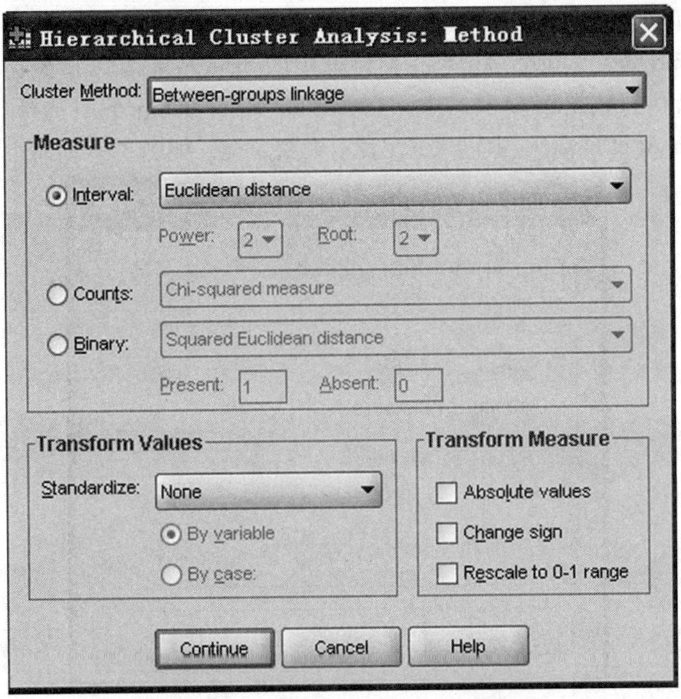

图 3-4　系统聚类分析的树形图窗口

系统聚类分析的树形图（HIERARCHICAL CLUSTER ANALYSIS）

个体与小类间的组间平均链锁距离（Dendrogram using Average Linkage (Between Groups)）

每次类合并的情况（Rescaled Distance Cluster Combine）

```
   C A S E      0         5        10        15        20        25
 Label     Num  +---------+---------+---------+---------+---------+
 农五师      5   ⇩⇘
 农十师     10   ⇩▫
 农十三师   13   ⇩⇧⇩⇩⇩⇩⇘
 农十二师   12   ⇩⇗     ▫⇩⇩⇩⇩⇩⇩⇩⇩⇩⇩⇩⇩⇩⇩⇩⇩⇘
 农三师      3   ⇩⇘     ⇔                 ⇔
 农九师      9   ⇩⇧⇩⇩⇩⇩⇗                   ⇔
 农四师      4   ⇩⇗                      ▫⇩⇩⇩⇩⇩⇩⇩⇩⇩⇩⇩⇩⇩⇩⇩⇩⇩⇩⇩⇩⇩⇩⇩⇩⇩⇩⇩⇩⇩⇩⇘
 农六师      6   ⇩⇘                      ⇔                           ⇔
 农七师      7   ⇩⇧⇩⇩⇩⇩⇩⇩⇘                 ⇔                           ⇔
 农一师      1   ⇩▫       ▫⇩⇩⇩⇩⇩⇩⇩⇩⇩⇩⇩⇩⇗                               ⇔
 农二师      2   ⇩⇗       ⇔                                           ⇔
 农八师      8   ⇩×⇩⇩⇩⇩⇩⇩⇗                                            ⇔
 建工师     11   ⇩⇗                                                  ⇔
 农十四师   14
⇩⇩⇩⇩⇩⇩⇩⇩⇩⇩⇩⇩⇩⇩⇩⇩⇩⇩⇩⇩⇩⇩⇩⇩⇩⇩⇩⇩⇩⇩⇩⇩⇩⇩⇩⇩⇩⇩⇩⇩⇩⇩⇩⇩⇩⇩⇩⇩⇩⇩⇩⇩⇩⇩⇩⇩⇩⇩⇩⇩⇩⇩⇩⇩⇩⇗
```

图 3-5　系统聚类分析的树形图结果

　　由图3-5可以看出，各类间的距离映射到0~25之间，并将凝聚过程近似地表示在图上。农五师、农十师、农十三师、农十二师合并成一类，农三师、农九师、农四师合成一类，农六师、农七师、农一师、农二师合并成一类，农八师、建工师合并成一类，农十四师自成一类。

　　（5）Hierarchical Cluster Analysis 对话框中的 Save 按钮可以将聚类分析的结果以变量的形式保存到数据编辑窗口中，在 Cluster Membership 下面选择 Single solution，在其后的 Number of clusters 中输入5，表示聚成5类，如图3-6所示。

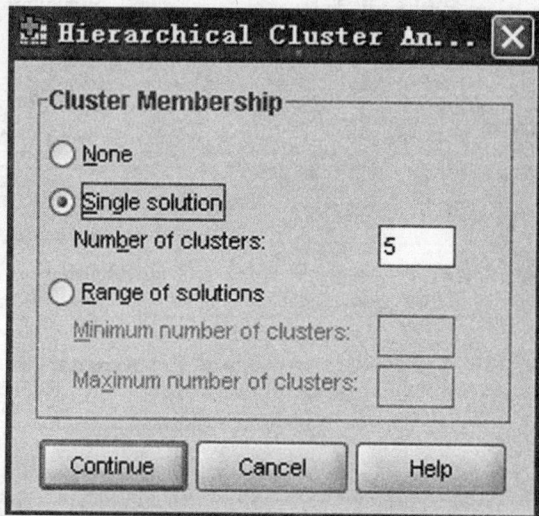

图3-6　结果变量保存窗口

　　（6）在数据编辑窗口中会出现各师聚类的情况，如图3-7所示。

	师	F	CLU5_1
1	农一师	0.43	1
2	农二师	0.32	1
3	农三师	-0.41	2
4	农四师	-0.56	2
5	农五师	-0.08	3
6	农六师	0.19	1
7	农七师	0.20	1
8	农八师	0.82	4
9	农九师	-0.30	2
10	农十师	-0.08	3
11	建工师	0.61	4
12	农十二师	-0.17	3
13	农十三师	-0.07	3
14	农十四师	-1.04	5

图3-7　各师聚类结果

3. 判别分析

进行判别分析时需注意的要点：一是选取逐步判别分析法中的 Wilks' Lambda 法；二是选取未标准化的判别函数系数（Unstandardized Canonical Discriminant Function Coefficients）。

根据以上聚类分析得到的分类信息，通过判别分析中的判别规则，进行样本回代，以考察其效果，如错判百分比较低，可认为较准确地进行了分类。

判别分析的主要过程、结果及解释如下：

（1）建立如图 3-7 所示的各师聚类结果的数据。

（2）从菜单上依次选择 Analyze → Classify → Discriminant，打开 Discriminant Analysis（判别分析）对话框，从对话框左侧的分析变量列表中选择分组变量 "CLUS_ 1"，使之添加到 Grouping Variable 框中，这时 Grouping Variable 框下的 Define Range 按钮变为可选，单击该按钮，出现 Discriminant Analysis：Define 对话框，在输入 Minimum 后面的文本框中输入指定组变量的最小值 "1"，Maximum 后面的文本框中输入指定组变量的最大值 "5"。选择 "F" 变量，使之添加到 Independents 框中。选择逐步判别分析法 Use stepwise method，如图 3-8 所示。

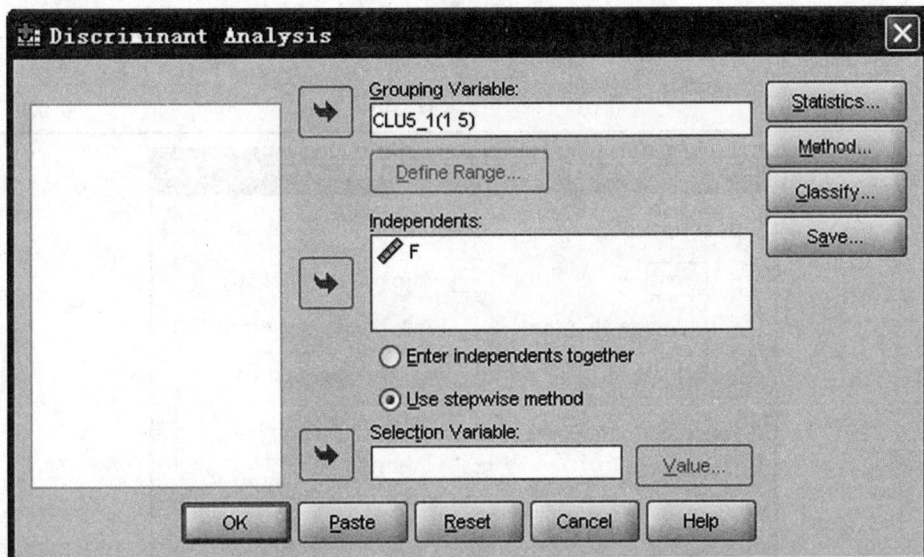

图 3-8　逐步判别分析变量窗口

（3）在 Discriminant Analysis 对话框中点击 Method 按钮，选择系统默认的 Wilks' lambda 选项和 Use F value 选项，如图 3-9 所示，得到的分析结果见表 3-3。

表 3-3 是组均值相等的检验结果，Wilks' Lambda 的值是 0.033，Chi-square 统计量为 34.240，对应的 Sig 值小于 0.01，说明综合得分这个自变量能够很好地体现分类特征，能将 5 类区分开来。

（4）点击 Statistics 按钮，弹出 Discriminant Analysis：Statistics 对话框，选取 Function Coefficients 框中的 Fisher's 选项和 Unstandardized 选项，做 Fisher 典型判别，如图 3-10 所示，得到的分析结果见表 3-4。

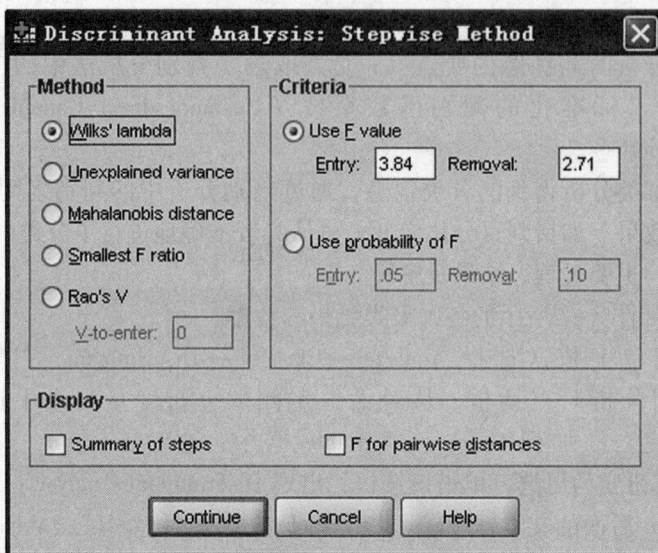

图 3-9　逐步判别分析方法窗口

表 3-3　　　　　　　　　　Wilks' Lambda 统计量（Wilks' Lambda）

Test of Function（s）	Wilks' Lambda	Chi-square	df	Sig.
1	0.033	34.240	4	0.000

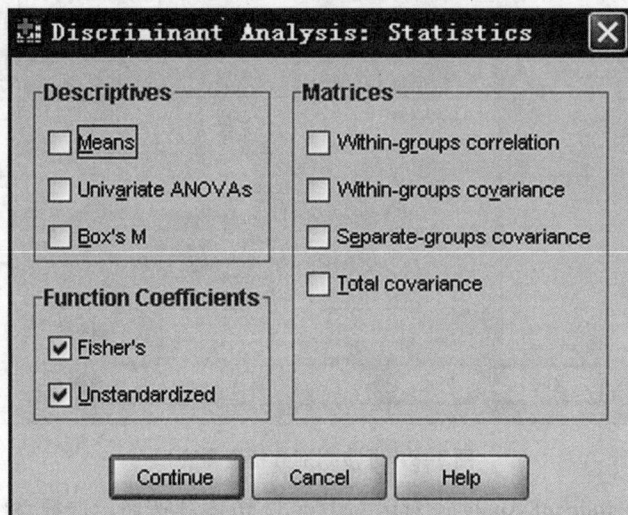

图 3-10　Fisher 典型判别窗口

表 3-4　　　　　　费雪判别函数系数（Classification Function Coefficients）

	Average Linkage（Between Groups）				
	1	2	3	4	5
综合得分	25.342	−37.642	−8.892	63.576	−92.475
（Constant）	−5.221	−9.577	−2.054	−24.338	−49.696

由表 3-4 可以得到各类判别函数为：

$Y_1 = 25.342$，综合得分-5.221；

$Y_2 = -37.642$，综合得分-9.577；

$Y_3 = -8.892$，综合得分-2.054；

$Y_4 = 63.576$，综合得分-24.338；

$Y_5 = -92.475$，综合得分-49.696。

将每一个综合得分值带入 5 个组的 Fisher 判别函数，以函数值大小来作比较，函数值最大者，表明该综合得分值属于该组。

（5）选择 Classify 按钮，打开 Classification 子对话框，这里选择 Prior Probabilities 框中的 All groups equal 项及 Use Covariance Matrix 框中的 Within-groups 项；在 Display 框中选择 Summary table 选项，输出判别结果汇总表，给出各组的误判率，对判别结果进行总结评价，如图 3-11 所示，得到的分析结果见表 3-5。

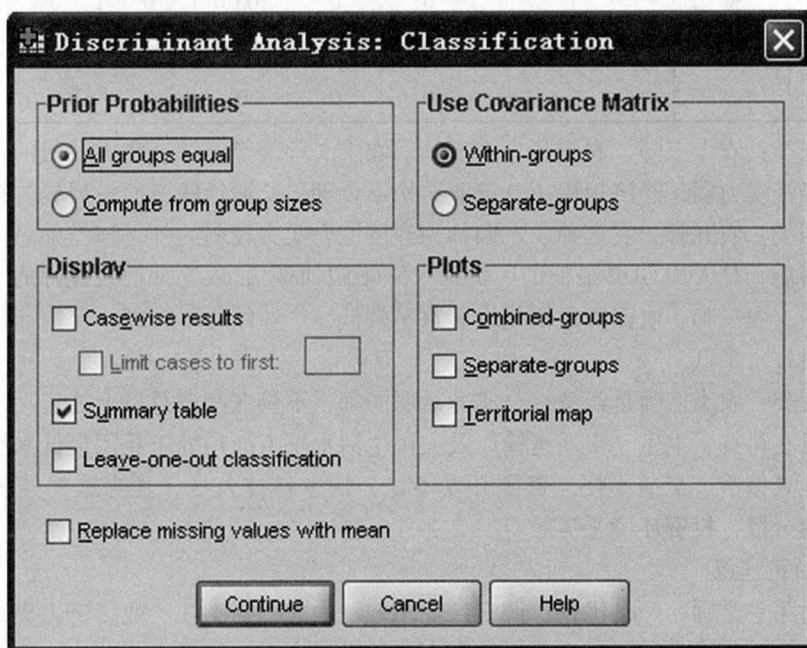

图 3-11　判别结果输出窗口

从表 3-5 可以看出，14 个师通过判别分析，全部准确分类，达到了 100%。

（四）结论及对策建议

1. 分析的结论

根据聚类分析及判别分析的结果将兵团 14 个师分为五类：

第一类：农八师、建工师为经济综合实力最强的师。农八师和建工师各因子得分排名均靠前，说明 2008 年农八师的经济总量、产业比重、公共基础设施、科技卫生水平都处于兵团的领先水平。

第二类：农一师、农二师、农七师、农六师为经济综合实力较强的师。这四个师的得分排名均处于中等水平，说明这四个师经济综合实力发展较为均衡。

表3-5 预测分类结果小结（Classification Results）

Original		Average Linkage (Between Groups)	Predicted Group Membership					Total
			1	2	3	4	5	
	Count	1	4	0	0	0	0	4
		2	0	3	0	0	0	3
		3	0	0	4	0	0	4
		4	0	0	0	2	0	2
		5	0	0	0	0	1	1
	%	1	100.0	0	0	0	0	100.0
		2	0	100.0	0	0	0	100.0
		3	0	0	100.0	0	0	100.0
		4	0	0	0	100.0	0	100.0
		5	0	0	0	0	100.0	100.0

第三类：农十三师、农十师、农五师、农十二师为经济综合实力一般的师。主要问题是经济实力弱，经济规模小，产业结构不合理，交通运输方面发展较欠缺。

第四类：农九师、农三师、农四师为经济综合实力较弱的师。该类师总体上经济发展较落后，是人均GDP最低的一类师（除十四师外），农三师、农九师的工业发展比较缓慢，农三师、农四师城镇化发展水平较低，产业结构不合理，交通运输发展较欠缺，科技水平低。

第五类：农十四师是经济综合实力最弱的师，不仅在经济总量上处于兵团最低水平，而且在科技、卫生、交通运输以及人民生活水平方面均处于兵团最低水平。主要原因是地处偏僻、交通不便，资源开发不足，缺少科技人员，且当地的经济规模太小，产业分散，投资环境恶劣等。

2. 对策建议

针对第一类师，一是优化、调整产业结构，做大做强支柱产业，努力提高农业现代化水平。二是提高科技、文化、教育事业的发展水平，优化人才结构，建立熟悉和精通国际经贸制度、业务外贸、企业管理、法律服务等多方面的高素质人才队伍。三是进一步加大对经济外贸投资力度，进一步开放金融、保险、通信、交通等领域。四是扩大劳动、技术、人才、金融资本、生产资料、信息等要素的市场，提高市场经济的运作机制。

针对第二类师，围绕农业产业化，加快农业结构调整步伐，以市场为导向，着力建设现代化的高效农业，加快优势资源转换和结构优化升级步伐，集中力量突出发展重化工业，以高新技术改造传统工业，提升工业发展水平。大力推进城镇化建设，加大投入科技创新力度，进一步将这类师发展为经济实力迅猛增长的中坚力量。城市基础设施是优化投资环境和支持区域经济增长的重要因素，应多渠道筹措资金，充分发挥民间资本和外资的作用，加快基础设施建设步伐。

　　针对第三类师，一是要调整农业内部结构，提高农业现代化水平，以农业产业化经营为突破口，以精准农业技术和高新技术推广应用为支撑，提升农业综合生产能力。做大做强支柱工业，积极培育优势矿产资源转换基地，努力打造工业新局面。二是依托现代农业优势、矿产资源优势和口岸地缘优势，着力抓好农副产品深加工基地建设，加大特色农产品、农副产品等的出口。三要加快基础设施建设，增强城市的设施承载力，把政府管理职能转到主要为市场主体服务和创造良好发展环境上来。

　　针对第四类师，应调整区域发展模式，吸引资金和科技的投入，改善交通，选择有地方特色的产品进一步打开市场，积极参与区域互帮互助协作，以最大限度地提高区域经济综合实力，加强城镇化建设力度，加大科技创新投入力度。

　　第五类师发展速度尤为缓慢，主要原因是地理位置恶劣、经济发展落后，经济规模小，产业结构不合理，自我发展能力差等。针对这类师，应大力促进农业产业化发展，积极发展设施农业，形成设施农业产业带，开发优质深加工产品及高附加值产品，拉长产业链，确立特色工业的支柱地位，以工业化水平的逐步提升带动经济的快速发展；改善基础设施建设，全面提高基础设施水平，努力改变以农业为主的经济形态和以农村为主的社会形态，加快推进人口向城镇化水平提升，全面加快经济综合实力的增强速度；提高科技、文化、教育事业的发展水平，优化人才结构，建立熟悉和精通国际经贸制度、企业管理、法律服务等多方面的高素质人才队伍，从根本上摆脱落后的经济局面。

【综合运用知识点评】

　　本实验在对兵团十四师经济综合实力进行系统研究的基础上，遵循评价指标体系构建的针对性、层次性、全面性、可操作性及动态性原则，结合兵团的实际情况，构建了一套反映兵团经济综合实力的评价指标体系。通过因子、聚类、判别分析的方法，对兵团十四师经济综合实力进行了评价分析，根据实证分析的结果，提出了一些提升兵团各类师经济综合实力的对策和建议。

【练习与作业】

　　1. 为了研究不同公司的运营特点，调查了 15 个公司的四个指标，其中：x_1，组织文化；x_2，组织氛围；x_3，领导角色；x_4，员工发展。应用聚类分析法把这 15 个公司按照各自的特点分成四种类型（各大公司运营情况数据详见数据文件 3-2. xls，数

据来源于余建英，何旭宏．数据统计分析与 SPSS 应用［M］．北京：人民邮电出版社，2003）

2. 对 28 名一级和 25 名健将级标枪运动员测试了 6 个影响标枪成绩的训练项目，这些训练项目成绩为：x_1，30 米跑（秒）；x_2，投掷小球（米）；x_3，挺举重量（公斤）；x_4，抛实心球（米）；x_5，前抛铅球（米）；x_6，五级跳（米），进行判别分析。（标枪运动员成绩数据详见数据文件 3-3.xls，数据来源于王学民．应用多元分析［M］．3 版．上海：上海财经大学出版社，2009）

【参考文献】

［1］万力．构建评价地区经济综合实力指标体系的探析［J］．现代商贸工业，2007（11）．

［2］刘小丹，刘化飞，李莎莎．黑龙江省经济综合实力评价分析［J］．商业经济，2007（10）．

［3］浦小松，南士敬，吴建銮，等．湖北省各城市发展实力的实证研究［J］．区域经济，2008（11）．

［4］南英子．吉林省九市州经济综合实力比较研究［J］．税务与经济，2008（4）．

［5］孟军．内蒙古各盟市经济综合实力分析［J］．区情问题，2009（3）．

［6］胡兆红、陈希镇．广东省各城市综合实力分析评价［J］．科学技术与工程，2009（3）．

［7］李素兰．长三角地区城市经济综合实力的评价［J］．数学的实践与认识，2007（1）．

［8］刘喜波，赵小芳，耿建忠，等．安溪县县域经济实力评价及空间差异分析［J］．区域经济，2008（8）．

［9］魏华．地区经济实力的模糊综合评判——以南宁市辖县为例［J］．科技情报开发与经济，2008（2）．

［10］司光南．区域经济动态发展水平的综合评价——以新疆区域为例［J］．林业经济，2008（8）．

［11］盛明兰．县域经济发展水平评价及分析建议——以重庆市为例［J］．西南师范大学学报，2008（6）．

［12］黄启才．县域经济实力综合评价研究：2000—2005——基于 Panel data 的二次加权动态评价方法应用［J］．产业与科技论坛，2008（1）．

［13］李俊，葵文彦，蒲火元．湖南省区域经济差异分析［J］．企业家天地，2009（6）．

［14］奚青梅．河南省区域经济综合竞争力实证研究［J］．生态经济：学术版，

2008（2）.

　　［15］范坤，吴月，周静，等．基于因子分析的宁夏县域综合实力分析研究［J］．湖南农业大学学报：社会科学版，2008（6）.

　　［16］张玉双．基于因子分析评价河南各城市的经济综合实力［J］．市场论坛，2008（9）.

综合实验二　兵团十四师城镇化进程综合评价分析

【实验目的】

　　本实验就兵团十四师城镇化进程综合评价分析这一问题，以多元统计分析方法的应用为主，综合运用城市经济学原理知识、统计学原理知识及多元统计分析方法技术，综合评价分析兵团十四师城镇化进程。实验者需要对城镇化的内涵做深入了解，掌握因子分析法在城镇化进程评价中的应用，认真总结实证分析的结论，并结合兵团城镇化问题的实际，提出促进兵团各类师城镇化进程又好又快发展的对策和建议。

【方法概述】

　　因子分析法是把一些具有错综复杂关系的变量归结为少数几个无关的新的综合因子的一种多变量统计分析方法。其基本思想是根据相关性大小对变量进行分组，使得同组内的变量之间相关性较高，不同组的变量相关性较低。每组变量代表一个基本结构，在因子分析中称之为公共因子。利用 SPSS17.0 统计软件包可以完成因子分析。

　　假设观测系统（评价总体）的综合评价指标有 n 个，并得到 m 个观测点的数据资料，用矩阵 $X_0 = (X_0)_{m \times n}$ 表示，则称 X_0 为综合评价样本矩阵。其步骤如下：

　　（1）对原始数据矩阵 X_0 进行标准化变换，得到标准化矩阵 X，并求出相关系数矩阵 R。

　　（2）求相关系数矩阵 R 的特征根 λ_j（j＝1，2，…，n）。

　　（3）根据 $\lambda_1 \geq \lambda_2 \geq \cdots \geq 0$，确定相应的正交化特征向量 α_1，α_2，…，α_n。

(4) 计算特征根 λ_j 的贡献率 P_j、累积贡献 $\sum P_j$；根据累积贡献率 $\sum P_j \geqslant 80\%$ 的原则，确定主因子个数 k 和相应的特征向量矩阵 A。同时，计算最后综合得分的加权向量 β，其中每一个主因子的信息贡献率 β_j 确定：

$$\beta_j = P_j / \sum P_j \qquad (j=1,\ 2,\ \cdots,\ k)$$

即每一个综合指标的权重由它对综合评价的贡献率确定，其大小取决于指标间的差异。

(5) 计算主因子得分 F_1, F_2, $\cdots$, F_k。

$$F = X \cdot A$$

其中，X 为标准化矩阵，A 为正交特征向量矩阵，F 为因子得分矩阵。

(6) 求出综合评价总得分值，即：

$$Z = \beta_1 F_1 + \beta_2 F_2 + \cdots + \beta_k F_k$$

Z 为因子综合得分向量，也即由每个观测点的综合评价得分值组成的向量。

【实验背景】

(一) 背景材料

城镇化是社会经济发展的必然趋势，也是我国全面建设小康社会的一个重要内容。我国在改革开放过程中遇到的许多难题大都直接或间接地与城镇化有关。城镇化发展滞后已严重影响到内需市场潜力的发挥、第三产业的发展等等。加快我国城镇化的发展，无疑是 21 世纪我国现代化建设的重点发展战略。兵团也将城镇化作为社会发展的战略之一，大力推进城镇化进程，以提高兵团经济社会发展水平。为客观、合理地制定兵团各师的城镇化发展目标，需对其城镇化发展进程作出客观、全面的评价，找出问题所在，进而提出加快城镇化进程的对策和建议，这是实践中提出的迫切需要解决的问题。具体来说，对兵团城镇化进程分师分年度、对新疆兵团整体分年度进行评价与分析，有利于新疆兵团宏观决策部门把握新疆兵团整体以及各个部分的差别，减少各个地方盲目地不切实际地制定区域发展目标。对提高兵团人民生活水平，实现建设小康社会目标，实现新疆兵团团场的工业化，最终实现构建和谐社会有着重要的价值。

(二) 理论基础

1. 城镇化内涵的研究

综合国内外关于城镇化内涵的研究成果，学术界也是众说纷纭、莫衷一是，不同的学科从各自的角度和侧重点出发有着不同的理解，如：人口学者从人口变动的角度，认为城镇化是农村人口转变为城镇人口的过程，或者是农业人口转变为非农业人口的过程；地理学者从地域空间结构变化的角度，认为城镇化是农村地区转变为城镇地区的过程；社会学者从生活方式变迁的角度，认为城镇化是由农村生活方式转变为城市生活方式的过程；经济学者则从经济资源、产业的区域聚集的角度，认为城镇化是由农村自然经济转化为城市社会化大生产的过程。综合这些城镇化概念，从数量上来看，它主要是以城市数量的变化以及单个城市区域中农村人口转化为非农业人口、城市人口的过程。从质量上来看，城镇化的终极目标是实现城市现代化和城乡一体化。具体表现为：一是一个国家或地区内的农村人口不断地向城市转移，农业人口逐步转化为非农业人口；二是城市经济不断发展，城市基础设施和公共服务设施水平不断提高，城市生活、卫生环境不断得到解决、净化、提高；三是城市文化和价值观念逐步成为社会文化的主体，城市居民享受着较高的精神文化生活；四是在城市居民享受着较高的物质生活和精神生活的同时，带动着广大农村地区经济的发展、科学文化的进步。

2. 城镇化评价的研究

国外对城市化水平评价研究的主要代表学者有英国地理学家克劳克（Cloke），他从人口、职业、居住及距离城市中心远近等方面进行分析研究，还有美国斯坦福大学社会学教授英克尔斯，他提出了现代化指标体系和评价标准。国内对城市化评价的研究形成了一定的学者群，研究主要是通过构建城市化水平指标体系，运用主成分分析、因子分析、聚类分析方法进行评价分析，主要的代表学者有赵喜仓、王文博、周介铭、孙锦、欧名豪等。然而，有关兵团城镇化的评价研究较少。部分研究仅就城镇化发展水平进行了描述性统计分析。本实验在构建兵团城镇化水平指标体系的基础上，运用因子分析及统计学原理的分析技术对兵团城镇化进程分师分年度进行评价与分析。

【实验步骤】

（一）数据来源及说明

该实验数据主要来源于《新疆生产建设兵团统计年鉴》，详见数据文件 3-4. xls。

根据所构建的指标体系，拟搜集 1978、1980、1985、1990、1995、2000、2005、2006 年这 8 年的数据对兵团各师进行评价分析，但是由于 1978、1980、1985 年的个别指标（如非农业人口比重）的数据难以搜集到，但这些指标又作为城镇化非常重要的指标，只好舍弃 1978、1980、1985 年，所以用 1990、1995、2000、2005、2006 年的数据进行评价分析。

（二）兵团城镇化水平指标体系构建

本实验根据城镇化的概念、内涵及城镇化的目的，本着构建城镇化评价指标体系的针对性、层次性、全面性、可操作性及动态性原则，改变传统的以城镇人口比重或非农业人口比重作为衡量城镇化水平标准的人口数量型评价思想，构建了一个集人口、经济、居民生活方式和生活环境于一体的功能质量型城镇化水平评价指标体系，该指标体系包括人口城镇化水平、经济城镇化水平、生活方式城镇化水平、生活环境城镇化水平四大部分，见表3-6。

表3-6　　　　　　　　　城镇化水平综合评价指标体系

一级指标	二级指标	三级指标
城镇化水平A	B_1：人口城镇化水平	X_1：非农业人口比重（%） X_2：人口自然增长率（‰）
	B_2：经济城镇化水平	X_3：人均 GDP（元） X_4：第二产业增加值占 GDP 比重（%） X_5：第三产业增加值占 GDP 比重（%）
	B_3：生活方式城镇化水平	X_6：在岗职工人均货币工资（元） X_7：人均社会商品零售总额（元）
	B_4：生活环境城镇化水平	X_8：每万人口医院床位数（床/万人） X_9：每万人口医生数（人/万人） X_{10}：每万人均中小学在校学生数（人）

（三）因子分析法在兵团十四师城镇化进程评价中的应用

以 2006 年各师的数据为例，进行因子分析，操作的主要过程、分析的结果及解释如下：

（1）建立 2006 年兵团城镇化指标的数据，将其标准化，如图 3-12 所示。

	Z非农人口比重	Z人口自然增长率	Z人均GDP	Z二产增加值比重	Z三产增加值比重	Z职均货币工资	Z人均商品零售额	Z医院床
1	-0.14664	0.23979	0.57597	-0.47639	-0.59645	1.84466	-0.66757	0.443
2	0.27829	1.11504	-0.01472	-0.44648	0.25514	0.79291	0.63205	0.212
3	-1.11011	-1.00478	-0.85953	-0.90087	0.02188	0.52821	-0.61880	-0.727
4	-0.29263	0.15854	-0.31250	0.41857	-0.63070	-1.05211	-0.78526	0.018
5	-0.33034	-0.47298	-0.33226	-0.67488	0.08158	0.04473	-0.13115	0.235
6	-0.40424	0.21024	-0.02887	-0.61613	0.92196	-0.02641	0.60502	-0.418
7	0.14386	0.70142	0.53890	-0.28102	-0.39840	-0.49754	0.00456	0.270
8	0.41720	0.95624	0.19356	0.22148	1.01764	0.69778	0.03786	0.047
9	0.12775	0.32103	-0.29055	-0.34645	0.72804	-1.61252	0.32308	1.174
10	0.71124	0.09206	-0.30202	-0.16351	0.34834	-0.32130	1.19716	0.671
11	2.70241	0.63494	2.94262	3.23454	-2.77777	1.11551	-1.68414	-2.127
12	0.25801	0.32842	-0.27226	0.09326	1.17319	-0.59592	2.29173	-1.048
13	-0.70230	-0.41758	-0.28909	0.01481	-0.50564	0.57081	-0.14444	1.981
14	-1.65251	-2.86239	-1.54924	-0.07693	0.36120	-1.48886	-1.06011	-0.735

图 3-12　标准化窗口

（2）从菜单上依次选择 Analyze → Dimension Reduction → Factor，打开 Factor Analysis 对话框。在 Factor Analysis 对话框中，从左侧的变量列表中选择参与因子分析的标准化后的变量，点击向右的箭头按钮，使之添加到右边的 Variables 框中，如图 3-13 所示。

（3）点击 Descriptives 按钮，打开 Descriptives 子对话框，选择 KMO and Bartlett's

图 3-13　参与因子分析的标准化的变量窗口

test of sphericity 选项，如图 3-14 所示，得到的分析结果见表 3-7。

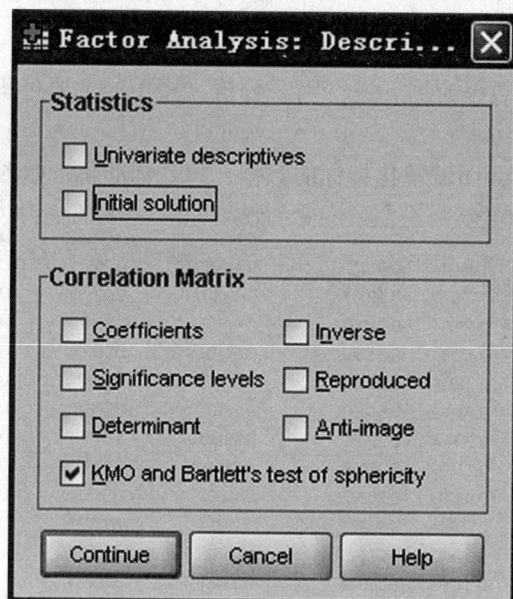

图 3-14　Bartlett 球度检验和 KMO 检验窗口

表 3-7　　　　　　　　　　Bartlett 球度检验和 KMO 检验

Kaiser–Meyer–Olkin Measure of Sampling Adequacy		0.507
Bartlett's Test of Sphericity	Approx. Chi-square	108.311
	df	45
	Sig.	0.000

由表 3-7 可以看出，Bartlett's Test of Sphericity 的 Sig 值接近 0，小于显著性 0.05 水平，认为相关系数矩阵与单位阵有显著差异，能够从中提取公共因子，适合进行因子分析。

（4）点击 Extraction 按钮，打开 Extraction 对话框，选择因子提取的方法。在 Method 框选择主成分法（Principal components）提取公共因子；在 Analyze 框中选择 Correlation matrix 项，从相关系数矩阵出发提取公共因子；在 Display 框中选择 Unrotated factor solution 和 Scree plot 项；在 Extract 框中 Factors to extract 后面的文本框中输入 5，提取五个公共因子，如图 3-15 所示，得到的分析结果见表 3-8。

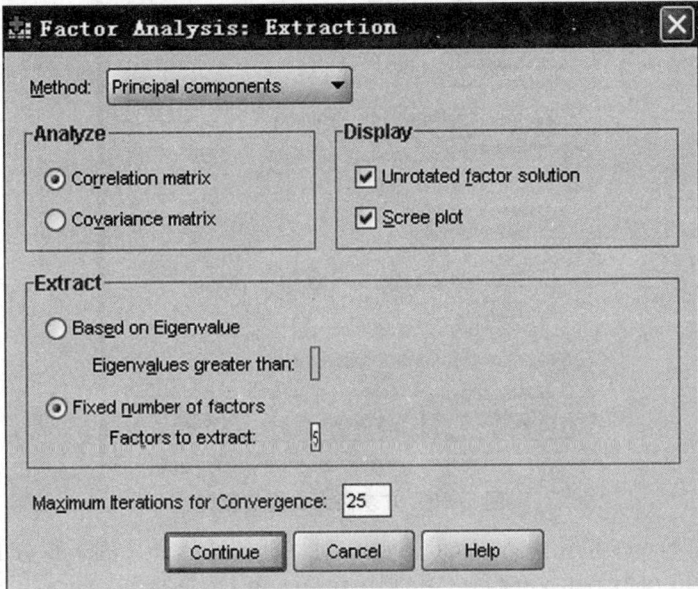

图 3-15　主成分法提取公共因子窗口

表 3-8　　　　　因子解释变量总方差的情况（Total Variance Explained）

Component	Initial Eigenvalues			Rotation Sums of Squared Loadings		
	Total	% of Variance	Cumulative %	Total	% of Variance	Cumulative %
1	4.268	42.682	42.682	3.199	31.993	31.993
2	2.336	23.362	66.044	2.099	20.992	52.984
3	1.414	14.140	80.184	1.939	19.388	72.372
4	0.804	8.041	88.225	1.197	11.966	84.338
5	0.768	7.680	95.906	1.157	11.568	95.906
6	0.194	1.940	97.846			
7	0.115	1.149	98.995			
8	0.053	0.534	99.529			
9	0.034	0.335	99.864			
10	0.014	0.136	100.000			

由表3-8可知，由于指定提取了5个因子，5个因子共解释了原有变量总方差的95.906%，总体上原有变量的信息丢失较少，因子分析效果较理想。

（5）单击 Rotation 按钮，打开 Rotation 对话框，选择因子旋转方法，这里选择方差极大旋转法 Varimax，并选中 Rotated solution，输出旋转后的因子载荷矩阵，如图3-16所示。

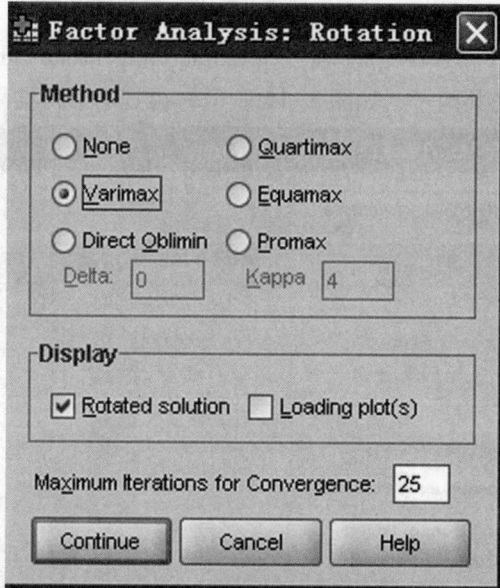

图 3-16 方差极大旋转法窗口

（6）点击 Scores 按钮进入 Factor Scores 对话框，选择计算因子得分的方法，这里选择 Regression（回归因子得分），并选中 Display factor score coefficient matrix 输出因子得分系数矩阵；选择 Save as variables 把因子得分作为新变量保存在数据编辑窗口，如图3-17 所示，得到的分析结果见表3-9。

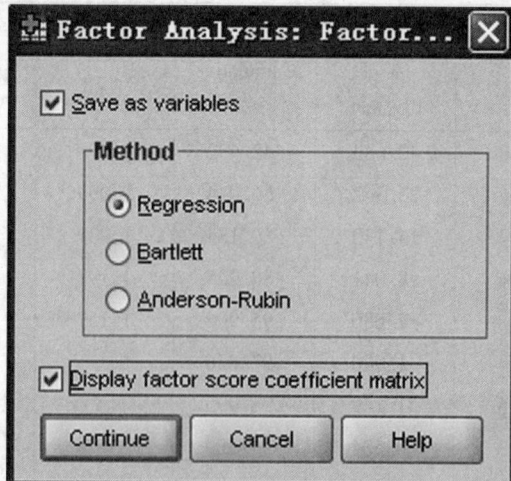

图 3-17 回归因子得分窗口

表3-9 　　　　因子得分系数矩阵（Component Score Coefficient Matrix）

	Component				
	1	2	3	4	5
Zscore（非农比重）	0.380	0.031	0.161	0.157	−0.162
Zscore（人口增长）	0.271	0.098	0.188	−0.193	0.144
Zscore（人均 GDP）	0.239	−0.002	−0.075	−0.083	0.080
Zscore（二产比重）	0.273	−0.058	−0.165	−0.031	−0.329
Zscore（三产比重）	−0.094	−0.123	0.380	−0.070	0.041
Zscore（平均工资）	−0.185	−0.078	0.038	0.000	0.966
Zscore（零售总额）	0.143	−0.074	0.648	0.231	−0.028
Zscore（床位数）	−0.008	0.499	−0.178	−0.011	−0.095
Zscore（医生数）	0.109	0.539	−0.047	0.141	−0.093
Zscore（在校学生）	0.010	0.081	0.206	0.951	0.019

根据表3-9可写出以下因子得分系数函数：

$F_1 = 0.380$ 非农业人口比重$+0.0271$ 人口自然增长率$+0.239$ 人均GDP$+0.273$ 第二产业增加值占GDP比重-0.094 第三产业增加值占GDP比重-0.185 在岗职工人均货币工资$+0.143$ 人均社会商品零售总额-0.008 每万人口医院床位数$+0.109$ 每万人口医生数$+0.010$ 每万人均中小学在校学生数

$F_2 = 0.031$ 非农业人口比重$+0.098$ 人口自然增长率-0.002 人均GDP-0.058 第二产业增加值占GDP比重-0.123 第三产业增加值占GDP比重-0.078 在岗职工人均货币工资-0.074 人均社会商品零售总额$+0.499$ 每万人口医院床位数$+0.539$ 每万人口医生数$+0.081$ 每万人均中小学在校学生数

$F_3 = 0.161$ 非农业人口比重$+0.188$ 人口自然增长率-0.075 人均GDP-0.165 第二产业增加值占GDP比重$+0.380$ 第三产业增加值占GDP比重$+0.038$ 在岗职工人均货币工资-0.648 人均社会商品零售总额-0.178 每万人口医院床位数-0.047 每万人口医生数$+0.206$ 每万人均中小学在校学生数

$F_4 = 0.157$ 非农业人口比重-0.193 人口自然增长率-0.083 人均GDP-0.031 第二产业增加值占GDP比重-0.070 第三产业增加值占GDP比重$+0.000$ 在岗职工人均货币工资$+0.231$ 人均社会商品零售总额-0.011 每万人口医院床位数$+0.141$ 每万人口医生数$+0.951$ 每万人均中小学在校学生数

$F_5 = -0.162$ 非农业人口比重$+0.144$ 人口自然增长率$+0.080$ 人均GDP-0.329 第二产业增加值占GDP比重$+0.041$ 第三产业增加值占GDP比重$+0.966$ 在岗职工人均货币工资-0.028 人均社会商品零售总额-0.095 每万人口医院床位数-0.093 每万人口医生数$+0.019$ 每万人均中小学在校学生数

再根据各因子得分，最后计算出2006年因子综合得分（系数为5个因子的方差贡献率）：

$$F = 0.42682F_1 + 0.23362F_2 + 0.14140F_3 + 0.08041F_4 + 0.07680F_5$$

按照以上相同的思路，同理，可得1990、1995、2000、2005、2006年的综合得分，如表3-10中第2-6列所示，为进一步了解各师在1990、1995、2000、2005、

2006 年五年的综合得分，根据这五年因子得分的结果，对各师各年得分依据下列公式计算：

$$Z=((a_{1990}+a_{1995})×5/2+(a_{1995}+a_{2000})×5/2+(a_{2000}+a_{2005})×5/2+(a_{2005}+a_{2006})×2/2)/17$$

综合得分见表 3-10 的第 7 列，对其排名见表 3-10 的第 8 列。

表 3-10   兵团各师各年得分的时序计算表

师	1990 年得分	1995 年得分	2000 年得分	2005 年得分	2006 年得分	综合得分	排名
农一师	0.84	0.329	−0.486	0.038	−0.035	0.083	6
农二师	0.346	0.73	0.090	0.46	0.615	0.423	3
农三师	−0.46	−0.795	−0.635	−0.72	−0.704	−0.678	13
农四师	−0.035	−0.039	−0.099	−0.118	−0.255	−0.085	9
农五师	0.487	−0.249	−0.416	−0.01	0.014	−0.125	11
农六师	−0.056	0.05	−0.184	−0.245	−0.187	−0.109	10
农七师	0.071	0.345	−0.105	0.178	0.136	0.126	5
农八师	0.25	0.824	0.627	0.014	0.019	0.468	2
农九师	−0.083	−0.195	0.133	0.409	0.371	0.076	7
农十师	0.296	−0.064	0.414	0.556	0.624	0.298	4
建工师	0.428	0.639	1.127	0.735	0.603	0.769	1
农十二师	−0.676	−0.263	0.475	−0.052	0.007	−0.047	8
农十三师	−0.295	−0.447	−0.008	0.163	0.061	−0.140	12
农十四师	−1.113	−0.864	−0.935	−1.408	−1.269	−1.057	14

（四）评价结果的分类

由表 3-10 中计算的结果可以看出，兵团各师城镇化发展水平差异较大，对各师各年得分 Z 的结果进行分类，$Z \geqslant 0.2$ 为第一类，$0 \leqslant Z < 0.2$ 为第二类，$-0.2 \leqslant Z < 0$ 为第三类，$Z < -0.2$ 为第四类。兵团各师城镇化进程主要有以下几种情况：

第一类，城镇化进程最快的是建工师、农八师、农二师、农十师。城镇化进程排名第一的建工师非农业人口占到 90% 以上，以工业、工程施工为主，城镇化水平较高，第二产业增加值从 1990 年的 73.04% 一直增加到 2006 年的 89.70%，第三产业增加值比重较低，不到 20%，产业化程度不够。城镇化进程排名第二的农八师非农业人口占到 50% 以上，城镇化水平较高，第三产业增加值比重从 1990 年的 22.65% 增加到 2006 年的 35.08%（2006 年略有下降），城镇化发展较快。城镇化进程排名第三的农二师产业结构不断优化，第二产业增加值从 1990 年的 35.96% 一直下降到 2006 年的 21.28%，第三产业增加值从 1990 年的 17.04% 一直增加到 2006 年 30.10%。城镇化进程排名第四的农十师的非农业人口比重除建工师外，这五年都是最高的，到 2006 年为止达 62.29%，其产业结构也不断优化，第二产业增加值从 1990 年的 32.12% 一直下降到 2006 年的 26.54%，第三产业增加值从 1990 年的 27.67% 一直增加到 2006 年 30.71%。但这四个师的工业还是以农产品原料加工为主，产业化程度和转换深度不高，产业结构尚需优化。

第二类，城镇化进程较快的是农七师、农一师、农九师。农七师的第二产业增加值比重基本上是下降的，第三产业增加值比重基本上是增加的，但第三产业增加值比重较低，到 2006 年为止仅为 25.84%。农一师的第三产业增加值比重从 1990 年的 15.48% 增加到 2006 年的 24.54%，但第二产业增加值比重不是一直下降，而是有增有减。农九师的非农业人口比重在这五年中除 1990 年、2000 年达 46.14% 和 47.40 外，在各师中是比较高的，均达到 50% 以上，第三产业增加值比重在 1990、1995、2000 年中在各师中都是最高的，可达 40% 以上，2005 居第二位（农八师第一位），2006 年略有下降。总之，这三个师产业结构还需要调整。

第三类，城镇化进程较慢的是农十二师、农四师、农六师、农五师、农十三师。农六师第二产业增加值比重基本上是下降的，第三产业增加值比重基本上是增加的。农五师的第三产业增加值比重较低，到 2006 年为止仅为 25.14%。从三次产业就业结构看，农十二师有 44.7% 的人从事农业生产，农四师有 56.4% 的人从事农业生产，农六师到 2006 年为止仍有 55.8% 的人从事第一产业，农五师有 57.4% 的人从事农业生产，农十三师有 61.2% 的人从事农业生产，在一定程度上说明农十二师、农四师、农六师、农五师、农十三师的城镇化发展缓慢，总之，这五个师的二次产业结构不合理，城镇化的发展尚需一个较长的过程。

第四类，城镇化进程最慢的是农三师、农十四师。农三师、农十四师的农业人口比重在各年各师中是最大的，这两个师的非农业人口虽然逐年在增长，农三师的非农业人口比重从 1990 年的 10.96% 增长至 2006 年的 27.81%，农十四师的非农业人口比重从 1990 年的 7.97% 增长至 2006 年的 17.54，增长近两倍，但非农业人口比重依然很低，三次产业结构极不合理，城镇化水平很低，而且城镇化进程非常缓慢。

（五）对策和建议

针对城镇化进程最快的第一类师，优化调整产业结构，做大做强支柱产业的特色产业链，努力提高农业现代化水平。大力推进优势农产品的区域化布局、专业化生产和产业化经营，以农业产业化经营和高新技术推广为突破口，通过培育龙头企业，延长产业链。实施优势资源转换战略，积极进行能源开发和重化工业发展，构建优势矿产资源转化基地。加强农业高新技术、生物技术、优势农产品、矿业资源精深加工转换关键技术的引进与开发应用。做大做强建筑、水利、路桥专业，充分发挥集团优势和作用，积极参与市场竞争，向疆内、疆外市场发展，不断增加建筑企业在疆内外的市场份额。加快发展现代新兴服务业，推动第一、二、三产业协调联动发展，从而使城镇化进程又快又好发展。

针对城镇化进程较快的第二类师，围绕农业产业化，加快农业结构调整步伐，以市场为导向，着力建设现代化的高效大农业和龙头带动作用强的农副产品加工业，形成产业化。突出发展优质畜产品，加快传统畜牧业向现代畜牧业转变。加快优势资源转换和结构优化升级步伐，集中力量突出发展重化工业，以高新技术改造传统工业，提升工业发展水平和综合竞争能力。充分利用口岸优势，发展边境贸易。坚持以市场化、产业化、社会化为方向，以优化结构、扩大供给、提升产业竞争力为着力点，大力发展第三产业，不断推动城镇化进程。

针对城镇化进程较慢的第三类师，调整农业内部结构，提高农业现代化水平，做精做强种植业，延长产业链，提高农产品加工转化率，提高附加值。以农业产业化经营为突破口、以精准农业技术和高新技术推广应用为支撑，提升农业综合生产能力和整体竞争力。做大做强支柱工业，打造出一批在疆内外市场上有影响力、有竞争力的农业产业化龙头企业。依托现代大农业优势、矿产资源优势和口岸地缘优势，着力抓好农副产品深加工基地建设，积极培育优势矿产资源转换基地，充分利用地缘优势，努力打造工业基地，积极开发畜产品加工业。优化服务业发展环境，继续发展传统服务业，加快发展需求潜力大、吸纳就业多的新兴服务行业，提高服务业整体素质和水平，加快城镇化进程。

针对城镇化进程最慢的第四类师，大力促进农业产业化发展，积极发展设施农业，形成设施农业产业带。大力推进特色农业产业化经营，开发优质深加工产品及高附加值产品，拉长产业链，确立特色工业的支柱地位。以特色加工为支柱，大力实施优势资源转换战略，以工业化水平的逐步提升带动经济的快速发展，实施投资带动战略，改善基础设施建设，全面提升基础设施水平。努力改变以农业为主的经济形态和以农村为主的社会形态，加快推进人口向城镇集中，促进城镇化水平的提高，推动城镇化进程。

【综合运用知识点评】

本实验在对城镇化内涵和动力机制进行系统研究的基础上，遵循评价指标可比性、可操作性等原则，并结合兵团的实际情况，构建了一套反映兵团城镇化水平的综合评价指标体系，通过因子分析方法，对兵团城镇化进程分师分年度进行了综合评价与分析，根据分类的结果，提出了促进兵团各类师城镇化进程又快又好发展的对策和建议。

【练习与作业】

1. 2006 年新疆 22 座城市城市发展相关指标：x_1，人均 GDP（元）；x_2，社会消费品零售总额（万元）；x_3，在岗职工平均货币工资（元）；x_4，地方财政支出（万元）；x_5，中小学在校生人数（人）；x_6，工业企业利润总额（万元）；x_7，医院床位数（床/万人）；x_8，人均城乡居民储蓄余额（万元）；x_9，公路货运总量（万吨）；x_{10}，人均固定资产投资（元）；x_{11}，人均道路铺装面积（平方米）；x_{12}，人均绿地面积（平方米）。应用因子分析对 22 个城市的竞争力进行评价。（详见数据文件 3-5.xls，数据来源于《新疆调查年鉴（2007）》和《新疆统计年鉴（2007）》）

2. 2008 年新疆各地、州、市经济发展状况指标体系，其中：x_1，生产总值（亿元）；x_2，第一产业增加值（亿元）；x_3，第二产业增加值（亿元）；x_4，第三产业增加值（亿元）；x_5，人均生产总值（元）；x_6，固定资产投资（万元）；x_7，社会消费品零售总额（万元）；x_8，海关出口总额（万美元）；x_9，地方财政收收入（万元）。进行因子分析，研究影响新疆各地、州、市经济发展的主要因素。（详见数据文件 3-6.xls，数据来源于《新疆统计年鉴（2009）》）

【参考文献】

[1] 周一星.城市地理学［M］.北京：商务印书馆，1997.

[2] 谢文惠，邓卫.城市经济学［M］.北京：清华大学出版社，1996.

[3] 许学强，周一星，宁越敏.城市地理学［M］.北京：高等教育出版社，1997.

[4] 冯之浚.西部地区城市化发展道路［M］.杭州：浙江教育出版社，2003.

[5] 曾赛丰.中国城市化理论专题研究［M］.长沙：湖南人民出版社，2004.

[6] 卢纹岱.SPSS for Windows 统计分析［M］.2 版.北京：电子工业出版，2003.

[7] 胡毅，高志刚.新疆经济发展实证分析和综合研究［M］.乌鲁木齐：新疆人民出版社，2002.

[8] 陈秀山.中国区域经济问题研究［M］.北京：商务印书馆，2005.

[9] 兵团统计局.新疆生产建设兵团统计年鉴（2007）［M］.北京：中国统计出版社，2005.

[10] 程必定.中国城市化的发展目标和战略［M］//陈甬军，陈爱民.中国城市化实证分析与对策研究.厦门：厦门大学出版社，2002.

[11] 欧名豪，李武艳，刘向南，等.区域城市化水平的综合测试研究——以江苏省为例［J］.长江流域资源与环境，2004（5）.

[12] 赵喜仓，吴继英.江苏省区域城市化水平评价与分析［J］.江苏大学学报：社会科学版，2002（4）.

[13] 都泌军，于开宁.城市化水平评价的指标体系研究［J］.统计与决策，

2001（3）.

　　[14] 刘海梅. 城市化评价指标体系设计探讨 [J]. 技术经济，2004（9）.

　　[15] 赵雪雁. 西北地区城市化质量评价 [J]. 干旱区资源与环境，2004（5）.

　　[16] 孙亚范，余海鹏. 江苏省城市化发展差异及其特征分析 [J]. 南京社会科学，2004（1）.

　　[17] 董晓峰，何新胜. 西北地区城市化推进的途径研究 [J]. 经济地理，2004（2）.

　　[18] 王文博. 陕西省城市化进程的实证分析 [J]. 统计与信息论坛，2003（4）.

第四章

时间序列分析实验和 SAS 应用

综合实验一 中国城乡居民人民币储蓄存款余额分析

【实验目的】

本实验以中国城乡居民人民币储蓄存款余额数据为基础，综合运用时间序列分析和经济学原理相关知识，模拟中国城乡居民人民币储蓄存款余额数据的发展态势，深入分析数据间相互作用的规律，在此基础上建立合适的时间序列模型，并以此模型为基础预测中国城乡居民人民币储蓄存款余额数据未来的发展趋势。通过本实验的学习希望读者能够掌握 ARIMA（p，d，q）模型的相关理论和建模的一般方法，能够熟练运用 SAS 软件建立模型、估计模型和对模型做预测。

【方法概述】

（一）平稳性的含义

1. 时间序列平稳性的定义

假定某个时间序列由某一随机过程生成，如果经由该随机过程所生成的时间序列满足下列条件：

（1）均值 $EX_t = \mu$ 是与时间 t 无关的常数

（2）方差 $DX_t = E(X_t-\mu)^2 = \sigma^2$ 是与时间 t 无关的常数

（3）协方差 $\gamma(t, s) = E(X_t-\mu_t)(X_s-\mu_s) = \gamma_{t-s}$ 只与时期间隔 t-s 有关，与时间 t 无关

则称经由该随机过程而生成的时间序列是弱平稳的。该随机过程便是一个平稳的随机

过程。

2. 时间序列平稳性的理解

推测经济系统在未来可能出现的状况，亦即预测经济系统的走势，是我们建立经济计量模型的主要目的。而基于随机变量的历史和现状来推测其未来，则是我们实施预测的基本思路。这就需要假设随机变量的历史和现状具有代表性或可延续性。换句话说，随机变量的基本特性必须能在包括未来阶段的一个长时期里维持不变，否则基于历史和现状来预测未来的思路便是错误的。

样本时间序列展现了随机变量的历史和现状，因此所谓随机变量基本特性的维持不变也就是要求样本数据时间序列的本质特征仍能延续到未来。我们用样本时间序列的均值、方差、自协方差来刻画该样本时间序列的本质特征。于是，我们称这些统计量的取值在未来仍能保持不变的样本时间序列具有平稳性。可见，一个平稳的时间序列指的是：遥想未来所能获得的样本时间序列，我们能断定其均值、方差、协方差必定与眼下已获得的样本时间序列等同。

形象地理解，平稳性就是要求经由样本时间序列所得到的拟合曲线在未来的一段时期内仍能顺着现有的形态"惯性"地延续下去；如果数据非平稳，则说明样本拟合曲线的形态不具有"惯性"延续的特点，也就是基于未来将要获得的样本时间序列所拟合出来的曲线将迥异于当前的样本拟合曲线。

可见，时间序列平稳是经典回归分析赖以实施的基本假设，只有基于平稳时间序列的预测才是有效的。如果数据非平稳，则作为大样本下统计推断基础的"一致性"要求便被破坏，基于非平稳时间序列的预测也就失效。

（二）平稳性检验

对序列的平稳性检验有两种方法：一种是根据时序图和自相关图显示的特征做出判断的图示检验方法；另一种是构造检验统计量进行假设检验的单位根检验（unit root test）方法。

1. 时序图和自相关图检验

给出一个随机时间序列，首先可通过该序列的时间路径图来粗略地判断它是不是平稳的。一个平稳的时间序列在图形上往往表现出一种围绕其均值不断波动的过程，而非平稳序列则往往表现出在不同的时间段具有不同的均值（如持续上升或持续下降）。

检验样本自相关函数及其图形，随着 k 的增加，样本自相关函数下降且趋于零。但从下降速度来看，不平稳序列是缓慢下降，而平稳序列则是迅速下降。

2. 单位根检验

所谓单位根检验就是通过检验时间序列自回归特征方程的特征根是在单位圆内还是在单位圆外（包括在单元圆上），来检验时间序列的平稳性。

单位根检验统计量中最常用的是 ADF 检验统计量，又称增广 DF 检验（augmented Dickey-Fuller test）。对任一 p 阶自回归 AR（p）过程

$$x_t = \varphi_1 x_{t-1} + \cdots + \varphi_p x_{t-p} + \varepsilon_t$$

它的特征方程为：

$$\lambda^p - \varphi_1 \lambda^{p-1} - \cdots - \varphi_p = 0$$

如果该方程所有的特征根都在单位圆内，即 $|\lambda_i| < 1$，$i = 1, 2, \cdots, p$，则序列 X_t 平稳。如果至少存在一个特征根不在单位圆内，不妨设 $\lambda_1 = 1$，则序列 X_t 非平稳，且自回归系数之和恰好等于 1，即

$$\varphi_1 + \varphi_2 + \cdots + \varphi_p = 1$$

因而，对于 AR（p）过程可以通过检验自回归系数之和是否大于等于 1 来考察该序列的平稳性。设 $\rho = \varphi_1 + \varphi_2 + \cdots + \varphi_p - 1$，那么原假设 H_0：$\rho \geq 0$（序列 X_t 非平稳），ADF 检验统计量：

$$\tau = \frac{\hat{\rho}}{S(\hat{\rho})}$$

其中，$S(\hat{\rho})$ 为参数 ρ 的样本标准差。1979 年，Dickey 和 Fuller 使用蒙特卡洛模拟方法算出了 τ 检验统计量的临界值表。通过临界值表查找出临界值，和统计量 τ 作比较，就可以下结论了。

（三）自相关函数和偏自相关函数

1. 自相关函数

如果定义自协方差函数（autocovariance function）为：

$$\gamma(t, s) = E(X_t - \mu_t)(X_s - \mu_s)$$

对于平稳的时间序列来说，自协方差函数只与时间间隔有关，可记为 $\gamma(s-t)$，由此引出延迟 k 阶自协方差函数 $\gamma(k) = \gamma(t, t+k)$。

如果定义时间序列自相关函数（autocorrelation function，简记为 ACF）：

$$\rho(t, s) = \frac{E(X_t - \mu_t)(X_s - \mu_s)}{\sqrt{DX_t \cdot DX_s}}$$

由延迟 k 阶自协方差函数的概念可以得到延迟 k 阶自相关函数：

$$\rho(k) = \frac{E(X_t - \mu_t)(X_{t+k} - \mu_{t+k})}{\sqrt{DX_t \cdot DX_{t+k}}} = \frac{r(k)}{r(0)}$$

2. 偏自相关函数

求出滞后 k 阶自相关系数 $\rho(k)$ 时，实际上得到的并不是 x_t 与 x_{t-k} 之间单纯的相关关系，因为这个 $\rho(k)$ 还会受到中间 k-1 个随机变量 x_{t-1}，x_{t-2}，$\cdots$，x_{t-k+1} 的影响，即这 k-1 个随机变量既与 x_t 又与 x_{t-k} 具有相关关系。为了能单纯测度 x_t 与 x_{t-k} 之间的相关关系，引进了时间序列偏自相关函数（PACF）。它是在剔除了中间 k-1 个随机变量的干扰之后的自相关系数，计算公式为：

$$\rho(x_t, x_{t-k} \mid x_{t-1}, \cdots, x_{t-k+1}) = \frac{E[(x_t - E(x_t \mid x_{t-1}, \cdots, x_{t-k+1}))(x_{t-k} - E(x_{t-k} \mid x_{t-1}, \cdots, x_{t-k+1}))]}{E[(x_{t-k} - E(x_{t-k} \mid x_{t-1}, \cdots, x_{t-k+1}))^2]}$$

如果我们用过去的 k 期序列值 x_{t-1}，x_{t-2}，$\cdots$，x_{t-k+1}，x_{t-k} 对 x_t 作 k 阶自回归拟合，即

$$x_t = \varphi_{k1} x_{t-1} + \varphi_{k2} x_{t-2} + \cdots + \varphi_{kk} x_{t-k} + \varepsilon_t$$

那么有 $\varphi_{kk} = \rho(x_t, x_{t-k} \mid x_{t-1}, \cdots, x_{t-k+1})$。这说明滞后 k 阶偏自相关系数实际上等于 k 阶自回归模型第 k 个回归系数的值。

不同模型自相关函数和偏自相关函数的性质见表 4-1。

表 4-1 不同模型自相关函数和偏自相关函数的性质

模型	ACF	PACF
AR（p）	拖尾	p 阶截尾
NA（q）	q 阶截尾	拖尾
ARMA（p，q）	拖尾	拖尾

（四）ARIMA（p，d，q）模型

我们引进一种自回归求和滑动平均（autoregressive integrated moving average）模型，简记为 ARIMA（p，d，q）模型。这是一种将差分、移动平均、自回归结合到一起的时间序列模型，非常有效地描述各种时间序列。

ARIMA 模型的形式如下：

$$(1-\varphi_1 B-\varphi_2 B^2-\cdots-\varphi_p B^p)\ \nabla^d x_t = (1-\theta_1 B-\theta_2 B^2-\cdots-\theta_q B^q)\ \varepsilon_t$$

简记为：

$$\Phi(B)\ \nabla^d x_t = \Theta(B)\ \varepsilon_t$$

其中，$\nabla^d = (1-B)^d$ 为 d 阶差分，且

$$\Phi(B) = 1-\varphi_1 B-\varphi_2 B^2-\cdots-\varphi_p B^p$$

$$\Theta(B) = 1-\theta_1 B-\theta_2 B^2-\cdots-\theta_q B^q$$

$\varepsilon_t \sim WN(0, \sigma_\varepsilon^2)$，为零均值的白噪声序列。ARIMA（p，d，q）模型还可以简记为：

$$\nabla^d x_t = \frac{\Theta(B)}{\Phi(B)}\varepsilon_t$$

【实验背景】

（一）背景材料

新中国成立 60 多年来，特别是经过改革开放 30 多年的发展，人民生活水平逐步提高，基本上实现了全面小康。我国城镇居民人均可支配收入由 1978 年的 343.4 元提高到 2009 年的 17 174.7 元；农村居民人均纯收入由 1978 年的 133.6 元提高到 2009 年的 5 153.2 元。收入的增加使城乡居民拥有的财富呈现快速增长趋势。2009 年底城乡居民人民币储蓄存款余额达 26.077 万亿元，比 1952 年底的 8.6 亿元增加 3.03 万倍。城乡居民人民币储蓄存款余额每年都大幅度递增，究其原因主要有以下因素：一是改革开放以来个人可支配收入持续增长。城镇居民近五年可支配收入的增长速度持续在 7.8% 到 12.2% 之间，农村居民收入增长速度虽然慢于城镇居民，但是收入也一直在缓慢增长，这就为储蓄的增加提供了基础。我们知道，人均收入较低的国家，储蓄率一般较低，部分原因就是生存需要限制了储蓄能力。可见，个人可支配收入在储蓄中的影响非常重要。二是城乡、农村居民个人投资渠道狭窄。在农村，由于居民在投资方面的局限性，居民的收入基本上都用来储蓄；对于城镇居民来说，部

分收入进入了股票、基金、债券等市场，但由于我国投资市场的特点，购买股票的城镇居民以高收入者为主，而大多数居民是无法承担股票市场的高风险的，投资基金从理论上说应该是一种理想的投资工具，但目前也有较高风险。因此，对于大多数城乡居民来说，最安全、最方便、利息收入又高于银行储蓄存款的投资方式就是购买国债。近几年，每次发行国债银行门前都要排起长龙就很能说明这一点。农村居民缺乏国债投资渠道主要是因为农民居住分散，面向农民发行国债的成本大大高于面向城镇居民发行。三是利率的升降直接影响到存款的收益，因此利率理论上应该对居民储蓄有着重要的影响。提高利率会促使人们将收入存入银行，相反降低利率则有利于促进投资与消费。在收入分配体制、消费体制、社会保障体制、价格体制、教育体制以及金融体制等方面改革深化的背景下，居民更多地面临未来收入与支出的不确定性，一些过去由单位和国家承担的改革成本，转为由个人自己承担，迫使居民的储蓄倾向增加。加之中国的医疗卫生保障不健全，看病难、看病贵一直困扰着国人，使得居民储蓄倾向进一步增加。四是教育、养老、医疗迫使居民不敢乱花钱，从而加大储蓄。国家统计局城调总队对居民住户的调查结果显示，在调查问卷列示的十余种储蓄目的当中，把子女教育摆在首位的家庭最多，达到 36.5%，排在第二位的是养老，选择率为 31.5%，排在第三位的是医疗，选择率为 10.1%。由于以上原因，截止到 2009 年我国居民储蓄存款数额巨大，增长过度，并已出现了"相对过剩"现象，储蓄存款经历了一个由"短缺时代"向"过剩时代"的过渡和转变。

（二）理论基础

国外最早开始储蓄行为研究的是亚当·斯密。伴随着 19 世纪初出现的生产过剩的危机，关于储蓄行为是否有好处的讨论又开始兴起。20 世纪 30 年代出现大萧条后，凯恩斯的收入决定论开始在储蓄理论中占据主导地位，即认为储蓄的决定因素是可支配收入，同时凯恩斯在其著作《就业、利息与货币通论》中进一步详细介绍了影响居民储蓄的行为。到了 20 世纪 50 年代，永久收入和生命周期假说逐步形成，并在居民储蓄行为的理论中逐渐占据了主导地位。但是 Wolff（1998）认为，大部分的家庭并没有财富，当期收入在消费中起到了重要的作用，但是这些家庭仍然有少量的储蓄，利用 Deaton（1991）的术语就是缓冲存货式储蓄行为。永久收入假说的失败引发了大量新的对于储蓄行为的研究，其中具有代表性的是预防性储蓄、流动性约束、对完全最优化的偏离。

【实验步骤】

（一）模型建立

安装 SAS 软件，然后双击打开，进入图 4-1 所示界面。这个界面包含菜单栏、工具栏、功能窗口（资源管理器窗口、日志窗口、编辑器窗口、输出和结果窗口）。

首先，导入数据（详见数据文件 4-1. xls）。为了直观地观察城乡居民人民币储蓄存款年末余额的变动趋势，我们先画出 1952—2009 年的城乡居民人民币储蓄存款年末余额的图形，在编辑器里面输入以下程序：

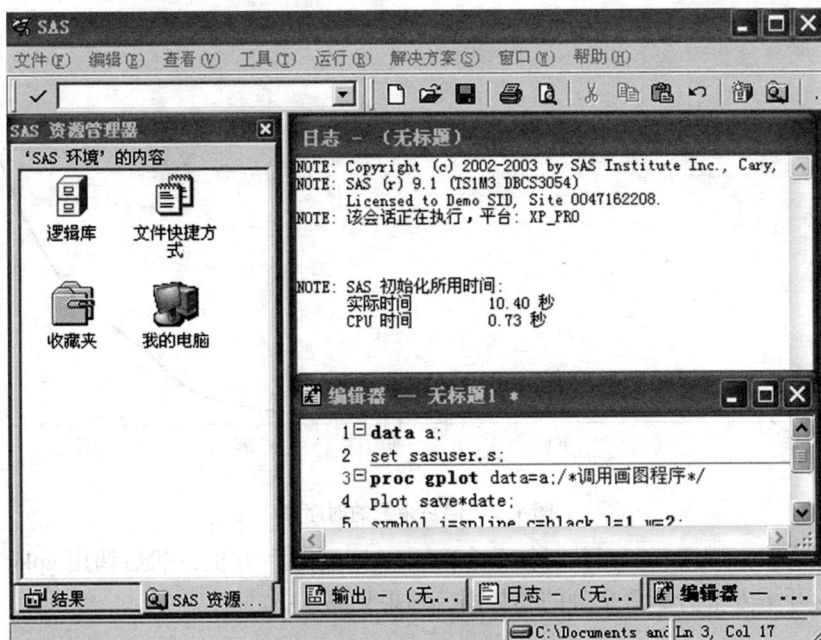

图 4-1 SAS 操作界面

```
data a;
set sasuser. s;
proc gplot data=a; /＊调用画图程序＊/
plot save＊date;
symbol i=spline c=black l=1 w=2;
run;
```

程序说明：这段程序首先建立数据集 a，然后调用 gplot 过程作图来显示储蓄余额的趋势图，结果见图 4-2。

图 4-2 表明这一时间序列具有明显的上升趋势，因而是非平稳的，有必要对原数据进行函数变换，我们这里对原数据开平方根，程序如下：

```
data a;
set sasuser. s;
lns=sqrt （save）; /＊对数据 save 进行开根号变换＊/
run;
proc gplot data=a;
plot lns＊date;
symbol i=spline c=black l=1 w=2;
run;
```

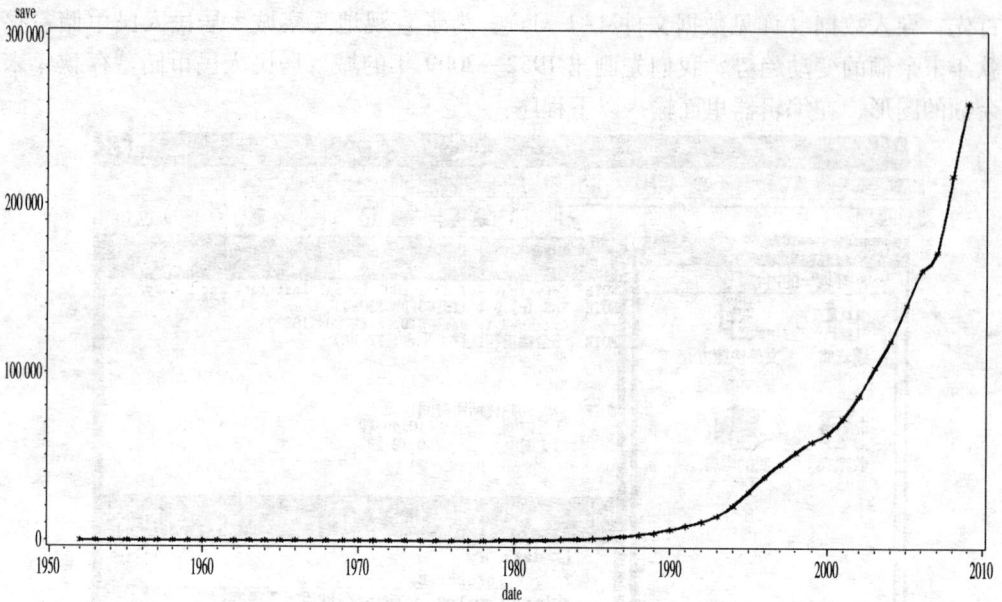

图 4-2　储蓄余额的时序图

程序说明：调用 sqrt 函数对储蓄余额 save 序列开平方根，然后调用 gplot 过程作图来显示开平方根后储蓄余额的趋势图，结果见图 4-3。

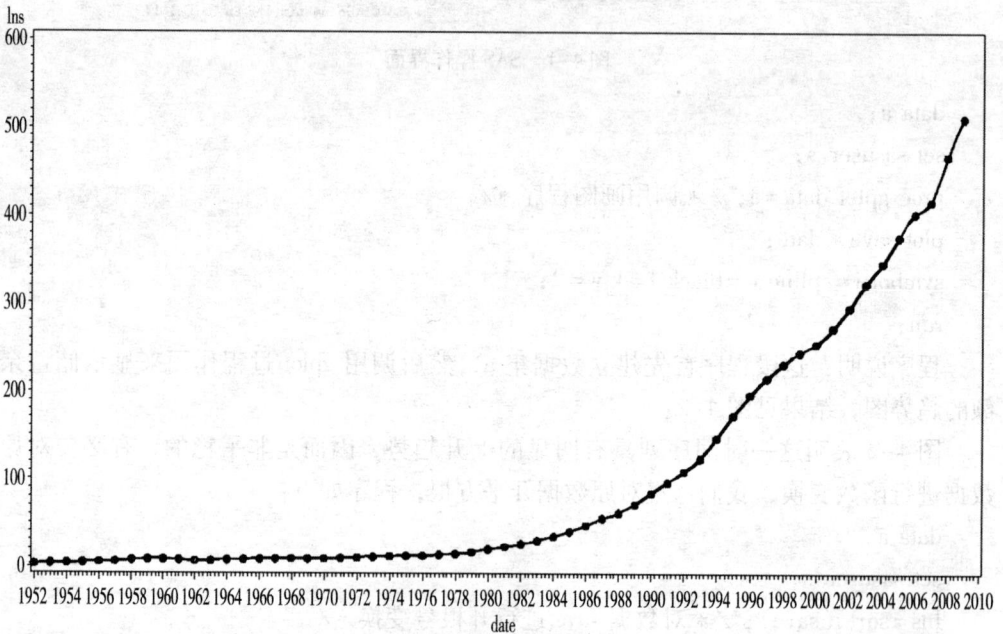

图 4-3　储蓄余额开平方根后的时序图

为了进一步了解储蓄余额开平方根后的性质，下面给出此序列的 ACF 和 PACF，程序如下：

```
proc arima data = a;
```

identify var＝lns nlag＝30；/＊ identify 可以给出变量的 acf 和 pacf ＊/

run；

程序说明：调用 arima 过程中的 identify 语句来识别储蓄余额开平方根后的序列（记为 lns），结果见图 4-4 和图 4-5。

```
                    Name of Variable = lns

              Mean of Working Series      102.1983
              Standard Deviation          138.3733
              Number of Observations            58


                         Autocorrelations

Lag  Covariance  Correlation  -1 9 8 7 6 5 4 3 2 1 0 1 2 3 4 5 6 7 8 9 1   Std Error
 0   19147.182    1.00000      |                    |********************|         0
 1   17518.904    0.91496      |                .   |******************  | 0.131306
 2   16024.543    0.83691      |                    |*****************    | 0.214729
 3   14745.183    0.77010      |             .      |***************     | 0.265068
 4   13410.941    0.70041      |              .     |**************      | 0.301183
 5   12125.259    0.63327      |                    |*************       | 0.328067
 6   10921.683    0.57041      |                    |***********   .     | 0.348506
 7    9764.970    0.51000      |         .          |**********    .     | 0.364247
 8    8684.684    0.45358      |                    |*********     .     | 0.376357
```

图 4-4　lns 的 ACF

```
                    Partial Autocorrelations

Lag  Correlation  -1 9 8 7 6 5 4 3 2 1 0 1 2 3 4 5 6 7 8 9 1
 1     0.91496    |                .   |******************  |
 2    -0.00146    |                    |                .   |
 3     0.02807    |                    |* .                 |
 4    -0.05034    |                  * |                    |
 5    -0.02214    |                    |                    |
 6    -0.01538    |                    |                    |
 7    -0.02106    |                    |                    |
 8    -0.01181    |                    |                    |
```

图 4-5　lns 的 PACF

从图 4-4 和图 4-5 可以看出，自相关函数缓慢衰减，偏自相关函数在第一阶与 1 非常接近，为 0.9149，其他显著为零，表明序列 lns 是非平稳的，这和我们从 lns 的序列图上观察的结果是相同的。因此，需要对变量 lns 进行一阶差分操作并对差分后的序列进行平稳性识别，程序如下：

identify var＝lns（1）nlag＝30 esacf p＝（0：6）q＝（0：6）minic p＝（0：6）q＝（0：6）；

run；

程序说明：调用 arima 过程中的 identify 语句来识别一阶差分后的 lns 序列（记为 lns（-1）），esacf 语句给出了扩展的样本自相关函数，用以识别 ARMA 模型的 p 和 q，minic 语句给出了最小信息准则下的 ARMA 模型的 p 和 q，具体结果如图 4-6 和图 4-7 所示。

图 4-8 是对一阶差分后的 lns 序列利用 LB 统计量进行白噪声检验，对应的概率都小于 0.0001，说明一阶差分后的 lns 序列不是白噪声，有进一步建模的需要。由图

```
                   Name of Variable = lns

          Period(s) of Differencing                    1
          Mean of Working Series              8.907465
          Standard Deviation                    11.596
          Number of Observations                    57
          Observation(s) eliminated by differencing    1

                        Autocorrelations

Lag   Covariance   Correlation  -1 9 8 7 6 5 4 3 2 1 0 1 2 3 4 5 6 7 8 9 1   Std Error
 0    134.467       1.00000                       |********************|      0
 1    105.360       0.78354                       |****************    .|      0.132453
 2     83.391692    0.62016              .        |************        |      0.197700
 3     86.346016    0.64213              .        |*************       |      0.229304
 4     77.633117    0.57734              .        |************       .|      0.258937
 5     71.264578    0.52998              .        |***********        .|      0.280613
 6     68.483890    0.50930              .        |**********         .|      0.297656
 7     63.295377    0.47071              .        |*********          .|      0.312570
 8     53.190969    0.39557              .        |********           .|      0.324769
```

图 4-6 lns (-1) 的 ACF

```
                  Partial Autocorrelations

Lag   Correlation   -1 9 8 7 6 5 4 3 2 1 0 1 2 3 4 5 6 7 8 9 1
 1     0.78354                      |****************
 2     0.01613                      |.
 3     0.39229                      |********
 4    -0.13305                   ***|.
 5     0.20138                      |****.
 6    -0.08285                    **|.
 7     0.10109                      |**
 8    -0.19677                  ****|.
```

图 4-7 lns (-1) 的 PACF

4-6 和图 4-7 可知，PACF 基本上两阶后截尾，可以尝试对一阶差分后的 lns 序列拟合 AR（2）模型。

```
              Autocorrelation Check for White Noise

To    Chi-         Pr >
Lag   Square   DF  ChiSq   --------------------Autocorrelations--------------------
 6    142.48    6  <.0001   0.784   0.620   0.642   0.577   0.530   0.509
12    203.50   12  <.0001   0.471   0.396   0.358   0.358   0.346   0.336
18    221.26   18  <.0001   0.316   0.274   0.190   0.109   0.060   0.035
24    226.76   24  <.0001   0.004  -0.051  -0.078  -0.092  -0.124  -0.152
30    261.00   30  <.0001  -0.176  -0.200  -0.219  -0.229  -0.241  -0.258
```

图 4-8 lns (-1) 的白噪声检验

图 4-9 和图 4-10 对一阶差分后的 lns 序列建议了几个 ARMA 模型，可以对这几个模型进行估计，然后对比哪个模型最好。

（二）模型估计

下面估计了 ARIMA（4，1，1）模型，程序如下：

estimate p=4 q=1 method=ml；/* estimate 是估计模型的程序 */

run；

程序说明：调用 arima 过程中的 estimate 语句来估计一阶差分后的序列 lns，指

```
                    Minimum Information Criterion

Lags     MA 0       MA 1       MA 2       MA 3       MA 4       MA 5       MA 6

AR 0   4.827313   4.527319   4.503153   4.197826   4.246504   4.062533   3.97262
AR 1   3.62367    3.651848   3.589358   3.456973   3.361153   3.414669   3.478417
AR 2   3.586566   3.580568   3.432483   3.500998   3.235733   3.295489   3.359697
AR 3   3.584222   3.556327   3.454156   3.413914   3.303073   3.289194   3.351009
AR 4   3.600609   3.620747   3.464856   3.43226    3.373069   3.285973   3.27483
AR 5   3.505914   3.572496   3.522625   3.495962   3.423667   3.343854   3.196771
AR 6   3.569049   3.598996   3.572092   3.319306   3.372814   3.287146   3.20015

              Error series model: AR(8)
              Minimum Table Value: BIC(5,6) = 3.196771
```

图4-9　最小信息准则

```
        ARMA(p+d,q) Tentative
        Order Selection Tests

        --------ESACF--------
        p+d    q        BIC

         1     2     3.589358
         5     1     3.572496
         6     0     3.569049
         0     4     4.246504
         4     4     3.373069

        (5% Significance Level)
```

图4-10　ESACF 建议的阶数

定估计的阶数 AR 部分是 4，MA 部分是 1，估计的方法是极大似然估计，具体结果见图4-11。

```
                    Maximum Likelihood Estimation

                              Standard               Approx
Parameter      Estimate        Error    t Value    Pr > |t|    Lag

MU            10.94778       21.04509      0.52      0.6029      0
MA1,1         -0.99998       26.02509     -0.04      0.9693      1
AR1,1         -0.26713        0.35524     -0.75      0.4521      1
AR1,2          0.61586        0.29316      2.10      0.0357      2
AR1,3          0.73850        0.21046      3.51      0.0004      3
AR1,4         -0.13497        0.32667     -0.41      0.6795      4

              Constant Estimate     0.522707
              Variance Estimate    26.15642
              Std Error Estimate    5.114335
              AIC                 361.7846
              SBC                 374.0429
              Number of Residuals       57
```

图4-11　ARIMA (4, 1, 1) 估计结果

从图4-11 可以看出，有些变量的 t 检验通不过，经调整并相互比较之后确定对一阶差分之后的序列 lns 拟合 AR (2) 模型，即对原序列开平方根后拟合 ARIMA (2, 1, 0) 模型，程序如下：

```
estimate p=2 noint method=ml;
run;
```

程序说明：调用 arima 过程中的 estimate 语句来估计一阶差分后的序列 lns，指定估计的阶数 AR 部分是 2，noint 指定模型不含有常数项，估计的方法是极大似然估计，估计的结果如图 4-12 所示。

```
             Maximum Likelihood Estimation

                           Standard               Approx
Parameter     Estimate       Error    t Value    Pr > |t|    Lag

AR1,1          0.65916      0.12679      5.20      <.0001      1
AR1,2          0.32238      0.14817      2.18      0.0296      2


              Variance Estimate       33.21747
              Std Error Estimate        5.76346
              AIC                     366.5417
              SBC                     370.6278
              Number of Residuals           57
```

图 4-12 ARIMA（2，1，0）估计结果

估计完之后利用 LB 统计量对残差进行检验，LB 统计量滞后 6 阶对应的概率为 0.7505，滞后 18 阶对应的概率为 0.8252，说明残差为白噪声序列。结果见图 4-13。

```
                    Autocorrelation Check of Residuals

  To     Chi-              Pr >
  Lag    Square    DF     ChiSq    --------------------Autocorrelations--------------------
   6      1.92      4     0.7505   -0.026   -0.079    0.065   -0.095   -0.013    0.099
  12      6.63     10     0.7594    0.249    0.029   -0.000   -0.032   -0.070   -0.028
  18     10.74     16     0.8252    0.039    0.181    0.107    0.046   -0.020    0.059
  24     12.01     22     0.9571    0.091   -0.033    0.022    0.049    0.027    0.030
  30     12.21     28     0.9958    0.022    0.008   -0.014    0.013    0.024    0.014
```

图 4-13 残差的白噪声检验

最终估计结果对应的模型为：

$$(1-0.66B-0.32B^2)(1-B)\sqrt{X_t}=a_t$$

（三）模型预测

下面利用我们拟合的模型进行预测，我们预测 2010—2021 年的城乡居民人民币储蓄存款年末余额，预测程序如下：

```
forecast lead=12 id=date interval=year out=pred2;  /* forecast 是对模型做预测 */
run;
```

程序说明：调用 arima 过程中的 forecast 语句来进行预测，lead 是指向后预测的步数，id 指定变量用来识别观测的周期，interval 指定观测间隔的时间，id 和 interval 一般一起使用，将预测结果输出到数据集 pred2 中，预测结果如图 4-14 所示。

图 4-14 给出了从 2009 年向后 12 年的点预测值、预测的标准误差、置信度为 95% 的预测区间。从结果可以看出，向后一步预测的误差是最小的，这与理论是相符

```
                          The ARIMA Procedure

                      Forecasts for variable lns

   Obs        Forecast      Std Error      95% Confidence Limits

    59        556.1532        5.7635        544.8570      567.4494
    60        600.2868       11.1651        578.4037      622.1700
    61        644.0449       17.8482        609.0631      679.0268
    62        687.1166       25.3665        637.3992      736.8339
    63        729.6147       33.6655        663.6314      795.5980
    64        771.5135       42.6373        687.9459      855.0810
    65        812.8322       52.2178        710.4873      915.1772
    66        853.5755       62.3491        731.3735      975.7775
    67        893.7524       72.9848        750.7048     1036.8000
    68        933.3705       84.0848        768.5674     1098.1736
    69        972.4376       95.6144        785.0369     1159.8383
    70       1010.9614      107.5430        800.1809     1221.7419
```

图 4-14 lns 的预测结果

的，随着预测步数的增加，预测的误差越来越大，而且，不同预报步长之间的预报误差还是相关的。

下面给出 lns、预测值、95% 的置信下限、95% 的置信上限的图形，程序如下：

proc gplot data＝pred2；

plot lns ＊ date forecast ＊ date l95 ＊ date u95 ＊ date/overlay；

symbol1 v＝dot i＝join c＝blue l＝1 w＝1；

symbol2 v＝plus i＝join c＝red l＝1 w＝2；

symbol3 v＝star i＝join c＝black l＝1 w＝3；

symbol4 v＝circle i＝join c＝black l＝1 w＝3；

run；

程序说明：调用 gplot 程序进行画图，overlay 命令使得四条曲线在同一个坐标轴中，便于比较，symbol 给出了曲线的颜色、粗细、线形等，运行结果如图 4-15 所示。

变换预测值，以获取原度量下的预测值，并画出原序列预测值的图形，程序如下：

data pre；

set work. pred3；

save＝lns ＊＊ 2；

ll95＝l95 ＊＊ 2；

uu95＝u95 ＊＊ 2；

forecasts＝（forecast）＊＊ 2；

run；

程序说明：对开平方根后的序列 lns 再进行平方变换，以得到原序列，同时也对预测值、95% 的置信下限、95% 的置信上限进行平方变换，结果见表 4-2。

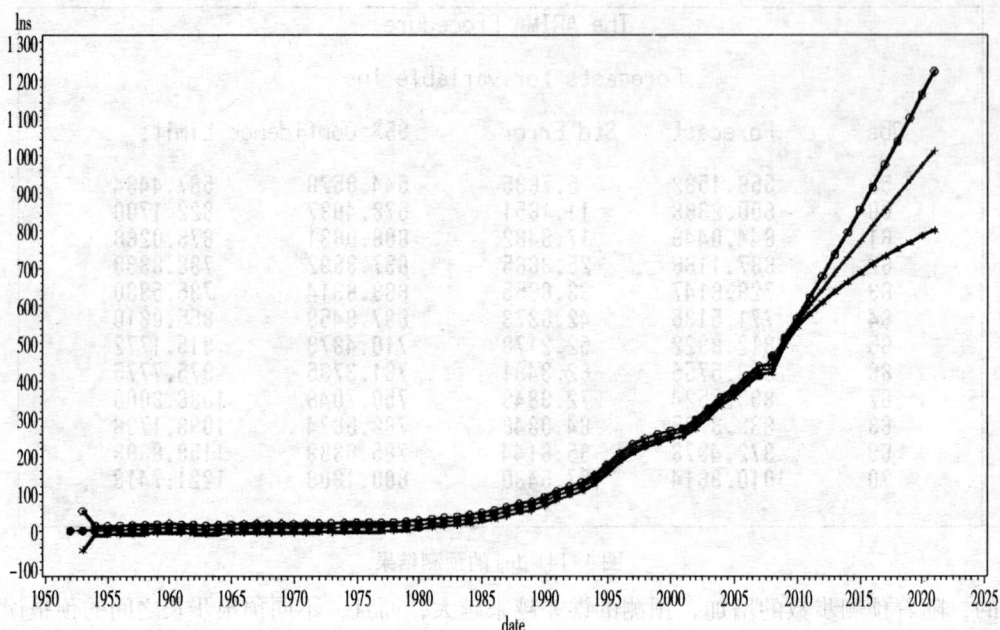

图 4-15　lns 的预测图

表 4-2　　　　　　　　　　　　　　平方变换结果

	Save 预测值	95% 的置信下限	95% 的置信上限
2010	309 306. 3981	334 550. 78681	321 998. 80793
2011	360 344. 2835	334 550. 78681	387 095. 52736
2012	414 793. 87958	370 957. 85874	461 077. 35824
2013	472 129. 20722	406 277. 80139	542 924. 24108
2014	532 337. 6108	440 406. 69792	632 976. 10301
2015	595 233. 00989	473 269. 56639	731 163. 52437

　　将 save 的预测值、95% 的置信上限、95% 的置信下限画在一张坐标轴上，程序如下：

```
proc gplot data = pre;
plot save * date forecasts * date ll95 * date uu95 * date/overlay;
symbol1 v = dot i = join c = blue l = 1 w = 1;
symbol2 v = plus i = join c = red l = 1 w = 2;
symbol3 v = star i = join c = black l = 1 w = 3;
symbol4 v = circle i = join c = black l = 1 w = 3;
run;
```

　　程序说明：调用 gplot 程序进行画图，overlay 命令使得四条曲线在同一个坐标轴中，便于比较，symbol 给出了曲线的颜色、粗细、线形等，运行结果如图 4-16 所示。

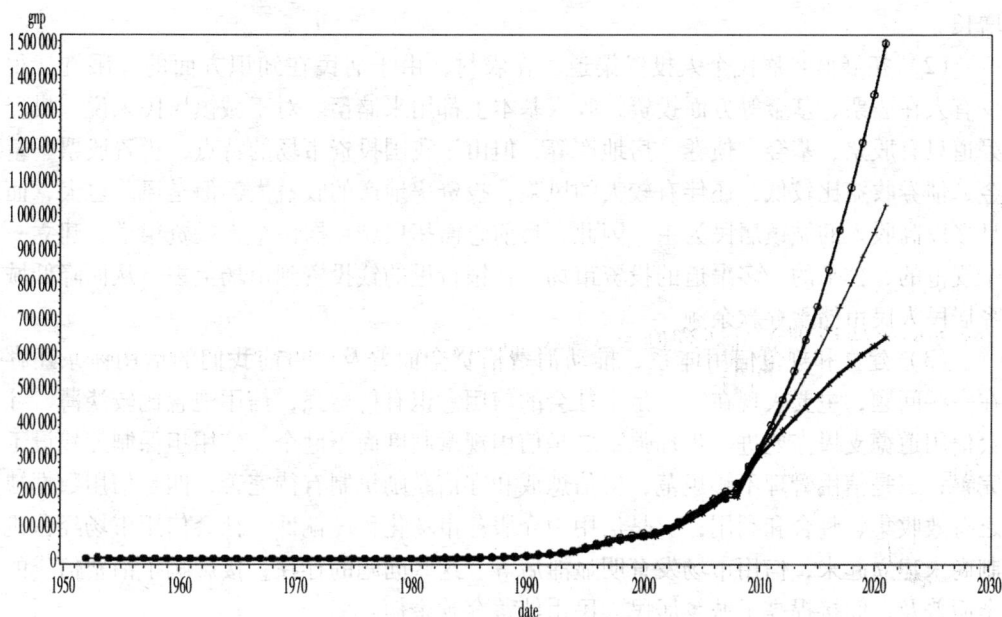

图 4-16 save 的预测图

（四）结论及对策建议

1. 结论

本实验利用 1952—2009 年的城乡居民人民币储蓄存款年末余额（记为：save，单位：亿元）的时间序列数据进行分析，首先对 save 序列开平方根，然后建立了 ARIMA（2，1，0）模型，最后预测未来 12 年的城乡居民人民币储蓄存款年末余额，其中 2010—2015 年的城乡居民人民币储蓄存款年末余额分别为 309 306.3981 亿元、360 344.2835 亿元、414 793.87958 亿元、472 129.20722 亿元、532 337.6108 亿元、595 233.00989 亿元。可以看出，未来城乡居民人民币储蓄存款年末余额还会继续增加，未来 6 年的增加幅度分别为 18.61%、16.5%、15.11%、13.82%、12.75%、11.81%，平均幅度为 14.77%。

2. 对策建议

城乡居民人民币储蓄存款年末余额的持续增加对经济会产生不利的影响，因此我们提出以下建议减少城乡居民人民币储蓄存款年末余额。

（1）尽快完善社会保障体系，以促进居民的消费行为。社会保障制度的完善是改善人们消费趋向的关键。只有在健全和完善的社会保障制度下，城镇居民才敢于去消费，虽然城镇居民收入在不断增长，可是当消费者对未来的生活缺乏安全感时，即使有再多的储蓄也是不会消费的。要改革财政支出结构，增加社会保障资金的预算安排，提高社会保险费征缴率，并确保社会保障基金专款专用；建立社会保障管理和社会化服务体系，实行社会保障待遇的社会化发放；积极稳妥地推进城镇职工基本医疗保险制度改革，让城镇居民对自己未来的利益保障心中有数，从而增强居民即期消费行为。政府还要通过行政手段对贫困线以下的低收入群体加大扶持力度，以增强这部分人的消费能力，同时提高低收入群体的收入水平，刺激低收入阶层消费需求的增长。

（2）拓展城乡居民个人投资渠道。在农村，由于居民在知识方面的局限性，很少有人在股票、基金等方面投资，收入基本上都用来储蓄。对于城镇居民来说，投资渠道只有股票、基金、债券、房地产等，但由于我国投资市场的特点，投资股票、基金、债券收益比较低，还伴有较大的风险，投资房地产的收益大，但是风险也大，而且多以高收入的城镇居民为主。因此，目前急需拓展城乡居民个人投资渠道，建立一个规范的、公平的、多渠道的投资市场，让银行里的钱投资到市场上去，从而降低城乡居民人民币储蓄存款余额。

（3）建立和规范信用体系，推动消费信贷全面普及。目前我们的信用体系还存在一些问题，主要表现在：一是全社会的信用意识有待增强，信用观念比较淡薄，社会信用道德支撑需要进一步加强；二是信用规章制度尚不健全，信用担保制度建设不完善；三是信用管理不够规范，失信惩戒和守信激励机制有待完善；四是信用数据缺乏有效收集、整合和利用；五是信用中介服务市场化程度偏低，社会信用市场经营机制尚未建立起来，信用市场发育明显滞后等。这些问题的存在直接影响了消费信贷的全面普及，间接提高了城乡居民人民币储蓄存款余额。

建立和规范信用体系有利于促进统一、开放、竞争、有序市场体系的形成，有利于提高全民的道德水准和诚信意识，营造和谐的社会环境，有利于优化投资环境，降低社会交易成本，推动国民经济的持续健康发展和社会的文明进步，这些都会最终降低城乡居民人民币储蓄存款余额。

（4）继续整顿市场经济秩序，改善消费环境，增强消费信心。目前国内消费市场不规范、消费陷阱多，对此城乡居民深恶痛绝。这也是抑制消费的一个很重要的原因。对此要加大规范力度，彻底清理整顿消费环境，通过法制化管理，使消费市场规范化、秩序化，一旦消费者的消费信心增强，城乡居民必将加大消费力度，从而减少城乡居民人民币储蓄存款余额。

【综合运用知识点评】

本实验利用时间序列分析方法研究了中国城乡居民人民币储蓄存款余额数据，首先画出了该数据的时间序列图，从该图出发利用 Box-Cox 变换，对原序列进行了开平方根变化，然后考查了原序列和一阶差分之后序列的 ACF 和 PACF，以及 ESACF 和 MIC，利用这些工具首先估计了 ARIMA（4，1，1）模型，由于估计结果不理想，又估计了 ARIMA（2，1，0）。从估计结果和预测看此模型比较合适，于是最终确定中国城乡居民人民币储蓄存款余额数据适合的模型是 ARIMA（2，1，0），最后利用此模型给出了 2010—2015 年的预测值。

【练习与作业】

太阳黑子活动的剧烈程度可以影响地球上的气候、无线电通讯等，请利用1700年到2001年对太阳黑子活动记录的相关数据进行分析（详见数据文件4-4.xls），找出这一数据适合的模型，并估计模型，预测未来10年太阳黑子活动的情况。

【参考文献】

［1］HAMILTON J D. Time Series Analysis［M］. Princeton，NJ：Princeton University Press，1994.

［2］BOX，JENKINS，REINSEL. 时间序列分析：预测与控制［M］.3版. 顾岚，主译. 北京：中国统计出版社，1997.

［3］魏武雄. 时间序列分析——单变量和多变量方法［M］. 易丹辉，等，译. 北京：中国人民大学出版社，2009.

［4］熊志斌. 基于ARIMA与神经网络集成的GDP时间序列预测研究［J］. 数理统计与管理，2011（2）.

［5］龚国勇. ARIMA模型在深圳GDP预测中的应用［J］. 数学的实践与认识，2008（4）.

［6］王莎莎，陈安，苏静，等. 组合预测模型在中国GDP预测中的应用［J］. 山东大学学报：理学版，2009（2）.

【附录】

本案例程序
```
data a;
set sasuser. s;
proc print data=a;
var date save;
```

```
    format date year;
    run;
    proc gplot data=a;
    plot save * date;
    symbol i=spline c=black l=1 w=2;
    run;
data a;
    set sasuser. s;
    lns=sqrt (save);
    run;
    proc gplot data=a;
    plot lns * date;
    symbol i=spline c=black l=1 w=2;
    run;
    proc arima data=a;
    identify var=lns (1) nlag=30 esacf p= (0: 6) q= (0: 6) minic p= (0: 6)
q= (0: 6);
    run;
    estimate p=2 noint method=ml;
    run;
    forecast lead=24 id=date out=pred3;
    run;
    proc gplot data=pred3;
    plot lns * date forecast * date l95 * date u95 * date/overlay;
    symbol1 v=dot i=join c=blue l=1 w=1;
    symbol2 v=plus i=join c=red l=1 w=2;
    symbol3 v=star i=join c=black l=1 w=3;
    symbol4 v=circle i=join c=black l=1 w=3;
    run;
    data pre;
    set work. pred3;
    save=lns ** 2;
    ll95=l95 ** 2;
    uu95=u95 ** 2;
    forecasts= (forecast) ** 2;
    run;
    proc gplot data=pre;
    plot gnp * date forecasts * date ll95 * date uu95 * date/overlay;
```

```
symbol1 v=dot i=join c=blue l=1 w=1;
symbol2 v=plus i=join c=red l=1 w=2;
symbol3 v=star i=join c=black l=1 w=3;
symbol4 v=circle i=join c=black l=1 w=3;
run;
```

综合实验二　中国保险公司保费收入分析

【实验目的】

　　本实验以中国保险公司保费收入数据为基础，综合运用时间序列分析、金融学和经济学原理相关知识，模拟中国保险公司保费收入数据的发展态势，深入分析数据间相互作用的规律，在此基础上建立合适的时间序列模型，并以此模型为基础预测中国保险公司保费收入数据未来的发展趋势。通过本实验的学习，希望读者能够掌握 ARIMA（p，d，q）×（P，D，Q）模型的相关理论和建模的一般方法，能够熟练运用 SAS 软件建立模型、估计模型和对模型做预测。

【方法概述】

　　在许多商业和经济时间序列中都包含有季节现象，存在明显的周期性变化。这种周期是由于季节性变化（包括季度、月度、周度等变化）或其他一些固有因素引起的，这类序列称为季节性序列。重复现象出现的最小时间间隔称为季节周期。例如，冰淇淋销售的季度序列在夏季最高，序列在每年都重复这个现象，相应的季节周期为 4。在经济领域中，季节性序列更是随处可见，如季度时间序列、月度时间序列、周度时间序列等。处理季节性时间序列只用以上介绍的方法是不够的。描述这类序列的模型之一是季节时间序列模型（seasonal ARIMA model），用 SARIMA 表示。

　　更一般地，设季节性序列（月度、季度、周度等序列都包括其中）的变化周期为 s。首先用季节差分的方法消除周期性变化。季节差分算子定义为：

$$\Delta_s = 1 - B_s$$

若季节性时间序列用 y_t 表示，则一次季节差分表示为：

$$\Delta_s y_t = （1-B_s）y_t = y_t - y_{t-s}$$

对于非平稳季节性时间序列，有时需要进行 D 次季节差分之后才能转换为平稳的序列，当然，D 的次数一般不会太高。在此基础上可以建立关于周期为 s 的 P 阶自回归和 Q 阶移动平均季节时间序列模型，再结合一般 ARMA 模型，可以给出著名的 Box-Jenkins 乘积季节 ARIMA 模型：

$$\Phi_P （B^s）\varphi_p （B）\Delta^d \Delta_s^D y_t = \theta_q （B）\Theta_Q （B^s）\nu_t$$

其中，下标 P，Q，p，q 分别表示季节与非季节自回归移动平均算子的最大滞后阶数，d，D 分别表示非季节和季节性差分次数。上式称作 （p，d，q）×(P，D，Q)$_s$ 阶季节时间序列模型或乘积季节模型。

当 P=D=Q=0 时，SARIMA 模型退化为 ARIMA 模型。从这个意义上说，ARIMA 模型是 SARIMA 模型的特例。当 P=D=Q=p=q=d=0 时，SARIMA 模型退化为白噪声模型。

下面给出 SARIMA 模型的两个特例。（1，1，1）×(1，1，1)$_{12}$ 阶月度 SARIMA 模型表达式为：

$$（1-\varphi_1 B）（1-\alpha_1 B^{12}）\Delta \Delta_{12} y_t = （1-\theta_1 B）（1-\beta_1 B^{12}）\nu_t$$

$\Delta \Delta_{12} y_t$ 具有平稳性的条件是 $|\phi_1| < 1$，$|\alpha_1| < 1$；$\Delta \Delta_{12} y_t$ 具有可逆性的条件是 $|\theta_1| < 1$，$|\beta_1| < 1$。

（0，1，1）×(0，1，1)$_{12}$ 阶月度 SARIMA 模型表达式为：

$$\Delta \Delta_{12} y_t = （1-\theta_1 B）（1-\beta_1 B^{12}）\nu_t$$

对乘积季节模型的季节阶数即周期长度 s 的识别，可以通过对实际问题的分析、时间序列图以及时间序列的相关图和偏相关图分析得到。

以相关图和偏相关图为例，如果相关图和偏相关图不是呈线性衰减趋势，而是在变化周期的整倍数时点上出现绝对值相当大的峰值并呈振荡式变化，就可以认为该时间序列可以用 SARIMA 模型描述。

【实验背景】

（一）背景材料

中国自 1980 年恢复国内保险业务，至 2009 年的 29 年间，由 1980 年微乎其微的保费收入到 2009 年保费收入首次超过 1 万亿元，达到 11 137.30 亿元，行业增长率达到 13.8%，大于 GDP 增长率 8.7%，实现了寿险和非寿险业务的同时增长。2009 年，非寿险业务的收入增至 2 875.8 亿元，寿险公司收入达到 8 261.5 亿元，增长率分别为 23.1% 与 12%。2009 年保险行业的总利润为 530.6 亿元，非寿险公司扭亏为盈，实现利润 35.1 亿元，人身险公司实现利润 434.6 亿元。整个产业的投资收入为 2 141.7亿元，投资回报率为 6.41%，相比 2008 年 1.91% 的投资收益率有大幅增长。纵观这几年的发展，主要有以下特点：

（1）保费收入规模迅速扩大、持续增长。保费收入持续高速增长，并且已经进入稳步高速增长时期。1980—2009 年，保费收入从 4.6 亿元人民币增加到 11 137.30 亿元人民币，年平均增长约 37%，同时，人身保险保费收入的增长快于财产保险保费收入的增长。

（2）保险深度和保险密度明显提高。保险密度和保险深度分别从 1985 年的 0.42% 和 3.16 元上升为 2009 年的 7.0% 和 121.2 元，分别居全球第 44 位和第 64 位。

（3）保险公司数量虽然明显增加，但整个市场仍然被几个大公司所控制。自 1980 年恢复国内财产保险业务，至 1985 年，全国仅有中国人民保险公司一家保险公司，然后逐步成立了新疆兵团保险公司、平安保险公司（1992 年改为中国平安保险公司）、中国太平洋保险公司，到 2001 年年底，全国共有保险公司 52 家。2007 年，中国人寿保险公司资产占中国保险公司总资产的 40.27%，中国人民保险公司占到了 5.07%，中国平安保险公司占到了 18.13%，中国太平洋保险公司占到了 10.67%，这说明多主体的市场格局虽然基本形成，但仍然被几个大公司所控制。

（4）保险市场地区发展不平衡。中国经济发展不平衡，东部沿海地区发达、中西部地区相对落后的基本分布特征导致中国保险业发展也不平衡。东部经济发达地区，保险需求量大、保险公司集中、竞争激烈，而中西部地区保险需求量小、保险意识淡薄，其保险业的发展也远远落后于东部地区。

（5）保险法规与监管制度逐渐建立。自 1983 年以来，政府颁布了一系列保险法律和法规，尤其在 1995 年 6 月 30 日全国人民代表大会颁布了《中华人民共和国保险法》（以下简称《保险法》）；为适应入世的要求和完善保险监管，2002 年 10 月 28 日，全国人民代表大会修订并颁布了新的《保险法》。与此同时，1998 年 11 月 18 日中国保险监督管理委员会成立，并且先后在全国设立了派出机构。

（二）理论基础

关于保险的理论主要有最优保险理论和人寿保险需求理论两种。最优保险理论创建于 20 世纪 60 年代，研究的是在一定行为假设和财富约束的前提下，风险在行为人和保险人之间的最优分担问题。挪威人 Borch 在 1962 年 Econometrics 杂志上发表了《再保险市场的均衡》一文，用来分析不确定条件下保险人的风险分摊问题。1963 年 Arrow 在 American Economic Review 杂志上发表了《不确定性和医疗保健的福利经济学》一文，此文章首先涉及了最优保险的理论。人寿保险需求理论也创建于 20 世纪 60 年代。1965 年 Yaari 在《经济研究评论》上发表了《寿命不确定性、人寿保险和消费者理论》一文，他依据生命周期消费假说首次考查了在寿命不确定性的条件下，人们如何通过购买保险来消除这种不确定性对人们消费的影响。1973 年，Fisher 在《国际经济评论》上发表了《人寿保险购买的一个生命周期模型》，考查了人寿保险的需求。1985 年，Karni 和 Zilcha 讨论了一个两期的马歇尔模型，指出如果人们的风险厌恶程度越高就会购买更多的人寿保险。

国内对保费的研究主要是在建立模型的基础上对保险需求进行预测和分析，主要有以下几种类型：朱倩军、肖枝洪（2003）选取了年末社会劳动者人数、赔款及给付款、赔付率、GDP、财政收入、平均工资六个变量，通过逐步回归分析方法分析了这六个变量对武汉市保费收入的影响，结果显示对保费收入有影响的因素是 GDP 和平均工资；北京大学的孙祁祥和贲奔（1997）根据我国的实际情况建立了中国保险产业的多元回归模型，结论表明政府的宏观经济政策和制度因素是影响保险需求的重要因素；赵桂芹（2006）运用面板数据分析方法分析了 1997—2003 中国内地 30 个省市的相关因素对寿险、非寿险保费收入的影响。

【实验步骤】

（一）模型建立

打开 SAS 软件，进入图 4-17 所示界面。这个界面包含菜单栏、工具栏、功能窗口（资源管理器窗口、日志窗口、编辑器窗口、输出和结果窗口）。在编辑器里面输入以下程序（数据见 4-2. xls）：

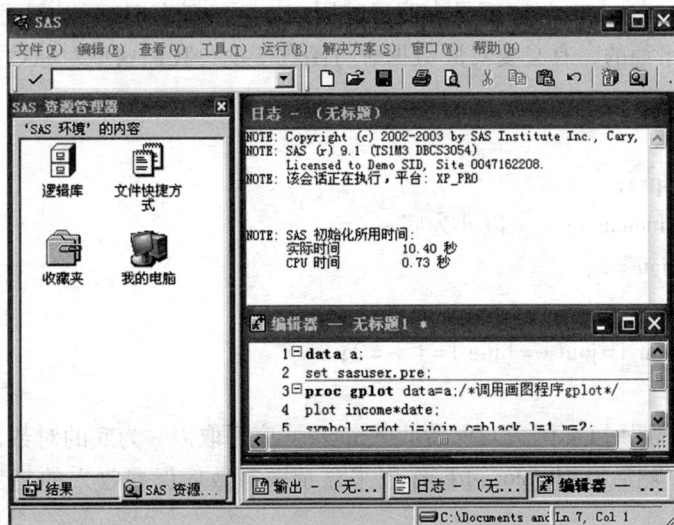

图 4-17　SAS 操作界面

```
data a;
set sasuser. pre;
proc gplot data＝a; ／＊调用画图程序 gplot＊／
plot income ＊ date;
symbol v＝dot i＝join c＝black l＝1 w＝2;
run;
```

程序说明：这段程序首先建立数据集 a，然后调用 gplot 过程作图来显示保险公司保费收入的趋势图，结果见图 4-18。

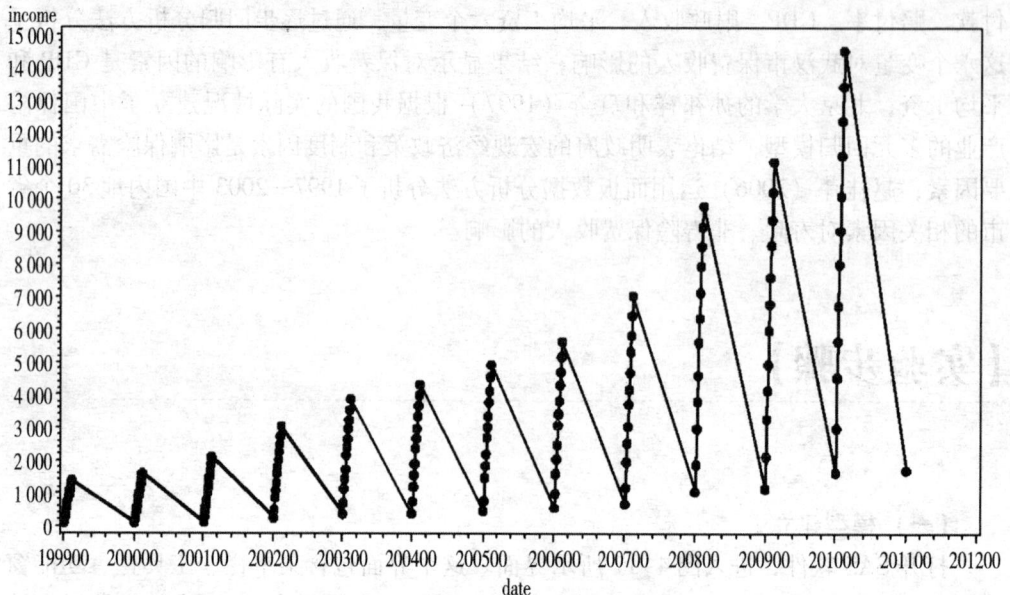

图 4-18　保费收入时序图

图 4-18 表明这一时间序列具有明显的周期，并且随着时间的增加波动也越来越大，因而是非平稳的，有必要对原数据进行函数变换，我们这里对原数据取对数，程序如下：

```
data a;
set sasuser. pre;
lnin = log (income); / * 以 e 为底 * /
proc gplot data = a;
plot lnin * date;
symbol v = star i = join c = blue l = 1 w = 2;
run;
```

程序说明：调用 log 函数对保费收入 income 序列取以 e 为底的对数，取对数后的序列记为 lnin，然后调用 gplot 过程作图来显示取对数后保费收入的趋势图，结果见图 4-19。

为了进一步了解保费收入取对数后序列（lnin）的性质，下面给出 lnin 的 ACF 和 PACF，程序如下：

```
proc arima data = a;
identify var = lnin nlag = 30; / * identify 可以给出变量的 acf 和 pacf * /
run;
```

程序说明：调用 arima 过程中的 identify 语句来识别保费收入取对数后的序列 lnin，结果见图 4-20 和图 4-21。

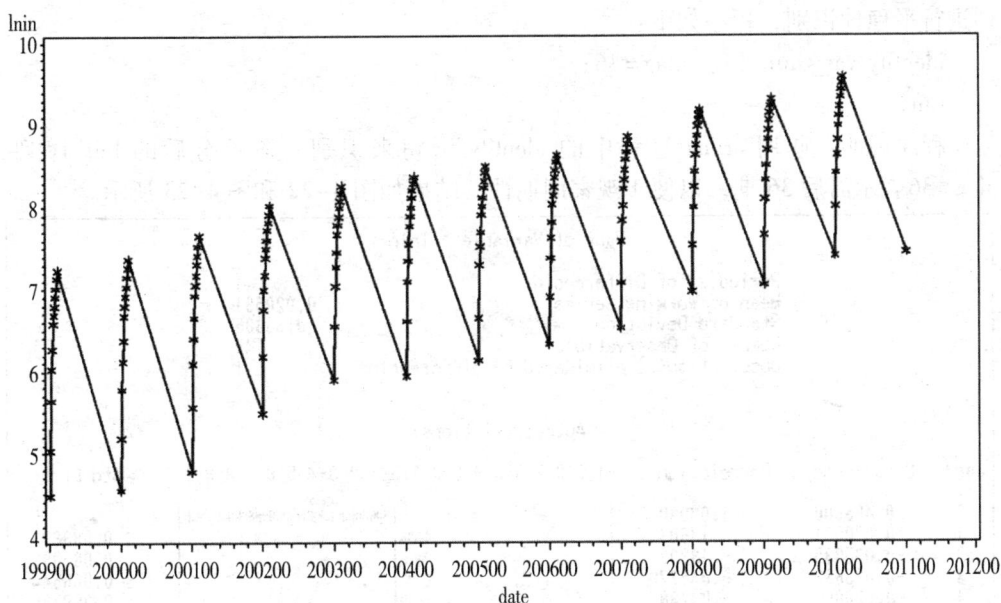

图 4-19 保费收入取对数后的时序图

```
                    Mean of Working Series      7.615542
                    Standard Deviation          1.071404
                    Number of Observations           145


                              Autocorrelations

Lag   Covariance   Correlation   -1 9 8 7 6 5 4 3 2 1 0 1 2 3 4 5 6 7 8 9 1    Std Error
 0     1.147907      1.00000      |                   |********************|          0
 1     0.872640      0.76020      |                .  |***************     |   0.083045
 2     0.681646      0.59382      |             .     |************        |   0.121933
 3     0.567738      0.49459      |           .       |**********          |   0.140468
 4     0.485038      0.42254      |         .         |********            |   0.152004
 5     0.427698      0.37259      |         .         |*******             |   0.159900
 6     0.404670      0.35253      |         .         |*******             |   0.165779
```

图 4-20 lnin 的 ACF

```
                         The ARIMA Procedure

                      Partial Autocorrelations

Lag   Correlation   -1 9 8 7 6 5 4 3 2 1 0 1 2 3 4 5 6 7 8 9 1
 1     0.76020      |                   |***************     |
 2     0.03770      |                   |*  .               |
 3     0.07480      |                   |*  .               |
 4     0.03668      |                   |*  .               |
 5     0.04185      |                   |*  .               |
 6     0.07352      |                   |*  .               |
 7     0.05707      |                   |*  .               |
```

图 4-21 lnin 的 PACF

从图 4-20 和图 4-21 可以看出，自相关函数缓慢衰减，偏自相关函数在第一阶很大，为 0.76，其他显著为零，表明序列 lnin 是非平稳的，这和我们从 lnin 的序列图上观察的结果是相同的。因此，需要对变量 lnin 进行一阶差分操作并对差分后的序列进行平稳性识别，程序如下：

identify var=lnin（1）nlag=36；

run；

程序说明：调用 arima 过程中的 identify 语句来识别一阶差分后的 lnin 序列，nlag=36 表示滞后 36 期，以便于观察周期性，结果如图 4-22 和图 4-23 所示。

```
                        Name of Variable = lnin

                   Period(s) of Differencing              1
                   Mean of Working Series           0.020591
                   Standard Deviation               0.69685
                   Number of Observations               144
                   Observation(s) eliminated by differencing    1


                            Autocorrelations

 Lag   Covariance   Correlation   -1 9 8 7 6 5 4 3 2 1 0 1 2 3 4 5 6 7 8 9 1   Std Error
  0     0.485600     1.00000                       ********************          0
  1    -0.070931     -.14607                    ***    .                        0.083333
  2    -0.065030     -.13392                    ***    .                        0.085093
  3    -0.023683     -.04877                     .  *  .                        0.086544
  4    -0.020869     -.04298                     .  *  .                        0.086735
  5    -0.028078     -.05782                     .  *  .                        0.086882
  6    -0.010423     -.02146                     .     .                        0.087149
  7    -0.031974     -.06584                     .  *  .                        0.087186
  8    -0.023536     -.04847                     .  *  .                        0.087531
  9    -0.029541     -.06083                     .  *  .                        0.087717
 10    -0.074629     -.15368                    ***    .                        0.088009
 11    -0.080385     -.16554                    ***    .                        0.089854
 12     0.436313     0.89850                       ******************           0.091947
 13    -0.065880     -.13567                .   ***    .                        0.140239
 14    -0.059248     -.12201                .    **    .                        0.141147
 15    -0.020378     -.04197                     .  *  .                        0.141878
 16    -0.018299     -.03768                     .  *  .                        0.141964
 17    -0.024047     -.04952                     .  *  .                        0.142033
 18    -0.0093637    -.01928                     .     .                        0.142153
 19    -0.029383     -.06051                     .  *  .                        0.142171
 20    -0.021602     -.04449                     .  *  .                        0.142350
 21    -0.026466     -.05450                     .  *  .                        0.142446
 22    -0.068172     -.14039                    ***    .                        0.142591
 23    -0.072167     -.14861                .   ***    .                        0.143548
 24     0.392856     0.80901                .      *****************            0.144612
```

图 4-22　lnin 一阶差分后的 ACF

```
                     Partial Autocorrelations

 Lag   Correlation   -1 9 8 7 6 5 4 3 2 1 0 1 2 3 4 5 6 7 8 9 1
  1     -0.14607                       ***    .
  2     -0.15864                       ***    .
  3     -0.09917                        .**   .
  4     -0.09525                        .**   .
  5     -0.11227                        .**   .
  6     -0.08760                        .**   .
  7     -0.13760                       ***    .
  8     -0.14279                       ***    .
  9     -0.18440                      ****    .
 10     -0.33607                   *******    .
 11     -0.53438                **********    .
 12      0.81408                        .    ******************
```

图 4-23　lnin 一阶差分后的 PACF

从图 4-22 可以看出，一年内 12 个月份之间基本上不存在自相关，但在第 12 月、第 24 月、第 36 月所对应的自相关系数的变化趋势相对比较缓慢，分别为 0.89850、0.80901、0.72864，明显高于同年其他月份的相关系数，说明 lnin 一阶差分后的序列存在周期性，且以年为周期，表明需要进行季节差分，程序如下：

identify var=lnin（12）nlag=36；

run；

程序说明：调用 arima 过程中的 identify 语句来识别 12 阶差分后的 lnin 序列，nlag=36 表示滞后 36 期，结果如图 4-24 和图 4-25 所示。

```
                                    Autocorrelations
Lag   Covariance   Correlation   -1 9 8 7 6 5 4 3 2 1 0 1 2 3 4 5 6 7 8 9 1    Std Error
 0    0.019005     1.00000                          |********************|          0
 1    0.016378     0.86177                          |*****************   |   0.086711
 2    0.014711     0.77405                       .  |***************     |   0.136698
 3    0.012797     0.67336                         .|*************       |   0.166422
 4    0.011044     0.58110                        . |************        |   0.185781
 5    0.0093809    0.49361                        . |**********          |   0.198979
 6    0.0078790    0.41458                        . |********            |   0.207982
```

图 4-24 lnin12 阶差分后的 ACF

```
                            Partial Autocorrelations

Lag    Correlation    -1 9 8 7 6 5 4 3 2 1 0 1 2 3 4 5 6 7 8 9 1
 1      0.86177                        . |*****************
 2      0.12205                        . |**.
 3     -0.06886                        . *|
 4     -0.03755                        . *|
 5     -0.03044                        . *|
 6     -0.01915                        .  |
```

图 4-25 lnin12 阶差分后的 PACF

从图 4-24、图 4-25 可以看出，12 阶差分后的 lnin 还是不平稳的，因此需要同时进行 1 阶、12 阶差分，程序如下：

identify var=lnin（1 12）nlag=36 esacf p=（0：8）q=（0：8）minic p=(0：6) q=（0：6）；

run；

程序说明：调用 arima 过程中的 identify 语句来识别 1 阶差分、12 阶差分后的 lns 序列，nlag=36 表示滞后 36 期，esacf 语句给出了扩展的样本自相关函数，用以识别 ARMA 模型的 p 和 q，minic 语句给出了最小信息准则下的 ARMA 模型的 p 和 q，具体结果如图 4-26 至图 4-30 所示。

图 4-28 是对 1、12 阶差分后的 lnin 序列利用 LB 统计量进行白噪声检验，对应的概率都大于 0.05，说明 1、12 阶差分后的 lnin 序列是白噪声，没有进一步建模的需要。图 4-26、图 4-27 的 ACF 和 PACF 基本上都比较小，也显示 1、12 阶差分后的 lnin 序列是白噪声。

从图 4-29 的 Minimum Information Criterion 可以看出，建议对 lnin 进行 1、12 阶差分后的序列拟合 AR（1）模型。图 4-30 的 ESACF 建议拟合 ARMA（0，0）模型，

```
                    Name of Variable = lnin

        Period(s) of Differencing              1,12
        Mean of Working Series            -0.00018
        Standard Deviation                0.069494
        Number of Observations                 132
        Observation(s) eliminated by differencing    13


                        Autocorrelations

  Lag   Covariance   Correlation  -1 9 8 7 6 5 4 3 2 1 0 1 2 3 4 5 6 7 8 9 1   Std Error
   0    0.0048294     1.00000                       |********************|        0
   1   -0.0005537     -.11466                    .**|                   .      0.087039
   2    0.00024164    0.05004                       |*  .                .      0.088176
   3   -0.0002056     -.04257                     . *|                   .      0.088391
   4   -0.0000774     -.01603                     .  |                   .      0.088546
   5   -0.0001773     -.03672                     . *|                   .      0.088568
   6    0.00007253    0.01502                     .  |                   .      0.088683
   7   -0.0001682     -.03483                     . *|                   .      0.088702
   8   -0.0000855     -.01770                     .  |                   .      0.088806
   9   -0.0001992     -.04124                     . *|                   .      0.088832
  10   -0.0000226     -.00468                     .  |                   .      0.088977
  11    0.00072742    0.15062                       |***.                .      0.088979
  12   -0.0011938     -.24719                  *****|                   .      0.090890
```

图 4-26 lnin 进行 1、12 阶差分后的 ACF

```
              Partial Autocorrelations

  Lag   Correlation   -1 9 8 7 6 5 4 3 2 1 0 1 2 3 4 5 6 7 8 9 1
   1    -0.11466                           .**|                   .
   2     0.03738                              |*  .               .
   3    -0.03325                            . *|                  .
   4    -0.02659                            . *|                  .
   5    -0.03888                            . *|                  .
   6     0.00721                            .  |                  .
   7    -0.03165                            . *|                  .
   8    -0.02981                            . *|                  .
   9    -0.04574                            . *|                  .
  10    -0.01621                            .  |                  .
  11     0.15202                            .  |***               .
  12    -0.23028                         *****|                   .
```

图 4-27 lnin 进行 1、12 阶差分后的 PACF

```
              Autocorrelation Check for White Noise

  To     Chi-          Pr >
  Lag   Square   DF   ChiSq   ------------------Autocorrelations------------------
   6      2.62    6   0.8549  -0.115   0.050  -0.043  -0.016  -0.037   0.015
  12     15.41   12   0.2200  -0.035  -0.018  -0.041  -0.005   0.151  -0.247
  18     20.65   18   0.2975   0.092  -0.157   0.001  -0.037   0.024   0.008
  24     24.15   24   0.4533   0.015   0.033  -0.007  -0.104   0.092   0.032
  30     24.92   30   0.7289  -0.051   0.044  -0.002   0.006  -0.008   0.003
  36     36.23   36   0.4581  -0.009  -0.009  -0.010   0.159  -0.191   0.013
```

图 4-28 lnin 进行 1、12 阶差分后的白噪声检验

即 lnin 进行 1、12 阶差分后的序列为白噪声。

（二）模型估计

下面分别对建议的这两个模型进行估计，看哪一个最好，程序如下：

```
                    Minimum Information Criterion

Lags    MA 0      MA 1      MA 2      MA 3      MA 4      MA 5      MA 6
AR 0  -5.36307  -5.37312  -5.34151  -5.30879  -5.27297  -5.23975  -5.20311
AR 1  -5.38715  -5.37931  -5.35334  -5.31894  -5.28694  -5.25714   -5.2214
AR 2  -5.35659  -5.35233  -5.32018  -5.28499   -5.2536  -5.22217  -5.18617
AR 3  -5.32436  -5.31842  -5.28525  -5.25035  -5.21786   -5.1867  -5.15039
AR 4   -5.2885  -5.28452  -5.25186  -5.21579  -5.18443  -5.15142  -5.11511
AR 5  -5.25436  -5.25308  -5.21944  -5.18374  -5.14953  -5.12045  -5.08467
AR 6  -5.21752   -5.2172  -5.18329  -5.14733  -5.11314  -5.08482  -5.04859

                Error series model:  AR(12)
                Minimum Table Value: BIC(1,0) = -5.38715
```

图 4-29　lnin 进行 1、12 阶差分后的 MIC

```
         ARMA(p+d,q) Tentative
         Order Selection Tests

         --------ESACF--------
         p+d     q        BIC

          0      0     -5.36307
          5      4     -5.14953
          6      4     -5.11314

        (5% Significance Level)
```

图 4-30　ESACF 建议的阶数

estimate p＝1 noint method＝ml；／＊ estimate 是估计模型的程序＊／

run；

程序说明：调用 arima 过程中的 estimate 语句来估计序列 lnin，指定估计的阶数 AR 部分是 1，method＝ml 表示估计的方法是极大似然估计，noint 表示模型没有常数项，估计结果如图 4-31 所示。

```
              The ARIMA Procedure

         Maximum Likelihood Estimation

                         Standard           Approx
Parameter    Estimate      Error   t Value  Pr > |t|    Lag

AR1,1        -0.12466     0.09028    -1.38    0.1673      1


         Variance Estimate      0.004796
         Std Error Estimate     0.069254
         AIC                    -329.261
         SBC                    -326.379
         Number of Residuals         132
```

图 4-31　ARIMA (1, 1, 0) (0, 12, 0) 估计结果

estimate p＝0 q＝0 noint method＝ml；

run；

程序说明：调用 arima 过程中的 estimate 语句来估计序列 lnin，指定估计的阶数 AR 部分是 0，MA 部分是 0，method＝ml 表示估计的方法是极大似然估计，noint 表示

模型没有常数项，估计结果如图 4-32、图 4-33 所示。

```
The ARIMA Procedure

Variance Estimate        0.004829
Std Error Estimate       0.069494
AIC                       -329.36
SBC                       -329.36
Number of Residuals           132
```

图 4-32 ARIMA (0, 1, 0) (0, 12, 0) 估计结果

```
                  Autocorrelation Check of Residuals
 To    Chi-          Pr >
 Lag   Square   DF   ChiSq   ------------------Autocorrelations------------------
  6      2.62    6   0.8547   -0.115    0.050   -0.043   -0.016   -0.037    0.015
 12     15.41   12   0.2198   -0.035   -0.018   -0.041   -0.005    0.151   -0.247
 18     20.65   18   0.2974    0.092   -0.156    0.001   -0.036    0.024    0.008
 24     24.15   24   0.4531    0.015    0.033   -0.006   -0.104    0.093    0.032
 30     24.92   30   0.7287   -0.051    0.044   -0.002    0.006   -0.008    0.003
 36     36.23   36   0.4578   -0.009   -0.009   -0.010    0.159   -0.191    0.013
```

图 4-33 残差的白噪声检验

最终估计结果对应的模型为：

$(1-B)(1-B^{12})\, lnin = a_t$

（三）模型预测

下面利用我们拟合的模型进行预测。我们预测未来 6 个月的保费收入，预测程序如下：

forecast lead = 6 interval = month id = date out = pred2；/ * forecast 是对模型做预测 * /

run；

程序说明：调用 arima 过程中的 forecast 语句来进行预测，lead 是指向后预测的步数，id 指定变量用来识别观测的周期，interval 指定观测间隔的时间，id 和 interval 一般一起使用，将预测结果输出到数据集 pred2 中，预测结果如图 4-34 所示。

```
               The ARIMA Procedure

           Forecasts for variable lnin

 Obs     Forecast    Std Error    95% Confidence Limits
 146       8.0464       0.0695      7.9102      8.1826
 147       8.4650       0.0983      8.2724      8.6576
 148       8.6843       0.1204      8.4484      8.9202
 149       8.8594       0.1390      8.5870      9.1318
 150       9.0310       0.1554      8.7265      9.3356
 151       9.1533       0.1702      8.8197      9.4870
```

图 4-34 预测结果

图 4-34 给出了从 2011 年 2 月开始，向后 6 个月保费收入的点预测值、预测的标

准误差、置信度为95%的预测区间。从结果可以看出，向后一步预测的误差是最小的，这与理论是相符的，随着预测步数的增加，预测的误差越来越大，而且，不同预报步长之间的预报误差还是相关的。

下面给出 lnin、预测值、95%的置信下限、95%的置信上限的图形，程序如下：

proc gplot data＝pred2；

plot lnin * date forecast * date l95 * date u95 * date/overlay；

symbol1 v＝dot i＝join c＝blue l＝1 w＝1；

symbol2 v＝plus i＝join c＝red l＝1 w＝2；

symbol3 v＝star i＝join c＝black l＝1 w＝3；

symbol4 v＝circle i＝join c＝black l＝1 w＝3；

run；

程序说明：调用 gplot 程序进行画图，overlay 命令使得四条曲线在同一个坐标轴中，便于比较，symbol 给出了曲线的颜色、粗细、线形等，运行结果如图 4－35 所示。

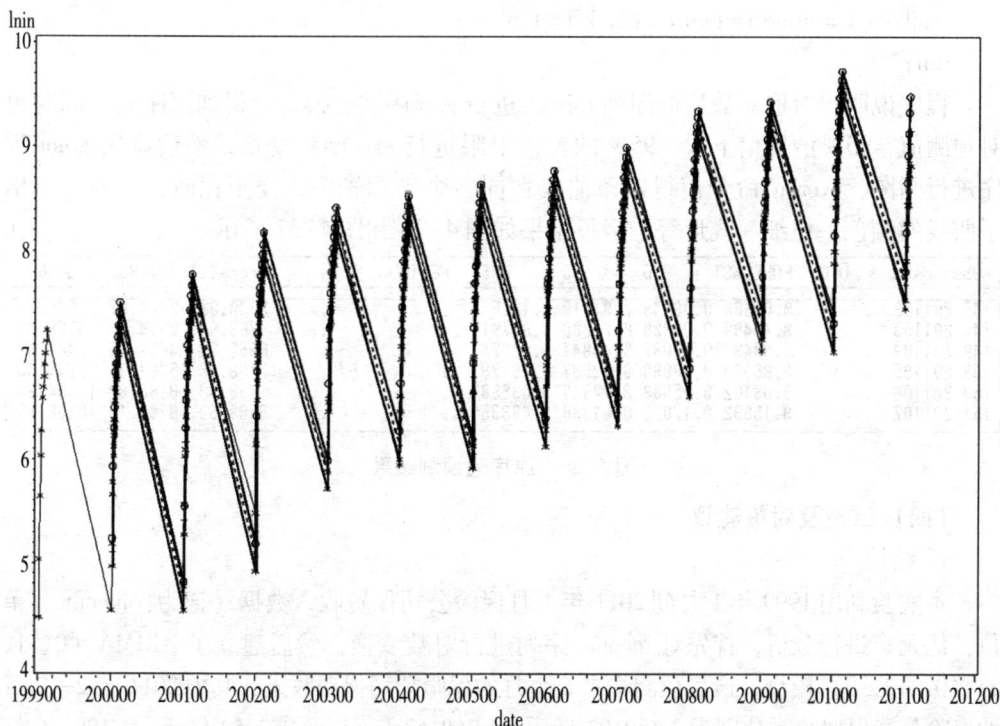

图 4-35 预测图

变换预测值，以获取原度量下的预测值，并画出原序列预测值的图形，程序如下：

data vv；

set pred2；

run；

```
data cc；
set vv；
y＝exp（lnin）；
forecast1＝exp（forecast+std * std/2）；
ll95＝exp（l95）；
uu95＝exp（u95）；
run；
proc print data＝cc；
run；
proc gplot data＝cc；
plot y * date forecast1 * date ll95 * date uu95 * date/overlay；
symbol1 v＝dot i＝join c＝blue l＝1 w＝1；
symbol2 v＝plus i＝join c＝red l＝1 w＝2；
symbol3 v＝star i＝join c＝black l＝1 w＝3；
symbol4 v＝circle i＝join c＝black l＝1 w＝3；
run；
```

程序说明：对取对数后的序列 lnin 再进行 exp 函数变换，以得到原序列，同时也对预测值、95% 的置信下限、95% 的置信上限进行 exp 函数变换，然后调用 gplot 程序进行画图，overlay 命令使得四条曲线在同一个坐标轴中，便于比较，symbol 给出了曲线的颜色、粗细、线形等，运行结果如图 4-36 和图 4-37 所示。

Obs	date	lnin	FORECAST	STD	L95	U95	RESIDUAL	y	forecast1	ll95	uu95
146	201102	.	8.04638	0.06949	7.91018	8.18259	.	.	3130.03	2724.87	3578.10
147	201103	.	8.46498	0.09828	8.27236	8.65761	.	.	4768.63	3914.18	5753.76
148	201104	.	8.68433	0.12037	8.44841	8.92024	.	.	5952.52	4667.65	7481.90
149	201105	.	8.85938	0.13899	8.58697	9.13179	.	.	7108.46	5361.35	9244.58
150	201106	.	9.03102	0.15539	8.72645	9.33558	.	.	8459.90	6163.83	11334.24
151	201107	.	9.15332	0.17022	8.81968	9.48695	.	.	9583.58	6766.13	13186.55

图 4-36　原序列预测结果

（四）结论及对策建议

1. 结论

本实验利用 1999 年 1 月到 2011 年 1 月保险公司保费收入数据（记为：income，单位：亿元）进行分析，首先对 income 序列进行对数变换，然后建立了 ARIMA（0，1，0）（0，12，0）模型，最后预测未来 6 个月的保险公司保费收入，其中 2011 年 2—7 月的保险公司保费收入分别为 3 130.03 亿元、4 768.63 亿元、5 952.52 亿元、7 108.46 亿元、9 459.90 亿元、9 583.58 亿元。可以看出，未来 6 个月保险公司保费收入还会继续增加，增加的幅度分别为 82.31%、52.35%、24.83%、19.42%、33.08%、1.31%，平均幅度为 35.55%，去年同期的增长率分别为 81.87%、51.98%、24.53%、19.13%、18.72%、13%，平均幅度为 34.87%。通过对比可以看出，总的来说 2011 年 2—7 月和去年同期相比保险公司保费收入稍微有所增长，但是增长幅度不是很大，这 6 个月的平均增长幅度由 2010 年的 34.87% 增加为 2011 年的 35.55%。

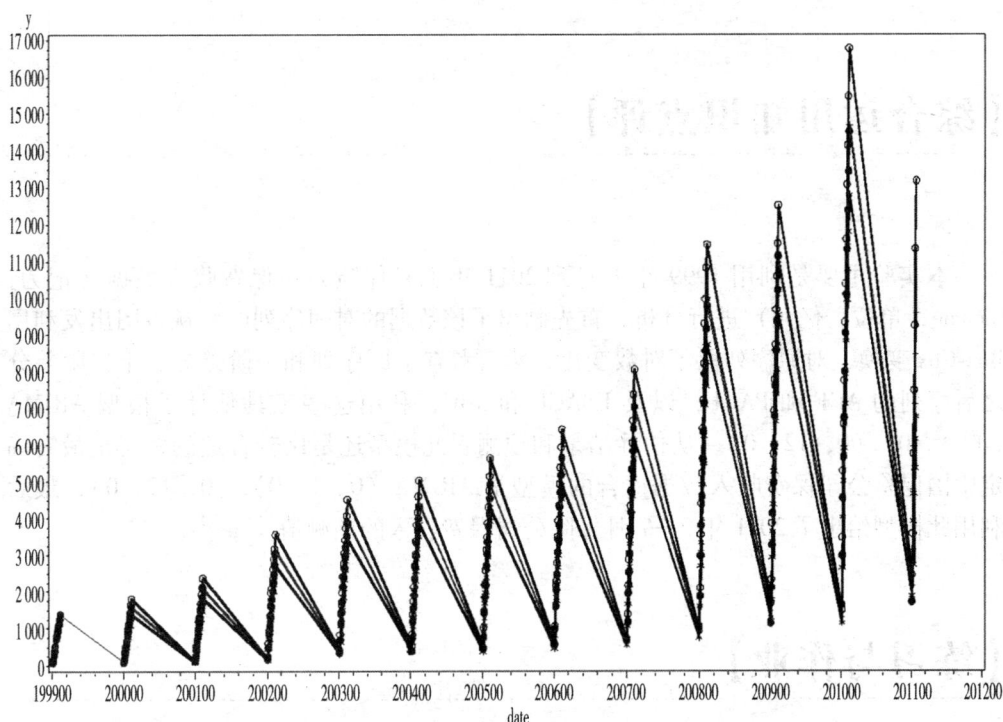

图 4-37 原序列预测图

2. 对策建议

从我们分析得出的结论来看，未来 6 个月保险公司的保费收入呈现稳步增长的态势，增加的幅度分别为 82.31%、52.35%、24.83%、19.42%、33.08%、1.31%，平均幅度为 35.55%，据此我们建议投资时重点关注保险行业。投资保险行业收益将会增加，投资收益的增加主要受益于规模增长和某些金融产品收益的提高。最近中国的股票市场反复震荡、波动较大，保险资金权益投资配置难度加大，但由于结构性机会的存在，选股能力强的公司或者个人仍可从股市获得一定的超额收益。由于通货膨胀率持续上升，中国国家统计局发布的数据显示，2011 年 4 月份，CPI 同比上涨5.3%。为了抑制通货膨胀，中国人民银行宣布，从 2011 年 5 月 18 日起，上调存款类金融机构人民币存款准备金率 0.5 个百分点。本次上调大约可锁定商业银行 3 700亿元资金。专家认为，再度上调存款准备金率主要是为了对冲外汇占款高增长带来的流动性压力。至此，大型商业银行存款准备金率升至 21% 的历史高位，这将有利于保险公司固定收益类资产的配置，信贷紧缩的环境也有利于保险资金进行基建类投资。在升息预期下，预计三大保险公司净投资收益率同比将会有所上升。我们预测保险公司的保费收入业务将会持续稳定增长，行业政策风险低。保险产品的保障和储蓄属性使得保费收入的增长受经济波动影响较小，目前宏观政策环境下有利于投资，而从长期来看决定保险公司利差大小的还是利率走势。保险股几乎没有宏观政策风险，其投资的风险性也将随着其资金配置的多元化逐步减弱，基于此我们相对看好保险行业。

【综合运用知识点评】

本实验主要是利用 1999 年 1 月到 2011 年 1 月保险公司保费收入数据（记为：income，单位：亿元）进行分析，首先画出了该数据的时间序列图，从该图出发利用 Box-Cox 变换，对原序列取了对数变化，然后考查了原序列和一阶差分、十二阶差分之后序列的 ACF 和 PACF，以及 ESACF 和 MIC，利用这些工具估计了模型 ARIMA (0, 1, 0) (0, 12, 0)。从估计结果和预测看此模型还是比较合适的，于是最终确定中国保险公司保费收入数据适合的模型是 ARIMA (0, 1, 0) (0, 12, 0)，最后利用此模型给出了 2011 年 2—7 月保险公司保费收入的预测值。

【练习与作业】

Box 和 Jenkins 研究了 144 个月的国际航空旅客数据（详见数据文件 4-5. xls），在文献中也称其为航线模型，这一模型是非常重要的，具有一定的代表性，请给这一数据建立合适的模型，并且估计该模型，预测未来 12 个月的国际航空旅客数。

【参考文献】

［1］ HAMILTON J D. Time Series Analysis ［M］. Princeton, NJ: Princeton University Press, 1994.

［2］ BOX, JENKINS, REINSEL. 时间序列分析：预测与控制 ［M］. 3 版. 顾岚, 主译. 北京：中国统计出版社, 1997.

［3］ 魏武雄. 时间序列分析——单变量和多变量方法 ［M］. 易丹辉, 等, 译. 北京：中国人民大学出版社, 2009.

［4］ 龚国勇. ARIMA 模型在深圳 GDP 预测中的应用 ［J］. 数学的实践与认识, 2008 (4).

［5］ 王莎莎, 陈安, 苏静, 等. 组合预测模型在中国 GDP 预测中的应用［J］. 山东大学学报：理学版, 2009 (2).

［6］薄今刚，于敏芳，等．基于季节 ARIMA 模型的 GSM 话务量建模和预报［J］．数理统计与管理，2004（6）．

［7］孙彩云，杨晓静．乘积 ARIMA 模型的建立及应用［J］．华北科技学院学报，2008（2）．

［8］王晓晔．时间序列数据挖掘中相似性和趋势预测的研究［D］．天津大学博士论文，2003.

【附录】

本案例程序：

```
data a;
set sasuser. pre;
proc gplot data=a;
plot income * date;
symbol v=dot i=join c=black l=1 w=2;
run;
proc print data=a;
var date income lnin;
format date monyy7. ;
run;
data a;
set sasuser. pre;
lnin=log (income); /＊以 e 为底＊/
proc gplot data=a;
plot lnin * date;
symbol v=star i=join c=blue l=1 w=2;
run;
proc arima data=a;
identify var=lnin nlag=30;
run;
identify var=lnin (1) nlag=36;
run;
identify var=lnin (12) nlag=36;
run;
proc arima data=a;
```

```
    identify var=lnin （1 12） nlag=36 esacf p= （0：8） q= （0：8） minic p=（0：6）
q= （0：6）；
    run；
    estimate p=0 q=0 noint method=ml；
    run；
    forecast lead=6 id=date out=pred2；
    run；
    data vv；
    set pred2；
    run；
    data cc；
    set vv；
    y=exp （lnin）；
    forecast1=exp （forecast+std＊std/2）；
    ll95=exp （l95）；
    uu95=exp （u95）；
    run；
    proc print data=cc；
    run；
    proc gplot data=pred2；
    plot lnin＊date forecast＊date l95＊date u95＊date/overlay；
    symbol1 i=join c=blue l=1 w=1；
    symbol2 i=join c=red l=2 w=2；
    symbol3 i=join c=black l=1 w=3；
    symbol4 i=join c=black l=1 w=3；
    run；
    proc gplot data=cc；
    plot y＊date forecast1＊date ll95＊date uu95＊date/overlay；
    symbol1 v=dot i=join c=blue l=1 w=1；
    symbol2 v=plus i=join c=red l=1 w=2；
    symbol3 v=star i=join c=black l=1 w=3；
    symbol4 v=circle i=join c=black l=1 w=3；
    run；
```

综合实验三　中国社会消费品零售总额分析

【实验目的】

　　本实验以 1993 年 1 月至 2002 年 6 月中国社会消费品零售总额月度数据为基础，综合运用时间序列分析、金融学和经济学原理相关知识，模拟中国社会消费品零售总额月度数据的发展态势，深入分析数据间相互作用的规律，在此基础上利用 X–11–ARIMA 方法将该数据的季节性和不规则因素消除掉，得到季节调整的序列。同时，给出原序列的一个合适的 ARIMA 模型，然后用此模型把序列外推一段时间，再根据这个延长了的序列进行季节调整，此时原序列的尾部就可用对称权重来建立合适的时间序列模型。通过本实验希望读者能够掌握 X–11–ARIMA 的基本理论，并且能够熟练运用 SAS 软件对数据进行分析。

【方法概述】

　　1954 年美国商务部国势普查局（Bureau of Census，Department of Commerce）在美国全国经济研究局（NBER）战前研究的移动平均比法（The Ratio-Moving Average Method）的基础上，开发了关于季节调整的最初的电子计算机程序，开始大规模地对经济时间序列进行季节调整。此后，季节调整方法不断改进，每次改进都以 X 再加上序号表示。1960 年，发表了 X–3 方法。X–3 方法和以前的程序相比，特异项的代替方法和季节要素的计算方法略有不同。1961 年，美国普查局又发表了 X–10 方法。X–10 方法考虑到了根据不规则变动和季节变动的相对大小来选择计算季节要素的移动平均项数。1965 年 10 月发表了 X–11 方法，这一方法历经几次演变，已成为一种相当精细、典型的季节调整方法。

X–11 方法是基于移动平均法的季节调整方法。它的特征在于除了能适应各种经济指标的性质，根据各种季节调整的目的选择计算方式外，在不作选择的情况下，也能根据事先编入的统计基准，按数据的特征自动选择计算方式。在计算过程中可根据数据中的随机因素大小，采用不同长度的移动平均，随机因素越大，移动平均长度越大。X–11 方法是通过几次迭代来进行分解的，每一次对组成因子的估算都进一步精化。正因为如此，X–11 方法受到很高的评价，已被欧美国家、日本等的官方和民间企业以及国际机构（IMF）等采用，成为目前普遍使用的季节调整方法。

（一）简单移动平均与加权移动平均

一般说来，已知序列值为 x_1，x_2，x_3，$\cdots$，x_t，欲预测 x_{t+1} 的值，则其预测值为：

$$\hat{x}_{t+1} = \frac{x_t + x_{t-1} + x_{t-2} + \cdots + x_{t-N+1}}{N}$$

这种均值随 t 的变化而变化，称它为移动平均值。这里 N 称为移动平均的步长。可见，简单移动平均法认为，时间跨度内的所有数据对未来的预测贡献全部相同。移动平均的主要目的是平滑数据，消除一些干扰，使趋势变化显示出来，从而可以用于趋势预测。众所周知，事物的当前状态与其在过去所有时间点上的表现之间的联系程度并不完全一致，在计算移动平均值时，若对各序列值不作同等看待，而是对每个序列值乘上一个加权因子，然后再计算平均值，则称为加权移动平均。加权移动平均是对简单移动平均的改进，通过不同的权数体现对过去状态的不同重视程度。重视程度高、与现实联系密切的时间点对应较大的权数，而重视程度低、与现实联系不密切的时间点就应该对应较小的权重，即：

$$\hat{x}_{tw} = \frac{\alpha_1 x_{t-1} + \alpha_2 x_{t-2} + \cdots + \alpha_N x_{t-N}}{N}$$

为加权移动平均拟合值，α_1，$\cdots$，α_n 为加权因子，满足

$$\frac{\sum_{i=1}^{N} \alpha_i}{N} = 1$$

例如，当 N=3 时，$\alpha_1 = 1$，$\alpha_2 = 1.1$，$\alpha_3 = 0.9$，有

$$\hat{x}_{tw} = \frac{1 x_{t-1} + 1.1 x_{t-2} + 0.9 x_{t-3}}{3}$$

移动平均值与所选的时段长短有关，时段长的移动平均值比时段短的移动平均值的反应速度慢，这是对于干扰的敏感性降低的结果。造成这种现象的原因，主要是参数移动平均的数据一律平等对待，不分先后，实际上最新数据更能反映趋势。因此，要特别强调新数据的影响，突出新数据的作用，为达此目的，可采用加权移动平均法。

最后指出，移动平均时段 N 的选择带有一定的经验性，N 过长或过短，各有利弊，不妨多算几个方案加以比较，择优决定，同样，加权数的选择也取决于预测者的预测水平。一般的规律是对新数据加的权大，老数据加的权小，至于大到什么程度和

小到什么程度，完全靠预测者对序列作全面的了解和分析。

（二）指数平滑

指数平滑是可调整预测的简单方法。当只有少数观测值时这种方法是有效的。与使用固定系数的回归预测模型不同，指数平滑法的预测用过去的预测误差进行调整，因权数的选择和平滑方法的不同而分成多种模型形式，虽然他们的基本思想都相同，但在具体实现上还是有所差别，也有不同的适用场合。下面介绍常用的几种模型。

1. 单指数平滑（一个参数）

这种单指数平滑方法适用于序列值在一个常数均值上下随机波动的情况，无趋势及季节要素。y_t 平滑后的序列计算公式如下：

$$\hat{y}_t = \alpha y_t + (1-\alpha)\,\hat{y}_{t-1},\ 0 \leq \alpha \leq 1$$

其中，$\hat{y}_1 = \alpha y_1$，α 为平滑因子，α 越小，$\hat{y}$ 越平缓，重复迭代，可得到：

$$\hat{y}_t = \alpha \sum_{s=0}^{t-1} (1-\alpha)^s y_{t-s}$$

由此可知为什么这种方法叫指数平滑，y 的预测值是 y 过去值的加权平均，而权数被定义为以时间为指数的形式。

2. 双指数平滑（一个参数）

这种方法是将单指数平滑进行两次（使用相同的参数），适用于有线性趋势的序列。序列 y 的双指数平滑以递归形式定义为：

$$S_t = \alpha y_t + (1-\alpha) S_{t-1}$$
$$D_t = \alpha S_t + (1-\alpha) S_{t-1}$$

其中，$0 \leq \alpha \leq 1$，S_t 是单指数平滑后的序列，D_t 是双指数平滑序列。

双指数平滑的预测如下：

$$\hat{y}_{T+k} = \left(2 + \frac{\alpha k}{1-\alpha}\right) S_T - \left(1 + \frac{\alpha k}{1-\alpha}\right) D_T = 2S_T - D_T + \frac{\alpha}{1-\alpha}(S_T - D_T)\,k$$

最后一个表达式表明双指数平滑的预测有线性趋势，截距为 $2S_T - D_T$，斜率为 $\frac{\alpha}{1-\alpha}(S_T - D_T)$，$T$ 是估计样本的期末值。

3. Holt-Winters 无季节趋势（两个参数）

这种方法适用于具有线性时间趋势无季节变差的情形。这种方法与双指数平滑法一样以线性趋势无季节成分进行预测。双指数平滑法只用了一个参数，这种方法用两个参数。平滑后的序列由下式给出：

$$\hat{y}_{t+k} = a + bk$$

其中，a 表示截距；b 表示斜率，即趋势。

这两个参数由如下递归式定义：

$$a_t = \alpha y_t + (1-\alpha)(a_{t-1} + b_{t-1})$$
$$b_t = \beta(a_t - a_{t-1}) + (1-\beta) b_{t-1}$$

预测值计算如下：

$$y_{t+k} = a_T + b_T k$$

4. Holt-Winter 加法模型（三个参数）

该方法适用于具有线性时间趋势和加法模型的季节变差。y_t 平滑后的序列由下式给出：

$$\hat{y}_{t+k} = a_t + b_t k + S_{t+k}, \quad t = s+1, \ s+2, \ \cdots, \ T$$

其中，a 表示截距，b 表示斜率，$a_t + b_t k$ 表示趋势，S 为加法模型的季节因子，s 表示季节周期长度，月度数据 s=12，季度数据 s=4。需要用简单的方法给出季节因子的第一年的初值，以及截距和斜率的初值。

这三个系数由下面的递归式定义：

$$a_t = \alpha (y_t - S_{t-s}) + (1-\alpha)(a_{t-1} + b_{t-1})$$
$$b_t = \beta (a_t - a_{t-1}) + (1-\beta) b_{t-1}$$
$$S_t = \gamma (y_t - a_t) + (1-\gamma) S_{t-s}$$

（三）时间序列的结构形式

对于非平稳的确定性序列，按照时间序列的传统观点，确定性因素依时间变化是由于受到下列 4 种因素的影响所致：

长期趋势要素（T），代表经济时间序列长期的趋势特性。

循环要素（C），是以数年为周期的一种周期性变动。

季节要素（S），是每年重复出现的循环变动，以 12 个月或 4 个季度为周期的周期性影响，由温度、降雨、每年中的假期和政策等因素引起。季节要素和循环要素的区别在于季节变动是固定间距（如季或月）中的自我循环，而循环要素是从一个周期变动到另一个周期，间距比较长且不固定的一种周期性波动。

不规则要素（ε），又称随机因子、残余变动或噪声，其变动无规则可循，这类因素是由偶然发生的事件引起的，如罢工、意外事故、地震、水灾、恶劣气候、战争、法令更改和预测误差等。

设时间序列值以 x_t 表示，趋势变化以 T_t 表示，季节变化以 S_t 表示，循环变化以 C_t 表示，随机变化以 ε_t 表示，那么时间序列 x_t 的结构形式就有以下 3 种模式：

（1）加法模式

$$x_t = T_t + S_t + C_t + \varepsilon_t$$

（2）乘法模式

$$x_t = T_t S_t C_t \varepsilon_t$$

（3）混合模式

$$x_t = T_t S_t C_t + \varepsilon_t$$

在上述模式中，趋势变化 T_t 是基础，其他变化与趋势变化结合，构成序列 x_t 值。在加法模式中，各变化因素 T_t、S_t、C_t、ε_t 均与 x_t 的单位相同。在乘法模式中，除 T_t 与 x_t 有相同的单位和量纲外，其他因素的变化均是比例值。在混合模型中，T_t、ε_t 均与 x_t 有相同的单位，S_t 与 C_t 是比例值。各式中的随机因素 ε_t，均假定满足零均值、同方差、无自相关的基本假定，这说明随机波动有正有负，并且正负可以抵消，所以均值为零，随机波动影响消失。上述 ε_t 的各条件综合起来，说明 ε_t 是一个独立的、方差不变的、均值为零的随机变量序列，即均值为零的白噪声序列。在这些假定下，我们可以将序列进行分解。

（四）时间序列的分解步骤

根据上面介绍的时间序列的结构模式，按其结构形成的原理，可以将序列进行分解，求出序列的各种因素影响的大小。现介绍分解方法的应用步骤如下：

第一步：分解出长期趋势因素与循环因素。

假设序列的季节长度为 4，即 1 年分为 4 季。假定 $E(\varepsilon_t)=0$，故只要将序列 x_t 作滑动长度为 4 的滑动平均，就可消除季节和随机波动的影响。随机波动有正波动和负波动，平均起来，正负波动相互抵消，随机波动影响就接近于零。记滑动平均值为：

$$x_t^{MA}=\frac{x_t+x_{t-1}+x_{t-2}+x_{t-3}}{4}=T_tC_t$$

则滑动平均后的序列即为序列的趋势因素和循环因素。若序列的季节周期长为 12，则也有类似的结果。

第二步：分解出季节因素与随机因素。

根据序列的乘法模式有 $x_t=T_tS_tC_t\varepsilon_t$，在公式两边除以 x_t^{MA} 的值，得到：

$$\frac{x_t}{x_t^{MA}}=\frac{T_tS_tC_t\varepsilon_t}{x_t^{MA}}=S_t\varepsilon_t$$

上式只含季节因素与随机因素两种成分，因此它含有确定季节因素所必需的信息。若它的比值大于 100（按习惯这些比值是乘上了 100 的），就意味着序列的实际值 x_t 比滑动平均值 T_tC_t 要大，反之要小。因此，当这个比值大于 100 时，就意味着这个季度的季节性和随机性高于平均数，反之则低于平均数。

第三步，从 $S_t\varepsilon_t$ 中分解季节因素 S_t。

由于 $S_t\varepsilon_t$ 包含了季节性和随机性，因此要分解出季节性就必须消除掉随机性。由于随机波动满足 $E(\varepsilon_t)=0$，故采用平均的方法可以消除随机波动的影响。但是，若采用滑动平均，则把季节性也消除了，因此必须另寻方法。

为保留季节性，消除随机性，我们采取了按季节平均的方法，将序列 $S_t\varepsilon_t$ 逐年逐季排列起来，然后将各年相同季节的 $S_t\varepsilon_t$ 相加起来进行平均，这就达到了既保留季节性又消除随机性的目的。

第四步，从 T_tC_t 序列中分解出 C_t 序列。

T_tC_t 包含了趋势因素与循环因素，要把这两者分离出来，首先要确定一种能最好地描述数据的长期趋势变化的曲线类型。趋势变化曲线，可能有以下几种类型，例如：

线性曲线：
$$T_t=a+bt$$

指数曲线：
$$T_t=\alpha e^{\beta t}$$

S 型曲线：
$$T_t=\frac{1}{1+\alpha e^{-\beta t}}$$

确定趋势值 T_t 以后，以 T_t 除 x_t^{MA}，即得：

$$\frac{x_t^{MA}}{T_t} = \frac{T_t C_t}{T_t} = C_t$$

C_t 值表示循环指数，如同季节指数一样，也围绕 100 波动。如循环指数 C_t 低于 100，则意味着第 t 年的经济活动水平低于所有年份的平均水平；若高于 100，则第 t 年经济活动水平高于所有年份的平均水平。

【实验背景】

（一）背景材料

社会消费品零售总额是指企业（单位、个体经营户）通过交易直接售给个人、社会集团非生产、非经营用的实物商品金额，以及提供餐饮服务所取得的收入金额。其中，商品包括售给个人用于生活消费的商品，也包括售给社会集团用于非生产、非经营的商品。该指标不包括企业（单位、个体经营户）用于生产经营和固定资产投资所使用的原材料和其他消耗品的价值量，也不包括居民用于购买商品房的支出和农民用于购买农业生产资料的支出等。

社会消费品零售总额主要用于反映国内消费品市场的总规模和地域分布情况，也能基本反映居民和社会集团对实物商品消费需求的总量和变化趋势。

从 1993 年 1 月到 2002 年 6 月，中国社会消费品月度零售总额有一个上升的趋势，但有些月份高，有些月份低，呈周期性变化。从大的方面来看，外部需求逐渐萎缩，中央在战略上作出了重大调整，把扩大内需作为拉动经济发展的立足点。传统的内需概念，可分为投资与需求两个部分。总体上看，我国投资和出口对经济增长的拉动作用较强，消费的拉动作用相对较弱。自 20 世纪 80 年代以来，我国的经济增长一直是依靠投资拉动，从而忽视了消费的作用。近几年来，我国的投资总量呈现快速增长的态势，投资率相对偏高，这使得投资总量运行始终面临着规模膨胀的压力。在这种情况下，大规模投资对经济增长的推动作用受到了严重制约。因此，扩大消费成为促进经济增长的关键。

消费是社会再生产的终点和新的起点，消费需求是最终需求。受传统观念的影响，我国城乡居民消费普遍不高，国内消费需求增长的潜力巨大。造成消费内需不足的原因是复杂的，主要表现在我国城乡居民消费观念比较传统，居民人均收入水平较低，社会保障水平低下，就业形势严峻等方面。目前，关于中国经济强劲回暖的预期在经济界越来越强烈，但是影响回暖的各项因素仍然很多，外需不稳、后期投资和消费增长的可持续性等问题逐步暴露出来，出口、投资、消费三架拉动中国经济增长的传统马车"马力"如何，各方见解不一。消费是一个慢变量，它拉动经济的效果可能并不会在短期内显现出来，但是相对投资而言，它能够起到增加百姓福利和拉动经济的双重作用。尽管拉动内需、刺激消费早就是既定方针，但在当前经济形势下，如何通过各项政策真正实现藏富于民、让利于民才是关键。只有民众有钱可花、有钱敢花，才意味着消费成为经济主要推动因素时代的到来。

（二）理论基础

社会消费品零售总额数据在行政决策和政策制定过程中具有重要的作用，因此各国对社会消费品零售总额数据都非常重视，特别是发达国家统计机构十分重视这一数据质量的评价和管理，比如美国的 Boskin 学术委员会，专门对社会消费品零售总额数据的各个方面进行分析，英国专门建立了零售物价指数质量认证标准体系等。

中国对社会消费品零售总额数据的研究也非常多。比如华中农业大学郭明月和肖枝洪（2009）的《关于我国社会消费品零售总额的分析与预测》，运用时间序列分析方法，在我国 2000 年 1 月到 2007 年 12 月的数据基础上进行了分析与预测，得出了比较准确的结果，为有关部门作出正确的决策提供了依据。李挺辉和许涤龙（2012）对社会消费品零售总额数据的质量问题进行了研究，得出结论：社会消费品零售总额数据误差总体在允许的 5% 的范围以内，但误差的变动在近年有扩大的趋势。

【实验步骤】

（一）建立数据集并画出时序图

分析一个时间序列数据的第一步应该是画出该序列的时序图，通过对时序图的观察可以得到时间序列的一些基本特征。时序图是按照时点顺序将数据展现出来的一种图形，它是时间序列分析当中最常用也是最有用的图形工具。通过对时序图的观察我们可以得到以下几个方面的内容：一是时间序列的正态性，一般情况下要求模型残差序列满足正态性假定；二是时间序列的平稳性，通过时序图可以初步判断时间序列的平稳性，通过对平稳性的考察主要了解时间序列数据适合什么样的模型，或者能否直接用来建立模型等；三是时间序列的周期性，即随着时间的推移序列呈现出有规律的周期性波动，通过图形的观察可以很好地判断时间序列是否具有周期性；四是判断时间序列数据是否具有异常点（outlier），是否具有簇集性等特点，这些特点通过图形很容易看出来，如果有这些特点我们可以采取合适的方法来处理数据。

具体步骤如下：

首先打开 SAS 软件，进入图 4-38 所示界面。导入 1993 年 1 月至 2002 年 6 月中国社会消费品零售总额月度数据（详见数据文件 4-3.xls），在编辑器里面输入以下程序：

```
data sales ;
input sales @@ ;
date = intnx （'month','01jan1993'd, _ n_ -1）; /＊对时间属性进行设置＊/
```

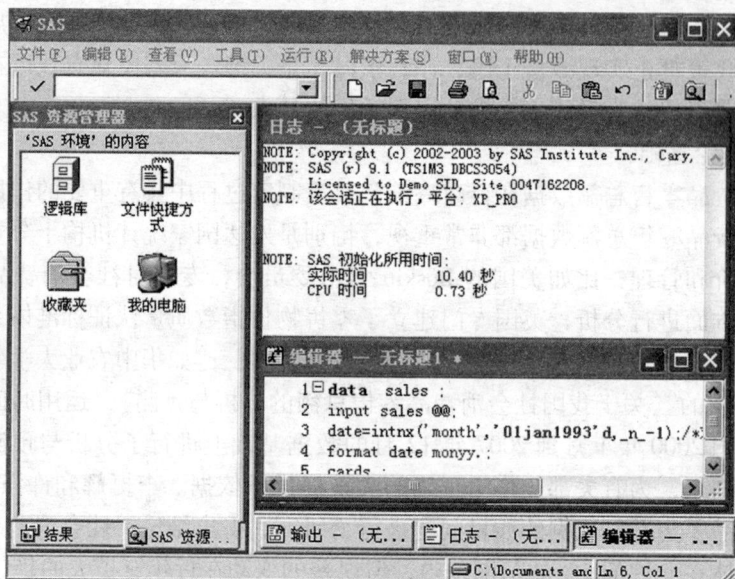

图 4-38 SAS 操作界面

format date monyy；

cards；

977.5	892.5	942.3	941.3	962.2	1005.7
963.8	959.8	1023.3	1051.1	1102.0	1415.5
1192.2	1162.7	1167.5	1170.4	1213.7	1281.1

……　　　　　　……

2774.7	2805.0	2627.0	3029.0	3108.0	3680.0
3333	3047	2876	2821	2930	2909
2851	2889	3137	3347	3422	4033

；

proc print data＝sales；

run；

proc gplot data＝sales；／＊调用画图程序对数据进行画图＊／

    plot   sales＊date／vaxis＝axis1 haxis＝axis2；

    symbol1 c＝black i＝join v＝none w＝2；

    axis1   label＝（'sales'）；

    axis2   label＝（'date'）；

run；

程序说明：这段程序首先建立数据集 sales，sales 依次从数据第一行左边读到右边，然后读入第二行中数据，直到最后一个数据为止。同时，date 也从 intnx（）函数获得从 1993 年 1 月 1 日开始每过一个月的时间。format 语句将变量 date 的输出格式换成月年格式，年用后两位表示，月用英文缩写字母表示。

intnx（）函数包括三个参数：第一个参数是间隔的时间，本例中间隔的时间为月（month），该参数还可以取天（day）、星期（week）、季度（quarter）、年（year）等；第二个参数是指定参照时间，也就是开始的时间，本例的开始时间是'01jan1993'；第三个参数是指定开始的时间指针 _ n_ k，k 为整数。k 取正值，开始时间为参照时间（不包括参照时间）向未来拨 k 期，例如如果本例 k＝1，那么开始时间为 1993 年 2 月 1 日。k 取负值，开始时间为参照时间向过去（包括参照时间）拨 k 期，例如如果本例 k＝–2，那么开始时间为 1992 年 12 月 1 日。本例 k＝–1，说明开始时间为参照时间向过去拨 1 期，包括本期，也就是说开始时间是 1993 年 1 月 1 日。

然后输入数据，print 的作用是将我们输入的数据 sales 打印出来。

接下来调用作图程序 gplot，画出 sales 的时序图，symbol 定义了图形的属性，label 定义了坐标的标签。结果见图 4–39。

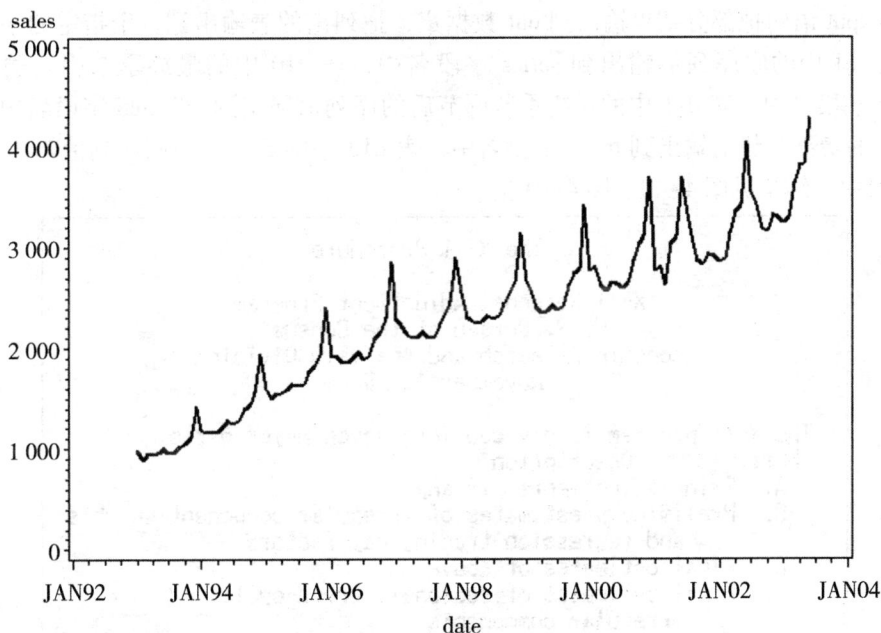

图 4–39 sales 的时序图

图 4–39 表明这一时间序列具有明显的季节性，并且随着时间的增加波动也越来越大，但不是很明显。

（二）利用 X–11 过程进行季节调整

proc X11 data＝sales；／＊调用 X–11 过程对数据进行分析＊／

monthly date＝date；

var   sales；

arima   maxit＝60；

tables d11；

output out＝out b1＝series d10＝season d11＝adjusted d12＝trend d13＝irr；／＊指定

输出的表格 */

```
proc print data=out;
run;
```

程序说明：通过第一步的时序图可以看出，该数据存在确定性季节波动，因此可以调用 X-11 过程。数据集 sales 是以月度时间为观察值建立的，月份值输入在 date 变量中，因此要用 monthly date=date 语句来说明。arima 语句的作用是把时间序列延长，这样一来序列尾部就可以使用对称滑动平均方法，用以减少对序列尾部的更正。对时间序列延长的模型，从五个预先定义的模型中择优录用来拟合，当然 arima 模型也可以通过选项 model=（P=n1 Q=n2 SP=n3 SQ=n4 DIF=n5 SDIF=n6）指定 arima 模型来自己定义，其中 AR 和 MA 的阶分别为 n1 和 n2，季节 AR 和 MA 的阶分别为 n3 和 n4，差分和季节差分的阶数分别为 n5 和 n6。参数 maxit=60 指定估计过程最多允许迭代 60 次。tables d11 语句指定打印 d11 表格，它输出最终的季节调整后的序列。output 语句把部分结果输出到 out 数据集，把列出的表输出到一个指定的字段名中，表 b1 中的原序列值输出到 series 字段名中，表 d10 中的最终季节因子输出到 season 字段名中，表 d11 中的最终季节调节后的序列值输出到 adjusted 字段名中，表 d12 中的最终趋势值输出到 trend 字段名中，表 d13 中的最终不规则序列值输出到 irr 字段名中，结果见图 4-40、图 4-41。

```
                     The X-11 Procedure

               X-11 Seasonal Adjustment Program
                  U. S. Bureau of the Census
            Economic Research and Analysis Division
                      November 1, 1968

  The X-11 program is divided into seven major parts.
   Part        Description
    A.  Prior adjustments, if any
    B.  Preliminary estimates of irregular component weights
            and regression trading day factors
    C.  Final estimates of above
    D.  Final estimates of seasonal, trend-cycle and
            irregular components
    E.  Analytical tables
    F.  Summary measures
    G.  Charts

                       Series - sales
              Period covered - 1/1993 to 6/2002
        Type of run: multiplicative seasonal adjustment.
                 Selected Tables or Charts.
  Sigma limits for graduating extreme values are 1.5 and 2.5
  Irregular values outside of 2.5-sigma limits are excluded
                 from trading day regression
```

图 4-40　X-11 过程

图 4-40 是对 X-11 过程的简单概述，X-11 过程的输出表格的命名沿用美国国情调查局 X-11 季节调整程序的规定。A ~ C 部的表格是中间结果。D 部表格（D1 ~

```
                      The X-11 Procedure

                 Seasonal Adjustment of - sales

              Conditional Least Squares Estimation
                                   Approx.
    Parameter      Estimate      Std Error     t Value     Lag

    MU             2.1368491     6.0742297        0.35        0
    MA1,1         -1.40342       0.0413762      -33.92        1
    MA1,2         -1             0.0407511      -24.54        2
    MA2,1          0.653293      0.1116281        5.85       12
    AR1,1         -1.477327      0.0779752      -18.95        1
    AR1,2         -0.827132      0.0792216      -10.44        2


                 Conditional Least Squares Estimation

           Variance  Estimate =      19120.464
           Std Error Estimate =      138.27676
           AIC                =      1288.1499    *
           SBC                =      1303.8407    *
           Number of Residuals=          101

              * Does not include log determinant


   Criteria Summary for Model 5: (2,1,2)(0,1,1)s, No Transformation

        Box-Ljung Chi-square: 27.90 with 19 df Prob= 0.09
                      (Criteria prob > 0.05)
        Test for over-differencing: sum of MA parameters = 0.65
                        (must be < 0.90)
        MAPE - Last Three Years:      4.82 (Must be < 15.00 %)
                        - Last Year:              7.91
                        - Next to Last Year:      4.36
                        - Third from Last Year:   2.19
```

图 4-41 X-11 过程的 ARIMA 模型

D13）给出了各成分的最终估计：表 D10 为季节调整的估计，表 D12 为循环趋势的估计，表 D13 为不规则波动的估计，表 D11 为最终经过季节调整的时间序列。如果我们只关心最终结果，只需要表 D11 即可。E 部表格是分析性表格。F 部表格是总结性表述。G 部表格（G1～G4）给出了最终季节调整后的一些图表。最后给出了序列名称、时间覆盖区间、调整类型，极端值确定的标准是偏离均值 1.5～2.5 倍标准差，2.5 倍标准差之外的不规则值被排除在交易日回归之外。

图 4-41 给出了 X-11 过程的 ARIMA 模型 ARIMA $(2, 1, 2) \times (0, 1, 1)_{12}$，具体形式如下（保留两位有效小数）：

$$(1+1.48B+0.83B^2)(1-B)(1-B^{12})(X_t-2.14)(1+1.40B+B^2)(1-0.65B^{12})\nu_t$$

用此季节 ARIMA 模型延长 12 个月的时间序列值。对此模型残差进行拟合不足的 Box-Ljung 卡方检验，卡方值为 27.90，伴随自由度为 19，相应 P 值为 0.09>0.05，不能拒绝模型残差拟合充分的原假设。对此模型进行过度差分检验，MA 参数的和为 0.65，小于 0.9 的标准，因此此模型不存在过度差分问题。对此模型用最后三年的原始序列来检验平均相对误差 MAPE 准则，结果为 4.82%，小于临界值 15.00%，因此模型的误差是在可以接受的范围之内。最后结合 T 检验的 T 值，除了 MU 对应的 T 值是 0.35，没有通过 T 检验，不能拒绝参数值为 0 的原假设，其余的参数均通过 T 检验，说明这个模型还是非常合适的。

图 4-42 给出了季节调整后的 sales，包括最终季节调整后每月的销售额、每月销售额的总和 250 732、每月销售额的平均值 2 199.4、标准差 691.57。

```
                        The X-11 Procedure

                  Seasonal Adjustment of - sales

                  D11 Final Seasonally Adjusted Series
   Year      JAN        FEB        MAR        APR        MAY        JUN

   1993     940.017    902.798    978.772    996.011    1012.83    1034.96
   1994    1145.95    1174.25    1212.97    1238.82    1278.53    1319.59
   1995    1540.60    1504.02    1594.13    1641.08    1673.69    1693.47
   1996    1837.79    1926.24    1938.73    1969.31    2010.17    2037.23
   1997    2209.09    2227.15    2226.48    2234.18    2232.59    2245.42
   1998    2484.63    2327.87    2391.12    2394.30    2390.84    2398.61
   1999    2636.87    2584.66    2525.66    2492.58    2477.19    2468.08
   2000    2800.26    2896.75    2766.99    2694.85    2740.30    2631.24
   2001    2851.10    2935.69    2767.90    3140.11    3198.55    3579.13
   2002    2970.65    3059.14    3306.62    3438.46    3500.30    3853.98
   ------------------------------------------------------------------------
   Avg     2141.70    2153.86    2170.94    2223.97    2251.50    2326.17

                  D11 Final Seasonally Adjusted Series
   Year      JUL        AUG        SEP        OCT        NOV        DEC       Total

   1993    1038.22    1039.77    1046.26    1058.67    1052.90    1113.16    12214.4
   1994    1348.76    1393.17    1426.86    1450.92    1481.84    1521.15    15992.8
   1995    1751.06    1771.44    1791.33    1816.53    1838.85    1884.66    20500.9
   1996    2035.62    2069.55    2121.14    2131.08    2173.21    2257.91    24508.0
   1997    2261.36    2264.08    2271.68    2311.14    2328.86    2296.86    27108.9
   1998    2443.33    2469.79    2473.57    2487.47    2524.23    2513.33    29299.1
   1999    2518.29    2547.56    2637.13    2696.95    2666.39    2753.66    31005.0
   2000    2716.17    2758.24    2895.74    2993.65    3008.67    2994.47    33897.3
   2001    3458.07    3173.46    2927.38    2806.92    2861.01    2377.42    36076.7
   2002       .          .          .          .          .          .      20129.2
   ------------------------------------------------------------------------
   Avg     2174.54    2165.23    2176.79    2194.81    2215.11    2190.29

                  Total:   250732   Mean:   2199.4   S.D.:   691.57
```

图 4-42　季节调整后的 sales

对于 X-11 季节调整的最终结果，可以输出相关的表格和图形，这里将最终结果以图形的形式显示。直接在图上进行观察和分析，比较容易判断是否和如何对模型进行调整。输出图形的程序如下：

```
proc gplot data = out;
plot series * date adjusted * date /vaxis = axis1 haxis = axis2
legend = legend1 overlay;
symbol1 c = black i = join v = circle;
symbol2 c = red   i = join v = none w = 2;
legend1 label = none value = （'original' 'adjusted'）;
axis1   label = （'hundred million'）order = （0 to 4500 by 250）;
axis2   label = （'date'）        order = （'1993'd to '2002' by year）;
```

```
title1    'Total Retail Sales in China from 1993 to 2002';
title2    'table B1 and tabel D11 output';
proc gplot data = out;
plot      season * date /vaxis = axis1 haxis = axis2;
symbol1  c = black i = join v = none w = 2;
axis1    label = ('season%') order = (80 to 160 by 5);
axis2    label = ('date')      order = ('01jan1993'd to '06jan2002'd by year);
title1 'Season factor from table D10';
proc gplot data = out;
plot      trend * date /vaxis = axis1 haxis = axis2;
axis1    label = ('trend') order = (0 to 4500 by 250);
axis2    label = ('date')      order = ('01jan1993'd to '06jan2002'd by year);
title1 'Trend factor from table D12';
proc gplot data = out;
plot      irr * date /vaxis = axis1 haxis = axis2;
axis1    label = ('irr%') order = (90 to 120 by 1);
axis2    label = ('date')      order = ('01jan1993'd to '06jan2002'd by year);
title1 'Irr factor from table D13';
run;
```

程序说明：调用 gplot 程序进行画图，overlay 命令使得两条及两条以上曲线在同一个坐标轴中，便于比较，symbol 给出了曲线的颜色、粗细、线形等，axis 给出了横坐标和纵坐标的间隔距离、坐标标签，title 给出了每张图的名称，运行结果如图4-43至图4-46 所示。

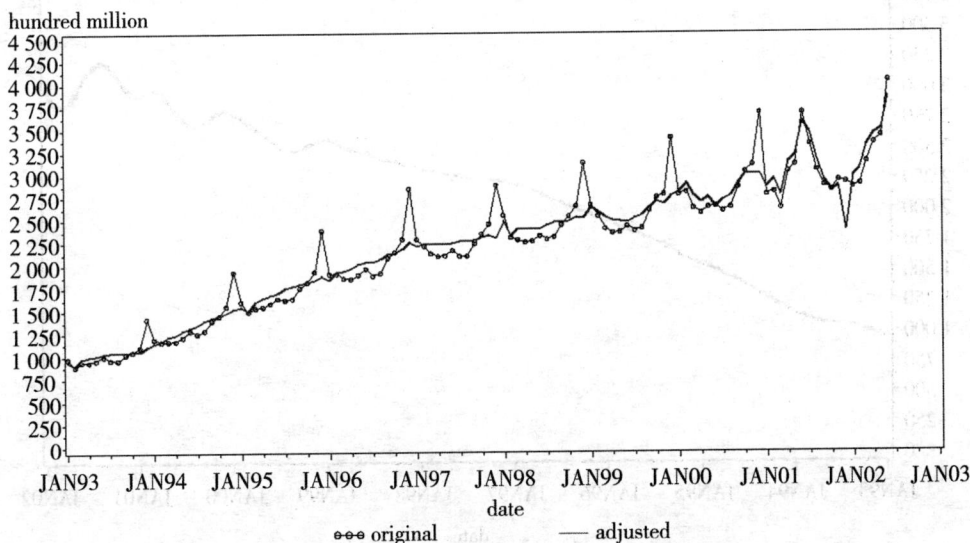

图 4-43　原始和调整后的序列对比图

Season factor from table D10

season%

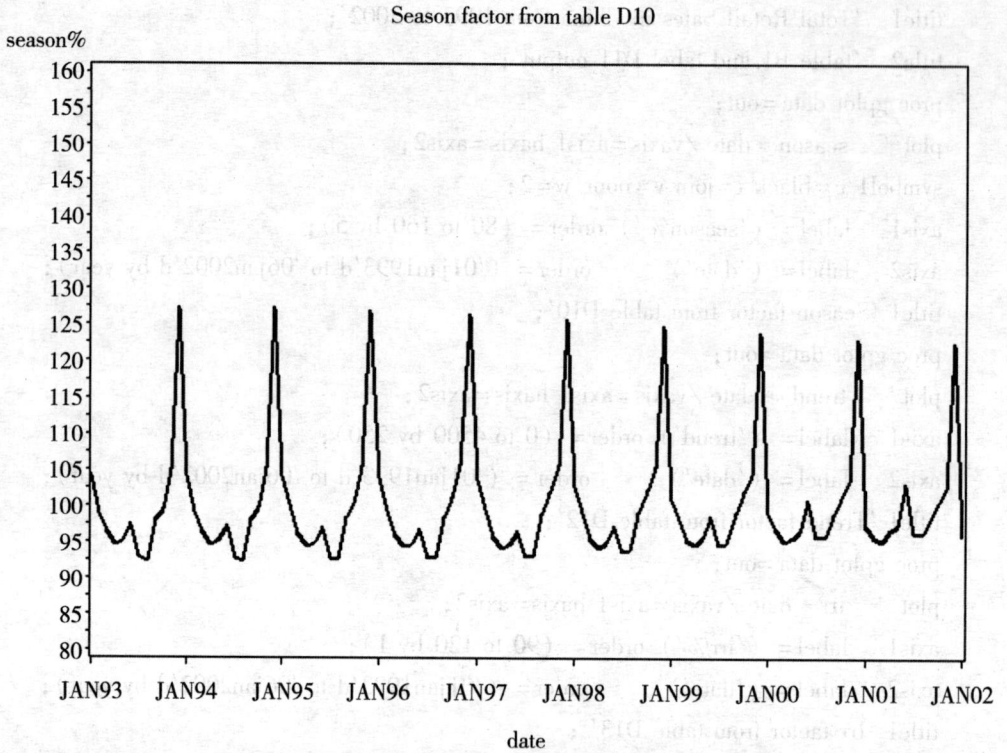

图 4-44　季节因子

Trend factor from table D12

trend

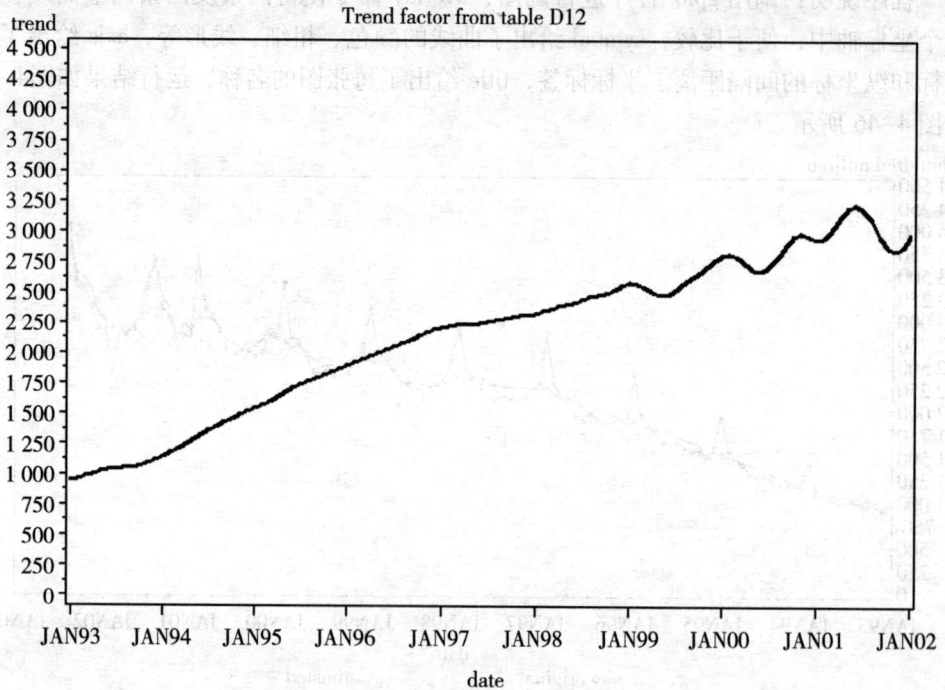

图 4-45　趋势因素

Irr factor from table D13

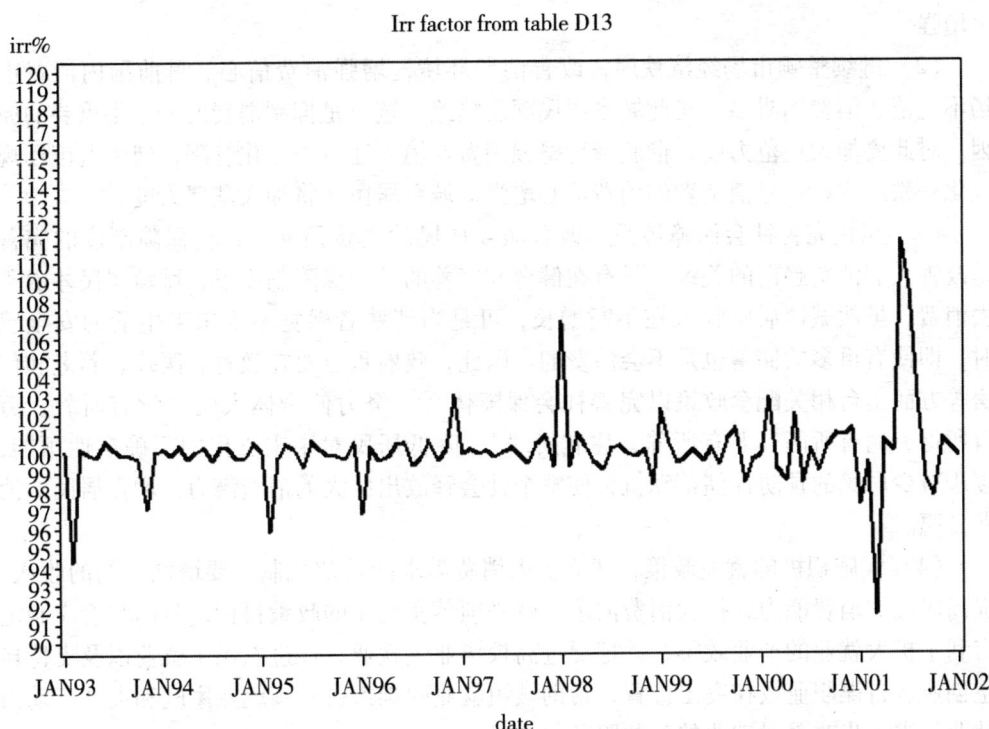

图 4-46　不规则因素

（三）结论及对策建议

1. 结论

图 4-43 重叠显示了原序列与消除季节因素之后的调整序列。图 4-44 显示了使用多次移动平均和迭代方法求出的最终季节因子，最终季节因子的影响好像在缓慢地减小，而在原始序列中却没有这么明显。图 4-45 显示了剔除季节因素之后，使用移动平均方法拟合的序列趋势，有非常显著的线性递增趋势，从 1999 年开始递增的趋势虽仍然存在，但是伴随着一定的季节性，说明后半段对季节因素的剔除不是很好，或者确实存在先增后减的趋势。图 4-46 显示了消除季节和趋势因素后，残差序列很不规则，说明对季节和趋势信息的提取相对充分，因此，用 X-11 过程来拟合中国社会消费品零售总额序列还是比较准确的。

2. 对策建议

结合我国当前的具体经济环境，根据社会消费品零售总额影响因素分析的有关结果，总结归纳出如下扩大消费需求的对策建议：

（1）继续实施稳健的国家宏观经济政策，保持经济增长势头。从图 4-45 可以看出，社会消费品零售总额有逐步增长的趋势。目前，中国的消费需求还不是很充足，和发达国家相比还落后很多，因此必须继续保持甚至扩大这种社会消费品零售总额递增的趋势。这就要求经济发展能够为消费品市场的稳定增长奠定良好的基础。一国国内生产总值的大幅增长，反映了该国经济的蓬勃发展和国民收入的增加。因此，国内生产总值的不断增长，能够使得扩大消费的宏观环境日益趋好，居民消费能力也将随之增强。

（2）继续整顿市场经济秩序，改善消费环境，增强消费信心。目前国内消费市场不规范、消费陷阱多，对此城乡居民深恶痛绝。这也是抑制消费的一个很重要的原因。对此要加大规范力度，彻底清理整顿消费环境，通过法制化管理，使消费市场规范化、秩序化，一旦消费者的消费信心增强，城乡居民必将加大消费力度。

（3）尽快完善社会保障体系，改善城乡居民的消费预期。社会保障制度的完善是改善人们消费趋向的关键。只有在健全和完善的社会保障制度下，城镇居民才敢于去消费，虽然城镇居民收入在不断增长，可是当消费者感觉不到未来生活的安全感时，即使有再多的储蓄也是不会消费的。因此，政府重点要在教育、医疗、养老和住房等方面出台相关配套政策以完善社会保障体系，努力使全体人民"学有所教、劳有所得、病有所医、老有所养、住有所居"，降低居民对未来支出的不确定性预期，逐步减少居民的预防性储蓄动机，使整个社会释放出巨大的消费潜力，增强居民的消费意愿。

（4）实施积极的就业政策，建立扩大消费需求的长效机制。要增加人们的收入，提高居民的消费能力，扩大消费需求，就必须落实就业的政策目标。我国政府应制定有利于扩大就业的产业政策，并把促进高校毕业生就业、促进农民工就业以及支持自主创业、自谋职业放在突出位置，帮助城镇就业困难人员、零就业家庭和灾区劳动力就业，进一步改善对就业的公共服务。

【综合运用知识点评】

本实验以 1993 年 1 月至 2002 年 6 月中国社会消费品零售总额月度数据为基础，首先画出了该数据的时间序列图，发现这一时间序列具有明显的季节性，并且随着时间的增加波动也越来越大，但不是很明显。然后利用 X-11-ARIMA 方法对该序列进行季节调整，得到调整后的序列，并画出了原序列和调整后的序列的对比图、趋势图、季节因子图、不规则因子图。通过本实验希望读者能够掌握 X-11-ARIMA 季节调整的基本理论，并且能够熟练运用 SAS 软件对数据进行分析。

【练习与作业】

首先利用 SAS 模拟模型 ARIMA $(0, 1, 1)$ $(0, 1, 1)_{12}$ 的 250 个数据，模型参数自己设置，然后利用 X-11-ARIMA 方法对模拟得到的数据进行分析。

【参考文献】

［1］ HAMILTON J D. Time Series Analysis ［M］. Princeton, NJ: Princeton University Press, 1994.

［2］ BOX, JENKINS, REINSEL. 时间序列分析：预测与控制 ［M］.3 版. 顾岚, 主译. 北京：中国统计出版社, 2003.

［3］ 魏武雄. 时间序列分析——单变量和多变量方法 ［M］. 易丹辉, 等, 译. 北京：中国人民大学出版社, 2009.

［4］ 洪波, 等. X-11 过程和 ARIMA 模型在煤炭企业物料需求预测中的应用研究 ［J］. 中国集体经济, 2010 (21).

［5］ 许立平, 罗明志. 基于 ARIMA 模型的黄金价格短期分析预测 ［J］. 财经科学, 2011 (5).

［6］ 李晓童. X-11 方法在出生人口数量预测中的应用 ［J］. 张家口师专学报, 2000 (1).

【附录】

本案例程序：

```
data   sales ;
input sales @@ ;
date = intnx ('month','01jan1993'd, _ n_ -1);
format date monyy;
cards ;
    977. 5    892. 5    942. 3 941. 3 962. 2 1005. 7 963. 8 959. 8 1023. 3 1051. 1 1102. 0
1415. 5 1192. 2 1162. 7 1167. 5 1170. 4 1213. 7 1281. 1 1251. 5 1286. 0 1396. 2 1444. 1
1553. 8 1932. 2 1602. 2 1491. 5 1533. 3 1548. 7 1585. 4 1639. 7 1623. 6 1637. 1 1756. 0
1818. 0 1935. 2 2389. 5 1909. 1 1911. 2 1860. 1 1854. 8 1898. 3
    1966. 0 1888. 7 1916. 4 2083. 5 2148. 3 2290. 1 2848. 6 2288. 5 2213. 5 2130. 9
2100. 5 2108. 2 2164. 7 2102. 5 2104. 4 2239. 6 2348. 0 2454. 9 2881. 7 2549. 5
2306. 4 2279. 7 2252. 7 2265. 2 2326. 0 2286. 1 2314. 6 2443. 1 2536. 0 2652. 2
3131. 4 2662. 1 2538. 4 2403. 1 2356. 8 2364. 0 2428. 8 2380. 3 2410. 9 2604. 3
```

2743. 9 2781. 5 3405. 7 2774. 7 2805. 0 2627. 0 2572. 0 2637. 0 2645. 0 2597. 0

2636. 0 2854. 0 3029. 0 3108. 0 3680. 0 2774. 7 2805. 0 2627. 0 3029. 0 3108. 0

3680. 0 3333 3047 2876 2821 2930 2909 2851 2889 3137 3347 3422 4033

```
;
proc print data = sales;
run;
proc gplot data = sales;
        plot       sales * date / vaxis = axis1 haxis = axis2;
        symbol1  c = black i = join v = none w = 2;
        axis1    label = ('sales');
        axis2    label = ('date');
run;
proc x11 data = sales;
monthly date = date;
var      sales;
arima    maxit = 60;
tables   d11;
output   out = out b1 = series d10 = season d11 = adjusted d12 = trend d13 = irr;
proc print data = out;
run;
proc gplot data = out;
        plot series * date adjusted * date / vaxis = axis1 haxis = axis2
legend = legend1 overlay;
        symbol1  c = black i = join v = circle;
        symbol2  c = red   i = join v = none w = 2;
        legend1 label = none value = ('original' 'adjusted');
        axis1    label = ('hundred million') order = (0 to 4500 by 250);
        axis2    label = ('date')        order = ('1993'd to '2002' by year);
        title1   'Total Retail Sales in China from 1993 to 2002';
        title2   'table B1 and tabel D11 output';
proc gplot data = out;
        plot       season * date / vaxis = axis1 haxis = axis2;
        symbol1  c = black i = join v = none w = 2;
        axis1    label = ('season%') order = (80 to 160 by 5);
        axis2    label = ('date')        order = ('01jan1993'd to '06jan2002'd by year);
        title1 'Season factor from table D10';
proc gplot data = out;
        plot       trend * date / vaxis = axis1 haxis = axis2;
```

```
        axis1    label = ('trend')  order = (0 to 4500 by 250);
        axis2    label = ('date')  order = ('01jan1993'd to '06jan2002'd by year);
        title1 'Trend factor from table D12';
proc gplot data = out;
        plot      irr * date /vaxis = axis1  haxis = axis2;;
        axis1    label = ('irr%')  order = (90 to 120 by 1);
        axis2    label = ('date')  order = ('01jan1993'd to '06jan2002'd by year);
        title1 'Irr factor from table D13';
run;
```

第五章

运筹学实验和
LINDO/LINGO 应用

综合实验一　连续投资组合问题

【实验目的】

在面对不可预知的投资风险时，组合投资具有非常重要的作用，它不仅不会损害投资者的收益，相反，它通过减少"可分散风险"间接提高预期收益，有助于人们把握投资时机。本实验针对组合投资这一经济管理和日常生活中最常遇到的问题，应用运筹学线性规划建模技术，全面考查各种投资方案及各个经济变量之间的联系，合理地做好投资组合策略，为投资者提供决策依据，使得投资的风险最小、收益最大，以达到优化投资的目的。

【方法概述】

运筹学已经被广泛应用于社会生活的各个领域。优化问题是人们在经济管理、工程技术、科学研究和日常生活等诸多领域中最常遇到的一类问题，是运筹学研究的重点领域。线性规划是运筹学对优化问题的研究中产生比较早、应用最为广泛、最为成功且理论很成熟的一个重要分支，它建模相对简单，有其通用解法——单纯形法。随着计算机技术的发展，许多专用的运筹学计算软件如 LINDO/LINGO，Matlab，Excel 和 WinQSB 等相继出现，使得模型的求解变得很容易，同时也促进相关理论在实际中的应用。本实验通过对"投资问题"进行分析，建立线性规划模型并求解，学习掌握利用专业优化软件 LINDO/LINGO 求解一般线性规划问题的方法，加深对线性规划的理解，以便把相应的理论更好地应用于处理实际问题的实践之中。

（一）线性规划的概念

线性规划（Linear Programming，LP），是目标函数为线性函数，约束条件也是线性函数的最优化模型。在日常的经济管理问题中，大量的问题是线性的，有的非线性问题也可以转化为线性的，从而使线性规划有了很广泛的实际应用，成为现代化管理中的一种重要手段。线性规划问题的数学模型为：

$$\max\ (\min)\ Z = c_1 x_1 + c_2 x_2 + \cdots + c_n x_n$$

$$\text{s. t.} \begin{cases} a_{11} x_1 + \cdots + a_{1n} x_n \leqslant\ (\geqslant,\ =)\ b_1 \\ a_{21} x_1 + \cdots + a_{2n} x_n \leqslant\ (\geqslant,\ =)\ b_2 \\ \qquad\qquad \vdots \\ a_{m1} x_1 + \cdots + a_{mn} x_n \leqslant\ (\geqslant,\ =)\ b_m \\ x_i \geqslant 0\ (i = 1,\ \cdots,\ n) \end{cases} \qquad (5\text{-}1)$$

其中，c_i 通常称为目标函数系数或价值系数，a_{ij} 通常称为约束系数或技术系数，b_j 通常称为资源常数或约束右端常数（$i = 1,\ \cdots,\ n$，$j = 1,\ \cdots,\ m$）。

线性规划数学模型（5-1）由三大部分组成：x_i 为决策变量，或简称为变量，是问题中要确定的未知量，它用以表明规划中的用数量表示的方案、措施，可由决策者决定和控制，一般要求决策变量非负；$\max$（$\min$）z 为目标函数，它是决策变量的函数，按优化目标分别在函数前面加上 $\max$ 或 $\min$；模型中 s. t. 部分称为约束条件，指决策变量取值时受到各种资源条件的限制，通常表达为含决策变量的等式或不等式。

（二）LINDO/LINGO 软件简介

LINDO/LINGO 软件是美国的 Lindo 系统公司（Lindo System Inc.）开发的在国际上很著名的专业优化软件包。LINDO（Linear Interactive and Discrete Optimizer），即"交互式的线性和离散优化求解器"，可以用来求解线性规划、整数规划和二次规划等运筹学问题。LINGO（Linear Interactive and General Optimizer），即"交互式的线性和通用优化求解器"，它与 LINDO 软件是同一公司同一系列产品，对 LINDO 建模语言是兼容的，比 LINDO 功能更强大，应用更广，除了具有 LINDO 的全部功能外还可以用于求解非线性规划、图论及网络优化和排队论模型中的优化问题，也可以用于一些线性和非线性方程组的求解等。LINDO/LINGO 软件功能比较强大，输入模型简练直观，运算速度快，计算效果好，使用起来非常简便，很容易学会。本实验将简单介绍如何运用 LINDO/LINGO 软件来求解线性规划问题。

【实验背景】

（一）背景材料

改革开放以来，中国经济得以快速发展，作为"投资银行"角色的金融中介机构投资公司在我国的金融市场中占有十分重要的地位。投资公司作为机构投资者，有利于金融市场的稳定和有序发展，有利于改善市场投资结构，促进金融改革深化和国际化进程。随着中国对外开放的进一步加深，金融领域逐渐与国际接轨，中国金融市场面临的情况日趋复杂，投资风险也随着加大，如何有效地进行风险管理成为投资公司面临的重要问题之一。投资公司作为将投资者的资本汇集起来并进行专业性投资管理的机构，增强抗风险能力，培育风险承担意识，最大限度地分散风险、提高收益成为其重要目标，组合投资是实现这一目标的一个很重要的投资理念。"不要把鸡蛋放在同一个篮子里"，在投资过程中，投资者应该根据具体情况合理地进行投资组合，实现资源、人力、资金和技术等宝贵资源的优化配置，这样可以促进生产要素向先进生产部门转移，更多资源向新兴产业和高新技术产业流动，既可以有效地降低和分散投资风险，又能尽可能地获取最大的投资收益，即在一个可接受的风险水平上得到最佳的总体投资回报。

（二）理论基础

1952 年 3 月，美国经济学家哈里·马柯维茨（Harry Markowitz）发表论文《资产组合的选择》，首次提出投资组合理论（Portfolio Theory），标志着现代投资组合理论的开端。他对风险和收益进行了量化，建立了均值-方差模型，提出确定最佳资产组合的基本模型，得出通过投资组合可以有效降低风险的结论，并对相应理论进行了深入、系统和卓有成效的研究，因此获得了诺贝尔经济学奖。同年，罗伊（Roy）提出了"安全首要模型"（Safety-First Portfolio Theory），将投资组合的均值和方差作为一个整体来选择，为后来的 VaR（Value at Risk）等方法提供了思路。1962 年，希克斯（Hicks）的"组合投资的纯理论"指出，在包含现金的资产组合中，组合期望值和标准差之间有线形关系，并且风险资产的比例仍然在这条线形的有效边界上。1963 年，威廉·夏普（Wiliam·F. Sharpe）提出了可以对协方差矩阵加以简化估计的夏普单因素模型，从而大大简化了马柯维茨理论中所用到的复杂计算，极大地推动了投资组合理论的实际应用。夏普、林特和莫森分别于 1964、1965 和 1966 年提出了资本资产定价模型（CAPM）。1976 年，针对 CAPM 模型所存在的不可检验性的缺陷，罗斯提出了一种替代性的资本资产定价模型，即 APT 模型。1991 年 Konno 和 Yamazaki（1991）用期望绝对偏差刻画风险，建立了一个资产组合选择的线性规划模型，被称为均值-绝对偏差模型。1998 年，Young 以资产组合收益的最小顺序统计量作为风险度量利用极大极小规则建立了一个资产组合选择的线性规划模型。2000 年，Cai 用资产组合中各项资产收益的最大期望绝对偏差来刻画风险，建立了一个资产组合选择的线性规划模型并给出了解析解。2004 年，R. Campbell 等应用偏正态分布估计高阶矩的影响，利用贝叶斯方法处理收益分布的参数不确定性情况，在此基础之上处理最优化问题。

【实验步骤】

（一）投资组合案例

玉龙投资公司现有资金 180 万元，为了分散投资风险，提高预期收入，公司经过充分的市场调查以后确定未来 5 年之内有以下项目可以进行投资：

项目 1：购买国债，有 1 年期和 3 年期的国债可供选择，1 年期国债每年税后收益率为 3.66%，3 年期国债每年税后收益率为 5.74%，每年对国债投资不少于投资总额的 1/3。

项目 2：投资于某基金，每年税后收益率为 6.5%，到期年限为 3 年，每年最大投资额不能超过 20 万元。

项目 3：购进 A 企业 2 年期债券，每年税后收益率为 6.66%，每次最大投资额不能超过当年投资总额的 25%。

项目 4：从第二年年初投资参股 B 企业，每年年底可得投资额 18% 的回报，但第一次最高投资额不小于 30 万元，以后每年递增不超过 10 万元。

项目 5：第二年年初直接投资 C 高新技术企业，第五年年底收回本利 180%。

如何在以上项目中选择最优的投资组合，使得第五年年末拥有资金总额最大。

（二）投资组合案例求解

这是一个连续投资问题，求每年的最优投资组合，使得第五年末拥有资金总额最大。具体建模分析过程如下：

1. 确定决策变量

设 x_{1i} 为每年对 1 年期国债的投资额，x_{2i} 为每年对 3 年期国债的投资额，x_{3i} 为每年对某基金的投资额，x_{4i} 为每年对 A 企业债券的投资额，x_{5i} 为每年对 B 企业的投资额，x_{6i} 为每年对 C 企业的投资额（$i=1，2，3，4，5$），根据条件把决策变量列于表 5-1 中。

表 5-1　　　　　　　　　　　投资组合问题决策变量表

项目	决策变量	第一年	第二年	第三年	第四年	第五年
项目 1	x_{1i}	x_{11}	x_{12}	x_{13}	x_{14}	x_{15}
	x_{2i}	x_{21}	x_{22}	x_{23}		
项目 2	x_{3i}	x_{31}	x_{32}	x_{33}		
项目 3	x_{4i}	x_{41}	x_{42}	x_{43}	x_{44}	
项目 4	x_{5i}		x_{52}	x_{53}	x_{54}	x_{55}
项目 5	x_{6i}		x_{62}			

2. 约束条件

项目 1 中的一年期国债每年都可以投资，于当年年末都能收回本息，所以该投资公司每年都应当把所有资金进行投资，不应当有剩余资金。

第一年：投资公司年初有资金 180 万元，故有：

$x_{11}+x_{21}+x_{31}+x_{41}=180$

第二年：投资公司在第二年年初拥有资金仅为投资项目 1 一年期国债所回收的本利（$1+3.66\%$）x_{11}，故有：

$$x_{12}+x_{22}+x_{32}+x_{42}+x_{52}+x_{62}=1.0366x_{11}$$

第三年：投资公司在第三年年初拥有的资金为投资项目 1 一年期国债所回收的本利（1+3.66%）x_{12}，第一年投资项目 3 在第二年年末收回的本利（1+2×6.66%）x_{41}，投资项目 4 在第二年年末收回的本利（1+18%）x_{52}，故有：

$$x_{13}+x_{23}+x_{33}+x_{43}+x_{53}=1.0366x_{12}+1.1332x_{41}+1.18x_{52}$$

第四年：投资公司在第四年年初拥有的资金为投资项目 1 一年期国债所回收的本利（1+3.66%）x_{13}，第一年投资项目 1 三年期国债在第三年末所收回的本利（1+3×5.74%）x_{21}，第一年投资项目 2 在第三年年末收回的本利（1+3×6.5）x_{31}，第二年投资项目 3 在第三年末所收回的本利（1+2×6.66%）x_{42}，投资于项目 4 在第三年年末收回的本利（1+18%）x_{53}，故有：

$$x_{14}+x_{44}+x_{54}=1.0366x_{13}+1.1722x_{21}+1.195x_{31}+1.1332x_{42}+1.18x_{53}$$

第五年：投资公司在第五年年初拥有的资金为投资项目 1 一年期国债所回收的本利（1+3.66%）x_{14}，第二年投资项目 1 三年期国债在第四年末所收回的本利（1+3×5.74%）x_{22}，第二年投资项目 2 在第四年末收回的本利（1+3×6.5%）x_{32}，第三年投资项目 3 在第四年末收回的本利（1+2×6.66%）x_{43}，投资于项目 4 在第四年年末收回的本利（1+18%）x_{54}，故有：

$$x_{15}+x_{55}=1.0366x_{14}+1.1722x_{22}+1.195x_{32}+1.1332x_{43}+1.18x_{54}$$

对项目 1 投资额的限制为：

$$x_{11}+x_{21}\geqslant 1/3\times 180$$

$$x_{12}+x_{22}\geqslant 1/3\times（x_{12}+x_{22}+x_{32}+x_{42}+x_{52}+x_{62}）$$

$$x_{13}+x_{23}\geqslant 1/3\times（x_{13}+x_{23}+x_{33}+x_{43}+x_{53}）$$

$$x_{14}\geqslant 1/3\times（x_{14}+x_{44}+x_{54}）$$

$$x_{15}\geqslant 1/3\times（x_{15}+x_{55}）$$

对项目 2 投资额的限制为：

$$x_{31}\leqslant 20$$

$$x_{32}\leqslant 20$$

$$x_{33}\leqslant 20$$

对项目 3 投资额的限制为：

$$x_{41}\leqslant 180\times 25\%$$

$$x_{42}\leqslant（x_{12}+x_{22}+x_{32}+x_{42}+x_{52}+x_{62}）\times 25\%$$

$$x_{43}\leqslant（x_{13}+x_{23}+x_{33}+x_{43}+x_{53}）\times 25\%$$

$$x_{44}\leqslant（x_{14}+x_{44}+x_{54}）\times 25\%$$

对项目 4 投资额的限制为：

$$x_{52}\geqslant 30$$

$$x_{53}-x_{52}\leqslant 10$$

$$x_{54}-x_{53}\leqslant 10$$

$$x_{55}-x_{54}\leqslant 10$$

3. 目标函数

投资公司在第五年年末拥有的资金额为：投资项目 1 一年期国债所回收的本利（1+3.66%）x_{15}，第三年投资项目 1 三年期国债在第五年年末所收回的本利（1+3×

5. 74%）x_{23}，第三年投资项目 2 在第五年年末收回的本利（$1+3\times6.5\%$）x_{33}，第四年投资项目 3 在第五年年末收回的本利（$1+2\times6.66\%$）x_{44}，投资于项目 4 在第五年年末收回的本利（$1+18\%$）x_{55}，第二年投资项目 5 于第五年年末收回的本利 180% x_{62}，要求第五年年末拥有资金总额最大，故可得目标函数为：

$$\max z = 1.0366x_{15} + 1.1722x_{23} + 1.195x_{33} + 1.1332x_{44} + 1.18x_{55} + 1.8x_{62}$$

综上所述，可得如下线性规划模型：

$$\max z = 1.0366x_{15} + 1.1722x_{23} + 1.195x_{33} + 1.1332x_{44} + 1.18x_{55} + 1.8x_{62}$$

$$\text{st} \begin{cases} x_{11} + x_{21} + x_{31} + x_{41} = 180 \\ x_{12} + x_{22} + x_{32} + x_{42} + x_{52} + x_{62} - 1.0366x_{11} = 0 \\ x_{13} + x_{23} + x_{33} + x_{43} + x_{53} - 1.0366x_{12} - 1.1332x_{41} - 1.18x_{52} = 0 \\ x_{14} + x_{44} + x_{54} - 1.0366x_{13} - 1.1722x_{21} - 1.195x_{31} - 1.1332x_{42} - 1.18x_{53} = 0 \\ x_{15} + x_{55} - 1.0366x_{14} - 1.1722x_{22} - 1.195x_{32} - 1.1332x_{43} - 1.18x_{54} = 0 \\ x_{11} + x_{21} \geq 60 \\ 0.667x_{12} + 0.667x_{22} - 0.333x_{32} - 0.333x_{42} - 0.333x_{52} - 0.333x_{62} \geq 0 \\ 0.667x_{13} + 0.667x_{23} - 0.333x_{33} - 0.333x_{43} - 0.333x_{53} \geq 0 \\ 0.667x_{14} - 0.333x_{44} - 0.333x_{54} \geq 0 \\ 0.667x_{15} - 0.333x_{55} \geq 0 \\ x_{31} \leq 20 \\ x_{32} \leq 20 \\ x_{33} \leq 20 \\ x_{41} \leq 45 \\ 0.75x_{42} - 0.25x_{12} - 0.25x_{22} - 0.25x_{32} - 0.25x_{52} - 0.25x_{62} \leq 0 \\ 0.75x_{43} - 0.25x_{13} - 0.25x_{23} - 0.25x_{33} - 0.25x_{53} \leq 0 \\ 0.75x_{44} - 0.25x_{14} - 0.25x_{54} \leq 0 \\ x_{52} \geq 30 \\ x_{53} - x_{52} \leq 10 \\ x_{54} - x_{53} \leq 10 \\ x_{55} - x_{54} \leq 10 \\ x_{ij} \geq 0, \ (1=1, 2, 3, 4, 5; j=1, 2, 3, 4, 5, 6) \end{cases} \tag{5-2}$$

4. 利用 LINDO/LINGO 对模型进行分析求解

（1）LINDO 求解过程

LINDO 求解线性规划模型（5-1）程序的基本格式为：

$$\max \ (\min) \ c_1x_1 + c_2x_2 + \cdots + c_nx_n$$

st

$$a_{11}x_1 + \cdots + a_{1n}x_n <= \ (>=, \ =) \ b_1$$

$$a_{21}x_1 + \cdots + a_{2n}x_n <= \ (>=, \ =) \ b_2$$

$$\vdots$$

$$a_{m1}x_1 + \cdots + a_{mn}x_n <= \ (>=, \ =) \ b_m$$

end

即 LINDO 程序以最大化 max 或最小化 min 开始，后面直接跟目标函数的表达式，而不是跟 z=目标函数的表达式；st 引出约束条件，即目标函数与约束条件之间用 st 分开；程序以 end 结束（end 也可以省略）。

在 Windows 系统下双击 LINDO 快捷图标，启动软件，打开 LINDO 初始界面，如图 5-1 所示。

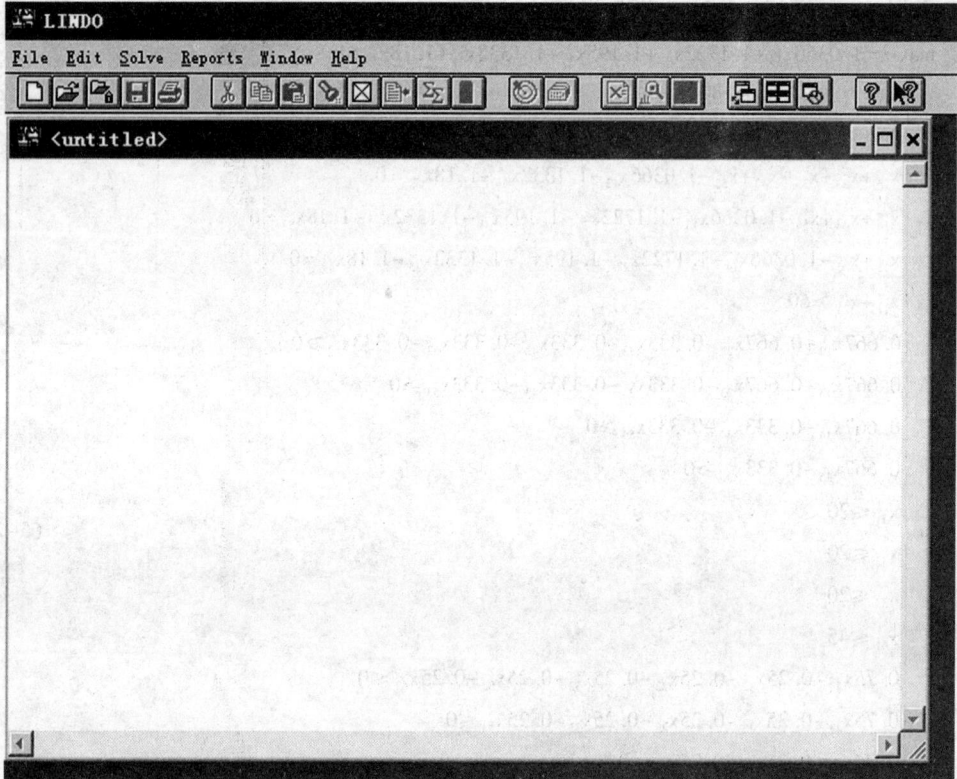

图 5-1 LINDO 初始界面

求解线性规划模型（5-2）的 LINDO 程序为：

```
max 1.0366x15+1.1722x23+1.195x33+1.1332x44+1.18x55+1.8x62
st
x11+x21+x31+x41=180
x12+x22+x32+x43+x52+x62−1.0366x11=0
x13+x23+x33+x43+x53−1.0366x12−1.1332x41−1.18x52=0
x14+x44+x54−1.0366x13−1.1722x21−1.195x31−1.132x42−1.18x53=0
x15+x55−1.0366x13−1.1722x21−1.195x31−1.1332x43−1.18x54=0
x11+x22>60
0.667x12+0.667x22−0.333x32−0.333x42−0.333x52−0.333x62>0
0.667x13+0.667x23−0.333x33−0.333x43−0.333x53>0
0.667x14−0.333x44−0.333x54>0
0.667x15−0.333x55>0
```

x31<20

x32<20

x33<20

x41<45

0.75x42−0.25x12−0.25x22−0.25x32−0.25x52−0.25x62<0

0.75x43−0.25x13−0.25x23−0.25x33−0.25x53<0

0.75x44−0.25x14−0.25x54<0

x52>30

x53−x52<10

x54−x53<10

x55−x54<10

end

在光标所在的子窗口即模型窗口<untitled>中输入上面程序，如图5-2所示：

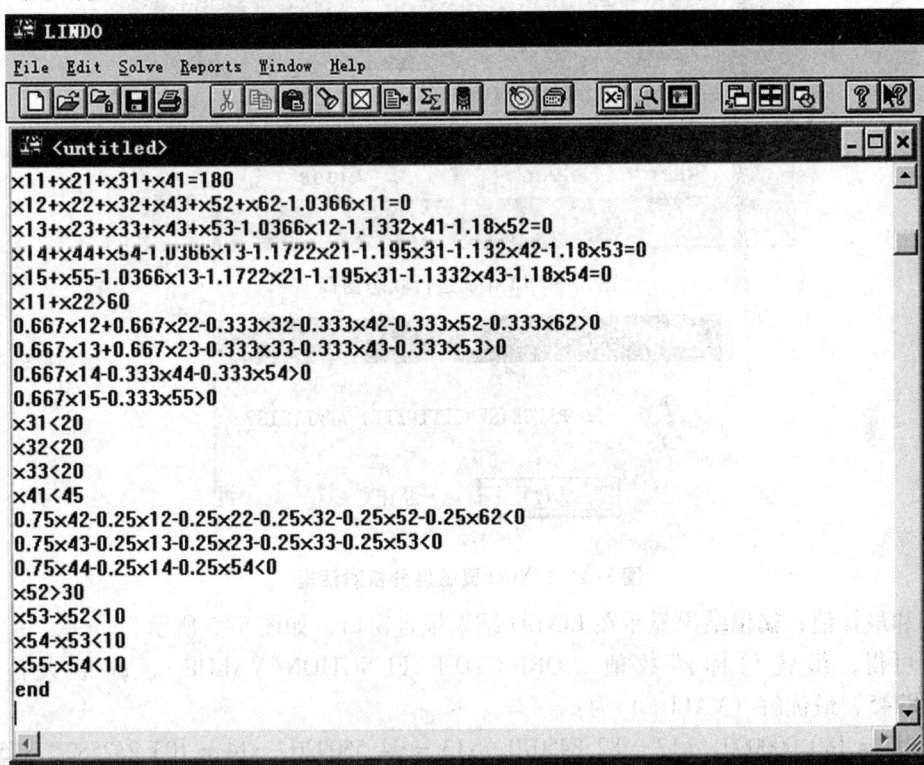

```
LINDO
File  Edit  Solve  Reports  Window  Help

<untitled>
x11+x21+x31+x41=180
x12+x22+x32+x42+x52+x62-1.0366x11=0
x13+x23+x33+x43+x53-1.0366x12-1.1332x41-1.18x52=0
x14+x44+x54-1.0366x13-1.1722x21-1.195x31-1.132x42-1.18x53=0
x15+x55-1.0366x13-1.1722x21-1.195x31-1.1332x43-1.18x54=0
x11+x22>60
0.667x12+0.667x22-0.333x32-0.333x42-0.333x52-0.333x62>0
0.667x13+0.667x23-0.333x33-0.333x43-0.333x53>0
0.667x14-0.333x44-0.333x54>0
0.667x15-0.333x55>0
x31<20
x32<20
x33<20
x41<45
0.75x42-0.25x12-0.25x22-0.25x32-0.25x52-0.25x62<0
0.75x43-0.25x13-0.25x23-0.25x33-0.25x53<0
0.75x44-0.25x14-0.25x54<0
x52>30
x53-x52<10
x54-x53<10
x55-x54<10
end
```

图5-2　LINDO 模型输入窗口

选择菜单 LINDO/Solve（或按 Ctrl+S），或按工具栏中的执行快捷键 ⊚ ，进行线性规划模型（5-2）的求解。LINDO 运行状态窗口如图5-3所示；灵敏度分析窗口如图5-4所示。

本实验选择"否"，即不进行灵敏度分析，便可求得线性规划模型（5-2）的最

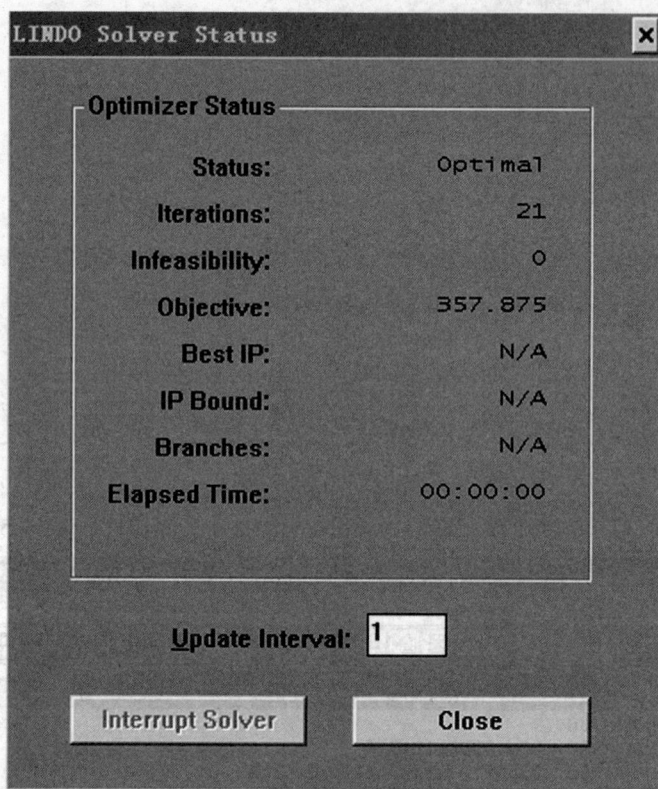

图 5-3 LINDO 运行状态窗口

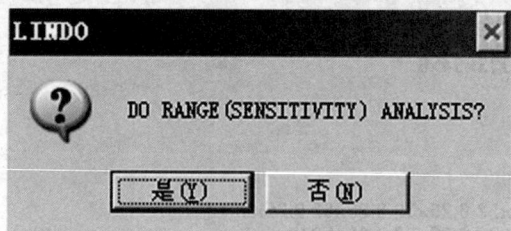

图 5-4 LINDO 灵敏度分析对话框

优解和最优值，输出结果显示在 LINDO 结果报告窗口，如图 5-5 所示。

可得，最优目标函数值（OBJECTIVE FUNCTION VALUE），即最大值为 357.8745，最优解（VALUE）为：

x11 = 180.000000，x12 = 82.845070，x13 = 94.550926，x14 = 103.232582，x15 = 110.285217，x21 = 0.000000，x22 = 0.000000，x23 = 0.000000，x31 = 0.000000，x32 = 0.000000，x33 = 0.000000，x41 = 0.000000，x42 = 62.195999，x43 = 0.000000，x44 = 75.658501，x52 = 103.742928，x53 = 113.742928，x54 = 123.742928，x55 = 133.742920，x62 = 0.000000。

LINDO 结果报告窗口中的其余输出结果，如松弛变量和对偶价格等取值情况在此略去，不予以显示。

注：LINDO 软件建立线性规划模型的一些注意事项：

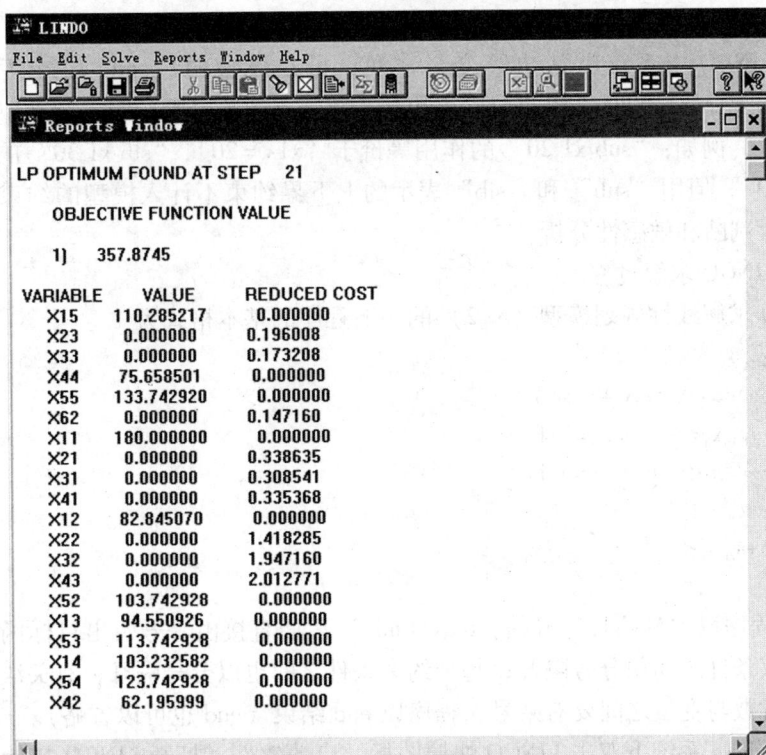

图 5-5 LINDO 结果报告窗口

①在 LINDO 中系统默认 ">"（或 "<"）号与 ">="（或 "<="）功能相同，不等号应该是英文格式而不是中文格式。

②变量与系数间可有空格（甚至回车），但不能有任何运算符，特别是乘号（" * "）；变量不能出现在一个约束条件的右端，右端只能出现常数项。

③LINDO 中的变量由字母和数字组成，变量名必须以字母开头，可以直接跟下标也可以把下标写在右下角，下标可以是字母也可以为数字，但不能超过 8 个字符。变量名不区分大小写（包括 LINDO 中的关键字），比如 x，y，max，min，st，end 大小写均可以，都以大写处理。

④目标函数所在行是第一行，第二行起为约束条件。行号（行名）自动产生或人为定义。行名以 ")" 结束。

⑤行中注有 "!" 符号的后面部分为注释，便于理解模型。如："! It's Comment" 或 "! 资源约束"。在模型的任何地方都可以用 "TITLE" 对模型命名（最多 72 个字符），如 "TITLE This Model is only an Example"。

⑥表达式中不接受括号 "( )" 和逗号 "，" 等任何符号，例：100（x1+x2）需写为 100x1+100x2；表达式应经过化简，如 3x1+4x2-5x1 应写成-2x1+4x2。模型中的 m（运筹学模型中一般表示一个足够大的数字，要多大就有多大），用一个定值代替。科学记数不能出现在模型中。

⑦LINDO 要求目标函数的每项都要有变量，例如，LINDO 不认识 min 2000-x+y，

要改为 min−x+y。

⑧在 LINDO 中系统默认决策变量非负，可在模型的"end"语句后用"free name"将变量 name 的非负假定取消，也可以在"end"后用"sub"或"slb"设定变量上下界，例如："sub x1 20"的作用等价于"x1<=20"，"slb x1 30"的作用等价于"x1>=30"，但用"sub"和"slb"表示的上下界约束不计入模型的约束，也不能给出其松紧判断和敏感性分析。

（2）LINGO 求解过程

LINGO 求解线性规划模型（5-2）的一般程序的基本格式为：

Model：

$$\max\ (\min)\ = c_1 x_1 + c_2 x_2 + \cdots + c_n x_n$$

$$a_{11} x_1 + \cdots + a_{1n} x_n <=\ (>=,\ =)\ b_1$$

$$a_{21} x_1 + \cdots + a_{2n} x_n <=\ (>=,\ =)\ b_2$$

$$\vdots$$

$$a_{m1} x_1 + \cdots + a_{mn} x_n <=\ (>=,\ =)\ b_m$$

end

即 LINGO 程序以"Model："开始；max（min）后面直接由等号引出目标函数；目标函数与约束条件之间用分号隔开；每个约束条件之间也以分号隔开；有关决策变量的表达式中常数与变量之间要有乘号，程序以 end 结束（end 也可以省略）。

在 Windows 系统下双击 LINGO 快捷图标，启动软件，打开 LINGO 初始界面，如图5-6所示。

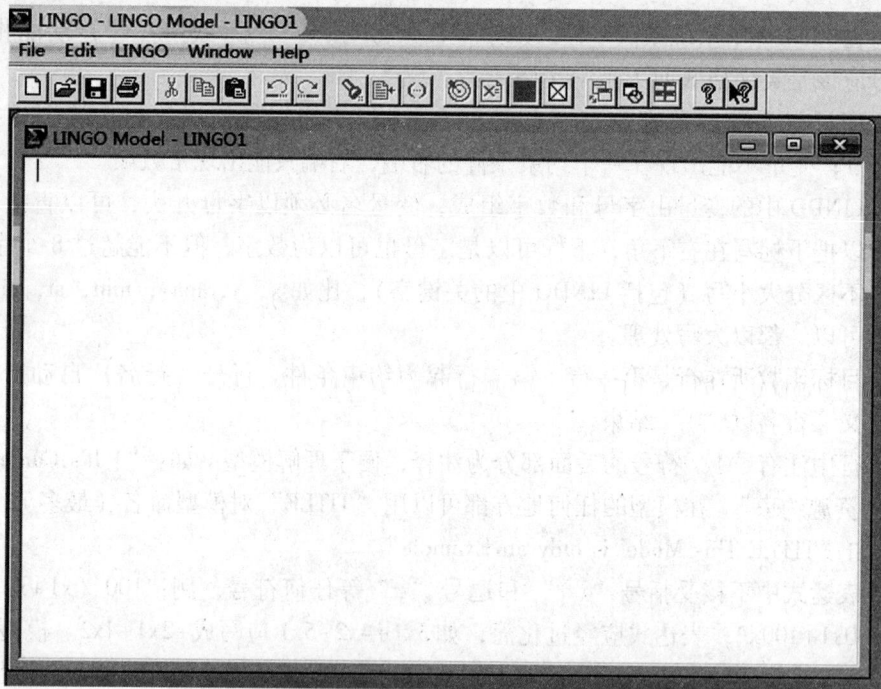

图5-6 LINGO 软件初始界面

在光标所在的 LINGO Model-LINGO1 窗口即 LINGO 的模型窗口内输入如下程序求解模型（5-2），如图 5-7 所示：

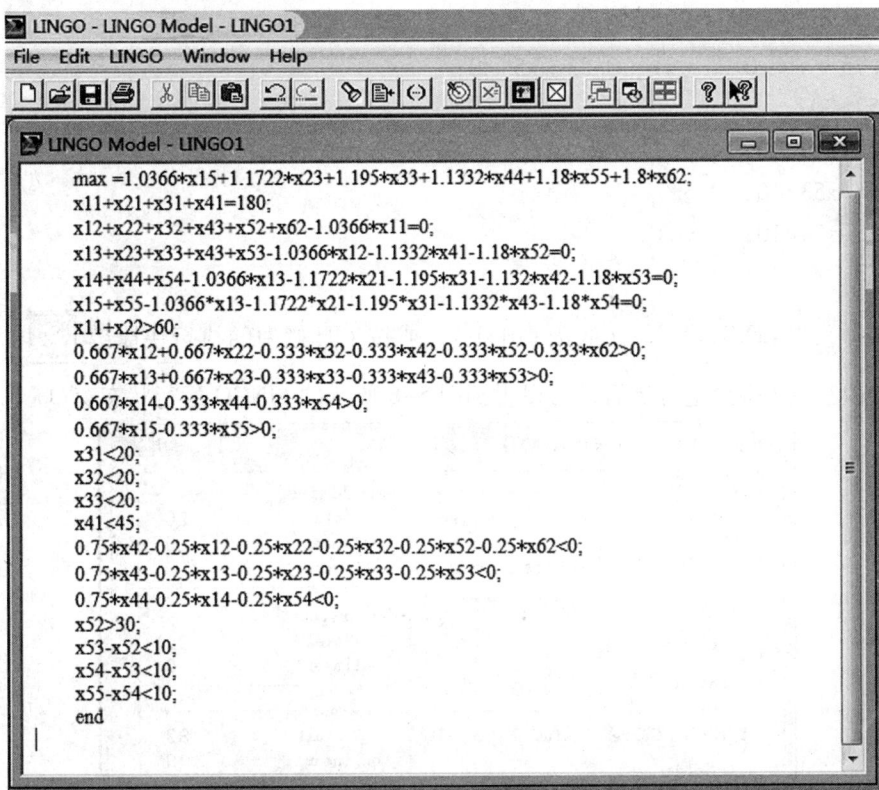

```
LINGO - LINGO Model - LINGO1
File  Edit  LINGO  Window  Help

LINGO Model - LINGO1

max =1.0366*x15+1.1722*x23+1.195*x33+1.1332*x44+1.18*x55+1.8*x62;
x11+x21+x31+x41=180;
x12+x22+x32+x43+x52+x62-1.0366*x11=0;
x13+x23+x33+x43+x53-1.0366*x12-1.1332*x41-1.18*x52=0;
x14+x44+x54-1.0366*x13-1.1722*x21-1.195*x31-1.132*x42-1.18*x53=0;
x15+x55-1.0366*x13-1.1722*x21-1.195*x31-1.1332*x43-1.18*x54=0;
x11+x22>60;
0.667*x12+0.667*x22-0.333*x32-0.333*x42-0.333*x52-0.333*x62>0;
0.667*x13+0.667*x23-0.333*x33-0.333*x43-0.333*x53>0;
0.667*x14-0.333*x44-0.333*x54>0;
0.667*x15-0.333*x55>0;
x31<20;
x32<20;
x33<20;
x41<45;
0.75*x42-0.25*x12-0.25*x22-0.25*x32-0.25*x52-0.25*x62<0;
0.75*x43-0.25*x13-0.25*x23-0.25*x33-0.25*x53<0;
0.75*x44-0.25*x14-0.25*x54<0;
x52>30;
x53-x52<10;
x54-x53<10;
x55-x54<10;
end
```

图 5-7 LINGO 模型输入窗口

Model：

max $=1.0366*x15+1.1722*x23+1.195*x33+1.1332*x44+1.18*x55+1.8*x62$；

$x11+x21+x31+x41=180$；

$x12+x22+x32+x43+x52+x62-1.0366*x11=0$；

$x13+x23+x33+x43+x53-1.0366*x12-1.1332*x41-1.18*x52=0$；

$x14+x44+x54-1.0366*x13-1.1722*x21-1.195*x31-1.132*x42-1.18*x53=0$；

$x15+x55-1.0366*x13-1.1722*x21-1.195*x31-1.1332*x43-1.18*x54=0$；

$x11+x22>60$；

$0.667*x12+0.667*x22-0.333*x32-0.333*x42-0.333*x52-0.333*x62>0$；

$0.667*x13+0.667*x23-0.333*x33-0.333*x43-0.333*x53>0$；

$0.667*x14-0.333*x44-0.333*x54>0$；

$0.667*x15-0.333*x55>0$；

$x31<20$；

$x32<20$；

$x33<20$；

x41<45；

0.75 * x42-0.25 * x12-0.25 * x22-0.25 * x32-0.25 * x52-0.25 * x62<0；

0.75 * x43-0.25 * x13-0.25 * x23-0.25 * x33-0.25 * x53<0；

0.75 * x44-0.25 * x14-0.25 * x54<0；

x52>30；

x53-x52<10；

x54-x53<10；

x55-x54<10；

end

选择菜单 LINGO/Solve（或按 Ctrl+U），或按工具栏中的执行快捷键 ，对线性规划模型（5-2）进行求解，可以得到图 5-8 所示的 LINGO 运行状态窗口。

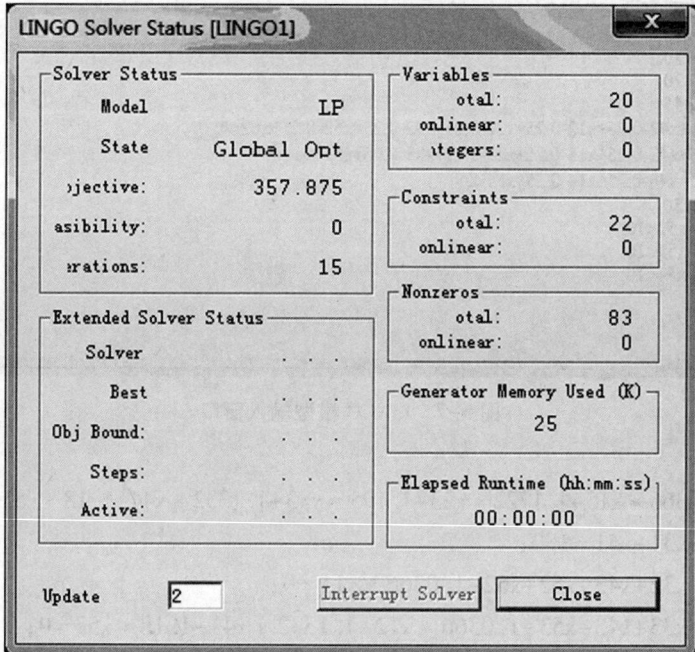

图 5-8　LINGO 状态窗口

LINGO 输出结果如图 5-9 所示，与 LINDO 计算结果图 5-5 一致。

LINGO 报告窗口其余输出结果，如松弛变量和对偶价格等取值情况在此也略去，不予以显示。

注：LINGO 软件建立线性规划模型的一些注意事项：

①LINGO 模型以"Model："开始，以"end"结束，对于比较简单的模型，这两个语句可以省略。

②求目标函数的最大值（或最小值）由 LINDO 软件中的"max"（或"min"）变为 LINGO 软件中的"max=…"（或"min=…"）来表示。

③LINDO 中的"st"在 LINGO 中不再需要，每个语句（目标函数、约束条件和

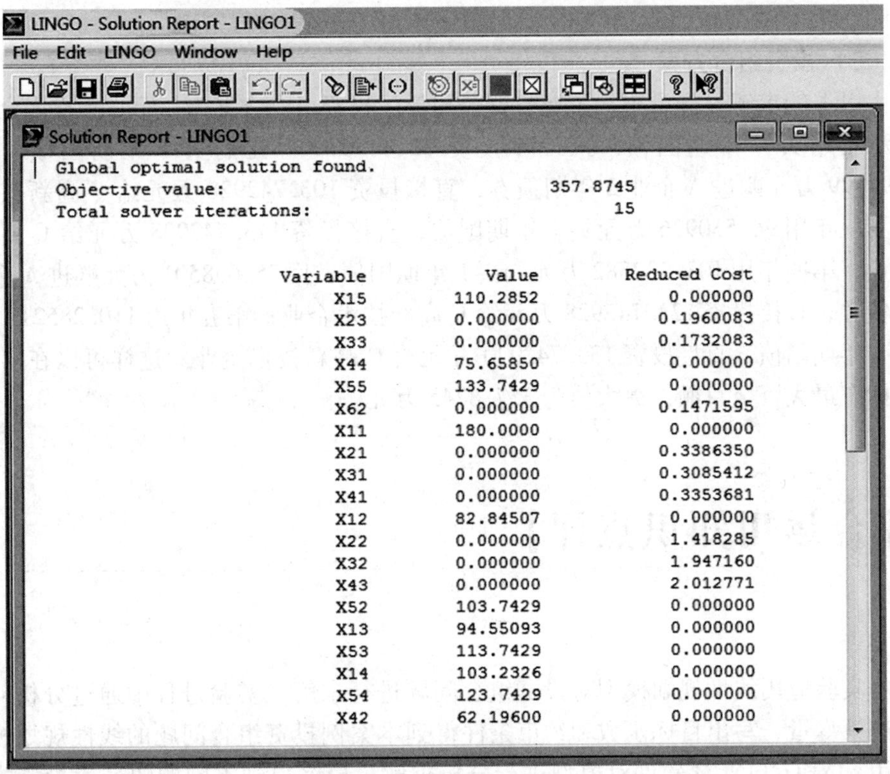

Global optimal solution found.
Objective value: 357.8745
Total solver iterations: 15

Variable	Value	Reduced Cost
X15	110.2852	0.000000
X23	0.000000	0.1960083
X33	0.000000	0.1732083
X44	75.65850	0.000000
X55	133.7429	0.000000
X62	0.000000	0.1471595
X11	180.0000	0.000000
X21	0.000000	0.3386350
X31	0.000000	0.3085412
X41	0.000000	0.3353681
X12	82.84507	0.000000
X22	0.000000	1.418285
X32	0.000000	1.947160
X43	0.000000	2.012771
X52	103.7429	0.000000
X13	94.55093	0.000000
X53	113.7429	0.000000
X14	103.2326	0.000000
X54	123.7429	0.000000
X42	62.19600	0.000000

图 5-9　LINGO 报告窗口

说明语句）必须以分号“;”（英文格式）结束，每行可以有多个语句，语句可以跨行，LINGO 中语句的顺序不重要，可以先出现约束条件，然后再写目标函数，LINGO 总是根据“max=…”或“min=…”来寻找目标函数。

④LINGO 中乘号不能省略，即每个系数和变量之间增加了运算符号“*”。

⑤LINGO 和 LINDO 一样，不区分字母大小写，变量名称必须以字母开头，由字母、数字和下划线组成，但 LINGO 中变量和行名可以超过 8 个字符，长度不要超过 32 个字符。

⑥LINGO 可以给语句加上标号，行名应该放到一对方括号“[]”中，而不是 LINDO 放在右半括号“)”之前。如 LINGO 可以写为：[OBJ] max=2*x1+3*x2+4*x3。

⑦LINGO 与 LINDO 相同，以感叹号“!”开始，以分号“;”结束的语句是注释说明语句。

⑧如果对取值范围没有作特殊说明，LINGO 与 LINDO 相同，默认所有决策变量非负。除非用限定变量取值范围的函数@ free 或@ bnd 另作说明。在 LINGO 中以“@”开头表示函数调用，上下界限定函数为@ free 或@ bnd，没有与 LINDO 中“sub”和“slb”命令对应的@ sub 和@ slb 函数。

⑨LINGO 与 LINDO 不同，变量可以放在约束条件的右端，常数也可以出现在约束条件的左端，但为了提高 LINGO 求解的效率，应尽可能采用线性表达式定义目标

函数和约束条件。

（三）投资组合方案

由以上的求解过程可得，玉龙投资公司最优投资组合方案为：第一年投入全部的 180 万元购买一年期国债；第二年投资 82.845070 万元购买 1 年期国债，投资 62.195999 万元购进 A 企业 2 年期债券，直接投资 103.742928 万元给 C 高新技术企业；第三年用 94.550926 万元买 1 年期国债，直接投资 113.742928 万元给 C 高新技术企业；第四年用 103.232582 万元购买 1 年期国债，用 75.658501 万元购进 A 企业 2 年期债券，直接投资 123.742928 万元给 C 高新技术企业；第五年用 110.285217 万元购入 1 年期国债，直接投资 133.742920 万元给 C 高新技术企业。这样可以在第五年年末拥有最大资金总额，最大值为 357.8745 万元。

【综合运用知识点评】

本实验应用线性规划模型对投资组合问题进行求解，实验过程中通过分析问题、定义决策变量、写出目标函数和约束条件得到本案例投资组合问题的线性规划模型，并利用 LINDO/LINGO 软件对模型进行分析求解，最终得到本问题的最优投资方案。本实验把运筹学线性规划的知识应用到投资组合方案的确定问题中，理论联系实际，学以致用。

【练习与作业】

某工厂从钢铁厂订购回一批钢管，原料长度都为 19 米。生产需要 4 米长的钢管 100 根，6 米长的钢管 40 根，8 米长钢管 30 根。应该如何下料，使工厂所用原材料最省？

【参考文献】

［1］韩伯棠. 管理运筹学［M］. 3 版. 北京：高等教育出版社，2010.

［2］谢金星，薛毅. 优化建模与 LINDO/LINGO 软件［M］. 北京：清华大学出

版社，2007.

　　［3］弗雷德里克·S. 希利尔，杰拉尔德·J. 利伯曼．运筹学导论［M］.9 版．胡运权，等，译．北京：清华大学出版社，2010.

　　［4］胡运权，郭耀煌．运筹学教程［M］.3 版．北京：清华大学出版社，2007.

　　［5］何坚勇．运筹学基础［M］．北京：清华大学出版社，2008.

　　［6］熊伟．运筹学［M］.2 版．北京：机械工业出版社，2009.

　　［7］埃德温·J. 埃尔顿，等．现代投资组合理论与分析［M］.7 版．余维彬，译．北京：机械工业出版社，2008.

　　［8］埃德温·J. 埃尔顿，马丁·J. 格鲁伯，斯蒂芬·J. 布朗，威廉·N. 戈茨曼．现代投资组合理论和投资分析［M］.6 版．向东，译．北京：中国人民大学出版社，2006.

　　［9］沈荣芳．运筹学高级教程［M］．北京：高等教育出版社，2008.

　　［10］曹勇．应用运筹学［M］．北京：经济管理出版社，2008.

综合实验二　人力资源合理分配问题

【实验目的】

　　现代人力资源管理的重要任务之一就是人力资源的合理分配问题，怎么很好地做到"人尽其才，才尽其用"是管理者必须考虑的现实问题。本实验针对人力资源分配这一经济管理和日常生活中最常见的问题，应用运筹学整数规划建模技术，全面考虑各个劳动者完成各项工作的效率等现实情况，合理地进行人力资源指派，为人力资源管理者提供决策依据。

【方法概述】

　　人力资源分配是运筹学整数规划理论中很重要也很特殊的一类问题即 0-1 规划应用比较广泛的领域，本实验通过对"人力资源分配问题"进行分析，建立整数规划模型并求解，学习掌握利用专业优化软件 LINDO/LINCO 求解整数规划问题的方法，加深理解，以便把相应的指派问题理论更好地应用于实践之中。

　　（一）整数规划的概念

　　整数规划（Integer Programming，IP）是指在线性规划模型中，增加部分或全部变量必须取整数的限制，这就构成了整数规划问题。而决策变量只能取 0 或 1 的整数规划称为 0-1 规划（0-1 Programming）。

　　（二）人力资源分配问题

　　有 n 项不同的任务，恰好 n 个人可分别承担这些任务，但由于每个人的特长不同，完成各项任务的效率等情况也不同。现假设必须指派每个人去完成一项任务，怎样把 n 项任务指派给 n 个人，使得完成 n 项任务的总效率最高，这就是人力资源分配问题或指派问题（Assignment Problem）。

对于有 n 个人 n 项工作的分配问题，设：

$$x_{ij} = \begin{cases} 1, & \text{当第 i 人去完成 j 项工作时} \\ 0, & \text{当第 i 人不去完成 j 项工作时} \end{cases}$$

并设 c_{ij} 为第 i 人去完成 j 项任务的效率（如所需时间、费用等），且 $c_{ij} \geq 0$，则分配问题的数学模型可以写成：

$$\min(\max)Z = \sum_{i=1}^{n} \sum_{j=1}^{n} c_{ij} x_{ij}$$

$$\text{s. t.} \begin{cases} \sum_{i=1}^{n} x_{ij} = 1, & (i = 1, 2, \cdots, n) \\ \sum_{j=1}^{n} x_{ij} = 1, & (j = 1, 2, \cdots, n) \\ x_{ij} \text{ 为 } 0-1 \text{ 变量，对所有的 i 和 j} \end{cases} \tag{5-3}$$

即模型（5-3）目标函数求总的工作效率最佳（min 或 max）；第一类约束条件表示每件事必有且只有一个人去做；第二类约束条件表示每个人必做且只做一件事。

【实验背景】

（一）背景材料

排课问题是高校制订教学计划、安排教学过程中必不可少的常规工作，同时也是整个教学管理中最复杂、最繁重、最核心的工作之一。伴随着高等教育事业的不断发展，在校大学生人数的逐渐增加，高校课程的开设也不断朝着广度和深度方向发展。合理排课和科学调度对有效利用教学资源、提高教学质量、建设和谐校园显得尤为重要。石河子大学商学院现有教职工 179 人，其中教师 127 人，有全日制在校学生 1 819人，其中本科生 1 785 人，硕士研究生 34 人，学院设置统计学、金融学、电子商务、物流管理、人力资源管理和审计学 6 个本科专业，54 个班级。学院排课所面临的问题主要有：学院班级数多、课程门数较多，每门课涉及的信息也很多，教学任务繁重；学院教学资源严重不足，特别是随着教学方式的多样化，多媒体教室和计算机实验室严重不足，教学设备跟不上实际需求，而许多专业课授课都必须借助计算机才能完成；师资得不到及时补充，许多教职员工要承担多项教学任务，而且教师分布于五家渠、乌鲁木齐和昌吉等各个地市，比较分散，另外还有教师员工进修学习等；还要考虑学生的学习规律与习惯，根据课程的重要性和难度进行时段安排。这些问题都使排课问题变得越来越复杂，如何科学合理地安排教学任务，充分利用紧缺资源，提高排课效率，使得排课的结果更加人性化，就成了教务管理部门面临的主要问题之一。

（二）理论基础

1962 年，Gotlieb 提出了一个算法，初步解决了排课问题，标志着该问题的研究正式跨入科学的领域。20 世纪 70 年代中期，美国人 S. Even 等证明了排课算法的计算时间是呈指数增长的，在实际应用中比较困难和复杂。20 世纪 90 年代以后，国外对排课问题的研究仍然活跃，如印度的 Vastapur 大学管理学院的 Arabinda Tripathy、加拿大 Montreal 大学的 Jean Aubin 和 Jacques Ferland 以及 Charles Fleutent 等都进行了这类研究。排课问题的主要算法有模拟手工法、图论方法、拉格朗日法、二次分配法等。由于国内外的教学体制不同，各种实际情况存在差异，国外研究的排课方法大多不适合国内高校，在国内典型的排课系统有清华大学的 TISER 系统，南京工学院的 UTSS 系统，大连理工大学的智能教学组织管理与课程调度系统等，这些系统多数都是采用模拟手工排课的方法。排课问题本身很复杂，本案例对问题进行了简化，应用分配问题模型对石河子大学商学院教师排课问题进行简单的分析和说明。

【实验步骤】

（一）石河子大学商学院教师排课问题

石河子大学商学院统计金融系有 4 名老师 F、H、Q 和 Z，均可以完成统计预测与决策（48 课时）、计量经济学（48 课时）、运筹学（54 课时）和多元统计分析（54 课时）4 门课程的教学任务。由于 4 名老师对相应课程的熟悉程度和经验不同，用在各门课程每课时上的备课时间（单位：小时）也不同，具体数据如表 5-2 所示：

表 5-2   教师备课用时

备课时间	统计预测与决策	计量经济学	运筹学	多元统计分析
F	2	1.2	1.5	2
H	1	0.5	1.5	1.5
Q		1.2	1.2	2
Z	2	1.1	1	1

院教科办要求每门课程由 1 名教师承担，同时每名老师只能担任 1 门课程的教学任务。要求给出教师整体备课时间最少的排课方案。

（二）排课问题求解

这是一个典型的任务指派问题，4 名教师恰好承担 4 门课程，可以用整数规划中的 0-1 规划模型来处理。具体的建模求解步骤如下：

1. 确定决策变量

引入 0-1 变量 x_{ij}，并令：

$$x_{ij} = \begin{cases} 1, & \text{当安排第 i 老师承担 j 课程} \\ 0, & \text{当不安排第 i 老师承担 j 课程} \end{cases} \quad (i=1,2,3,4; j=1,2,3,4)$$

所得决策变量列于表 5-3 中：

表 5-3　　　　　　　　　　　　**排课问题决策变量表**

备课时间	统计预测与决策	计量经济学	运筹学	多元统计分析
F	x_{11}	x_{12}	x_{13}	x_{14}
H	x_{21}	x_{22}	x_{23}	x_{24}
Q	x_{31}	x_{32}	x_{33}	x_{34}
Z	x_{41}	x_{42}	x_{43}	x_{44}

2. 目标函数

把 4 名教师准备每门课程总的时间求出，见表 5-4。

表 5-4　　　　　　　　　　　　**教师课程总用时表**

总时间	统计预测与决策	计量经济学	运筹学	多元统计分析
F	96	57.6	81	108
H	48	24	81	81
Q	48	57.6	64.8	108
Z	96	52.8	54	54

总备课时间最少可以表示为：

$$\min z = 96x_{11}+57.6x_{12}+81x_{13}+108x_{14}+48x_{21}+24x_{22}+81x_{23}+81x_{24}+48x_{31}+57.6x_{32}+64.8x_{33}+108x_{34}+96x_{41}+52.8x_{42}+54x_{43}+54x_{44}$$

3. 约束条件

每名教师只能承担 1 门课程的约束条件为：

$x_{11}+x_{12}+x_{13}+x_{14}=1$

$x_{21}+x_{22}+x_{23}+x_{24}=1$

$x_{31}+x_{32}+x_{33}+x_{34}=1$

$x_{41}+x_{42}+x_{43}+x_{44}=1$

每门课程只能由 1 名教师承担的约束条件为：

$x_{11}+x_{21}+x_{31}+x_{41}=1$

$x_{12}+x_{22}+x_{32}+x_{42}=1$

$x_{13}+x_{23}+x_{33}+x_{43}=1$

$x_{14}+x_{24}+x_{34}+x_{44}=1$

再加上 x_{ij} 为 0-1 变量（$i=1,2,3,4$；$j=1,2,3,4$），就得到此整数规划的约束条件。

综上所述，可得如下整数规划模型：

$$\min z = 96x_{11}+57.6x_{12}+81x_{13}+108x_{14}+48x_{21}+24x_{22}+81x_{23}+81x_{24}+48x_{31}+57.6x_{32}+64.8x_{33}+108x_{34}+96x_{41}+52.8x_{42}+54x_{43}+54x_{44}$$

$$st\begin{cases} x_{11}+x_{12}+x_{13}+x_{14}=1 \\ x_{21}+x_{22}+x_{23}+x_{24}=1 \\ x_{31}+x_{32}+x_{33}+x_{34}=1 \\ x_{41}+x_{42}+x_{43}+x_{44}=1 \\ x_{11}+x_{21}+x_{31}+x_{41}=1 \\ x_{12}+x_{22}+x_{32}+x_{42}=1 \\ x_{13}+x_{23}+x_{33}+x_{43}=1 \\ x_{14}+x_{24}+x_{34}+x_{44}=1 \end{cases} \tag{5-4}$$

x_{ij} 为 0-1 变量（i=1，2，3，4；j=1，2，3，4）

4. 利用 LINDO/LINGO 对模型进行分析求解

（1）LINDO 求解过程

在 LINDO 里面输入如下程序可以完成对 0-1 整数规划模型（5-4）的求解，如图 5-10 所示。

min   96x11+57.6x12+81x13+108x14+48x21+24x22+81x23+81x24+48x31+57.6x32+64.8x33+108x34+96x41+52.8x42+54x43+54x44

st

x11+x12+x13+x14=1

x21+x22+x23+x24=1

x31+x32+x33+x34=1

x41+x42+x43+x44=1

x11+x21+x31+x41=1

x12+x22+x32+x42=1

x13+x23+x33+x43=1

x14+x24+x34+x44=1

end

int 16

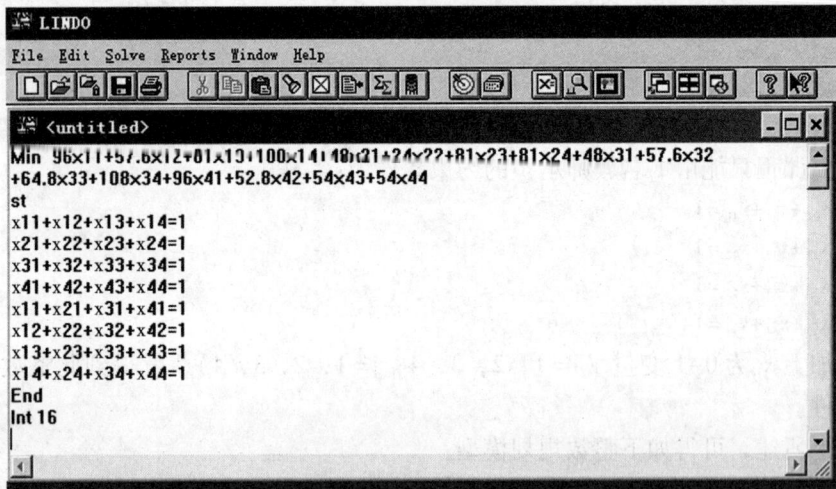

图 5-10　LINDO 模型输入窗口

选择菜单 LINDO/Solve（或按 Ctrl+S），或按工具栏中的执行快捷键  ，进行 0-1 整数规划模型（5-4）求解，可得计算结果，如图 5-11 所示。

图 5-11 LINDO 结果报告窗口

可见，最优目标函数值（OBJECTIVE FUNCTION VALUE），最小值为 207，最优解（VALUE）为：

$x11=0$，$x12=0$ $x13=1$，$x14=0$，$x21=0$，$x22=1$，$x23=0$，$x24=0$，

$x31=1$，$x32=0$，$x33=0$，$x34=0$，$x41=0$，$x42=0$，$x43=0$，$x44=1$。

其他输出结果如松弛变量、对偶价格等予以省略。

注：LINDO 求解整数规划的注意事项：

①LINDO 求解整数规划的基本命令格式与一般线性规划相同，只是在 LINDO 程序结束语句 "end" 之后用 "gin" 或 "int" 命令对一般整数变量和 0-1 整数变量进行定义。

②0-1 整数变量可由 integer（简写为 int）来标识，一般有两种写法：int vmane，即决策变量 vmane 为 0-1 变量；int n，即将当前模型中前 n 个变量标识为 0-1 变量，模型中变量顺序由模型中输入变量时出现的先后顺序决定。

③一般整数变量可由 general integer（简写为 gin）来说明，也有两种写法：gin vmane，即决策变量 vmane 为一般整数变量；gin n，即将当前模型中前 n 个变量标识为一般整数变量，模型中变量顺序由模型中输入变量时出现的先后顺序决定。

（2）LINGO 求解过程

也可以在 LINGO 软件的 Model 窗口内输入如下程序求解 0-1 整数规划模型（5-4），如图 5-12 所示：

min = 96 * x11+57.6 * x12+81 * x13+108 * x14+48 * x21+24 * x22+81 * x23+81 * x24+48 * x31+57.6 * x32+64.8 * x33+108 * x34+96 * x41+52.8 * x42+54 * x43+54 * x44;

x11+x12+x13+x14=1;

x21+x22+x23+x24=1;

x31+x32+x33+x34=1;

x41+x42+x43+x44=1;

x11+x21+x31+x41=1;

x12+x22+x32+x42=1;

x13+x23+x33+x43=1;

x14+x24+x34+x44=1;

@ bin（x11）；@ bin（x12）；@ bin（x13）；@ bin（x14）；

@ bin（x21）；@ bin（x22）；@ bin（x23）；@ bin（x24）；

@ bin（x31）；@ bin（x32）；@ bin（x33）；@ bin（x34）；

@ bin（x41）；@ bin（x42）；@ bin（x43）；@ bin（x44）；

end

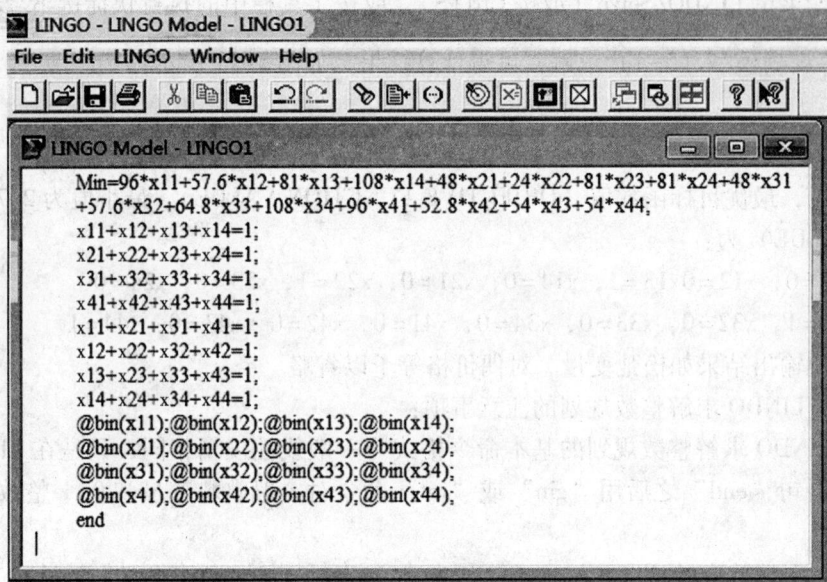

图 5-12　LINGO 模型输入窗口

选择菜单 LINGO/Solve（或按 Ctrl +U），或按工具栏中的执行快捷键 ⊙ ，进行 0-1 整数规划模型（5-4）求解，结果见图 5-13，LINGO 与 LINDO 计算结果一致。

其他输出结果也予以省略。

注：LINGO 求解整数规划的注意事项：

①LINGO 以 "@" 开头表示函数调用，也就是说所有的函数一律要以 "@" 开头。

②LINGO 中用函数 @bin（x）来限制变量 x 为 0-1 整数变量，不是与 LINDO 中的命令 int 对应的 @int 函数（LINGO 中没有 @int 函数），而是改写成了 @bin 函数。

③LINGO 中用函数 @gin（x）来限制 x 为一般整数变量。

④LINDO 中一般整数规划和 0-1 整数规划可以写成 gin n 和 int n，但是 LINGO 却不能对应地写为 @gin（n）和 @bin（n），否则 LINGO 将把这个模型看成没有一般整数变量和 0-1 整数变量。在 LINGO 中每个整数变量和 0-1 变量都要用 @gin 和 @bin 函数作出标识。

上述指派问题 0-1 整数规划模型（5-4）也可以在 LINGO 软件的 Model 窗口内输入下面编写的程序求解，如图 5-14 所示：

model：

sets：

teacher /1..4/：；

course/1..4/：；

assign（teacher，course）：c，x；

endsets

```
LINGO - Solution Report - LINGO1
File  Edit  LINGO  Window  Help
```

```
Solution Report - LINGO1

        Global optimal solution found.
        Objective value:                            207.0000
        Extended solver steps:                             0
        Total solver iterations:                           0


                      Variable           Value        Reduced Cost
                          X11        0.000000           96.00000
                          X12        0.000000           57.60000
                          X13        1.000000           81.00000
                          X14        0.000000           108.000
                          X21        0.000000           48.00000
                          X22        1.000000           24.00000
                          X23        0.000000           81.00000
                          X24        0.000000           81.00000
                          X31        1.000000           48.00000
                          X32        0.000000           57.60000
                          X33        0.000000           64.80000
                          X34        0.000000           108.000
                          X41        0.000000           96.00000
                          X42        0.000000           52.80000
                          X43        0.000000           54.00000
                          X44        1.000000           54.00000
```

图 5-13   LINGO 报告窗口

data：

$$c = \begin{matrix} 96 & 57.6 & 81 & 108 \\ 48 & 24 & 81 & 81 \\ 48 & 57.6 & 64.8 & 108 \\ 96 & 52.8 & 54 & 54 \end{matrix};$$

enddata

min = @ sum（assign：x * c）;

@ for（assign：@ bin（x））;

@ for（teacher（i）：@ sum（course（j）：x（i, j））= 1）;

@ for（course（j）：@ sum（teacher（i）：x（i, j））= 1）;

end

同样，选择菜单 LINGO/Solve（或按 Ctrl+U），或按工具栏中的执行快捷键 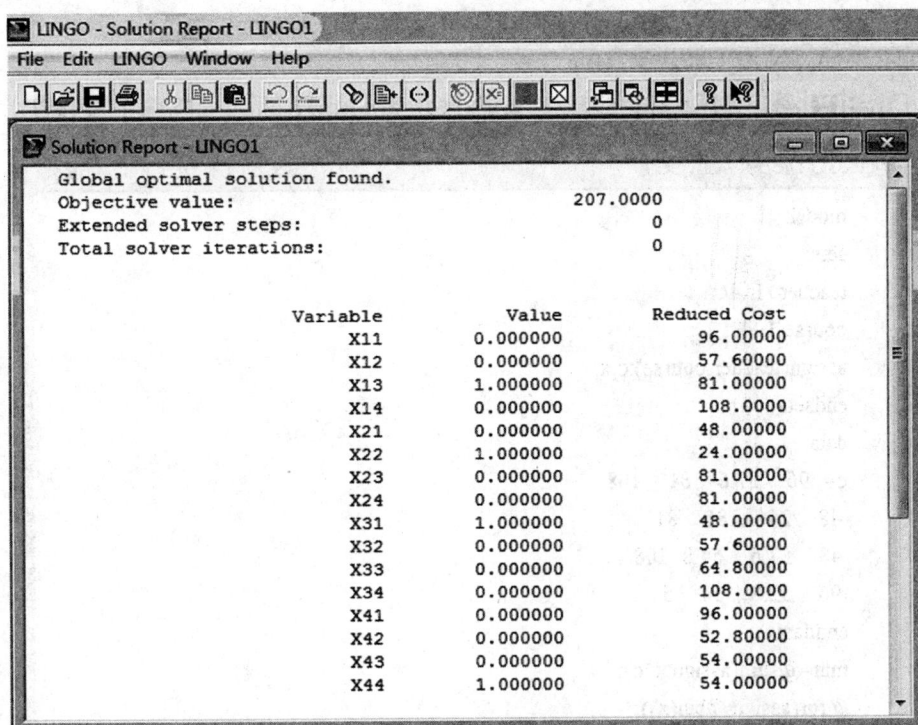，进行指派问题 0-1 整数规划模型求解，输出结果见图 5-15。

直接可以得到最优的排课方案为：x（1, 3）= 1；x（2, 2）= 1；x（3, 1）= 1；x（4, 4）= 1；min z = 207。

（三）最优排课方案

由以上的求解过程，可得最优的排课方案为：F 教师承担运筹学的教学工作，H 教师承担计量经济学的教学工作，Q 教师承担统计预测与决策的教学工作，Z 教师承

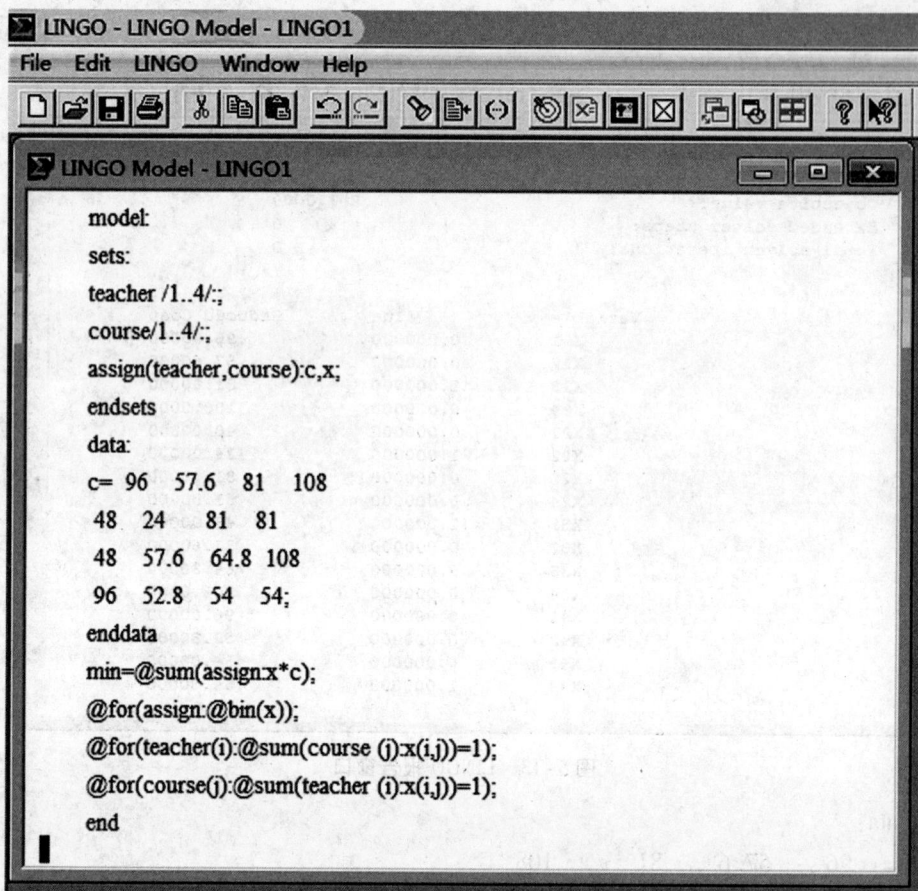

图 5-14　LINGO 模型输入窗口

担多元统计分析的教学工作。这样 4 位教师总的备课时间最少，为 207 小时。

【综合运用知识点评】

　　本实验应用 0-1 规划模型对分配问题进行求解，通过分析问题，定义决策 0-1 变量，写出目标函数和约束条件得到本案例排课问题的整数规划模型，并利用 LINDO/LINGO 软件对模型进行分析求解，最终得到本问题的最优排课方案。

```
LINGO - [Solution Report - LINGO1]
 File  Edit  LINGO  Window  Help
```

```
Global optimal solution found.
Objective value:                            207.0000
Extended solver steps:                             0
Total solver iterations:                           0
```

Variable	Value	Reduced Cost
C(1, 1)	96.00000	0.000000
C(1, 2)	57.60000	0.000000
C(1, 3)	81.00000	0.000000
C(1, 4)	108.0000	0.000000
C(2, 1)	48.00000	0.000000
C(2, 2)	24.00000	0.000000
C(2, 3)	81.00000	0.000000
C(2, 4)	81.00000	0.000000
C(3, 1)	48.00000	0.000000
C(3, 2)	57.60000	0.000000
C(3, 3)	64.80000	0.000000
C(3, 4)	108.0000	0.000000
C(4, 1)	96.00000	0.000000
C(4, 2)	52.80000	0.000000
C(4, 3)	54.00000	0.000000
C(4, 4)	54.00000	0.000000
X(1, 1)	0.000000	96.00000
X(1, 2)	0.000000	57.60000
X(1, 3)	1.000000	81.00000
X(1, 4)	0.000000	108.0000
X(2, 1)	0.000000	48.00000
X(2, 2)	1.000000	24.00000
X(2, 3)	0.000000	81.00000
X(2, 4)	0.000000	81.00000
X(3, 1)	1.000000	48.00000
X(3, 2)	0.000000	57.60000
X(3, 3)	0.000000	64.80000
X(3, 4)	0.000000	108.0000
X(4, 1)	0.000000	96.00000
X(4, 2)	0.000000	52.80000
X(4, 3)	0.000000	54.00000
X(4, 4)	1.000000	54.00000

图 5-15　LINGO 报告窗口

【练习与作业】

位于石河子经济开发区的神农农机生产有限公司年生产能力为 100 000 件，其产品主要供应新疆各个地州市，该公司在乌鲁木齐和库尔勒设有两个分公司分别负责北疆和南疆的产品销售。由于公司所在地离克拉玛依市、阿勒泰市、塔城市、伊宁市和博乐市比较近，也可以由总公司直接给这些地方供货。

总公司到两个分公司以及克拉玛依、阿勒泰、塔城、伊宁和博乐的运输距离（单位：千米）如表5-5所示。

表5-5　　　　　　　　　　　　　石河子与各地距离

距离	乌鲁木齐	库尔勒	克拉玛依	阿勒泰	塔城	伊宁	博乐
石河子	147	615	190	581	480	549	458

乌鲁木齐分公司到北疆和东疆各个地区的运输距离（单位：千米）如表5-6所示。

表5-6　　　　　　　　　　　　　乌鲁木齐与各地距离

距离	昌吉	五家渠	吐鲁番	哈密	克拉玛依	阿勒泰	塔城	伊宁	博乐
乌鲁木齐	38	36	182	592	337	662	627	696	605

库尔勒分公司到南疆各个地区的运输距离（单位：千米）如表5-7所示。

表5-7　　　　　　　　　　　　　库尔勒与各地距离

距离	阿克苏	阿图什	阿拉尔	图木舒克	喀什	和田
库尔勒	545	966	592	749	1 012	1 209

同时各地区对产品的需求量预测如5-8表所示。

表5-8　　　　　　　　　　　　　各地需求量预测　　　　　　　　　　　　单位：件

地区	需求量	地区	需求量
乌鲁木齐	20 000	阿勒泰	550
克拉玛依	18 000	塔城	2 300
石河子	11 450	吐鲁番	2 200
库尔勒	10 000	哈密	2 000
昌吉	10 000	五家渠	1 100
喀什	8 000	阿拉尔	800
阿克苏	4 600	阿图什	700
伊宁	4 200	图木舒克	600
博乐	3 000	和田	500

假设每件产品的运输费用为1元/千米。

如何安排调用方案，使得公司运输成本最低？

【参考文献】

［1］韩伯棠．管理运筹学［M］.3 版．北京：高等教育出版社，2010.

［2］谢金星，薛毅．优化建模与 LINDO/LINGO 软件［M］．北京：清华大学出版社，2007.

［3］弗雷德里克·S. 希利尔，杰拉尔德·J. 利伯曼．运筹学导论［M］.9 版．胡运权，等，译．北京：清华大学出版社，2010.

［4］胡运权，郭耀煌．运筹学教程［M］.3 版．北京：清华大学出版社，2007.

［5］何坚勇．运筹学基础［M］．北京：清华大学出版社，2008.

［6］熊伟．运筹学［M］.2 版．北京：机械工业出版社，2009.

［7］刘春梅．管理运筹学基础、技术及 Excel 建模实践［M］．北京：清华大学出版社，2010.

［8］沈荣芳．运筹学高级教程［M］．北京：高等教育出版社，2008.

［9］曹勇．应用运筹学［M］．北京：经济管理出版社，2008.

［10］钱斌，刘德妍，潘明华．人力资源管理理论与实务［M］．上海：华东师范大学出版社，2008.

第六章

调查与分析
实验

综合实验一 敏感性问题调查

【实验目的】

1. 学习和掌握利用概率统计理论解决实际问题的技能。
2. 学习和掌握对敏感性问题调查的基本方法和措施。
3. 学习和掌握敏感性问题调查的有关技巧。

【方法概述】

对于敏感性问题的比率，如某学校学生阅读黄色书刊和观看黄色影像的比率、某社区居民参加赌博的比率、某社区居民吸毒的比率、某城市经营者偷税漏税户的比率，或某学校学生考试作弊的比率，这些均属于个人隐私，若采用直接调查的方法，调查者将难以控制样本信息，得不到可靠的样本数据。为了得到敏感性问题可靠的样本数据，关键要设计一个调查方案，使被调查者既愿意做出真实回答，又能保守个人秘密。针对这些情况，可采用一种科学可行的技术——随机化回答技术。

随机化回答，是指在调查中使用特定的随机化装置，使得被调查者以预定的概率 p 来回答敏感性问题。这一技术的宗旨就是最大限度地为被调查者保守秘密，从而取得被调查者的信任。比如在调查学生考试作弊的问题中，设计外形完全一样的卡片，然后放在一盒子里，调查时，由被调查者从盒子里任抽一张卡片，根据卡片上的问题做出回答，回答完毕再把卡片放回盒子。至于卡片上具体是什么问题，调查者无权过问。这样就起到了为被调查者保密的作用，易于得到被调查者的支持。

【实验背景】

（一）背景材料

在问卷调查中，被调查者由于种种原因不愿意回答问题，这类问题就是敏感性问题。对敏感性问题的调查，关键要使被调查者愿意做出真实回答又能保守秘密，进而能根据调查问题的特点，科学设计调查表，合理制定调查程序，分析调查结果。

（二）理论基础

对于复杂事件的概率，经常要把它分解为一些互不相容的较简单事件的和，通过分别计算这些简单事件的概率，再利用概率的可加性，得到所需要的概率。这样，可以从已知较简单事件概率计算出未知的复杂的概率。全概率公式是加法公式和乘法公式的综合，是概率论中的重要公式。

定理（全概率公式）如果事件 A_1，A_2，$\cdots$，A_n 满足

（1）A_1，A_2，$\cdots$，A_n 互不相容，而且 $P(A_k) > 0$（$k = 1, 2, \cdots, n$）

（2）$A_1 + A_2 + \cdots + A_n = U$（完全性）

则对任一事件 B 都有 $P(B) = \sum_{i=1}^{n} P(A_i) B(B \mid A_i)$，称此公式为全概率公式。

【实验步骤】

第一步：制作一个能产生两种实验结果的随机化装置。设计两套外形一样的卡片，分别记为 1 号卡片和 2 号卡片。

1 号卡片：写有敏感性问题"你属于 X 吗"（比如"在考试中作弊了吗"）。

2 号卡片：写有无关问题"你属于 Y 吗"（Y 是与调查无关的非敏感性问题，如"你是 7 月 1 日之前出生的吗"）。

第二步：将 1 号卡片与 2 号卡片按预定比例混合后，放入一个盒子中。

第三步：选定被调查对象后，被调查者只需从盒子中任意抽取一张卡片，根据卡片上的问题做出真实的回答，在如图 6-1 所示的答卷上认可的方框内打钩，然后把答卷放入一只密封的投票箱内。当然调查员无权知道被调查者抽到是 1 号卡片还是 2 号卡片，更不知道卡片上写的究竟是哪一个问题。

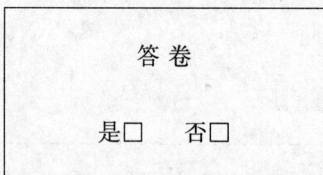

图6-1　确认答卷

第四步：当有较多的人数参加完调查后，打开投票箱进行统计。

记"抽到了1号卡片"为事件A，令P（A）＝p；"抽到了2号卡片"为事件B，则P（B）＝1-p。

假定抽样方式是简单随机可放回的，样本容量为n，π_X是具有敏感性特征X的人所占比例，π_Y是具有无关特性Y的人所占比例，如设计问题"你是7月1日之前出生的吗"，则π_Y为1/2；若设计问题"你是5月份出生的吗？"，则π_Y为1/12。

$$X_i = \begin{cases} 1, & \text{若被调查者回答"是"} \\ 0, & \text{若被调查者回答"否"} \end{cases} \quad (i=1, 2, \cdots, n)$$

设k表示回答"是"的人数，则打开投票箱进行统计后，计算回答"是"的比率（概率）用频率k/n来估计，即

$$P(X_i = 1) = \frac{k}{n}$$

第五步：计算敏感性问题的比率。

由全概率公式有：

$$P(X_i = 1) = P(A) \cdot \pi_X + P(B) \cdot \pi_Y = p\pi_X + (1-p)\pi_Y$$

$$\frac{k}{n} = p\pi_X + (1-p)\pi_Y$$

由此得π_X的估计为：

$$\pi_X = \frac{k/n - (1-p)\pi_Y}{p}$$

假定在这项调查中，总共有50张卡片，其中1号卡片30张，则P（A）＝0.6。有1 583名学生参加了调查，最后开箱统计，全部有效，其中回答"是"的有389张，若π_Y为1/2，据此可算得：

$$\pi_N = \frac{k/n - (1-p)\pi_Y}{p} = \frac{389/1583 - (1-0.6) \cdot \frac{1}{2}}{0.6} = 0.0762$$

这表明，全校约有为7.62%的学生在考试中作过弊。

【综合运用知识点评】

本实验综合运用全概率公式、概率的频率估计及随机化回答调查技术，完成了对某个感兴趣的敏感性问题比例的调查及计算。这种方法在理论上可靠，在实践中可

行，被调查者原意做出真实回答，又能保守秘密。敏感性问题调查在社会学、法学、经济管理等方面有着重要的应用。

【练习与作业】

针对某个敏感性问题，完成对敏感性问题的调查，利用全概率公式，计算样本中某个敏感性问题的比例。

【参考文献】

［1］茆诗松，等．概率论与数理统计［M］．2 版．北京：中国统计出版社，2000．

［2］龚德恩．经济数学基础（第二分册：概率统计）［M］．成都：四川人民出版社，2005．

综合实验二　调查问卷效度、信度的评价及检验

【实验目的】

在我国统计调查和科学研究中，问卷调查得到了相当广泛的应用。为了保证问卷调查结果的准确性和科学性，有必要考察所设计的问卷是否符合要求，调查的结果是否可信与有效。效度和信度分析是问卷分析的第一步，也是检验该问卷是否合格的标准之一，所以，我们在做问卷调查的时候第一步就要进行信度和效度的分析，才能确保我们的问卷有意义。本实验以《少数民族就业困难群体的成因和社会支持状况调查问卷》[①] 为例，对如何在 SPSS17.0 软件上实现效度和信度分析作扼要介绍。

【方法概述】

（一）效度分析

效度通常指问卷的有效性和正确性，即问卷能够测量出其所要测量的特性的程度，问卷调查的目的就是要获得高效度的测量与结论。效度越高表示该问卷测验的结果代表要测验的行为的真实度越高，越能够达到问卷测验的目的，该问卷才正确而有效。问卷的准确性（有效性）是用问卷的效度加以刻画的，它反映了对问卷的系统误差的控制程度。一般常用的效度指标有内容效度和结构效度。

---

① 何剑，纪俊．新疆少数民族就业困难群体成因分析——基于托克逊县两个社区的调查［J］．山东纺织经济，2013（4）．

内容效度指问卷内容的适合性和相符性，即问卷内容能否反映所要测量的特质，能否符合测验目的的要求。问卷的内容效度常用专家法来测量，即请有关专家对问卷的题目与内容的相符性进行分析，作出判断。

结构效度又称构想效度，是指问卷对某一理论概念或特质测量的程度，即某问卷测验的实际得分能解释某一特质的程度。问卷结构效度常用的评价方法是因子分析法，其目的是要了解属于相同概念的不同问卷项目是否如理论预测那样集中在同一公共因子里。一般采用 KMO（Kaiser-Meyer-Olkin）检验问卷的结构效度，KMO 值越大问卷的结构效度越好。

（二）信度分析

信度分析是一种测度综合评价体系是否具有一定的稳定性和可靠性的有效分析方法，即问卷测评的结果内部是否相互符合，以及在不同的测评时点获得的调查结果是否稳定。

信度分析正是要对量表的有效性（信度）进行研究。量表的信度分析包括内在信度分析和外在信度分析。内在信度分析重在考察一组评估项目是否测量的是同一特征，这些项目之间是否具有较高的内在一致性。内在信度高意味着一组评估项目的一致程度高，相应的评估项目有意义，所得的评估结果可信。外在信度分析是指在不同时间对同一批被评估对象实施重复测量时，评估结果是否具有一致性。如果两次评估的结果相关性较强，则说明在被评估对象没有故意隐瞒的前提下，评估项目的概念和内容是清晰的、不模糊的，没有二义性的，因而所得的评估结果是可信的。SPSS 的信度分析主要用于对量表内在信度的分析。

信度分析的基本方法

SPSS 的信度分析主要用于对量表内在信度进行研究。它首先对各个评估项目做基本描述统计、计算各项目的简单相关系数以及剔除一个项目后其余项目间的相关系数，对内在信度进行初步分析。然后采用各种信度分析系数对内在信度或外在信度做进一步的研究。信度系数主要包括克朗巴哈（Cronbach）α 系数、折半（Split-half）信度系数等。

（1）克朗巴哈（Cronbach）α 系数

克朗巴哈 α 系数主要用于测度量表内部的一致性，其计算方法是：先计算各评估项目的相关系数举证，并计算相关系数的均值，再计算克朗巴哈 α 系数，其数学定义式为 $\alpha = \dfrac{k\bar{r}}{1+(k-1)\bar{r}}$，其中 k 为评估项目数，$\bar{r}$ 为 k 个项目相关系数的均值。克朗巴哈 α 系数的值在 0~1 之间。一般而言，如果克朗巴哈 α 系数大于 0.9，则认为量表的内在信度很高；如果克朗巴哈 α 系数大于 0.8（小于 0.9），则认为量表的内在信度是可以接受的；如果克朗巴哈 α 系数大于 0.7（小于 0.8），则认为量表设计存在一定问题，但仍有一定参考价值；如果克朗巴哈 α 系数小于 0.7，则认为量表设计存在很大问题应考虑重新设计。

（2）折半信度系数

折半信度系数主要用于外在信度的评价，同时也可用在内在信度方面。其基本思路是将评估量表一分为二后分别计算两部分的克朗巴哈 α 系数（这里称为折半信度系数），进而对两部分量表的信度进行比较。通常，在做量表的外在信度分析时，可将特定被评估对象群前后两次的评估项目得分横向合并在一起，然后计算折半信度系数；在做量表的内在信度分析时，评估项目较多时也可计算折半信度系数。

【实验背景】

近 10 年新疆经济迅速发展，社会发展取得了长足进步，但新疆经济、社会发展过程中也存在不合理、不和谐因素。2012 年新疆人口 2 232.78 万人，汉族人口占 37.9%，少数民族人口占 62.1%。新疆的少数民族较多，他们多聚居在偏远的南疆各地州，经济发展水平低下，受教育程度低，不具备市场经济条件下就业所要求的条件。因此，在一定程度上，新疆少数民族存在就业困难的现象。就业乃民生之本、稳定之基，研究新疆少数民族就业困难的问题，对改善新疆民生，提高新疆人民的生活水平，缩小南北疆差距，促进新疆跨越式发展，实现新疆社会长治久安有重要意义。

为了直接了解、获取新疆少数民族就业困难群体的相关信息，本实验通过设计相关的调查问卷获得一手资料。此次问卷调查主要通过对少数民族就业困难群体成员本人进行调查，因此设计出《少数民族就业困难群体的成因和社会支持状况调查问卷》[①]，共发放问卷 475 份，回收 468 份，问卷回收率 98.53%。

【实验步骤】

（一）就业困难群体因素分析

结合影响就业困难群体就业的相关理论与调查的实际情况，本实验将遵循影响就业困难群体就业的一般规律，从就业者自身状况、区域经济状况以及政府的就业政策三大方面寻找影响新疆少数民族就业难的因素。

1. 个人状况

就业者自身状况是影响其就业的最重要因素。从就业角度考虑，求职者的身体健康状况及受教育水平都属于其区别于他人的特质，身体健康状况及受教育水平的差异（或有无）直接决定着求职者的就业结果。因此，在个人状况方面，本实验选择身体

---

① 问卷的详细内容见本实验的附录。

健康程度，受教育水平，获得的职称、技能，以及拥有的技能种数 4 个指标。

2. 所在家庭状况

少数民族学生的就业问题，并不只是牵扯学生本人，每个学生的背后都有一个家庭和一个庞大的亲属网络（马戎，2009）。在研究少数民族学生就业难问题时，马戎强调关注少数民族学生所在的家庭。对于就业困难群体而言，其家庭背景在某些情况下也影响着其就业。因此，在分析就业困难群体的成因时，也应考虑家庭这一社会学研究的基本单位。本实验选择家庭成员个数以及就业困难者的家庭负担这两个问题反映其家庭状况。

3. 经济形势与背景

随着我国体制转轨进程的加快和深入，以及劳动力市场的不断发展，计划经济条件下的"充分就业"政策逐渐被"有效就业"政策所取代（钱再见，2005）。钱再见强调，在研究就业困难群体的过程中，20 世纪的国有体制改革这一历史背景不能忽略，它既是时代背景，更是形成就业困难群体的一个重要原因。因此，在研究当下的少数民族就业困难群体时，也必须把经济形势与背景考虑在内。本实验选取对未来经济与社会发展的信心以及经济社会发展对解决就业的帮助程度两个指标。

4. 政府就业政策及执行情况

在研究乌鲁木齐市流动人口的结构特征与就业状况时，采用"被访者对政府管理流动人口政策的看法"这一指标（马戎，2005）。与研究流动人口就业状况情形相似，少数民族就业困难群体就业也属于就业问题，其就业状况必然要受到政府相关就业政策的影响。就业政策制定合理是一个问题，落实到地方的执行力度又是另一个问题。因此，在考虑政府就业政策时，需要同时考虑政策制定的合理性以及政策的执行效果两方面的因素。反映在被调查者身上，对于就业与社会保障政策，就体现为社会保障制度的系统性、社会保障政策的公平性、社会保障制度的协调性、社会保障政策的合理性以及社会保障政策覆盖率的满意度调查；对社会保障机构，就体现为被调查者对社会保障机构的服务态度、政策执行力度、办事效率以及服务水平的满意度调查。

在分析少数民族就业困难群体的成因时，不能简单地只分析上述四方面的因素，还要把就业与生活状况联系起来，生活状况的好与坏影响着少数民族对就业困难程度的感知。除此之外，调研结果显示就业意愿的强弱同样也影响着少数民族对就业困难程度的感知。因此，影响少数民族就业困难的因素如表6-1所示。

（二）问卷的效度和信度分析

1. 效度分析

在进行数据分析之前，需要先进行效度分析。测量问卷内容效度常用专家法，即请有关专家对问卷的题目与内容的相符性进行分析，作出判断。新疆少数民族就业困难群体调查问卷 B 的内容是在查阅就业群体相关理论文献的基础上，征询多位专家的意见与建议，经过多次修改逐步确定的，其内容效度得到了一定的保障。而问卷结构效度常用的评价方法是因子分析法，其目的是要了解属于相同概念的不同问卷项目是否如理论预测那样集中在同一公共因子里。一般采用 KMO 检验问卷的结构效度，KMO 值越大问卷的结构效度越好。具体操作步骤如下：

表 6-1　　　　**影响少数民族就业困难的因素**

潜变量	观测变量
个人状况	身体健康状况（X_1），受教育程度（X_2），获得的职称、技能（X_3），拥有的技能种数（X_4）
家庭负担	家庭成员个数（X_5），家庭负担（X_6）
经济形势	对未来经济与社会发展的信心（X_7），经济社会发展对解决就业的帮助程度（X_8）
社保机构	服务态度（X_9），政策执行情况（X_{10}），办事效率（X_{11}），服务水平（X_{12}）
社保政策	社会保障制度的系统性（X_{13}），社会保障政策的公平性（X_{14}），社会保障制度的协调性（X_{15}），社会保障政策的合理性（X_{16}），社会保障政策的覆盖率（X_{17}）
—	就业意愿（X_{18}）
—	生活状况（X_{19}）

（1）首先将问卷每一个问题进行赋值，即将问卷中每一个问题按照李克特量表法进行 5、4、3、2、1 赋值，然后将整理好的数据导入 SPSS17.0 中（详见数据文件 6-1.xls），见图 6-2。

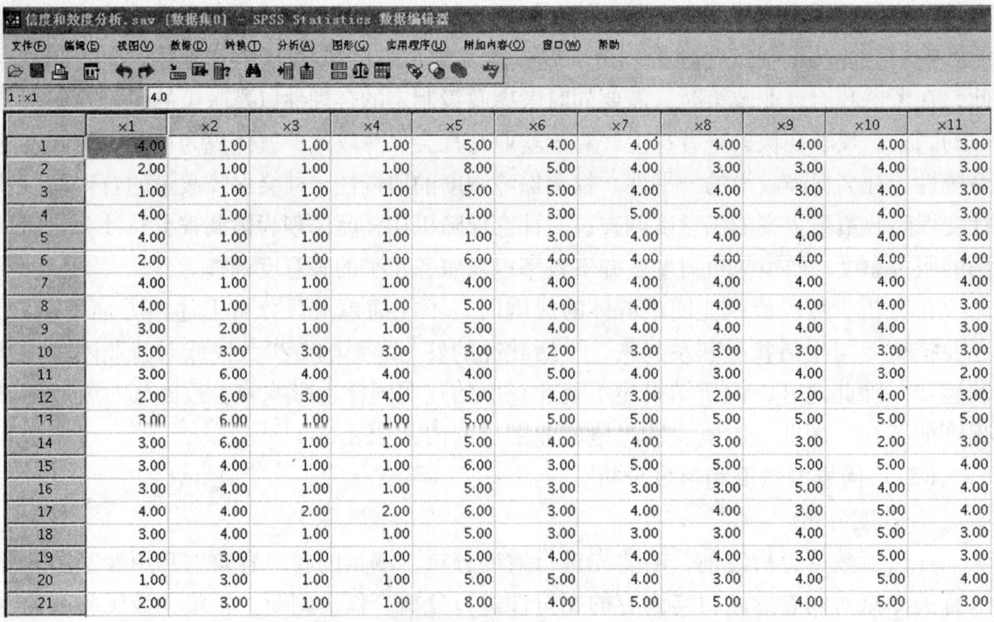

	x1	x2	x3	x4	x5	x6	x7	x8	x9	x10	x11
1	4.00	1.00	1.00	1.00	5.00	4.00	4.00	4.00	4.00	4.00	3.00
2	2.00	1.00	1.00	1.00	8.00	5.00	4.00	3.00	3.00	4.00	3.00
3	1.00	1.00	1.00	1.00	5.00	5.00	4.00	4.00	3.00	4.00	3.00
4	4.00	1.00	1.00	1.00	1.00	3.00	5.00	5.00	4.00	4.00	3.00
5	4.00	1.00	1.00	1.00	1.00	3.00	4.00	4.00	4.00	4.00	3.00
6	2.00	1.00	1.00	1.00	6.00	4.00	4.00	4.00	4.00	4.00	4.00
7	4.00	1.00	1.00	1.00	4.00	4.00	4.00	4.00	4.00	4.00	4.00
8	4.00	1.00	1.00	1.00	5.00	4.00	4.00	4.00	4.00	4.00	3.00
9	3.00	2.00	1.00	1.00	5.00	4.00	4.00	4.00	4.00	4.00	3.00
10	3.00	3.00	3.00	3.00	3.00	2.00	3.00	3.00	3.00	3.00	3.00
11	3.00	6.00	4.00	4.00	4.00	5.00	4.00	3.00	4.00	3.00	2.00
12	2.00	6.00	3.00	4.00	5.00	4.00	3.00	2.00	2.00	4.00	3.00
13	3.00	6.00	1.00	1.00	5.00	5.00	5.00	5.00	5.00	5.00	5.00
14	3.00	6.00	1.00	1.00	5.00	4.00	4.00	3.00	3.00	2.00	3.00
15	3.00	4.00	1.00	1.00	6.00	3.00	5.00	5.00	5.00	5.00	4.00
16	3.00	4.00	1.00	1.00	5.00	3.00	3.00	3.00	5.00	4.00	4.00
17	4.00	4.00	2.00	2.00	6.00	3.00	4.00	4.00	3.00	5.00	4.00
18	3.00	4.00	1.00	1.00	5.00	3.00	3.00	3.00	4.00	5.00	3.00
19	2.00	3.00	1.00	1.00	5.00	4.00	4.00	4.00	3.00	5.00	3.00
20	1.00	3.00	1.00	1.00	5.00	5.00	4.00	3.00	4.00	5.00	4.00
21	2.00	3.00	1.00	1.00	8.00	4.00	5.00	5.00	4.00	5.00	3.00

图 6-2　将整理好的数据导入 SPSS17.0 中

（2）选择菜单“分析”——“降维”——“因子分析”，将参与因子分析的变量选到变量框中，如图 6-3 所示。

（3）在“因子分析”窗口中单击“描述”按钮，选择“原始分析结果”、“反映

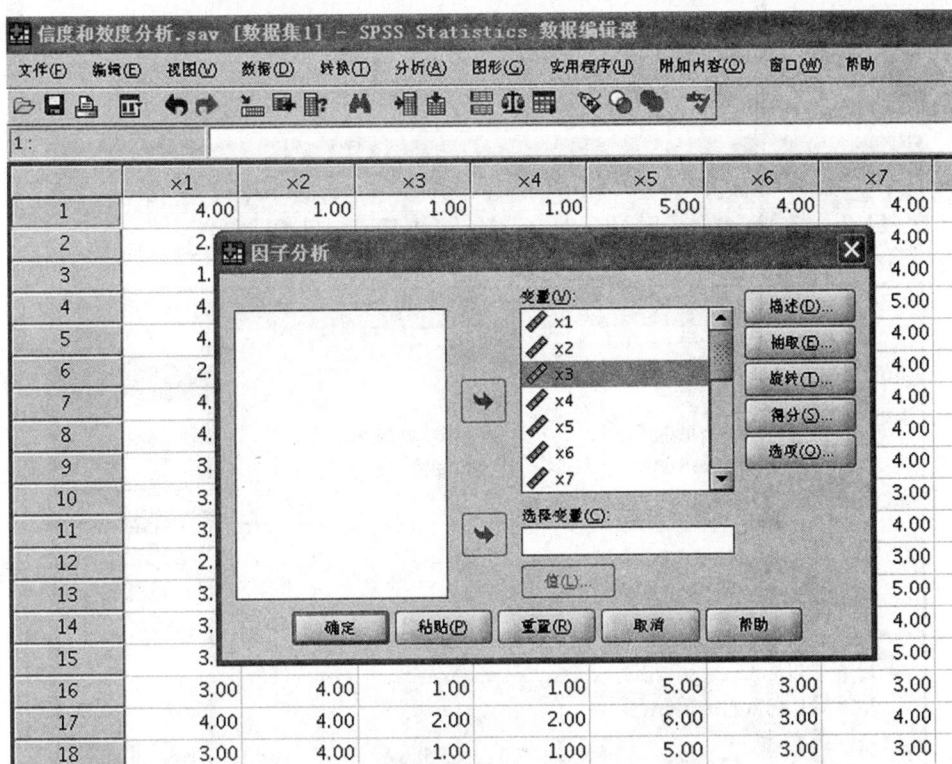

图6-3　选择参与因子分析的变量

象"和"KMO 和 Bartlett 的球形度检验",如图6-4 所示。

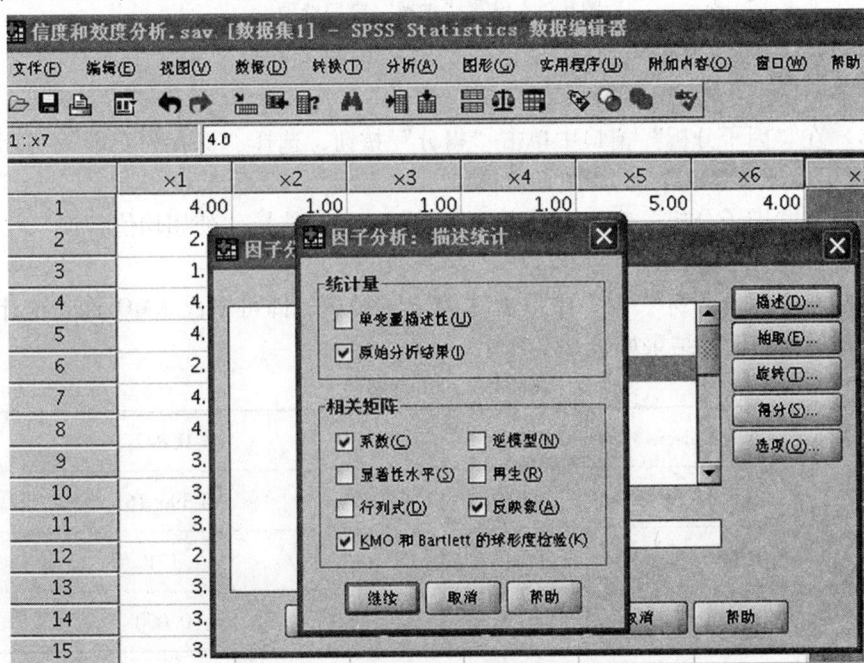

图6-4　设置"描述统计"窗口选项

（4）在"因子分析"窗口中单击"抽取"按钮，选择 SPSS17.0 默认的"主成分"、"相关性矩阵"、"未旋转的因子解"、"碎石图"和"基于特征值"，如图 6-5 所示。

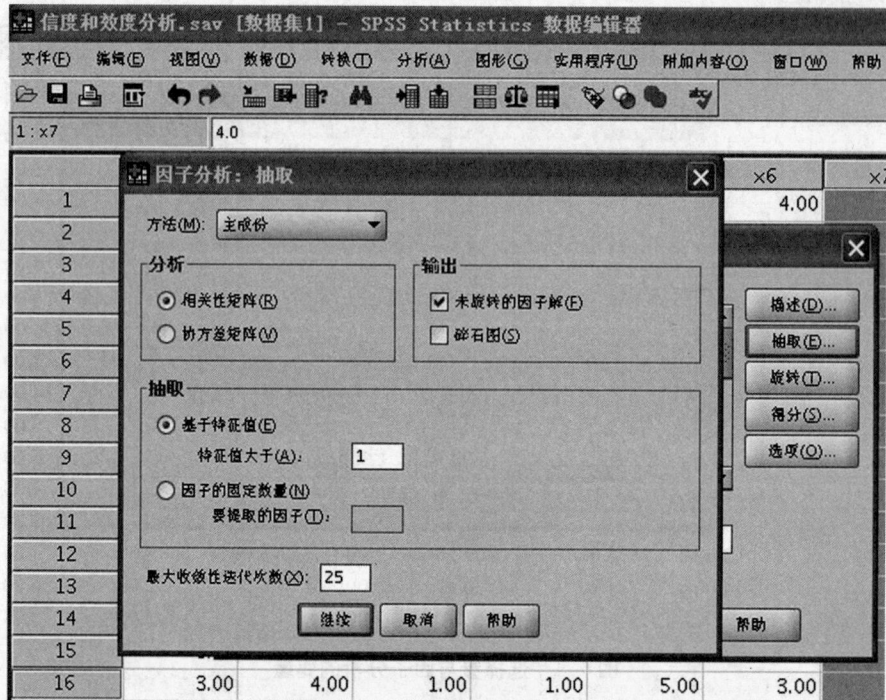

图 6-5　设置"抽取"窗口选项

（5）在"因子分析"窗口中单击"旋转"按钮，选择"最大方差法"、"旋转解"、"载荷图"，如图 6-6 所示。

（6）在"因子分析"窗口中单击"得分"按钮，选择"保存为变量"、"回归"、"显示因子得分系数矩阵"，如图 6-7 所示。

（7）在"因子分析"窗口中单击"选项"按钮，选择"使用均值替换"、"按大小排序"，如图 6-8 所示。

（8）在"因子分析"窗口中单击"确定"按钮，即可输出 KMO 检验统计量和 Bartlett 球度检验值，结果如表 6-2 所示。

表 6-2　　　　　　　　　　　　　　KMO 和 Bartlett 检验

取样足够度的 Kaiser-Meyer-Olkin 度量		0.847
Bartlett 球形检验	卡方值	3 396.161
	自由度	171
	显著性水平	0.000

由表 6-2 可知，巴特利特球度检验统计量的卡方值为 3 396.161，相应的概率 p 接近 0。如果显著性水平 $\alpha = 0.05$，由于概率 p 小于显著性水平，应拒绝零假设，认

图 6-6 设置"旋转"窗口选项

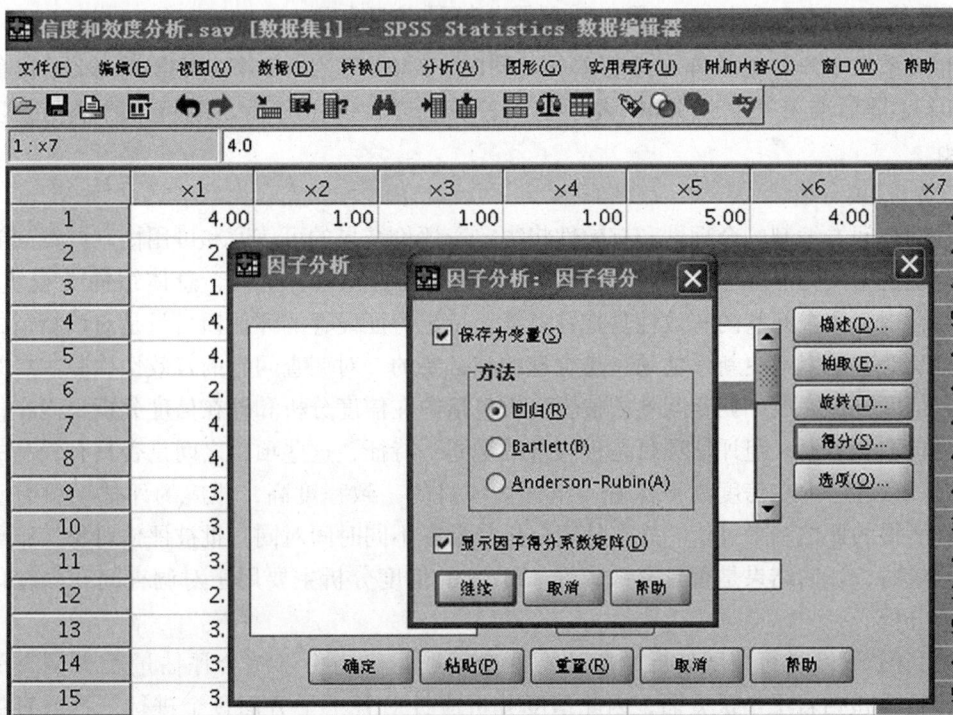

图 6-7 设置"因子得分"窗口选项

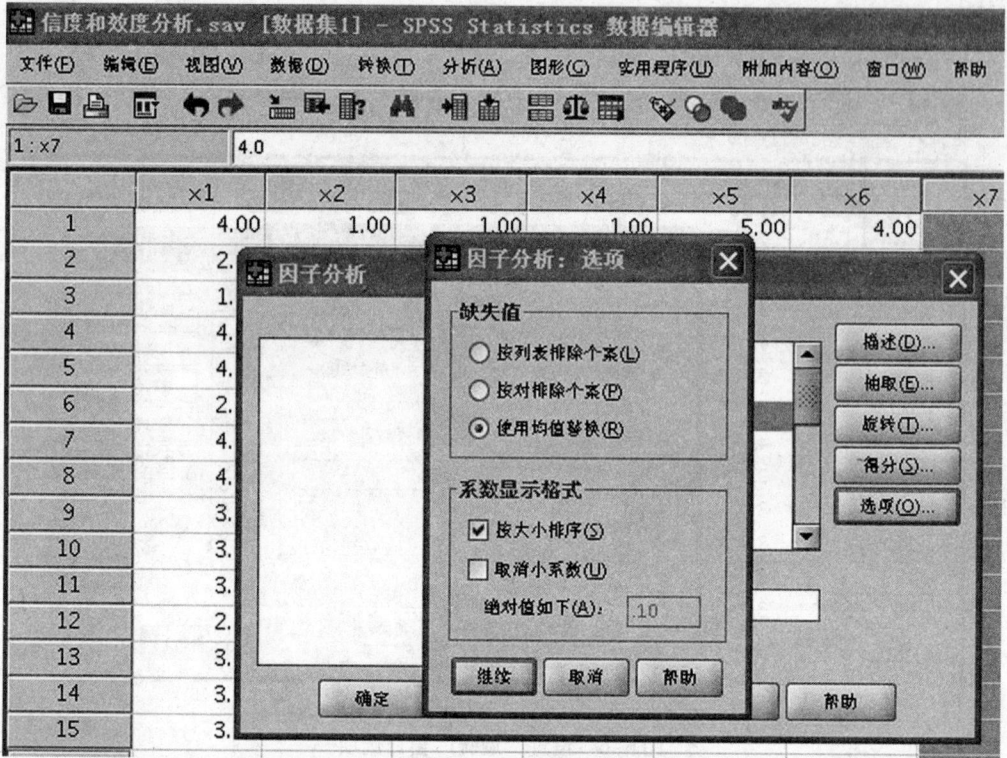

图 6-8　设置"选项"窗口选项

为相关系数矩阵与单位阵有显著差异。同时，KMO 值为 0.847，根据 Kaiser 给出的
KMO 度量标准可知，当 KMO 大于 0.8 表示适合做因子分析，即问卷的结构效度
较好。

2. 信度分析

调查问卷编制的合理性和有效性将决定着评价结果的可信度和可用性。调查问卷
的合理性主要是指所设置的评估项目在内容上是否完整、全面，总体结构（权重）
是否合理。调查问卷的有效性是指针对某个特定特征设置的评估项目只是对该特征的
部分反映，适当地更新评估项目是合理的和必要的。对调查问卷的有效性检验主要是
通过信度分析完成。调查问卷的信度分析包括内在信度分析和外在信度分析。内在信
度分析重在考察一组评估项目是否测量的是同一特征，这些项目之间是否具有较高的
内在一致性。内在信度高意味着一组评估项目的一致程度高，相应的评估项目有意
义，所得的评估结果可信。外在信度分析是指在不同时间对同一批被评估对象实施重
复测量时，评估结果是否具有一致性。SPSS 的信度分析主要用于对调查问卷内在信
度的分析。

利用 SPSS 进行信度分析时应注意两个问题：一是由于综合评估量表（调查问
卷）通常包括若干个子方面，因此信度分析应针对各个子方面逐个进行，不可直接
对整个量表（调查问卷）进行分析；二是如果某特征下设的多个评估项目并非全部
同向，而是存在反向计分题，应对它们进行反向处理后再进行信度分析。鉴于此，我

们需要对影响少数民族就业的个人状况、家庭负担、经济形势等各个因素分别做信度分析。首先对个人状况所包含的身体健康状况（X_1），受教育程度（X_2），获得的职称、技能（X_3），以及拥有的技能种数（X_4）这四个问题进行信度分析，操作步骤如下：

（1）首先将整理好的数据导入 SPSS17.0 中，选择菜单"分析"——"度量"——"可靠性分析"，如图 6-9 所示。

图 6-9 导入数据，选择"可靠性分析"

（2）将问卷中反映"个人状况"这方面的四个问题，即 X_1、X_2、X_3 和 X_4 这四个变量选择到项目框中，在模型中选择 α 系数法（克朗巴哈 α 系数法），如图 6-10 所示。

（3）在"可靠性分析"窗口中单击"统计量"按钮，在"描述性"里选择"项"、"度量"和"如果项已删除则进行度量"，在"项之间"选择"相关性"，在"摘要"里选择"均值"、"方差"和"相关性"，在"ANOVA 表"中选择"F 检验"，如图 6-11 所示。

（4）在"可靠性分析"窗口中单击"确定"按钮，即可输出信度分析结果，结果如表 6-3 和表 6-4 所示。

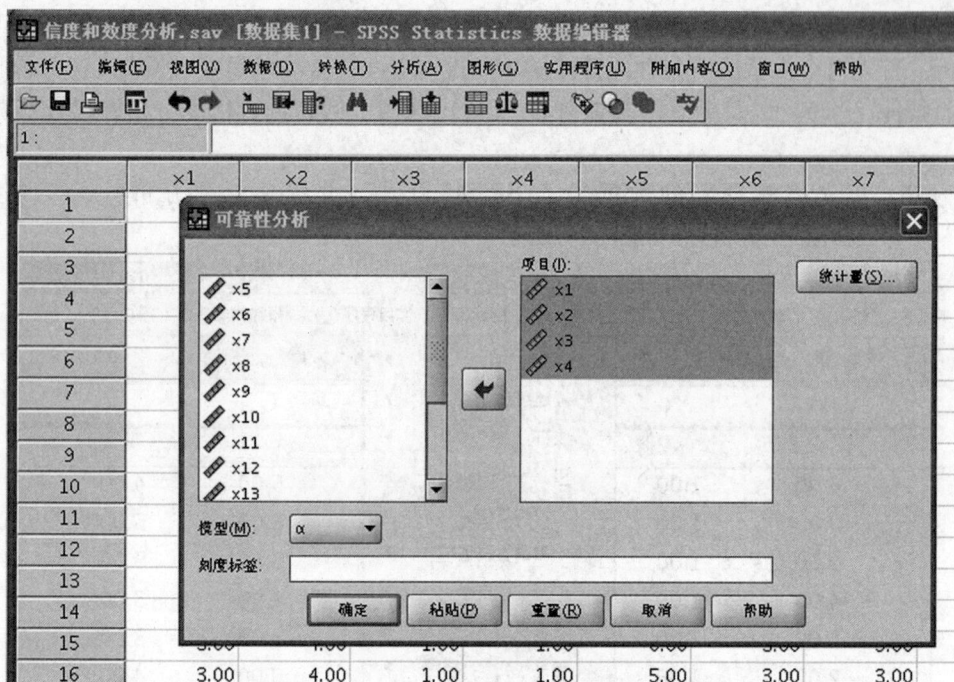

图 6-10　选择变量和模型

图 6-11　设置"统计量"窗口选项

表6-3 可靠性统计量

Cronbach's Alpha	基于标准化项的 Cronbach's Alpha	项数
0.606	0.597	4

由表6-3可知，克朗巴哈 α 系数（Cronbach's Alpha）为0.606，基于标准化项的克朗巴哈 α 系数为0.597，克朗巴哈 α 系数是由4个问题计算得出的。由于克朗巴哈 α 系数为0.606，小于0.7，因此可以认为"个人状况"这部分所包含的4个问题在设计上存在很大的问题，应考虑重新设计。

表6-4 项总计统计量

	剔除某项目后剩余评估项目的均值	剔除某项目后剩余评估项目的方差	某项目与其余项目的简单相关系数	某项目与其余项目的复相关系数	剔除某项目后的 Cronbach's Alpha 值
X_1	6.3013	5.911	0.307	0.172	0.589
X_2	6.4530	3.473	0.563	0.330	0.373
X_3	7.9530	5.308	0.478	0.245	0.476
X_4	7.7799	6.245	0.247	0.116	0.625

由表6-4我们可以得出以下结论：如果剔除项目 X_1，则468个被调查者在其余3个项目上总分的均值为6.3013；如果剔除项目 X_1，则468个被调查者在其余3个项目上总分的方差为5.911；项目 X_1 与其他项目总分的简单相关系数为0.307；项目 X_1 与其他项目的复相关系数为0.172；剔除了项目 X_1 后的信度系数为0.589。

进一步分析分析各个评估项目，从复相关系数看，每一个项目与其他项目的复相关系数均低于0.5，说明该体系的内在信度存在问题，应考虑重新设计。其中，项目 X_4 与其他项目的复相关系数最低，仅为0.116，说明应对项目 X_4 做适当的调整。从剔除某项目看，当剔除项目 X_4 后，信度系数略有改善，为0.625，这说明该项目与其他项目的相关程度不高，应考虑做适当的调整或剔除，但剔除任何一个其他项目时，剔除后的信度系数均有所下降，说明应保留 X_1、X_2 和 X_3 这三个项目。

按照上述操作步骤，可以依次对家庭状况、经济社会发展等其他影响因素进行信度分析，详细结果如表6-5所示。

表6-5 信度检验汇总表

潜变量	Cronbach's Alpha	观测变量个数
个人状况	0.606	4
家庭状况	0.258	2
经济社会发展	0.714	2
社保机构	0.879	4
社保政策	0.682	5
就业意愿	—	1
生活状况	—	1
总体	0.710	19

244244244

由表6-5可知，个人状况、家庭状况、社保政策这三方面的克朗巴哈α系数均低于0.7，说明这三方面调查问卷存在设计问题，需要重新做调整。经济社会发展方面的克朗巴哈α系数大于0.7小于0.8，说明这部分问题的设计虽存在一定的问题，但仍有一定的参考价值。社保机构方面的克朗巴哈α系数大于0.8，说明这部分问题的内在信度是可以接受的。问卷总体的Cronbach's Alpha＝0.710，说明整个问卷的设计虽存在一定的问题，但仍有一定的参考价值，对信度较低的各个部分进行修改即可。

【综合运用知识点评】

本实验应用SPSS17.0软件对调查问卷进行效度和信度分析，通过实验过程，我们得知每一种可信度或有效度只是反映了问卷调查中所产生误差的一部分或某个方面，并不代表该调查研究全部的可靠性和有效性。在评价问卷的可信度和有效度的时候，如果发现可信度和有效度不高，则必须对相应的问卷项目进行修改，直至得到较为满意的结果为止。

【练习与作业】

为了解某大学大学生的心理健康状况，设计了一套评价量表，其中包括的评价项目有支配性、稳定性、社会性、激动性、活动性和深思性，每个评估项目的满分为20分，分数越高越理想。为研究该评价量表的可信性，对44名学生进行了预测试（详见数据文件6-2.xls）。请根据这些数据进行信度和效度分析。

【参考文献】

[1] 吴明隆. 问卷统计分析实务——SPSS操作与应用 [M]. 重庆：重庆大学出版社，2009.

[2] 曾五一，黄丙艺. 调查问卷的可信度和有效度分析 [J]. 统计与信息论坛，2005（6）.

［3］李灿，辛玲．谈调查问卷的可信度与有效度问题［J］．商业时代，2008（15）．

［4］亓莱滨，张亦辉，郑有增，等．调查问卷的信度效度分析［J］．当代教育科学．2003（22）．

［5］张虎，田茂峰．信度分析在调查问卷设计中的应用［J］．统计与决策．2007（21）．

［6］何剑，纪俊．新疆少数民族就业困难群体成因分析——基于托克逊县两个社区的调查研究［J］．山东纺织经济，2013（4）．

［7］薛薇．SPSS 统计分析方法及应用［M］．北京：电子工业出版社，2007．

【附录】

少数民族就业困难群体的成因和社会支持状况调查问卷

尊敬的女士/先生：您好！

我们是国家社科基金项目《新疆少数民族就业困难群体的成因和社会支持研究》课题组调查成员，所调查的问题没有对和错之分，您是怎样想或怎样做的，您就怎样回答。

本次调查采用不记名的方式，所获得的有关您的任何资料我都视为您的隐私，依据《中华人民共和国统计法》和《中华人民共和国调查法》，我们将严格为您保密，不会泄露您的任何信息，并保证所得资料仅用于研究，不用于任何其他与研究无关的活动，请您放心填写或回答。

非常感谢您的帮助与合作！

A．请您仔细阅读各个题目，并在所选答案旁边的字母上打钩（√）。

B．下列题目，在没有特殊说明的情况下，都是单项选择。

1 基本信息

1.1 您的族别：_____

1.2 您的性别：

A．男　　B．女

1.3 您的年龄：

A．20 岁以下　　　　B．20～30 岁　　　　C．30～40 岁　　　　D．40～50 岁

E．50～60 岁　　　　F．60 岁以上

1.4 您的户别：

A．农业家庭户口　　　　　　　　B．非农业家庭户口

1.5 您所居住的地区：_____（填写地州名，如阿勒泰地区）

1.6 您的困难类型：

A．"4050"人员　　　　　　　　B．"双零家庭"

C. 享受最低生活保障人员 D. 特困职工家庭成员

E. 残疾人员 F. 连续失业 12 个月以上"3545"的人员

G. 城市规划被征地农民

1.7 您申报以上困难类型的时间：_____

1.8 您的收入来源：（可选多项）

A. 政府救济和补贴 B. 职工收入 C. 打工收入 D. 打临时工收入 E. 务农

F. 其他（请列出）_____

2 就业困难状况及成因调查

2.1 您家庭当前的月均收入水平：_____

2.2 您的收入中，用于基本生活支出的比例：_____

2.3 您对当前生活的满意程度：

A. 十分满意 B. 满意 C. 一般 D. 不太满意 E. 完全不满意

2.4 您就业的困难程度：

A. 十分困难 B. 困难 C. 一般 D. 不太困难 E. 完全不困难

2.5 您身体的健康程度：

A. 十分健康 B. 健康 C. 一般 D. 不太健康 E. 完全不健康

2.6 您的家庭成员个数：_____

2.7 您的家庭负担：

A. 很重 B. 重 C. 一般 D. 不太重 E. 完全不重

2.8 您受到的教育程度：

A. 文盲 B. 小学 C. 初中 D. 高中及中专 E. 大专

F. 大学本科 G. 硕士研究生及以上

2.9 您所拥有的职称和技能鉴定等级：

A. 没有 B. 员级（初级） C. 助理级（中级） D. 中级（高级）

E. 副高级（技师） F. 正高级（高级技师）

2.10 您所拥有的技能种数：

A. 没有 B. 1 种 C. 2 种 D. 3 种 E. 4 种及以上

2.11 如有合适的就业机会，您的就业意愿：

A. 很愿意 B. 愿意 C. 一般 D. 不太愿意 E. 完全不愿意

2.12 您对经济和社会发展的评价如何：

	很高	高	一般	低	很低
从当前看未来经济和社会发展的信心	□5	□4	□3	□2	□1
经济社会发展对解决困难的帮助程度	□5	□4	□3	□2	□1
当前经济形势下您把握脱困机会的程度	□5	□4	□3	□2	□1

2.13 您对社会保障机构的评价是：

	很好	较好	一般	较差	很差
服务态度	A	B	C	D	E
政策执行	A	B	C	D	E

办事效率	A	B	C	D	E
服务水平	A	B	C	D	E

2.14 您对当前的社会保障政策的评价是：

	很好	较好	一般	较差	很差
保障制度的系统性	A	B	C	D	E
保障待遇的公平性	A	B	C	D	E
保障管理的协调性	A	B	C	D	E
保障待遇的合理性	A	B	C	D	E
保障待遇的覆盖率	A	B	C	D	E

2.15 若您是农业家庭户口，离开或失去土地的程度：

A. 100%　　　　B. 75%　　　　C. 50%　　　　D. 25%　　　　E. 0（没有离开或失去）

2.16 要摆脱当前的困境，您对政府或相关组织的期望是：

A. 提供就业培训与指导，实现就业　　　　B. 增加救助资金

C. 提供更多社会保障　　　　D. 其他（请列出）＿＿＿＿＿

3 社会支持调查

3.1 您有多少关系密切，可以得到支持和帮助的朋友：

A. 一个也没有　　　　B. 1~2个　　　　C. 3~5个　　　　D. 6个或6个以上

3.2 近一年来您：

A. 远离家人，且独居一室　　　　B. 住处经常变动，多数时间和陌生人住在一起

C. 和同学、同事或朋友住在一起　D. 和家人住在一起

3.3 您与邻居：

A. 相互之间从不关心，只是点头之交　　　　B. 遇到困难可能稍微关心

C. 有些邻居都很关心您　　　　D. 大多数邻居都很关心您

3.4 您与同事：

A. 相互之间从不关心，只是点头之交　　　　B. 遇到困难可能稍微关心

C. 有些同事很关心您　　　　D. 大多数同事都很关心您

3.5 从家庭成员得到的支持和照顾：（在无、极少、一般、全力支持四个选项中，选择合适的选项）

（1）夫妻（恋人）

A. 无　　　　B. 极少　　　　C. 一般　　　　D. 全力支持

（2）父母

A. 无　　　　B. 极少　　　　C. 一般　　　　D. 全力支持

（3）儿女

A. 无　　　　B. 极少　　　　C. 一般　　　　D. 全力支持

（4）兄弟姐妹

A. 无　　　　B. 极少　　　　C. 一般　　　　D. 全力支持

（5）其他成员（如嫂子）

A. 无　　　　B. 极少　　　　C. 一般　　　　D. 全力支持

3.6 过去，在您遇到急难情况时，曾经得到的经济支持和解决实际问题的帮助的来源有：

（1）无任何来源。

（2）下列来源：（可选多项）

A. 配偶 B. 其他家人 C. 亲戚 D. 同事 E. 工作单位

F. 党团工会等官方或半官方组织   G. 宗教、社会团体等非官方组织

H 其他（请列出）_____

3.7 过去，在您遇到急难情况时，曾经得到的安慰和关心的来源有：

（1）无任何来源

（2）下列来源（可选多项）

A. 配偶 B. 其他家人 C. 朋友 D. 亲戚 E. 同事

F. 工作单位   G. 党团工会等官方或半官方组织

H. 宗教、社会团体等非官方组织   I. 其他（请列出）_____

3.8 您遇到烦恼时的倾诉方式：

A. 从不向任何人诉述   B. 只向关系极为密切的 1 ~ 2 个人诉述

C. 如果朋友主动询问您会说出来 D. 主动诉说自己的烦恼，以获得支持和理解

3.9 您遇到烦恼时的求助方式：

A. 只靠自己，不接受别人帮助 B. 很少请求别人帮助

C. 有时请求别人帮助   D. 有困难时经常向家人、亲友、组织求援

3.10 对于团体（如党团组织、宗教组织、工会、学生会等）组织活动，您：

A. 从不参加 B. 偶尔参加 C. 经常参加 D. 主动参加并积极活动

3.11 在您遇到急难情况时，您所知道的能够提供救助和帮扶的有：

A. 工作（曾经工作）的单位 B. 政府机构指定的帮扶单位或个人

C. 社会保障部门   D. 民政部门扶贫办

E. 各类救助基金   F. 社区或村委会

G. 残疾人联合会   H. 妇女联合会

I. 其他（请列出）_____

3.12 您所获得的社保种类有（可选多项）：

A. 养老保险（或新农保） B. 医疗保险（或新医保） C. 工伤保险

D. 生育保险   E. 住房公积金

3.13 您所获得的社会救助有：（可选多项）

A. 城乡居民最低生活保障金 B. 特困户救助金 C. 农村五保供养金

D. 灾害救助金   E. 其他（请列出）_____。

问卷调查到此结束，谢谢您的参与！

问卷调查注意事项

1. 问卷发放对象

就业困难人员是指在求职和就业中容易和已经遭遇挫折和困难的人，主要包括下岗职工和失业人员，同时也包括城镇隐性失业人员、临时工、农民工，以及农村中大

量存在的剩余劳动力，甚至女性就业者。经过相关管理部门认定的就业困难人员有 7 类（见补充说明部分），本问卷调查对象可以通过以下 2 种方式确定：

（1）管理和服务机构。就业困难人员的管理或服务机构，主要指当地民政局（扶贫办、低保中心）、劳动人事局、社保局、社会福利机构。基层组织为村（社区）劳动就业社会保障服务站或劳动保障事务所、社区服务中心、社区劳动保障工作站。

（2）自己身边符合本问卷所定义的少数民族就业困难人员。

7 类人员中应均衡选择。例如，7 份问卷不宜全部用于调查残疾人或维吾尔族居民。

2. 问卷调查流程

（1）尽可能利用关系网进行调查。到当地的社区或村委会咨询，找到社保工作机构，或与就业困难人员事务管理相关的工作人员（最好在熟人的引见下）进行访谈，填写 A 卷。然后，根据其推荐的就业困难人员名单和信息，如果认识，可以直接入户调查，如果不认识，最好在亲戚、同学或朋友（与被调查者相识）的介绍或陪同下入户调查。

（2）出示证件。进行正式调查前，向被调查者说来来意，出示开具的介绍信和学生证。

（3）辅助答卷。调查问卷可以通过以下两种方式完成：一问一答的方式，针对被调查者没有独立完成问卷能力的情况；被调查者独立完成。

3. 调查礼仪

与被调查者初次见面时使用文明礼貌用语，如"您好"、"麻烦您了"、"占用您几分钟时间"、"十分感谢您的支持"、"祝您身体健康"、"再见"等用语。除此之外，要使用合适的称谓，如"哥哥"、"姐姐"、"叔叔"、"阿姨"、"大叔"、"大妈"、"大伯"等。

补充说明

（1）如条件允许可以使用手机、录音笔等设备进行录音，以备问卷回收时做问卷的信度、质量检验。

（2）在调查过程中可能会遇到不识字或对问卷所列问题不清楚的被调查者，这时需要调查员帮助答卷。在辅助答卷的过程中请尽量避免对被调查者的干扰与误导。

（3）就业困难人员类型：

①"4050"人员（申请时男性年满 50 周岁、女性年满 40 周岁的城镇居民）。

②城市零就业家庭成员和农村零转移家庭成员（"双零家庭"）。

③享受最低生活保障的人员（是指持有有效的"居民最低生活保障金领取证"人员）。

④特困职工家庭成员（是指持有县级以上工会组织核发的有效的"特困职工证"的家庭成员）。

⑤符合条件的残疾人员（指持有有效的"残疾人证"的人员）。

⑥连续失业 12 个月以上"3545"的人员（是指女性年满 35 周岁、男性年满 45 周岁，失业登记 1 年以上，且无经营性、投资性收入的城镇居民）。

⑦城市规划区范围内的被征地农民。

（4）家庭成员指一对父母和未成年子女组成的家庭成员。

（5）社会保障机构指民政局扶贫办、低保中心等社会救助机构、社保局、社会福利机构等。

（6）半官方组织：包括各国政府部门及各类国际性组织，它们是某些带有国际经济援助性质的基础性、公益性国际投资的主要承担者。

综合实验三 2010 年新疆"电脑"型产品市场需求调查设计

【实验目的】

训练学生的市场调查设计能力,包括三个子项目:(1)调查总体方案设计;(2)调查抽样方案设计;(3)调查问卷设计。

通过市场调查设计实验,学生应掌握的技能点包括:(1)调查总体方案的设计能力;(2)抽样方案设计能力;(3)调查问卷设计能力;(4)对调查方案、抽样方案、调查问卷进行可行性分析研究的能力。

【方法概述】

市场调查就是以科学的方法、客观的态度,明确研究市场营销有关问题所需的信息,有效地搜集和分析这些信息,为决策部门制定营销战略和策略提供基础性的数据和资料。市场调查在内容上偏重于信息的收集和分析等具体的操作。市场调查是一个复杂的过程,为了减少调查误差,提高调查质量,它包含许多必须严格遵守的方法和步骤。市场调查步骤的实施可以用一个包含四个阶段的生命周期来描述:第一个阶段是计划。在计划过程中,调查目标、调查方法、调查预算和调查日程安排需要得到确认。第二个阶段是调查的设计和开发。第三个阶段是调查的操作与实施。在这个阶段,为保证调查活动按计划进行,需要对调查质量进行检查和监督。第四个阶段是对调查的所有步骤进行审核和评估。

（一）调查总体方案设计

调查的总体方案设计是对调查工作各个方面和全部过程的通盘考虑，包括了整个调查工作过程的全部内容，是指导调查研究过程的行动纲领和框架。调查方案是否科学、可行，会直接影响整个调查的成败。因此，在设计调查方案时，调查组织者和实施者一般都会按照调查工作的各个阶段进行整体考虑，并最终形成由调查项目负责人撰写的包含图 6-12 所列要素的调查计划书。

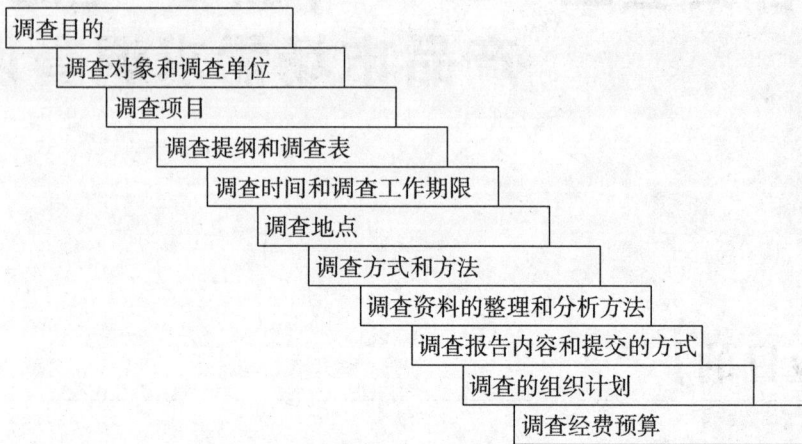

```
调查目的
  调查对象和调查单位
    调查项目
      调查提纲和调查表
        调查时间和调查工作期限
          调查地点
            调查方式和方法
              调查资料的整理和分析方法
                调查报告内容和提交的方式
                  调查的组织计划
                    调查经费预算
```

图 6-12　调查计划书要素

1. 自选题与调查假设

调查设计的第一步也是最重要的一步，是确定调查选题（课题），提出必要的研究假设。

调查课题又称调查题目或研究项目，是指管理决策者（信息的使用者）的信息需求。调查选题关系到市场调查能否满足管理决策的信息需求，是否具有可行性以及实施的有效性。

（1）自选题的原则

①选择感兴趣的；

②选择过去有研究积累的和具有知识背景的；

③选择拥有第一手资料的；

④选择比较容易进行学术创新的；

⑤选择能够进行研究合作的；

⑥选择被学界忽视但又具有学术和政策意义的；

⑦选择可以持续进行研究的。

（2）理解选题的背景

深刻理解对调查选题有重大影响的因素，这些因素包括选题当前的环境背景、历史背景及发展条件限制等。通过分析能够清晰地回答出该调查问题的由来，调查信息的使用者是谁，用这些信息去干什么，即去解决什么问题，以及本调查选题实施的必要性是什么。

（3）提出调查假设

调查假设是指对调查对象的特征及有关现象之间的相互关系做出的推测性判断和猜想。建立假设的方法有：一是根据已有的理论和实践经验或研究论证演绎产生；二是通过对所研究现象之间的联系观察和分析形成。从某种意义上讲，任何一项研究都是从假设开始的，合乎情理的调查假设是调查问卷问题设计的前提和基础。

（4）确定和阐明管理信息需求

在委托调查中，听取客户的介绍，了解他们的目的、意图以及信息需求之后，首先要着手弄清所要调查的问题。只有界定了问题和调查的目的，才能进一步去设计与执行调查。

①数据的用户为什么要进行调查，即调查意义；

②数据的用户想通过调查获得什么信息，即调查内容；

③数据的用户利用获得的信息做什么，即获得信息能否解决用户的问题。

界定问题在调查过程中最重要也是较困难的任务。研究开始时，调查主题包含的面通常较广，研究者对这种大范围的知识背景比较熟悉，但这些不宜作为研究的最终主题。

（5）确定调查课题的程序（如图6-13所示）

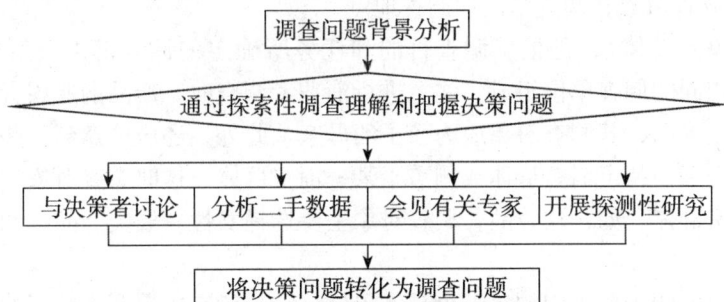

图6-13 确定调查课题的程序

①课题背景分析：包括本企业和行业的历史背景和发展限制条件，决策目标，购买者行为，法律环境及公司的营销能力和技术手段等。

②确定课题的相关工作。为了选择对企业发展来说最重要、最迫切的问题进行调查研究，准确界定课题，调查人员在这一阶段应做的工作主要有：

A. 与企业高层主管进行讨论。决策者也需要了解市场调查的功能和局限性，以便于对调查结果提出合理的期望和要求。

B. 向行业专家咨询，加深对某些问题的理解，包括生产厂商、设计人员、经销商、批发商、零售商等，目的是将调查的范围缩小。

C. 收集第二手资料，补充从决策者和行业专家中得到的信息。

D. 进行必要的定性分析，如试调查、小组座谈会。

③将管理决策问题转化为调查问题。决策问题是以行动为中心的，是决策者可能采取的行动。决策问题向调查问题的转换很少是直接的、线性的。转换过程通常涉及

一些基于理论和经验的复杂分析和判断过程。

2. 明确调查目的及调查目的的系统陈述

明确调查目的是调查的核心问题。确定调查目的时应注意是要了解总体参数还是研究相关联系。

调查目的的系统陈述：从操作层面看，调查目的是调查设计者对调查问题的系统陈述；调查问题或假设一旦确立，调查目的就可以从问题定义中引申出来。这些目标以可以衡量的标准，系统地逐步解释决策所需要的有关信息，并确定调查需要达到的程度，包括调查的信息需求、数据的主要用处、运作定义（相关概念的操作性定义）。

调查目标系统陈述的程序如图 6-14 所示。

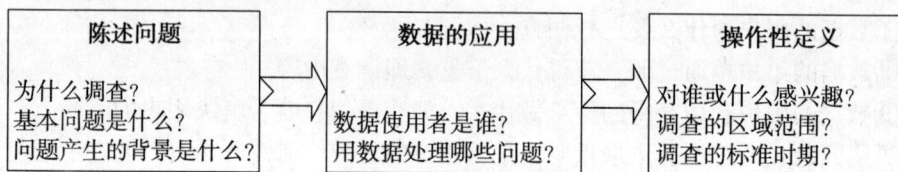

陈述问题	**数据的应用**	**操作性定义**
为什么调查？ 基本问题是什么？ 问题产生的背景是什么？	数据使用者是谁？ 用数据处理哪些问题？	对谁或什么感兴趣？ 调查的区域范围？ 调查的标准时期？

图 6-14　调查目标系统陈述的程序

调查目的系统陈述的过程，也是受托方与委托方反复商讨、修正的过程。

3. 确定调查对象、调查单位和调查地点

调查对象（总体），是根据调查目的和任务所确定的调查范围及所要调查的总体，由性质相同的调查单位组成。注意进行消费者调查时，产品的购买者和使用者不一致，如婴儿食品，其调查对象应为孩子的母亲。此外，还应注意到一些产品的消费对象主要针对某一特定消费群体或侧重于某一消费群体，这时调查对象应注意选择产品的主要消费群体，如：化妆品，调查对象主要选择女性；酒类产品，调查对象主要为男性。

调查单位是调查对象中的每一个具体单位，它是调查中要调查登记的各个调查项目的直接承担者。需要注意：

①严格规定调查对象的含义；

②调查目的改变，调查对象改变；

③调查对象和调查单位之间的联系；

④调查单位和填报单位的区别；

⑤不同的调查方式会产生不同的调查单位；

⑥调查地点与调查单位通常一致，不一致时，有必要规定调查地点。

4. 确定调查方式和选择调查方法

根据调查目的和其他一些约束条件的允许，调查方式和方法也可以进行灵活处理。

（1）调查方式

调查方式指采用普查的方式还是抽样调查的方式。若采用抽样调查，则调查样本将要在调查对象中抽取。抽样调查必须考虑抽取样本的代表性，应制订一个抽样方案，以保证抽取的样本对调查总体足够的代表性。

（2）调查方法

调查方法的选择是否合理，会直接影响到调查结果。因此，合理选用调查方法是市场调查工作的重要一环。

常用的资料收集方法有问卷调查法、观察法和实验法。一般来说，问卷调查法适用于描述性研究，后两种方法适用于探测性研究。调查时，采用问卷调查法较为普遍。问卷调查法又分为面谈法、电话调查法、邮寄问卷法、留置问卷法等，这几种调查方法各有其优缺点，适用于不同的调查场合，调查设计者可根据实际调查项目的时间、费用、精度等方面的限制，选择适当的调查方法或调查方法的组合。选择市场调查方法的原则可以归纳如下：

①在满足研究要求的条件下费用最省；

②在满足研究要求的条件下时间最省；

③在满足研究要求的条件下易于控制和操作；

④在费用一定的情况下精度最高。

5. 确定调查项目

调查项目指市场调查组织和实施者对被调查单位进行调查的内容。调查项目是调查单位的特征，确定调查项目时需注意：

①是既满足调查任务所需，又便于取得调查答案的问题。

②调查项目的表达方式必须明确，备选答案应有明确的表示形式。

③应尽可能围绕某一需要调查的核心问题而设置一些相互关联的调查项目。

④调查项目的含义明确、肯定，必要时可附加调查项目解释。

⑤调查项目确定后，将调查项目进行分类排列，在此基础上形成调查提纲或调查表，以方便调查登记和汇总。定性调查形成调查提纲；定量调查形成调查问卷。

6. 调查时间和调查工作期限

调查时间指调查资料所要求的时间。调查期限指整个市场调查工作从开始起到结束止的时间。

7. 调查资料整理和分析的方法

调查资料的整理方法一般可采用统计学中的方法，利用 Excel 工作表格，可以很方便地对调查问卷进行统计处理，获得大量的统计数据。常用分析方法有：频数分析、交互分析、回归分析、相关分析、聚类分析、因子分析等。每种分析方法都有其自身的特点、适用性和相关的技术要求，在分析时应根据调查的要求，选择最佳的分析方法，并在方案中进行规定。

8. 调查报告内容和提交的方式

调查报告内容主要包括调查报告书的形式和份数、报告书的基本内容、报告书中图表量的多少等。调查报告提交的方式指市场调查组织和实施者以何种形式向用户提交调查报告，一般有电子资料方式、光盘资料方式、纸质资料方式等。

9. 调查的组织计划

调查的组织计划指为确保实施调查而制订的具体工作计划，主要包括调查机构的设置、人员的选择和培训、工作步骤及其善后处理等。

　　10. 调查时间分配、预算费用构成

　　调查费用的多少通常应根据调查的目的、调查的范围和调查的难易程度而定。在制定预算费用时，应当制订详尽的细分工作项目费用计划。调查时间分配、预算费用的构成见表6-6。

表6-6　　　　　　　　　　　调查时间分配、预算费用构成表

	工作内容	时间分配	占总预算费用
1	计划起草，磋商阶段	4%～5%	20%
2	抽样方案设计实施	10%～15%	
3	问卷设计，预调查		
4	问卷修正印刷		
5	调查员的挑选与培训工作	30%～40%	40%
6	实地调查		
7	数据的计算机录入和统计分析	30%～40%	40%
8	报告撰写		
9	与客户的说明会	5%～10%	
10	建议与修正，定稿		
	合　计	100%	100%

（二）抽样方案设计

　　进行抽样设计时需要考虑两个问题：提高样本的代表性；增加抽样的效果。

　　简单随机抽样是基本的抽样组织方法，抽样推断效果如何，依赖于所抽出样本的质量；样本的质量好坏，就看样本对总体的代表性如何，而这又依赖于抽取样本时的"随机性"。如果不满足随机性，则样本的代表性就值得怀疑，抽样推断就无从进行。抽样设计的目的就是要通过抽样组织的过程来说明我们在进行市场研究时的样本对总体的代表性到底有多大，调查结果的可靠性及有效性如何。

　　1. 定义目标（抽样）总体

　　抽样设计首先要对目标总体进行准确的定义，在进行概率抽样时用抽样框表示被抽样总体。具体操作时抽样框常常与目标总体不一致，有三种办法来处理抽样框误差：一是根据抽样框重新定义总体；二是通过数据收集阶段筛选的被访者来考虑抽样框误差；三是通过加权的方案来调整所收集的数据，弥补抽样框误差。

　　2. 确定抽样的方式：概率抽样或非概率抽样

　　任何一项抽样调查都是在一定费用限制下实施的，实践中从统计效率来说，以概率抽样为好，而从经济观点来看，非概率抽样设计简单，可节省时间与费用。在很多情况下，提高精确度往往需要加大样本量，而样本量的增加又会导致调查费用提高。因此，精确度要求往往与节省费用要求相矛盾，最优设计应该是在满足一定的误差要求下，使费用最少或在一定费用限制下精确度最高的设计。

3. 必需的样本数目

经验主义认为，为保证抽样调查的精度，样本量至少应为总体容量的5%，这样确定样本量虽然简单易行，却不是一种高效率、经济的方法，这种方法忽略了抽样精度问题。

确定必需的样本量需考虑到统计与经济效率问题，如：估计值要求的精度；调查经费能支持多大的样本；调查的时间要求；需要和能招聘到多少调查人员等。

影响样本量的因素：

第一，被调查对象标志的差异程度：实践中可用历史资料或进行样本调查获取样本方差以代替总体方差；当估计总体的某种比例时可取最大方差即0.25，但其代价是样本量大。

第二，允许误差，又称极限误差。调查所要求的准确度不是也不可能是百分之百的准确，而是能够满足决策要求。在进行抽样方案的设计时，调查设计者应花一定的时间去了解该调查所要求的准确程度，并以此作为设计整个方案的依据，这样做既能满足决策的要求，又能提高调查的效率。调查设计一般要求极限误差不超过5%就可以了。

第三，调查结果的可靠程度，即概率度t值的大小。可靠程度在统计中叫做概率（用P表示），它对应的数值为概率度（用t表示）；调查设计时通常取t=2，F(t)=95%。

第四，抽样方法。同等条件下不重复抽样比重复抽样的样本数少，在抽样设计时多采用重复抽样的方法来确定必要的样本数目。

第五，抽样技术。不同的抽样技术，抽样效率不同。若采用类型抽样和按有关标志排列进行等距抽样比简单随机抽样需要的样本数目少。

此外根据经验，问卷回收率是影响样本数目的一个重要因素，在回收率低的情况下，应增加样本数目。

由此可见，样本容量的确定通常是介于理论上的完善方案与实际上的可行方案之间的一个折中方案。

4. 选择抽样技术

抽样技术的分类如图6-15所示：

抽样估计效果好坏，关键是抽样平均误差的控制。抽样平均误差小，抽样效果从整体上看就是好的；否则，抽样效果就不理想。

抽样平均误差受以下几方面的因素影响：

一是总体的变异性。

二是样本容量。

三是抽样技术。实践中常用的概率抽样技术有简单随机抽样、类型抽样、等距抽样、整群抽样、阶段抽样等；非概率抽样技术有便利抽样、判断抽样、配额抽样、滚雪球抽样、自愿者抽样等。在具体抽样时，若调查对象为消费者时要注意对抽取样本的人口特征因素的控制，比如性别的配额，以保证抽取样本的特征分布与调查总体的特征分布相一致。

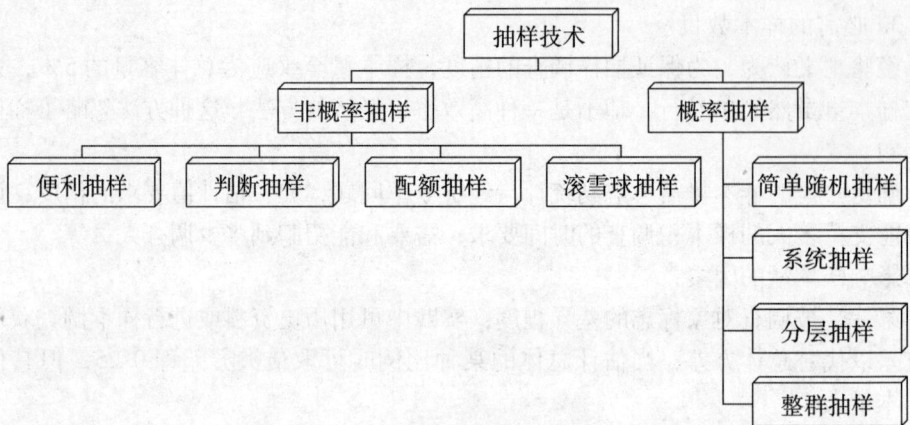

图 6-15 抽样技术的分类

四是抽样的组织形式。抽样的组织形式分为重复抽样与不重复抽样。在实践中多采用不重复抽样，以提高抽样的效果。

在运用随机抽样技术进行调查时，一般情况下，应考虑以下几个方面的因素：

第一，对抽样误差大小的要求。在相等样本条件下，抽样误差的大小主要取决于受总体方差大小的影响。不同抽样技术的抽样误差不同，在实际调查时，可根据对调查误差的要求和实际条件，选择适当的抽样技术。

第二，调查对象本身的特点。若调查对象事先没有全面、详细的资料，就无法采用抽样误差小的抽样技术，如类型抽样、有关标志排队的等距抽样等，而只能采用其他抽样技术。对调查对象了解越周全，就越能采用误差小、准确性高的抽样技术。

第三，人力、物力、经费和时间等各种调查条件。如在调查前考虑到抽出的样本可能极为分散，在各地都有，会增加调查往返的时间和费用，就可采用整群抽样的调查方式，使调查样本相对集中，调查员行动半径缩小，以节省人力、费用和时间。

5. 不同概率抽样技术设计的比较

概率抽样的样本代表性客观上高于非概率抽样；概率抽样设计在理论上往往优于非概率抽样设计。进行概率抽样设计时一要满足随机性要求，二要充分考虑如何降低抽样的成本费用。

（1）简单随机抽样的优缺点

优点：比较容易理解和掌握；抽样框不需要其他辅助信息；理论上比较成熟，有现成的误差估计公式。

缺点：没有利用辅助信息；样本分散，面访费用较高；有可能抽到较差的样本；抽选大样本比较费时。

（2）分层抽样的优缺点

优点：在调查中不仅可对总体进行参数估计，也可对层（或类）参数进行估计；样本更具代表性；便于组织管理和数据汇总；对不同层可以按照不同情况和条件，采用不同的抽样技术；分层抽样可以减小抽样误差，提高估计量的精度。

缺点：对抽样框的要求比较高，必须有分层的辅助信息；收集或编制抽样框的费用比较高；若调查变量与分层的变量不相关，效率可能降低；估计值的计算比简单随机抽样复杂。

（3）整群抽样的优缺点

优点：能降低收集数据的费用；当总体单元自然形成群时，容易取得抽样框，抽样也更容易；当群内单元差异大，而不同群之间的差异小时，可以提高效率。

缺点：若群内多个单元有趋同性，效率将会降低；通常无法预先知道总样本量，因为不知道群内有多少单元；误差估计比简单随机抽样更为复杂。

（4）系统抽样的优缺点

优点：没有抽样框时可代替简单随机抽样；不需要辅助的抽样框信息；样本的分布比较好，估计值容易计算。

缺点：若抽样间隔与总体的某种周期性变化一致，会得到一个差的样本；不使用辅助信息，抽样效率不高；使用概念框时，不能预先知道样本量；没有一个无偏的误差估计量；当 N 不能被 n 整除时会得到样本量不同的样本。

我国国家统计局的调查多采用系统抽样，它便于操作。

（5）多阶抽样的优缺点

优点：当群具有同质性时，多阶抽样的效率高于整群抽样；样本的分布比简单随机抽样集中，采用面访调查可以节约时间和费用；不需要整个总体的名录框，只要群的名录框和抽中群的单元名录框。

缺点：效率不如简单随机抽样；通常不能提前知道最终的样本量；调查的组织较整群抽样复杂；估计值与抽样误差的计算较为复杂。

（6）多相抽样的优缺点

优点：利用了第一相样本的信息，能显著提高估计值的精度；适用于某些调查指标的数据收集费用特别高或给被调查者带来较重负担的情况。

缺点：调查的时间长；调查费用比较高；调查组织比较复杂；估计值和抽样误差的计算会相当复杂。

（7）类型抽样与整群抽样比较

抽样误差的决定因素不同：类型抽样的抽样误差与组间方差无关，决定于组内方差的平均水平；整群抽样的抽样误差与组内方差无关，决定于组间方差的大小。

减小类型抽样与整群抽样误差的方法不同：因为类型抽样的总体方差等于组间方差加上组内方差，所以提高组间方差、降低组内方差可减小类型抽样误差，而整群抽样则相反。

适应范围不同：类型抽样充分利用总体的已有信息，其前提就是对总体的结构事先有一定的认识，然后通过分类把总体中调查标志差异比较接近的单位归为一组，减少组内差异，再从各组中抽出样本，这样的样本就对总体有更大的代表性；整群抽样适用于无原始资料可利用的总体，是一种较为方便的抽样，有利于提高样本抽取的效率，但是整群抽样代表性不理想，抽样误差较大。实际抽样中，通常要适当增加一些样本单位，以利于缩小抽样误差，提高抽样推断的准确度。

（8）阶段抽样误差的控制

阶段抽样误差的控制必须落实到抽样的各个阶段。

上述几种抽样方法，在实际中采用哪种抽样设计，要根据具体情况灵活掌握，也可以组合起来使用。

（三）调查问卷的设计

问卷设计是一门科学，但却有较强的艺术性，在设计问卷时要求设计者具有一定的技巧性、灵活性和创造性。虽然问卷类型和内容各异，不同设计者也有不同的设计风格，但都需要满足问卷设计的根本要求，即在一定成本下获取最小误差的有效数据。问卷的设计质量直接影响到调查的质量。

1. 问卷设计的过程

问卷设计的过程一般包括十大步骤：确定所需信息、确定问题的类型、确定问题的内容、研究总的类型、确定问题的提法、确定问题的顺序、问卷的排版和布局、问卷的测试、问卷的定稿、问卷的评价。

（1）确定所需信息

确定所需信息是问卷设计的前提工作。调查者必须在问卷设计之前就把握所有达到研究目的和验证研究假设所需要的信息，并决定所有用于分析使用这些信息的方法，并按这些分析方法所要求的形式来收集资料，把握信息。

（2）确定问卷的类型

制约问卷选择的因素很多，而且研究课题不同，调查项目不同，主导制约因素也不一样。在确定问卷类型时，必须先综合考虑这些制约因素：调研费用，时效性要求，被调查对象，调查内容等。

（3）确定问题的内容

确定问题的内容似乎是一个比较简单的问题，实则不然，这其中还涉及一个个体的差异性问题，有的人认为容易的问题其他人可能认为是困难的问题，有的人认为熟悉的问题其他人可能认为是生疏的问题。因此，确定问题的内容，最好与被调查对象联系起来，分析一下被调查者群体，有时比盲目分析问题的内容效果要好。

（4）确定问题的类型

问题的类型归结起来分为四种：自由问答题、两项选择题、多项选择题和顺位式问答题，其中后三类均可以称为封闭式问题。

①自由问答题。自由问答题，也称开放型问答题，只提问题，不给具体答案，要求被调查者根据自身实际情况自由作答。自由问答题主要限于探索性调查，在实际的调查问卷中，这种问题不多。自由问答题的主要优点是被调查者的观点不受限制，便于深入了解被调查者的建设性意见、态度、需求问题等。其主要缺点是难于编码和统计。自由问答题一般应用于以下几种场合：作为调查的介绍；某个问题的答案太多或根本无法预料时；由于研究需要，必须在研究报告中原文引用被调查者的原话。

②两项选择题。两项选择题是多项选择的一个特例，一般只设两个选项："是"与"否"，"有"与"没有"等。两项选择题的优点是简单明了，缺点是所获信息量太小，两种极端的回答类型有时往往难以了解和分析被调查者群体中客观存在的不同

态度层次。

③多项选择题。多项选择题是从多个备选答案中择一或择几。这是各种调查问卷中采用最多的一种问题类型。多项选择题的优点是便于回答，便于编码和统计，缺点主要是问题提供答案的排列次序可能引起偏见。这种偏见主要表现在三个方面：第一，对于没有强烈偏好的被调查者而言，选择第一个答案的可能性大大高于选择其他答案的可能性。解决办法是打乱排列次序，制作多份调查问卷同时进行调查，但这样做的结果是加大了制作成本。第二，如果被选答案均为数字，没有明显态度的人往往选择中间的数字而不是偏向两端的数。第三，对于 A、B、C 字母编号而言，不知道如何回答的人往往选择 A，因为 A 往往与高质量、好等相关联。解决办法是用其他字母，如 L、M、N 等进行编号。

④顺位式问答题。顺位式问答题，又称序列式问答题，是在多项选择的基础上，要求被调查者对询问的问题答案，按自己认为的重要程度和喜欢程度顺位排列。

在调查问卷的实践中，往往是几种类型的问题同时存在，单纯采用一种类型问题的问卷并不多见。

（5）确定问题的措辞

很多人可能不太重视问题的措辞，而把主要精力集中在问卷设计的其他方面，这样做的结果有可能降低问卷的质量。下面是几条法则：

①问题的陈述应尽量简洁；

②避免提带有双重或多重含义的问题；

③最好不用反义疑问句，避免否定句；

④注意避免问题的从众效应和权威效应。

（6）确定问题的顺序

问题应遵循一定的排列次序。问题的排列次序会影响被调查者的兴趣、情绪，进而影响其合作积极性，所以一份好的问卷应对问题的排列做出精心的设计。

一般而言，问卷的开头部分应安排比较容易的问题，这样可以给被调查者一种轻松、愉快的感觉，以便于他们继续答下去。中间部分最好安排一些核心问题，即调查者需要掌握的资料，这一部分是问卷的核心部分，应该妥善安排。结尾部分可以安排一些背景资料，如职业、年龄、收入等。个人背景资料虽然也属事实性问题，也十分容易回答，但有些问题，诸如收入、年龄等同样属于敏感性问题，因此一般安排在末尾部分。当然在不涉及敏感性问题的情况下也可将背景资料安排在开头部分。

还有一点就是注意问题的逻辑顺序，有逻辑顺序的问题一定要按逻辑顺序排列，哪怕要打破上述规则。这实际上就是一个灵活机动的原则。

（7）问卷的排版和布局

问卷的设计工作基本完成之后，便要着手问卷的排版和布局，总的要求是整齐、美观，便于阅读、作答和统计。

（8）问卷的测试

问卷的初稿设计工作完毕之后，不要急于投入使用，特别是对于一些大规模的问卷调查，最好的办法是先组织问卷的测试，如果发现问题，再及时修改，测试通常选择 20～100 人，样本数不宜太多，也不要太少。如果第一次测试后有很大的改动，可以考虑是否有必要组织第二次测试。

（9）问卷的定稿

问卷的测试工作完成，确定没有必要再进一步修改后，可以考虑定稿。问卷定稿后就可以交付打印，正式投入使用。

（10）问卷的评价

问卷的评价实际上是对问卷的设计质量进行总体性评估。对问卷进行评价的方法很多，包括专家评价、上级评价、被调查者评价和自我评价。

专家评价一般侧重于技术性方面，比如说对问卷设计的整体结构、问题的表述、问卷的版式风格等方面进行评价。

上级评价侧重于政治性方面，比如说在政治方向、舆论导向、可能对群众造成的影响等方面进行评价。

被调查者评价可以采取两种方式：一是在调查工作完成以后再组织一些被调查者进行事后性评价；二是调查工作与评价工作同步进行，即在调查问卷的结束语部分安排几个反馈性题目，比如："您觉得这份调查表设计得如何？"

研究者对于自己所研究的对象一定是比较熟悉的，这包括经验方面和理论方面。研究者应该争取在自己所要研究的范围内成为专家，就是说要掌握丰富的相关资料和理论知识。在研究者确定了研究课题后，对自己的研究任务与想要获得的研究成果要有一个清楚的认识。只有在以上的基础上才能提出研究假设，设计相应的问题。

2. 调查问卷的一般结构

（1）说明部分

主要包含这样一些要素：

①向被调查者问好；

②向被调查者说明你是谁；

③向被调查者说明调查目的；

④向被调查者请求配合调查；

⑤向被调查者给出保密的承诺；

⑥对配合调查致谢，并赠送小礼品。

（2）填写说明

详细说明填写表格的要求。

（3）核查项目

这里的项目是指与调查目的无关、不向调查对象询问的质量控制项目，如调查员姓名、调查日期、复核结果、未调查原因等。

（4）调查项目

调查项目一般包括背景资料、人口学项目、研究项目三部分内容。其中研究项目是问卷调查的核心内容。问卷调查常常为描述性调查。

3. 设计问卷应注意的问题

①问卷的设计要与调查主题密切相关，重点突出，避免可有可无的问题；

②调查问卷的问题要容易让被调查者接受，避免出现被调查者不愿回答或令被调查者难堪的问题；

③调查问卷中的问题次序要条理清楚，顺理成章，符合逻辑顺序，一般可遵循容易回答的问题放在前面，较难回答的问题放在中间，敏感性问题放在最后，封闭式问题在前，开放式问题在后的规律；

④调查问卷的内容要简明，尽量使用简单、直接、无偏见的词汇，保证被调查者能在较短的时间内完成调查问卷。

4. 问题设计的一般原则

①尽量避免专业术语；

②避免混淆；

③避免双重问题；

④避免诱导或强制；

⑤问题应适合全部调查对象并符合逻辑；

⑥涉及敏感问题应采用特殊调查技术进行调查。

优良的问卷要能够有效地收集信息，使误差和矛盾最少，后续相关的工作量最少。

（四）调查设计的可行性与评价的基本方法

1. 调查设计的可行性分析方法

（1）逻辑分析法：对调查方案中调查项目的设计进行可行性研究。

（2）经验判断法：组织有丰富经验的人士或专家，对调查方案的可行性进行研究。经验判断法能够节省人力和时间，在比较短的时间内做出结论。其缺陷主要是主观因素可能对判断的准确性产生影响。

（3）试点调查法：试点的主要目的不在于收集具体资料。试点的任务其一是对调查方案进行实地检验，试点后，要分门别类地提出具体意见和建议，使调查方案既科学合理，又具有可操作性；其二是作为实战前的演习，了解调查工作安排是否合理，哪些是薄弱环节。

试点调查应该注意以下问题：

第一，应建立一支精干有力的调查队伍，队伍成员应该包括有关负责人、调查方案设计者和调查骨干，这是搞好试点工作的组织保证。

第二，应该选择适当的调查对象。

第三，应该采取灵活的调查方式和方法。

第四，应该做好试点的总结工作。

2. 调查方案评价的基本方法

方案设计是否体现调查目的和要求。

方案设计是否科学、完整和具有可操作性。

【实验背景】

　　从 20 世纪 90 年代后期开始，融合了计算机、信息与通信、消费类电子三大领域的信息家电即"电脑"型产品开始进入中国人的家庭生活。随着人们生活水平的提高，IT 技术的发展，"电脑"型产品成为生活富裕的中国家庭中基本的配置，"电脑"型产品从高科技产品转化为普通家电性质的产品。

　　纵观"电脑"型产品的发展史，不难看出"电脑"型产品像我们熟知的电脑一样，其硬件不断更新换代，产品的样式不断变化发展，新产品一旦推出，原有的产品就发生了无形性贬值。随着科技的进步和顾客需求的快速变化，"电脑"型产品表现出明显的生命周期短、产品价值大以及产品容易被替代等特征。

　　随着中国经济的发展，人们生活水平的提高，越来越多的"电脑"型产品进入普通中国家庭。20 世纪末购买手机、数码相机、电脑等"电脑"型产品对多数中国家庭来说还属于奢侈品消费，而 10 年后，人们不仅买得起、用得起，很多人甚至放弃功能良好的旧款，转而购买所谓的换代产品以追求时尚；几年前不少人曾以拥有手机、呼机、mp3 为荣，而几年后这些产品进一步整合，用手机听歌、看电视、摄像、照相等，人们甚至会想既然用手机显示屏收看直播足球赛太小，为什么不加个投影仪呢？如此种种，"电脑"型产品的迅速发展创造全新的生活方式，在为企业带来丰厚利润的同时，也为全社会带来大量的新兴的就业机会。"电脑"型产品既是先进技术的载体，同时又是体现人们生活方式、时尚品位的载体。"电脑"型产品属高中档消费品，对于消费者来说选择性强，其需求伸缩性大。

　　新疆是全国市场的子市场，其面积占全国的 1/6，多民族聚集，需求复杂，是厂商实施细分市场战略的目标市场之一。电脑在众多的"电脑"型产品中具有价值大，在信息社会中是人们工作、学习、娱乐的必不可少的工具的特点。大学生在父母的望子成龙、"再穷也不能穷孩子"的观念投资下，成为消费欲望极强、消费个性张扬、追求时尚生活的特殊的消费群体。

　　据此，在 2010 年新疆"电脑"型产品消费者需求调查中，以 2010 年新疆在校大学生作为消费者的代表（调查对象），以电脑作为"电脑"型产品的代表进行市场调查方案设计。

【实验步骤】

2010 年新疆在校大学生电脑需求调查方案

（一）调查背景

由于 IT 技术的发展和产品的成熟，越来越多的人过上了数字化的生活，也使得人们的消费结构发生巨大变化。21 世纪是一个信息时代、网络科技发展的时代，"90后"的大学生也是在网络影响下成长起来的一代，他们对新事物的接受能力强，喜欢寻求刺激、追求新鲜感，同时学习能力强，思维活跃、创造性强，经常求新、求变，不安于现状，并且善于从网络上接受新信息、学习新东西。电脑作为一种方便、高效的现代化工具，与大学生的生活密不可分，大学生成为电脑消费中很有潜力和实力的群体，因此受到厂商的关注。电脑厂商为开发新产品、制订合理的生产计划、对上市产品开展评价以发现市场营销机会或问题、找出问题产生的原因、评价市场营销计划的合理性和实施的有效性、了解竞争对手及制定正确的竞争策略、估计目前市场及预测未来特进行本次市场调查。

（二）调查目的

1. 对新疆 2010 年在校大学生电脑需求状况进行调查；

2. 对电脑认知度、关注度以及产品信息传播效果进行调查；

3. 对电脑经营品种、数量、质量、规格等方面的具体要求进行调查；

4. 对电脑满意度进行调查；

5. 了解电脑竞争对手的情况。

（三）调查对象和调查单位

调查总体：新疆所有在校大学生。

调查单位：新疆每一位在校大学生。

（四）调查内容

1. 对大学生的性别、年级、购买地点和用途进行调查；

2. 对大学生对电脑品牌、性能、配置、颜色、外壳材料、屏幕大小、售后服务、期望价位的需求情况进行调查。

（五）调查的方式和方法

采用抽样调查的方式，用访谈法、问卷调查法来搜集资料。抽样设计见《2010年新疆在校大学生电脑需求抽样方案设计》。

（六）调查期限和调查时间

调查时间：2010 年 8 月。调查期限：2010 年 7 月 1 日—2010 年 9 月 15 日。

（七）调查进度及人员组织安排（见表 6-7）

表 6-7   调查进度及人员组织安排

时　间	实　施　项　目
2010 年 7 月 1 日—2010 年 7 月 15 日	小组所有成员搜集资料，进行调查选题
2010 年 7 月 16 日—2010 年 8 月 1 日	设计调查方案：吴艳霞、路延莲 撰写调查方案：吴艳霞 设计抽样方案：钟晔禄 设计调查问卷并修改：马荣、邓百慊
2010 年 8 月 2 日—2010 年 8 月 31 日	小组所有成员发放问卷并搜集、整理数据
2010 年 9 月 1 日—2010 年 9 月 14 日	撰写调查报告并修改：马荣、路延莲、吴艳霞

（八）调查费用预算（见表 6-8）

表 6-8   调查费用预算单

费用支出项目	数量	单价（元）	金额（元）
调研方案设计，策划费用	1 份	10 000	2 000
抽样设计，实施费用	—	—	2 000
问卷设计费	1 份	2 000	2 000
问卷印刷装订费	250 份	1	250
试调查费	50 人	5	250
调查员劳务费	20 人	100	2 000
督导员劳务费	3 人	500	1 500
受访者礼品费	250 人	5	1 250
异地实施差旅费	10 人	300	3 000
交通费	25 人	40	1 000
数据录入费	250 份	0.4	100
统计分析费	1 人	1 500	1 500
报告制作费	1 人	4 000	4 000
资料费、复印费	5 份	10	50
服务费	—	—	1 000
杂费	—	—	1 000
管理费	—	—	2 000
利润	—	10%	2 090
总计			22 990

（九）调查资料整理和分析的方法

利用 Excel 工作表格对调查问卷进行统计处理。

（十）调查报告内容和提交的方式

向委托的厂商提交书面调查报告 5 份。

2010 年新疆在校大学生电脑需求抽样方案设计

据相关资料，乌鲁木齐市、石河子市和昌吉市的高校在校大学生占新疆所有高校在校大学生的 85% 以上。为使本次调查顺利实施，我们将在这三个地方进行面访调查。调查需要进行多阶段抽样，先在这三个城市抽取学校，再抽取学生。

确定样本量：

（1）本次调查误差不超过为 5%。

（2）样本推断总体的可靠性为 95%。

（3）对石河子大学商学院的学生进行抽样调查得知，大学生拥有电脑比例为 85%。

（4）样本量为 $n = \dfrac{Z_{\alpha/2}^{2} \pi (1-\pi)}{E^2}$，计算可得 $n \approx 195$。

（5）根据以往的经验，问卷的有效率为 90%，因此调整样本量 $N = 195/0.9 \approx 216$（人）。

（6）由于多阶段抽样的效率比简单随机抽样的效率低，取设计效应 $Deff = 1.15$，则新疆范围内应调查的学生为 $216 \times Deff = 216 \times 1.15 \approx 250$（人）。

（7）样本量的分配：对乌鲁木齐市和石河子市以及昌吉市的所有高校进行抽样，在乌鲁木齐市抽取 5 所高校，石河子市抽取 2 所高校，昌吉市抽取 3 所高校。每所高校各发放问卷 25 份。

2010 年新疆在校大学生电脑需求调查问卷

您好：

我们是石河子大学商学院"新疆在校大学生电脑需求调查小组"的调查员。为了调查新疆电脑需求情况，请您在百忙中抽出一点时间配合我们的调查。根据《中华人民共和国统计法》的有关规定，对您个人情况实行严格保密。本次问卷调查并非知识性测验，只要求您根据自己的实际态度选答，为了感谢您的配合，我们将在访问结束时向您提供一件礼品。谢谢！

筛选题

问 1. 请问您在最近 6 个月之内是否接受过市场调查？

（1）有（中断访问）　　　　（2）没有

问 2. 请问您家中有没有在下列公司中工作的人？

（1）市场调查公司/广告代理公司（若有，中断访问）

（2）电脑公司（若有，中断访问）

（3）没有

访问地点：＿＿＿＿＿＿＿＿＿＿大学 ＿＿＿＿＿＿＿＿＿＿专业

访问日期：2010 年 8 月＿＿＿＿＿，用时共计＿＿＿＿＿分（调查完后填写）

调查员声明：

我确信我对上述地点的被访者进行了调查，在调查中我按照规定及调查程序向被调查者如实地询问了所有相关问题并如实记录了相应的所有答案。

调查员签名：＿＿＿＿＿＿＿＿＿

1. 性别（观察其性别，不要问）：（ ）

A. 男　　B. 女

2. 你现在就读的年级：（ ）

A. 大一　　　　　B. 大二　　　　　C. 大三　　　　　D. 大四

3. 你有电脑吗？（ ）

A. 有（跳答提示：选 A 转答第 7 题）B. 没有（选 B 继续）

4. 你 6 个月内打算购买电脑吗？（ ）

A. 有（选 A 继续）　　　　　　　B. 没有（跳答提示：选 B 转答第 7 题）

5. 你会考虑在什么地方购买电脑？（ ）

A. 电脑城　　B. 3C 卖场（如国美、苏宁等）　　C. 大型商场　　D. 网上订购

E. 其他＿＿＿＿＿

6. 如果购买电脑，你希望的价位是多少？（ ）

A. 2 000 元以下　　B. 2 000 ~ 3 000 元　C. 3 000 ~ 4 000 元　D. 4 000 ~ 5 000 元

E. 5 000 ~ 7 000 元　F. 7 000 元以上

7. 你喜欢什么类型的电脑？（ ）

A. 笔记本　　　　　B. 台式品牌机　　　C. 台式组装机

（跳答提示：选 A 答第 8 ~ 15 题，选 B 转答第 16 题）

8. 你喜欢的笔记本品牌是哪个？（ ）

A. 惠普　　　　　B. 联想　　　　　C. 华硕　　　　　D. 戴尔

F. 宏基　　　　　G. 神舟　　　　　H. 索尼　　　　　I. 三星

J. 苹果　　　　　K. 东芝　　　　　L. 明基　　　　　M. 海尔

N. 清华同方　　　O. 方正　　　　　P. TCL　　　　　Q. 富士通

R. 其他＿＿＿＿＿

9. 你喜欢笔记本的原因有哪些？（多选）（ ）

A. 携带方便　　　　　　　　　　　B. 可以方便地使用无线网络

C. 功能多（蓝牙、无线）　　　　　D. 性能和台式机差不多

E. 时尚、前卫　　　　　　　　　　F. 不清楚

10. 你在选择笔记本电脑时会首先注意什么？（ ）

A. 品牌　　　　　B. 性能　　　　　C. 售后　　　　　D. 坚固程度

E. 外形　　　　　F. 其他＿＿＿＿＿

11. 在笔记本电脑的下列性能方面你第一注重的是（ ），第二注重的是（ ），第三注重的是（ ），最不注重的是（ ）。

A. 光驱　　　　　B. 使用持久时间　C. 硬盘　　　　　　D. 屏幕尺寸大小

E. CPU　　　　　F. 内存　　　　　G. 显卡　　　　　　H. 重量

I. 其他_____

12. 你最喜欢笔记本的外观颜色依次是：第一（　　），第二（　　），第三（　　）。最不喜欢的颜色是（　　）。

A. 黑色　　　　B. 银色　　　　C. 黄色　　　　D. 红色　　　　E. 其他_____

13. 你喜欢笔记本的屏幕尺寸是多少？（　　）

A. 10.2　　　　　B. 11.1　　　　　C. 12.1　　　　　D. 13.3

E. 14.1　　　　　F. 15　　　　　　G. 15 以上

14. 你喜欢笔记本的屏幕类型是哪一种？（　　）

A. 宽屏　　　　　B. 普通 4：3　　　C. 标准屏　　　　　D. 不清楚

15. 你最喜欢的笔记本外壳材料是哪一种？（　　）

A. ABS 工程材料　　B. 聚碳酸酯　　C. 金属材质　　D. 碳纤维　　E 不清楚

16. 你得到电脑信息是通过哪种方式？（　　）

A. IT 杂志　　　　B. 电视广告　　　C. 专业 IT 网站　　D. 品牌介绍活动

E. 朋友介绍　　　F 其他_____

17. 你喜欢的台式电脑品牌是哪一个？（　　）

A. 联想　　　　　B. 惠普　　　　　C. 戴尔　　　　　D. 神舟

E. 清华同方　　　F. 方正　　　　　G. 苹果　　　　　H. 其他_____

18. 对台式电脑你第一注重的是（　　），第二注重的是（　　），第三注重的是（　　），最不注重的是（　　）。

A. 品牌　　　　　B. 性能　　　　　C. 售后　　　　　D. 坚固程度

E. 外形　　　　　F. 其他_____

19. 您最喜欢台式电脑的外壳材料依次是：第一（　　），第二（　　），第三（　　）。最不喜欢的是（　　）。

A. ABS 工程材料　B. 聚碳酸酯　　　C. 金属材质　　　D. 碳纤维

E. 不清楚　　　　F. 其他_____

20. 你喜欢台式电脑的屏幕类型是哪一种？（　　）

A. 宽屏　　　　　B. 普通 4：3　　　C. 标准屏　　　　D. 不清楚

21. 你喜欢台式电脑的屏幕尺寸是多少？（　　）

A. 14　　　　　　B. 15　　　　　　C. 16　　　　　　D. 17

E. 19　　　　　　F. 22　　　　　　G. 22 以上

22. 对于组装机，下列各项您最看重的三项依次是：第一（　　），第二（　　）第三（　　）。最不看重的是（　　）。

A. CPU　　　　　B. 主板　　　　　C. 内存　　　　　D. 硬盘

E. 显卡　　　　　F. 显示器　　　　G. 其他_____

23. 您觉得这份调查问卷设计得怎么样？

很差 |--| 很好

0 10 20 30 40 50 60 70 80 90 100

24. 请你以个人观点对购买"电脑"型产品提几点建议：

_____

_____

_____

_____

再次对你的配合表示由衷的感谢！

石河子大学商学院"2010年新疆电脑需求调查小组"

2010年7月

2010年新疆"电脑"型产品需求调查设计的可行性研究

（一）调查设计的可行性研究

1. 用逻辑分析法对调查项目进行分析。注意调查项目是调查单位的特征，如果不是调查单位的特征，被调查单位可能就无法回答，在实际调查时会增加回答缺失率。

2. 用经验判断法。组织调查专家、有丰富调查经验的调查员、委托方对设计出来的调查方案进行初步研究和判断，以说明调查方案的合理性和可行性。

3. 用试点调查法选择石河子大学商学院的在校生50人进行问卷试调查，对有回答缺失的项目修改设计。

（二）调查方案的总体评价

1. 该调查方案设计要素齐备，体现调查的目的和要求，调查项目设计合理，调查方法选择合适，调查组织较严密，时间进度安排能保证客户的需求，调查费用预算细致全面，调查结果的分析处理方案思路清晰明确，具有较强的操作性。

2. 抽样方案清楚地回答了调查样本的抽取过程，客观地说明所抽取的样本对研究总体有较高的代表性。

3. 调查问卷的设计结构要素齐备、问题的格式清新，问题内容表述易于被调查者理解。

【综合运用知识点评】

本实验从厂商了解消费者"电脑"型产品需求的角度研究新疆2010年"电脑"型产品需求调查设计问题。实验中依次完成调查总体方案设计、抽样方案设计和调查问卷的设计，最后通过对调查设计的综合评价，概括性地说明了调查总体方案操作的可行性、抽样方案设计的科学性以及问卷设计的优良性。

【练习与作业】

在广大农村地区，小额贷款办理快捷、方便，有效支持了农户增收。为考察小额贷款支持农户增收的效果，进一步深入了解农户需求，调整相关的信贷政策，请就"新疆农户小额贷款增收效果"进行调查设计。

【参考文献】

［1］加拿大统计局《调查技能》项目组．调查技能教程［M］．中国国家统计局《调查技能》项目组，译．北京，中国统计出版社，2002．

［2］朱胜主．市场调查方法与应用［M］．北京：中国统计出版社，2004．

［3］柯惠新，丁立宏．市场调查［M］．北京：中国统计出版社，2008．

［4］谢小良．"电脑"型产品需求预测的 Gompertz 模型与随机模拟［J］．计算机工程与应用，2011（30）．

［5］皮智英．我国3C产品制造企业工业设计创新模式发展研究［D］．湖南大学硕士论文，2008．

第七章

非参数统计分析实验与软件应用

综合实验一　我国居民收入差距的比较分析

【实验目的】

要检验某个总体的位置参数（均值、中位数或众数）和某个定值是否存在差异，传统参数统计中的方法是利用单样本 t 检验，但是 t 检验有很严格的条件，就是总体应该服从正态分布，并且样本量不能太小。

在参数检验中，对三个或三个以上的总体均值是否相等进行检验，使用的方法是方差分析，这时需要假定总体服从正态分布，F 检验才有效，所以方差分析或 F 检验有着非常严格的前提条件：样本是从服从正态分布的总体中独立抽取的；总体具有相同的方差，即方差齐性；数据至少是定距尺度的。

当被分析的样本容量比较小，不符合这些假定条件，或研究者不希望做这些假设，以便增加结论的普遍性时，应该使用非参数的方法。非参数统计中对单个总体位置参数进行检验最常用的方法是 Wilcoxon（威尔科克森）符号秩检验。要检验多个总体的分布是否相同，或更严密地说，在几个总体的分布相同的条件下，讨论其位置参数是否相等，可以使用 Kruskal-Wallis（克拉夏尔-瓦里斯）秩和检验，简称克氏检验。如果要进一步检验多个总体的位置参数是否呈现出单调趋势，即备择假设是有方向性（倾向性）的，则可以使用 Jonckheere-Terpstra（乔治-斯特拉）检验。

本实验以非参统计方法为主，应用单样本 Kolmogorov-Smirnov 检验和 Wilcoxon 检验，多样本 Kruskal-Wallis 检验和 Jonckheere-Terpstra 检验，对我国各省、市、自治区城乡居民收入差距进行比较分析，并总结结论，探寻原因，结合我国的实际，提出合理有效的对策与建议。

【方法概述】

（一）Kolmogorov-Smirnov 检验

Kolmogorov-Smirnov（柯尔莫哥洛夫–斯米尔诺夫）检验，简写为 K–S 检验，主要用来检验一组样本数据的实际分布是否与某一指定的理论分布相符合。

1. 提出假设

一般，要检验样本是否来自某个已知分布 $F_0(x)$，假定其真实分布为 $F(x)$，检验类型有：

对 $\forall x$，$H_0: F(x) = F_0(x) \Leftrightarrow H_1:$ 至少有一个 x，$F(x) \neq F_0(x)$

对 $\forall x$，$H_0: F(x) = F_0(x) \Leftrightarrow H_1:$ 至少有一个 x，$F(x) < F_0(x)$

对 $\forall x$，$H_0: F(x) = F_0(x) \Leftrightarrow H_1:$ 至少有一个 x，$F(x) > F_0(x)$

设该组数据的经验分布函数为 $S(x)$，定义其为阶梯函数，则：

$$S(x) = \frac{X_i \leq x \text{ 的个数}}{n} \quad (i = 1, 2, \cdots, n) \tag{7-1}$$

$S(x)$ 可以看成是 $F(x)$ 的一个估计。

2. 构造统计量

$$D = \max |S(x) - F_0(x)| \tag{7-2}$$

$S(x)$ 为经验分布函数，$F_0(x)$ 为理论分布函数。

3. 检验规则

D_n 在 H_0 下的分布有表可查。$D_n \geq d_\alpha$，拒绝原假设；否则接受原假设。

K–S 检验得到的结果比较粗略和保守，它的一个改进的方法是 Lilliefors（里尔富斯）检验。

（二）Wilcoxon 符号秩检验

Wilcoxon 符号秩检验亦称威尔科克森带符号的等级检验，是检验对称总体的中位数是否等于某个特定值。

1. 提出假设

$H_0: M = M_0 \Leftrightarrow H_1: M \neq M_0$

$H_0: M \leq M_0 \Leftrightarrow H_1: M > M_0$

$H_0: M \geq M_0 \Leftrightarrow H_1: M < M_0$

2. 构造统计量

记 x_1，x_2，$\cdots$，x_n 为样本观测值，它们分别与 M_0 的差值记为：

$$D_i = x_i - M_0 \quad (i = 1, 2, \cdots, n) \tag{7-3}$$

这样可以得到差值序列 D_i，对其取绝对值 $|D_i|$，然后对 $|D_i|$ 按从小到大的顺序排列，得到秩，再按 D_i 本身的正负号分别求秩和，得到正等级总和 W_+ 与负等级总和 W_-。Wilcoxon 符号秩检验所定义的检验统计量为：

$$W = \min\ (W_+,\ W_-) \tag{7-4}$$

3. 检验规则

根据得到的 W 值，可以查 Wilcoxon 符号秩检验临界值表，得到在零假设下的 p 值，进行判断。

（三）Kruskal-Wallis 秩和检验

Kruskal-Wallis 检验译为克拉夏尔-瓦里斯检验，用来研究 k 个总体的分布是否相同，即检验 k 个总体的位置参数（中位数）是否相等。

1. 提出假设

H_0：$M_1 = \cdots = M_k \Leftrightarrow H_1$：$M_i$ 不全相等

M_k 为第 k 个总体的中位数。

2. 构造检验统计量

记 x_{ij} 为第 i 个样本第 j 个观测值，将 k 组数据混合，按从小到大的顺序合并成一个单一样本，列出等级，记 R_{ij} 为 x_{ij} 的混合秩，则 K-W 检验统计量构造如下：

$$
\begin{aligned}
H &= \frac{12}{N(N+1)} \sum_{i=1}^{k} n_i (\overline{R_i} - \overline{R})^2 \\
&= \frac{12}{N(N+1)} \sum_{i=1}^{k} \frac{R_i^2}{n_i} - 3(N+1) \\
&= \frac{12}{N(N+1)} \sum \frac{[R_i - n_i(N+1)/2]^2}{n_i}
\end{aligned}
\tag{7-5}
$$

当 N 很大时，在原假设下，$H \sim \chi^2\ (k-1)$。

3. 检验规则

当 k=3，$n_i \leqslant 5$ 时，有 Kruskal-Wallis 检验临界值表可查，否则查卡方检验临界值表，可得 p 值，再进行判断。

（四）Jonckheere-Terpstra 检验

拒绝 Kruskal-Wallis 原假设，我们还想进一步研究各个总体的位置参数是否呈现出单调趋势，则应用 Jonckheere-Terpstra 检验。

1. 提出假设

H_0：$M_1 = M_2 = \cdots = M_k \Leftrightarrow H_1$：$M_1 \leqslant M_2 \leqslant \cdots \leqslant M_k$

即检验 k 个总体是否存在渐大的中位数。

2. 构造检验统计量

记 U_{ij}＝样本 i 中观察值小于样本 j 中观察值的对数，即：

$$U_{ij} = \#\ (X_{ik} < X_{jl},\ k=1,\ \cdots,\ n_i;\ l=1,\ \cdots,\ n_j) \tag{7-6}$$

Jonckheere-Terpstra 检验统计量为：

$$J = \sum_{i<j} U_{ij} \tag{7-7}$$

3. 检验规则

当 k=3，$n_i \leqslant 8$ 时，有 Jonckheere-Terpstra 检验临界值表可查，样本太大可近似看成正态分布。

【实验背景】

（一）背景材料

改革开放以来，我国经济得以快速发展，城市工业经济发展尤为迅速，与之对应，城镇居民人均可支配收入增长迅速。我国城市工业经济的发展是以牺牲农业经济的发展为基础的，占有我国绝大多数人口的农村地区，农业经济发展比较缓慢，农村居民纯收入增长也比较缓慢，直至 2006 年全面减免农业税后才有了一定的增长。由此带来的结果是城乡收入差距从 20 世纪 80 年代以来逐渐扩大。随着对外开放政策的实施，受东、中、西"梯度发展理论"的影响，国家政策重点向东南沿海地区倾斜，使得东部地区经济得到飞速发展。由于地理区位、自然环境、资源禀赋、历史基础、政策制度、思想观念、劳动力素质、市场化程度、经济和产业结构等的差异，广大的中西部地区在很长一段时间内经济发展缓慢，远远落后于东部地区，东、中、西部地区发展不平衡，地区差距越来越大，表现在居民收入方面，不管是城镇居民人均可支配收入还是农村居民纯收入，东、中、西部地区差异很大，十分不平衡，而且城乡居民收入差距的地域性也比较显著。总之，我国居民收入不但城乡差距问题较严重，而且地区差异也很突出，并且这种不平衡的发展状况日趋扩大，严重影响了我国经济的快速健康平稳发展。

（二）理论基础

1. 居民收入城乡差距的相关理论

1954 年，刘易斯（A. W. Lewis）在《劳动无限供给条件下的经济发展》一文中首次提出了完整的二元经济发展模型，其中之一为传统部门即以传统生产方式为主的农业，另一个是现代部门，即城市中以制造业为主的工业，农业剩余劳动力的非农化转移使二元经济结构逐步改变，在这一过程中，城市现代化部门和农村传统部门之间的收入差距会迅速扩大。1955 年，西蒙·库兹涅茨提出了收入差距与经济增长之间存在着倒 U 形曲线关系，即著名的"库兹涅茨曲线"：工业化初期，城乡居民收入差距加速扩大；中期，城乡居民收入差距扩大趋势减弱；后期，城乡居民收入差距才不断减小。1969 年，托达罗提出预期收入差异论，在二元经济中存在着城乡预期收入差异，决定劳动力迁移的动力是以实际收入乘以就业概率的预期收入水平，而劳动力的流动则会带动要素报酬的均等化而减少收入差距。很多国内学者也对城乡收入差距问题进行了研究：王小鲁、樊纲通过面板数据模型方法，对我国收入不平等程度趋势和影响因素多方面进行研究，其结果显示，城镇和乡村基尼系数变动趋势在数学意义上具有倒 U 形曲线的特征；王韧等则提出，中国的居民收入差距变动基本上遵循着一条倒 U 形曲线。

2. 居民收入区域差距的相关理论

（1）区域经济均衡发展理论。1943 年，罗森斯坦·罗丹提出了发展工业化"大推进"理论，即发展中国家或地区应该对国民经济的各个部门同时进行投资，当投资规模达到一定程度，超过一定速度，才能促进这些部门的平均增长，最终推动整个国民经济的高速增长和全面发展。1953 年，纳克斯提出"贫困恶性循环论"，即发展中国家在宏观经济中存在着供给和需求两个恶性循环，互相影响，使经济状况无法好转，经济增长难以实现，他主张在各个部门和产业同时投资，平衡增加生产，就可以摆脱恶性循环，促使经济持续健康发展。1957 年，哈维·赖宾斯坦提出了"临界最小命题论"，他主张发展中国家应努力使经济达到一定水平，冲破低水平均衡状态，以取得长期的持续增长。

（2）区域经济非均衡发展理论。1957 年，缪尔达尔提出了"循环累积因果理论"，在一个动态的社会过程中，社会经济各因素之间存在着循环累积的因果关系，对地区经济发展产生两种效应：回波效应和扩散效应，在市场机制作用下，前者远远大于后者，即发达区域更发达，落后区域更落后，这也是经济发展不平衡的重要原因。1958 年，艾尔伯特·赫希曼提出了"关联效应"原理，即各个产业部门中客观存在的相互影响、相互依存的关联度，并可用该产业产品的需求价格弹性和收入弹性来度量，应该优先投资和发展关联效应最大的产业。区域经济梯度推移理论对我国影响最大，即每个国家或地区都处在一定的经济发展梯度上，每出现一种新行业、新产品、新技术，都会随时间推移由高梯度区向低梯度区传递。所以，一个落后地区要实现经济起飞，必须循阶梯而上，不可超越，应该率先重点发展自身有较大优势的初级产业，赶快承接那些从高梯度地区外溢来的产业。

在国内，王小鲁、樊纲认为影响地区经济差距的主要因素有：生产要素在各地区的流动和配置状况，制度变革因素在各地区间的差异，结构变动因素对区域差距的影响等。林毅夫采用变异系数和基尼系数方法对全国 31 个省区市的人均 GDP 数据进行了研究，认为地区差距在 1990 年后趋于增大，而且不同区域之间的经济差距产生的主要原因是不同地区的外商直接投资规模的差距。

总之，从国内外研究成果总体情况看，二元经济结构是城乡居民收入差距扩大的主要原因，我国居民收入差距变动基本符合库兹涅茨曲线；而城乡居民收入的地域差距主要是由于区域经济发展不均衡所引起。本实验通过非参数统计的方法来检验和分析 2012 年我国居民收入的城乡差异和区域差距，并分析其具体的变化。

【实验步骤】

（一）相关概念界定

1. 本实验所用指标

城镇居民人均可支配收入（单位：元）：城镇居民家庭可以用来自由支配的收入，是实际收入中能用于安排日常生活的部分，总收入中扣除应缴纳的所得税和个人交纳的各种社会保障支出以后的收入。它是用以衡量城市居民收入水平和生活水平的最重要和最常用的指标。

农村居民人均纯收入（单位：元）：按农村人口平均的"农民纯收入"，是指农民的总收入扣除相应的各项费用性支出后，归农民所有的收入。它可以用来衡量农民实际收入水平和农民扩大再生产及改善生活的能力，反映的是一个国家或地区农村居民收入的平均水平。

城乡居民收入比率：城镇居民人均可支配收入与农村居民人均纯收入之比，是目前研究城乡居民收入差别最常用的指标，但该指标存在一定的缺陷，即没有考虑城乡价格水平差别对城乡居民实际收入的影响。该指标的公式如下：

$$城乡居民收入比率 = \frac{城镇居民人均可支配收入}{农村居民人均纯收入} \tag{7-8}$$

2. 东、中、西部区域的划分标准

按照目前国家统计局对我国东、中、西部经济地带的最新划分标准，本实验所指的东部地区包括北京、天津、河北、辽宁、上海、江苏、浙江、福建、山东、广东、海南 11 个省（市）；中部地区包括山西、吉林、黑龙江、安徽、江西、河南、湖北、湖南 8 个省；西部地区包括内蒙古、广西、重庆、四川、贵州、云南、西藏、陕西、甘肃、青海、宁夏、新疆 12 个省（市、自治区）。

（二）数据及其来源

本实验数据选自于《中国统计年鉴（2013）》，相应数据见表 7-1（详见数据文件 7-1. xls）。

（三）统计分析

1. 基本描述统计

将表 7-1 数据输入 SPSS 软件，由于本实验想得到各地区居民收入的中位数，所以从菜单上依次选择 Analyze→Descriptive Statistics→Frequencies，打开 Frequencies 即频数分析对话框计算基本描述统计量，结果见图 7-1。这与选择 Analyze→Descriptive Statistic→Descriptives，打开 Descriptives 即计算基本描述统计量对话框相比，可以得到更多的信息。

表 7-1   2012 年我国各地区居民收入

地区	区域	城镇居民人均可支配收入（元）	农村居民人均纯收入（元）	城乡居民收入比率
北京	3	36 468.75	16 475.74	2.21
天津	3	29 626.41	14 025.54	2.11
河北	3	20 543.44	8 081.39	2.54
山西	2	20 411.71	6 356.63	3.21
蒙古	1	23 150.26	7 611.31	3.04
辽宁	3	23 222.67	9 383.72	2.47
吉林	2	20 208.04	8 598.17	2.35
黑龙江	2	17 759.75	8 603.85	2.06
上海	3	40 188.34	17 803.68	2.26
江苏	3	29 676.97	12 201.95	2.43
浙江	3	34 550.30	14 551.92	2.37
安徽	2	21 024.21	7 160.46	2.94
福建	3	28 055.24	9 967.17	2.81
江西	2	19 860.36	7 829.43	2.54
山东	3	25 755.19	9 446.54	2.73
河南	2	20 442.62	7 524.94	2.72
湖北	2	20 839.59	7 851.71	2.65
湖南	2	21 318.76	7 440.17	2.87
广东	3	30 226.71	10 542.84	2.87
广西	1	21 242.80	6 007.55	3.54
海南	3	20 917.71	7 408.00	2.82
重庆	1	22 968.14	7 383.27	3.11
四川	1	20 306.99	7 001.43	2.90
贵州	1	18 700.51	4 753.00	3.93
云南	1	21 074.50	5 416.54	3.89
西藏	1	18 028.32	5 719.38	3.15
陕西	1	20 733.88	5 762.52	3.60
甘肃	1	17 156.89	4 506.66	3.81
青海	1	17 566.28	5 364.38	3.27
宁夏	1	19 831.41	6 180.32	3.21
新疆	1	17 920.68	6 393.68	2.80

注：第 2 列区域："1"为西部地区，"2"为中部地区，"3"为东部地区。第 5 列城乡居民收入比率利用公式（7-8）计算整理得到。

数据来源　中华人民共和国国家统计局．中国统计年鉴（2013）［M］．北京：中国统计出版社，2013.

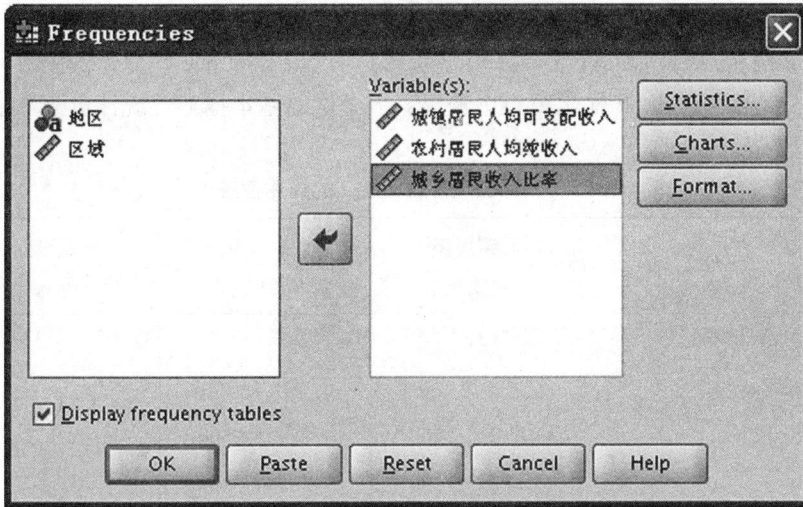

图 7-1 Frequencies 对话框

把变量城镇居民人均可支配收入、农村居民人均纯收入和城乡居民收入比率选入 Variable（s）框中。单击 Statistics 计算基本描述性统计量，在弹出的 Frequencies Statistics 对话框中，选择计算基本统计量，见图 7-2。

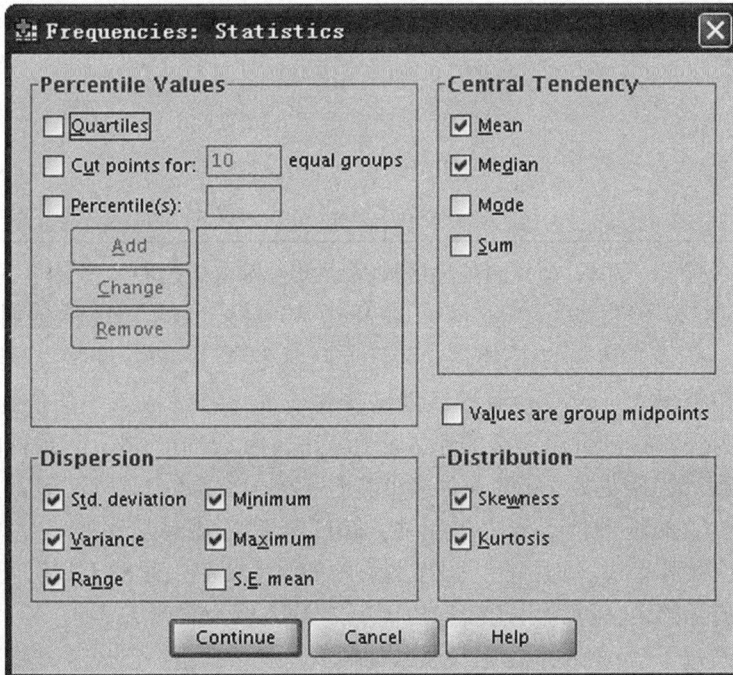

图 7-2 Frequencies Statistics 对话框

本实验在 Central tendency 即定义描述集中趋势指标框中选择 Mean（均数）和 Median（中位数）。在 Dispersion 即定义描述离散趋势指标框中选择输出：Std. deviation（标准差），Variance（方差），Range（全距），Minimum（最小值），

Maximum（最大值）。在 Distribution 即定义描述分布特征的指标框中选择输出 Skewness（偏度系数）和 Kurtosis（峰度系数）。点击 Continue 按钮返回图 7-1，单击 OK 按钮，就可以在 SPSS 输出窗口中输出 3 个变量的基本描述性统计量分析结果，见表 7-2。

表 7-2　　　　　　　2012 年我国各地区居民收入的描述性统计

		城镇居民人均可支配收入	农村居民人均纯收入	城乡居民收入比率
N	Valid	31	31	31
	Missing	0	0	0
Mean		23 218.6268	8 495.2868	2.8777
Median		20 917.7100	7 524.9400	2.8200
Std. Deviation		5 844.43724	3 339.75909	0.51069
Variance		34 157 447	11 153 991	0.261
Skewness		1.510	1.429	0.478
Std. Error of Skewness		0.421	0.421	0.421
Kurtosis		1.652	1.561	-0.371
Std. Error of Kurtosis		0.821	0.821	0.821
Range		23 031.45	13 297.02	1.87
Minimum		17 156.89	4 506.66	2.06
Maximum		40 188.34	17 803.68	3.93

由表 7-2 可知，2012 年我国各地区城镇居民人均可支配收入平均值为 2 3218.63 元，中位数为 20 917.71 元，上海市最高为 40 188.34 元，最低的甘肃仅仅有 17 156.89元，前者是后者的 2.34 倍，并且方差为 34 157 447，说明我国城镇居民收入的地域性差距很大。2012 年我国各地区农村居民人均纯收入平均值为 8 495.287 元，中位数为 7 524.94 元，最高的地区是上海市，为 17 803.68 元，最低的甘肃省只有 4 506.66 元，差距更大，前者是后者的将近 4 倍，方差为 11 153 991，可以看出我国农村居民收入的地域性差异也很明显。2012 年我国城乡居民收入比率平均值为 2.8777，中位数为 2.82，而国际上城市与农村的收入比率一般低于 1.5，极少超过 2，而我国这一指标的最小值为黑龙江省的 2.06，最大值为贵州省 3.93，31 个省（市、自治区）都超过了 2，可见我国居民收入的城乡差异很严重，已经远远超过国际一般水平，而且城乡居民收入差异的地域性特征明显。由偏度系数和峰度系数可知，城镇居民人均可支配收入和农村居民人均纯收入数据不服从正态分布，而城乡居民收入比率数据近似服从正态分布。

2. 我国居民收入数据分布形态的检验——Kolmogorov-Smirnov

从菜单上依次选择 Analyze→Nonparametric Test→1-Sample K-S，打开 One-Sample

Kolmogorov-Smirnov Test 对话框，见图7-3。

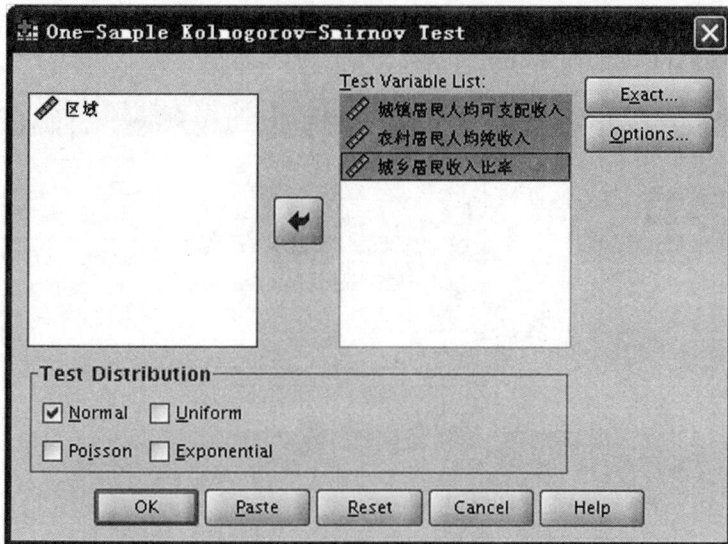

图7-3　One-Sample Kolmogorov-Smirnov Test **对话框**

把变量城镇居民人均可支配收入、农村居民人均纯收入和城乡居民收入比率选入 Test Variable List 框中，在 Test Distribution 框中选择 Normal（正态分布），进行单样本 Kolmogorov-Smirnov 正态性检验，单击 OK 按钮，输出结果见表7-3。

表7-3　　　　　　　　　　**单样本 K-S 正态性检验结果**

		城镇居民 人均可支配收入	农村居民 人均纯收入	城乡居民 收入比率
N		31	31	31
Normal Parameters[a,b]	Mean	23 218.6268	8 495.2868	2.8777
	Std. Deviation	5 844.43724	3 339.75909	0.51069
Most Extreme Differences	Absolute	0.273	0.197	0.097
	Positive	0.273	0.197	0.097
	Negative	−0.150	−0.116	−0.064
Kolmogorov-Smirnov Z		1.518	1.095	0.538
Asymp. Sig.（2-tailed）		0.020	0.181	0.934

a. Test distribution is normal.

b. Calculated from data.

表7-3 是我国各地区城镇居民人均可支配收入、农村居民人均纯收入和城乡居民收入比率的 Kolmogorov-Smirnov 正态性检验结果，原假设为数据服从正态分布，对应的 p 值分别为 0.020、0.181、0.934，即对于城镇居民人均可支配收入来说拒绝原假设，数据不服从正态分布，农村居民人均纯收入和城乡居民收入比率不能拒绝原假设，数据服从正态分布。

但是，Kolmogorov-Smirnov 正态性检验结果比较粗略和保守，一般采用其修正检验，即 Lilliefors 正态性检验：从 SPSS 菜单中依次选择 Analyze→Descriptive Statistics→Explore，打开 Explore 即探索分析对话框，见图 7-4。

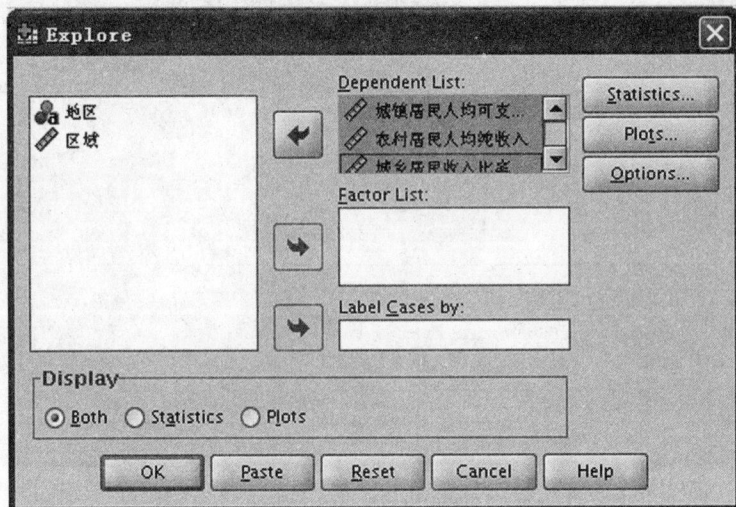

图 7-4　Explore 对话框

把变量城镇居民人均可支配收入、农村居民人均纯收入和城乡居民收入比率选入 Dependent List 框中，单击 Plots 按钮，打开 Explore：Plots 对话框，见图 7-5。

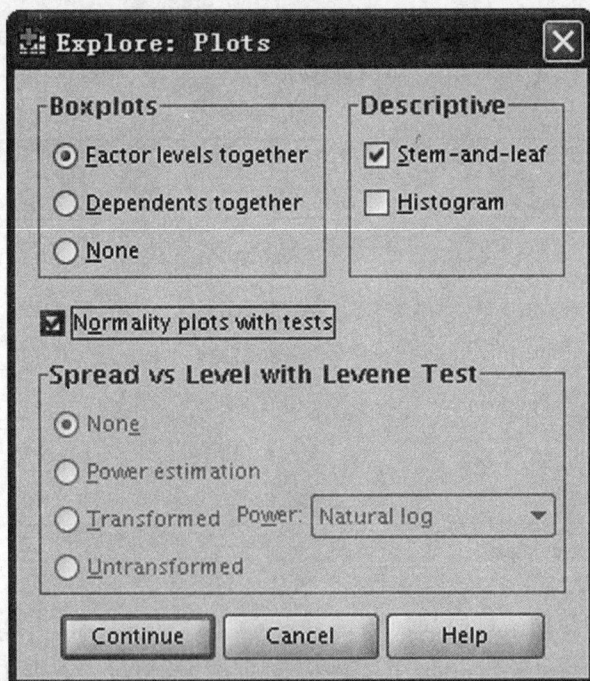

图 7-5　Explore：Plots 对话框

选择 Normality plots with tests，点击 Continue 按钮返回图 7-4，单击 OK 按钮，输

出结果见表7-4。

表7-4　　　　　　　　　　　　　　正态性检验

	Kolmogorov-Smirnov[a]			Shapiro-Wilk		
	Statistic	df	Sig.[*]	Statistic	df	Sig.[*]
城镇居民人均可支配收入	0.273	31	0.000	0.810	31	0.000
农村居民人均纯收入	0.197	31	0.004	0.851	31	0.001
城乡居民收入比率	0.097	31	0.200[*]	0.961	31	0.302

a. Lilliefors Significance Correction.

*. This is a lower bound of the true significance.

表7-4 为 Kolmogorov-Smirnov 正态性检验修正检验，即 Lilliefors 正态性检验结果，可以看出各地区城镇居民人均可支配收入和农村居民人均纯收入数据不服从正态分布，城乡居民收入比率服从正态分布。

上面的结论也可以由下面各个变量的直方图得到说明。在图 7-1 的 Frequencies 对话框中把变量城镇居民人均可支配收入、农村居民人均纯收入和城乡居民收入比率选入 Variable（s）框以后，点击 Charts 按钮，打开 Frequencies：Charts 对话框，见图7-6。

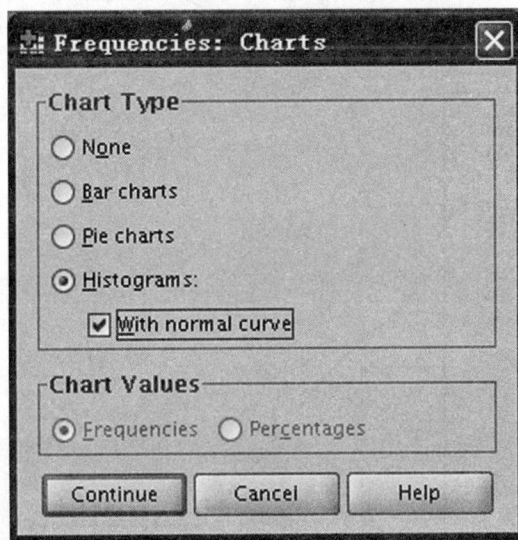

图7-6　Frequencies：Charts 对话框

选择 Histograms 输出 3 个变量的直方图，同时选择 With normal curve 复选框，即输出近似正态分布曲线，点击 Continue 按钮返回图 7-1，单击 OK 按钮，输出结果为：图 7-7，城镇居民人均可支配收入直方图；图 7-8，农村居民人均纯收入直方图；图 7-9，城乡居民收入比率直方图。

可见，我国各地区城镇居民人均可支配收入和农村居民人均纯收入分布是左偏的，即处于平均值水平以下的省份比较多，处于平均值水平以上的地区只是极少数，

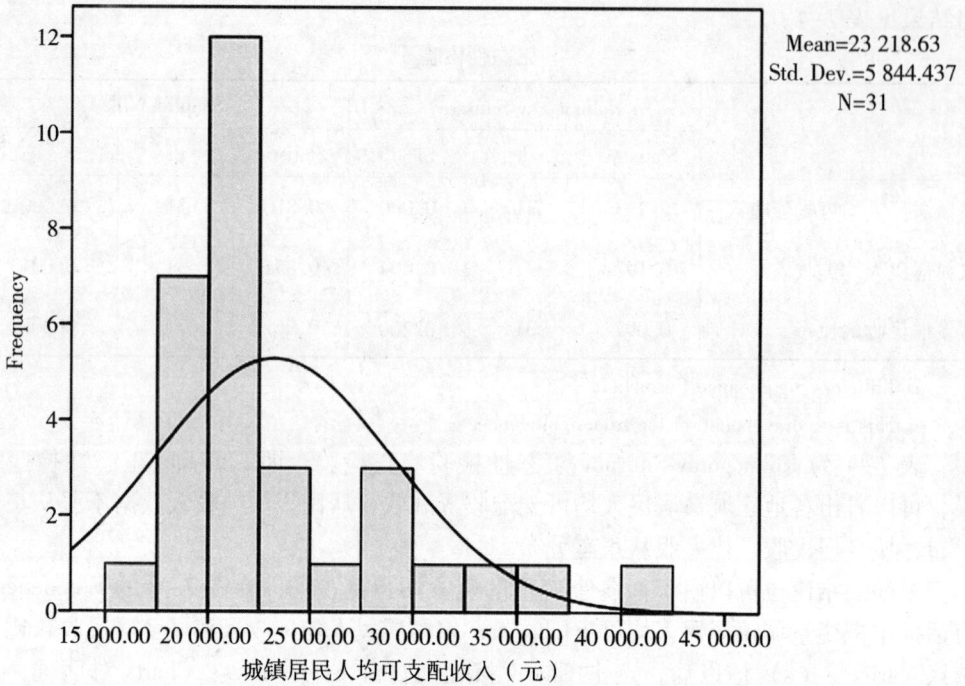

Mean=23 218.63
Std. Dev.=5 844.437
N=31

图 7-7　城镇居民人均可支配收入直方图

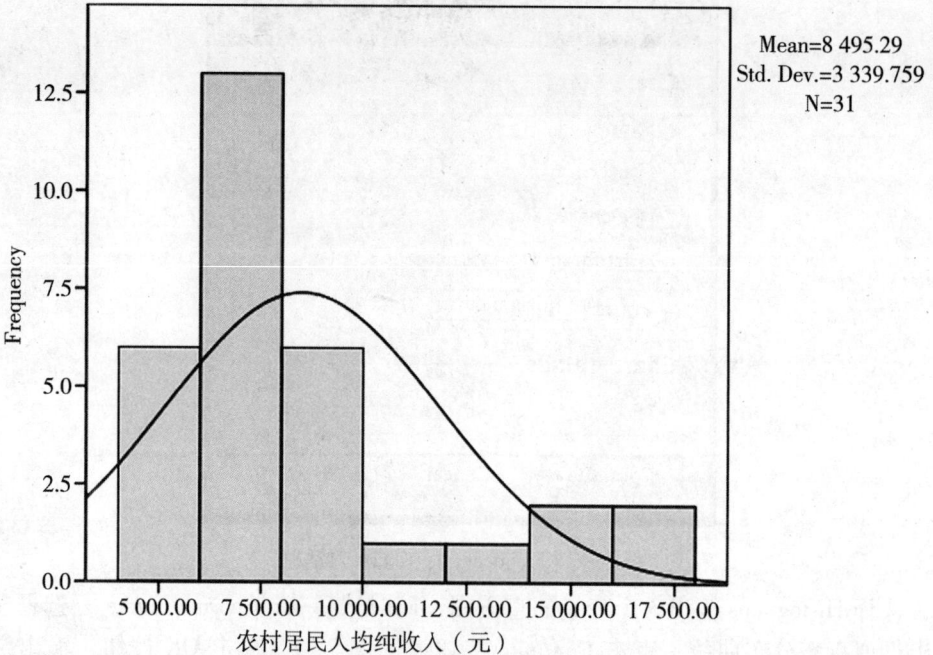

Mean=8 495.29
Std. Dev.=3 339.759
N=31

图 7-8　农村居民人均纯收入直方图

居民收入地域性差异比较大。对于各个地区居民收入的平均水平度量，平均数丧失了其代表意义，位置平均数（中位数）比数值平均数均值更具代表性，否则大多数地区就有"被平均"的感觉。

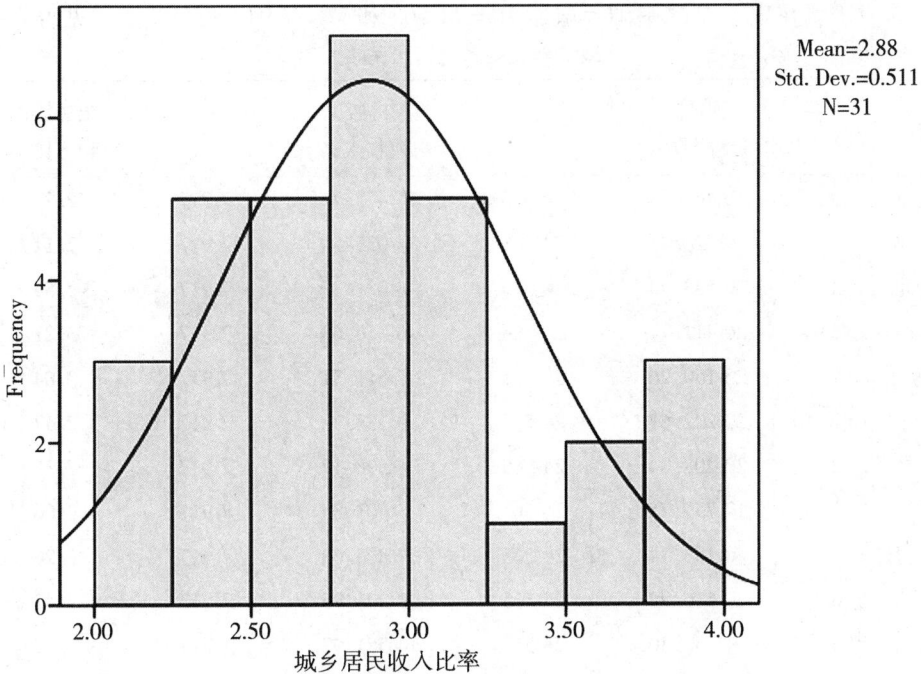

图7-9 城乡居民收入比率直方图

中位数有助于了解各个地区居民收入的中间水平，所以各地区城镇居民人均可支配收入的平均水平应该选择表7-2中的中位数20 917.71，各地区农村居民纯收入的平均水平应该选择表7-2中的中位数7 524.94。各地区城乡居民收入比率服从正态分布，各地区的值基本上在3附近，并呈对称分布，均值代表性比较强，平均值和中位数相差不大。

3. 各地区居民收入及收入比率水平与全国水平对比——Wilcoxon符号秩检验

2012年，全国城镇居民人均可支配收入为24 565元，上海、北京、浙江、广东、江苏、天津、福建、山东超过了全国水平；全国农村居民人均纯收入为7 917元，上海、北京、浙江、天津、江苏、广东、福建、山东、辽宁、黑龙江、吉林、河北超过了全国水平；城乡居民收入比率为3.10，城镇和农村居民的收入水平保持3倍以上的差距。要了解各地区居民收入及收入比率平均水平与全国水平有无差异，即检验其中位数（或均值）是否为24 565，7 917和3.10，由于城镇居民人均可支配收入和农村居民人均纯收入不服从正态分布，传统的t检验失效，应该利用Wilcoxon符号秩检验；城乡居民收入比率服从正态分布，利用t分布进行检验。

检验假设分别为：

H_0：$M_1 = 24\ 565 \Leftrightarrow H_1$：$M_1 < 24\ 565$

H_0：$M_2 = 7\ 917 \Leftrightarrow H_1$：$M_2 < 7\ 917$

H_0：$\mu_3 = 3.10 \Leftrightarrow H_1$：$\mu_3 < 3.10$

城镇居民人均可支配收入和农村居民人均纯收入的检验应用单样本Wilcoxon符号秩检验。利用Nonparametric Test的2-Related-Samples即两相关样本检验子过程进行，这时需要在表 7-1 的基础上增加 $M_1 = 24\ 565$ 和 $M_2 = 7\ 917$ 两个变量，见表 7-5。

表 7-5　　　　　　　　　　2012 年我国各地区居民收入

地区	区域	城镇居民人均可支配收入（元）	M_1	农村居民人均纯收入（元）	M_2	城乡居民收入比率
北京	3	36 468.75	24 565	16 475.74	7 917	2.21
天津	3	29 626.41	24 565	14 025.54	7 917	2.11
河北	3	20 543.44	24 565	8 081.39	7 917	2.54
山西	2	20 411.71	24 565	6 356.63	7 917	3.21
内蒙古	1	23 150.26	24 565	7 611.31	7 917	3.04
辽宁	3	23 222.67	24 565	9 383.72	7 917	2.47
吉林	2	20 208.04	24 565	8 598.17	7 917	2.35
黑龙江	2	17 759.75	24 565	8 603.85	7 917	2.06
上海	3	40 188.34	24 565	17 803.68	7 917	2.26
江苏	3	29 676.97	24 565	12 201.95	7 917	2.43
浙江	3	34 550.30	24 565	14 551.92	7 917	2.37
安徽	2	21 024.21	24 565	7 160.46	7 917	2.94
福建	3	28 055.24	24 565	9 967.17	7 917	2.81
江西	2	19 860.36	24 565	7 829.43	7 917	2.54
山东	3	25 755.19	24 565	9 446.54	7 917	2.73
河南	2	20 442.62	24 565	7 524.94	7 917	2.72
湖北	2	20 839.59	24 565	7 851.71	7 917	2.65
湖南	2	21 318.76	24 565	7 440.17	7 917	2.87
广东	3	30 226.71	24 565	10 542.84	7 917	2.87
广西	1	21 242.80	24 565	6 007.55	7 917	3.54
海南	3	20 917.71	24 565	7 408.00	7 917	2.82
重庆	1	22 968.14	24 565	7 383.27	7 917	3.11
四川	1	20 306.99	24 565	7 001.43	7 917	2.90
贵州	1	18 700.51	24 565	4 753.00	7 917	3.93
云南	1	21 074.50	24 565	5 416.54	7 917	3.89
西藏	1	18 028.32	24 565	5 719.38	7 917	3.15
陕西	1	20 733.88	24 565	5 762.52	7 917	3.60
甘肃	1	17 156.89	24 565	4 506.66	7 917	3.81
青海	1	17 566.28	24 565	5 364.38	7 917	3.27
宁夏	1	19 831.41	24 565	6 180.32	7 917	3.21
新疆	1	17 920.68	24 565	6 393.68	7 917	2.80

将表 7-5 数据输入 SPSS 以后依次选择 Analyze→Nonparametric Tests→2-Related-Samples，打开对话框 Two-Related-Samples Tests，如图 7-10 所示。

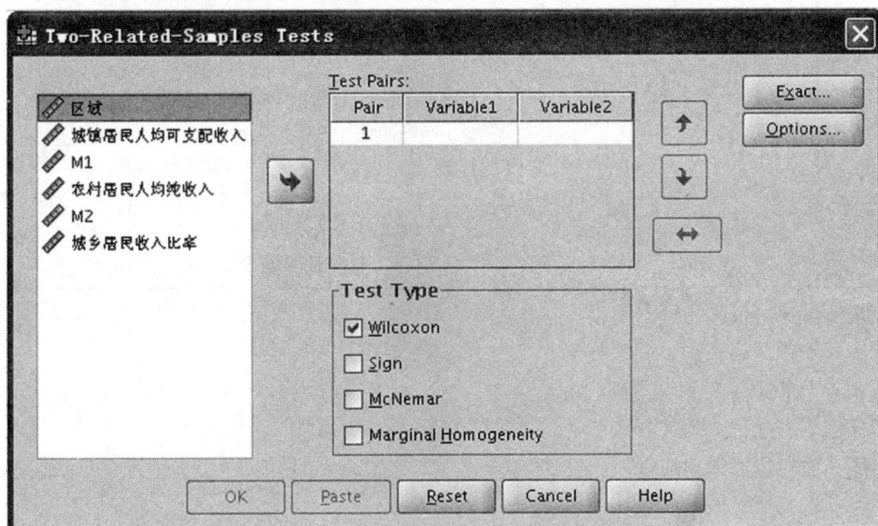

图 7-10　Two-Related-Samples Tests 对话框

将城镇居民人均可支配收入与 M_1，农村居民人均纯收入与 M_2 分别选入 Test Pairs 框中，在 Test Type 中选择 Wilcoxon，进行 Wilcoxon 符号秩检验，如图 7-11 所示。

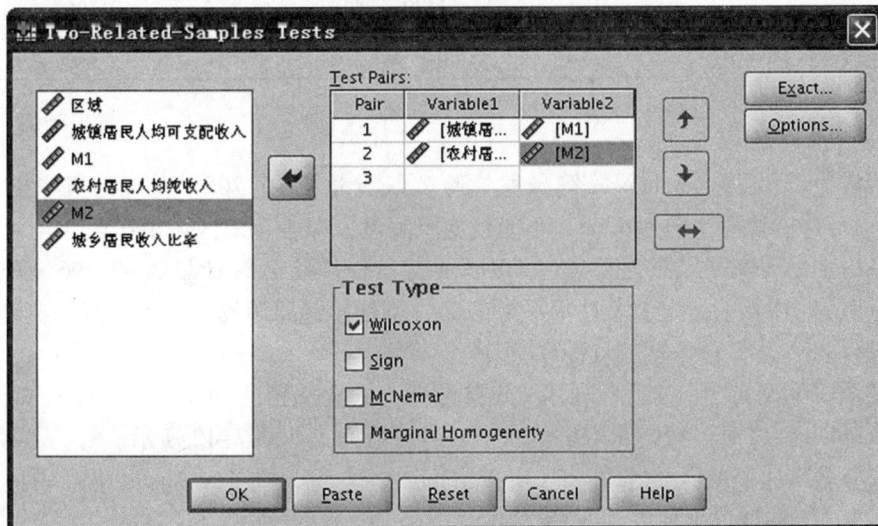

图 7-11　Wilcoxon 符号秩检验的选择

点击 OK，便可以得到 Wilcoxon 符号秩检验的结果，见表 7-6 和表 7-7。

由表 7-6 可得，31 个地区城镇居民人均可支配收入大于 24 565 的有 8 个地区，秩和为 161，平均秩为 20.13；小于 24 565 的有 23 个地区，秩和为 335，平均秩为 14.57。31 个地区农村居民人均纯收入大于 7 917 的有 12 个地区，秩和为 238，平均秩为 19.83；小于 7 917 的有 19 个地区，秩和为 258，平均秩为 13.58。

表 7-6　　　　　　　　　　　　　　　变量的秩

		N	Mean Rank	Sum of Ranks
M_1-城镇居民人均可支配收入	Negative Ranks	8[a]	20.13	161.00
	Positive Ranks	23[b]	14.57	335.00
	Ties	0[c]		
	Total	31		
M_2-农村居民人均纯收入	Negative Ranks	12[d]	19.83	238.00
	Positive Ranks	19[e]	13.58	258.00
	Ties	0[f]		
	Total	31		

a. $M_1 <$ 城镇居民人均可支配收入

b. $M_1 >$ 城镇居民人均可支配收入

c. $M_1 =$ 城镇居民人均可支配收入

d. $M_2 <$ 农村居民人均纯收入

e. $M_2 >$ 农村居民人均纯收入

f. $M_2 =$ 农村居民人均纯收入

表 7-7　　　　　　　　　Wilcoxon 符号秩检验结果

Test Statistics[b]

	M_1-城镇居民人均可支配收入	M_2-农村居民人均纯收入
Z	-1.705[a]	-0.196[a]
Asymp. Sig. (2-tailed)	0.088	0.845

a. Based on negative ranks.

b. Wilcoxon Signed Ranks Test.

由表 7-7 可得，Wilcoxon 符号秩检验 Z 统计量为-1.705，对应的概率 p 值为 0.088，给定显著性水平为 0.05，不能拒绝原假设，即各个地区城镇居民人均可支配收入平均水平与全国水平无差异。Wilcoxon 符号秩检验 Z 统计量为-0.196，对应的概率 p 值为 0.845，给定显著性水平为 0.05，不能拒绝原假设，即各个地区农村居民人均纯收入平均水平与全国水平无差异。

城乡居民收入比率的检验利用 t 分布进行，依次选择 Analyze→Compare means→One-Samples T Test，打开 One-Samples T Test 对话框，如图 7-12 所示。

选择城乡居民收入比率进入 Test Variable（s）框，在 Test Value 中输入检验值 3.10，单击 OK 即可得到表 7-8 的结果。

表 7-8　　　　　　　　　　　T 检验结果

	Test Value = 3.1					
	t	df	Sig. (2-tailed)	Mean Difference	95% Confidence Interval of the Difference	
					Lower	Upper
城乡居民收入比率	-2.423	30	0.022	-0.22226	-0.4096	-0.0349

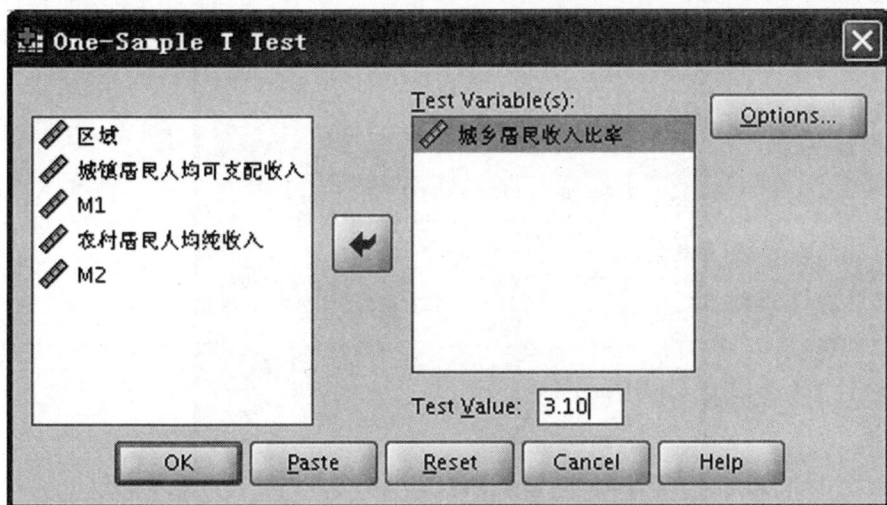

图 7-12 One-Samples T Test 对话框

表 7-8 为单样本 t 检验结果，t 统计量为 -2.419，自由度为 30，p 值为 0.022，小于给定的显著性水平 0.05，拒绝原假设，即各个地区城乡居民收入比率平均水平与全国水平有差异。

4. 东、中、西部居民收入及收入比率比较分析——Kruskal-Wallis 秩和检验

东、中、西部居民收入及收入比率的区域比较在参数统计中经常应用方差分析，但是要求各个分组必须服从正态分布，并且方差相等，而且样本容量不能太小。东、中、西部三大经济区域的方差齐性检验依次选择菜单 Analyze→Compare means→One-Way ANOVA，打开 One-Way ANOVA 对话框进行，如图 7-13 所示。

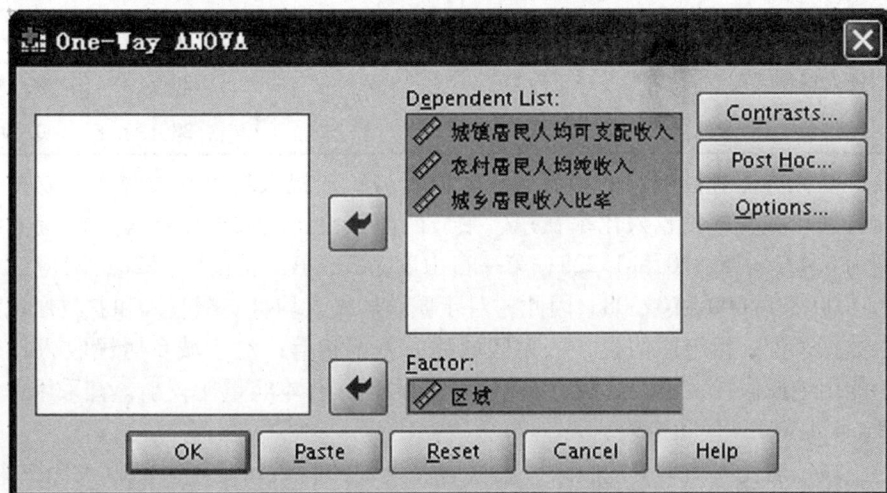

图 7-13 One-Way ANOVA 对话框

将变量城镇居民人均可支配收入、农村居民人均纯收入和城乡居民收入比率选入 Dependent List 框中，单击 Options 按钮，打开 One-Way ANOVA：Options 对话框，如图 7-14 所示。

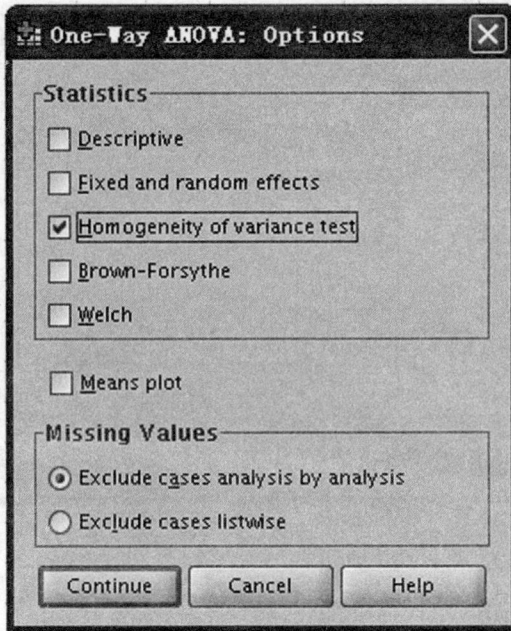

图 7-14   One-Way ANOVA：Options 对话框

方差齐性检验选择 Homogeneity of Variance（方差同质性）的检验方法，其零假设是各水平下观测变量总体方差无显著性差异，点击 Continue 按钮返回图 7-13，点击 OK 便可输出如表 7-9 所示的结果。

表7-9   方差齐性检验结果

	Levene Statistic	df$_1$	df$_2$	Sig.
城镇居民人均可支配收入	8.473	2	28	0.001
农村居民人均纯收入	15.820	2	28	0.000
城乡居民收入比率	1.241	2	28	0.304

表7-9 是方差齐性检验的结果，原假设是城镇居民人均可支配收入、农村居民人均纯收入和城乡居民收入比率在东、中、西部三大区域的方差相等，检验 F 统计量分别为 8.473、15.820 和 1.228；第一自由度为 2，第二自由度为 28；对应的 p 值分别为 0.001、0.000 和 0.308。因此，对于城镇居民人均可支配收入和农村居民人均纯收入数据来说，拒绝原假设，三大区域的方差不相等；对于城乡居民收入比率来说，不能拒绝原假设，三大区域方差相等。同时由于样本容量比较小，宜采用非参数统计 Kruskal-Wallis 秩和检验。

对于城镇居民人均可支配收入、农村居民人均纯收入和城乡居民收入比率来说，检验假设分别为：

H_0：$M_{11} = M_{12} = M_{13} \Leftrightarrow H_1$：$M_{11}$、$M_{12}$ 和 M_{13} 不全相等

H_0：$M_{21} = M_{22} = M_{23} \Leftrightarrow H_1$：$M_{21}$、$M_{22}$ 和 M_{23} 不全相等

H_0：$M_{31} = M_{32} = M_{33} \Leftrightarrow H_1$：$M_{31}$、$M_{32}$ 和 M_{33} 不全相等

即原假设为三个变量在东、中、西部的中位数相等。

依次选择 Analyze→Nonparametric Tests→K Independent Samples，打开 Tests for Several Independent Samples 对话框，如图 7-15 所示。

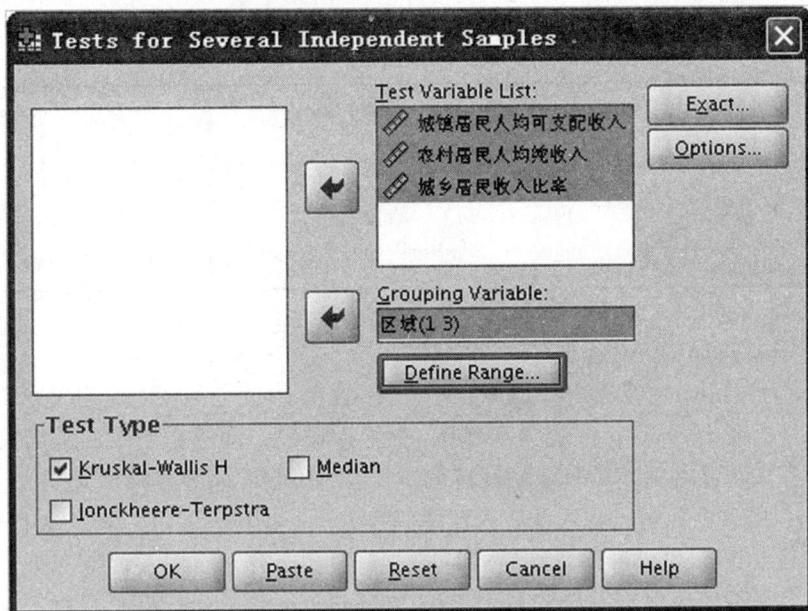

图 7-15　Tests for Several Independent Samples 对话框

将城镇居民人均可支配收入、农村居民人均纯收入和城乡居民收入比率选入 Test Variable List 框，区域变量选入 Grouping Variable 框中，再点击 Define Range，在其对话框中的 Minimum 中输入 1，Maximum 中输入 3。在 Test Type 框中选择 Kruskal-Wallis H，点击 OK，便可得到如表 7-10 和表 7-11 所示结果。

表 7-10 变量平均秩

	区域	N	Mean Rank
城镇居民人均可支配收入	1	12	10.75
	2	8	11.88
	3	11	24.73
	Total	31	
农村居民人均纯收入	1	12	7.25
	2	8	16.50
	3	11	25.18
	Total	31	
城乡居民收入比率	1	12	24.54
	2	8	12.56
	3	11	9.18
	Total	31	

表 7-10 是城镇居民人均可支配收入、农村居民人均纯收入和城乡居民收入比率在东、中、西部三大区域的平均秩，可以看出其差异很大。

表 7-11   Kruskal-Wallis 检验结果

Test Statistics[a,b]

	城镇居民人均可支配收入	农村居民人均纯收入	城乡居民收入比率
Chi-Square	15.783	22.356	17.931
df	2	2	2
Asymp. Sig.	0.000	0.000	0.000

a. Kruskal Wallis Test.

b. Grouping Variable：区域.

表 7-11 是 Kruskal-Wallis 结果，卡方检验统计量分别为 15.783、22.356 和 17.695，自由度全为 2，p 值全为 0.000，拒绝原假设，即东、中、西部居民收入及收入比率存在明显差别，具有地域性特征，我国居民收入地区差异很大。

5. 东、中、西部居民收入及收入比率趋势分析——Jonckheere-Terpstra 检验

在上面 Kruskal-Wallis 检验结果的基础之上，要研究东、中、西部三大经济区域的位置参数是否呈现出单调趋势，则应该用 Jonckheere-Terpstra 检验。对于城镇居民人均可支配收入、农村居民人均纯收入和城乡居民收入比率三个指标，对应的假设检验分别为：

$H_0: M_{11} = M_{12} = M_{13} \Leftrightarrow H_1: M_{11} \leqslant M_{12} \leqslant M_{13}$

$H_0: M_{21} = M_{22} = M_{23} \Leftrightarrow H_1: M_{21} \leqslant M_{22} \leqslant M_{23}$

$H_0: M_{31} = M_{32} = M_{33} \Leftrightarrow H_1: M_{31} \geqslant M_{32} \geqslant M_{33}$

在图 7-15 Tests for Several Independent Samples 对话框的 Test Type 框中选择 Jonckheere-Terpstra 即可，见图 7-16。单击 OK，可得如表 7-12 所示的结果。

表 7-12   Jonckheere-Terpstra 检验结果

Jonckheere-Terpstra Test[a]

	城镇居民人均可支配收入	农村居民人均纯收入	城乡居民收入比率
Number of Levels in 区域	3	3	3
N	31	31	31
Observed J-T Statistic	260.000	299.000	43.500
Mean J-T Statistic	158.000	158.000	158.000
Std. Deviation of J-T Statistic	27.471	27.471	27.462
Std. J-T Statistic	3.713	5.133	-4.169
Asymp. Sig. (2-tailed)	0.000	0.000	0.000

a. Grouping Variable：区域.

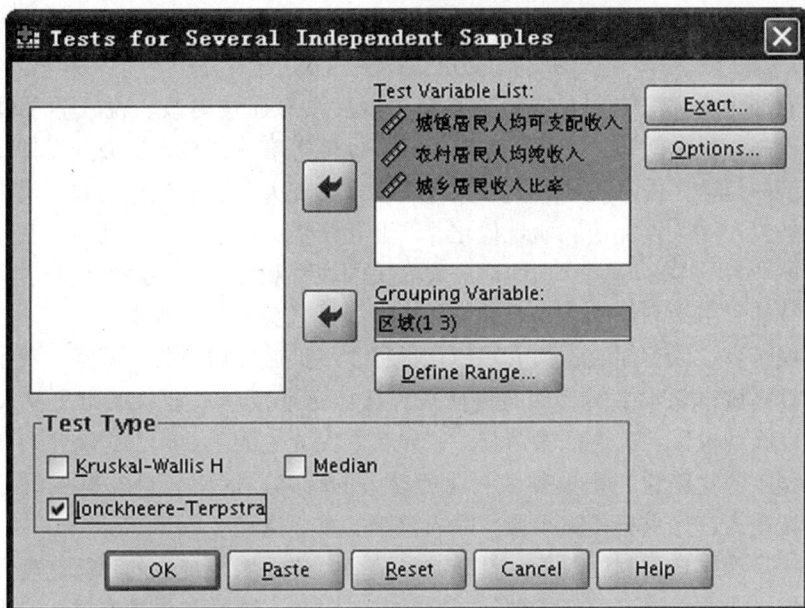

图 7-16 Tests for Several Independent Samples 对话框

由表 7-12 可知,我国三大经济区域的居民收入及收入比率呈现出某种变化趋势,城镇居民人均可支配收入和农村居民人均纯收入在区域 1、区域 2 和区域 3 上具有递增的态势,即西部的居民收入小于中部,中部小丁东部,东、中、西部很不均衡,而城乡居民收入比率具有递减的态势,即西部(区域 1)居民收入城乡差异最大,中部(区域 2)次之,东部(区域 3)最小。

(四)结论及对策建议

1. 结论阐述

由上面对我国 31 个地区城镇居民人均可支配收入、农村居民人均纯收入和城乡居民收入比率 3 个指标的非参数统计分析可以得出以下结论:

(1)我国居民收入水平城乡差异巨大,31 个地区城乡居民收入比率都大于 2,绝大多数地区在 3 附近,这与我国的二元经济结构有着直接的关系。

(2)我国居民收入水平区域差距极大,东、中、西部三大经济区域之间极度不平衡,西部地区小于中部地区,远远落后于东部地区,这与我国社会经济发展的地区间不均衡有关。

(3)我国居民收入高的地区,收入的城乡差异小,居民收入低的地区,收入的城乡差异大,很不平衡。东部地区居民收入最高,城乡差异较小,西部地区居民收入最低,城乡差异最大。

我国居民收入分配不公平、不均衡现象不但体现在城镇与乡村之间的差距,而且体现在东、中、西部之间的地域差异。

2. 对策建议

针对以上对我国居民收入的非参数统计分析的结论,结合经济发展的实际情况,提出如下对策和建议:

（1）加快城镇化进程，统筹城乡发展，弱化二元经济结构，缩小城乡居民收入差距。

①政府加大对"三农"的支持和扶持力度。政府通过财政、税收等手段加大对农村基础设施、科技教育、文化卫生以及社会保障等事业的投入，充分发挥政府投资对农村经济的拉动作用，进而提高农民人均收入；加大对农业生产的政策优惠、金融支持和科技投入等，以加快农业现代化、产业化步伐，提高农业劳动生产率，从而缩小两部门就业者的收入差别；加大对广大农民的教育和培训，提高农民及农民工的文化素质和技能，引导和鼓励其择业和创业，以提升自身的收入水平。

②以城带乡，以工促农，加大城镇化进程，平抑城乡居民收入差距。我国正处在由中低向较高城市化水平转型的关键阶段，按照工业反哺农业、城市支持农村的要求，推行以吸纳农民工为主的城镇化，以转移农民为主的工业化，走城乡联动、以城带乡的新型工业化路线，积极推动农业劳动力的转移，促使大量农村人口迅速城镇化，提高城镇人口比重将是缩小城乡收入差距的重要途径。

③进一步深化户籍制度改革，打破城乡壁垒，建立城乡统一的户籍制度和就业制度，实现城乡协调发展。取消各种歧视性的准入限制，鼓励和促进农村人口进入城镇的第二、第三产业中就业，这样既可以推动城市经济的发展，又有助于农业规模化经营，增加农民收入，缩小城乡收入差距。

（2）坚持科学发展观，统筹区域经济，协调发展，加大对中、西部地区经济发展的财政和政策支持，缩小地区间居民收入差异。

根据地区经济协调发展的基本原则，必须采取有效措施促进中、西部地区的发展，同时发挥东部地区的示范效应、帮带效应，逐步缩小地区差距，最终达到共同富裕。

①促进中部地区崛起。中部地区具有承东启西、纵贯南北的区位优势，实现中部地区崛起成为区域协调发展、缩小收入差距的重要一环。2004 年"中部崛起"和"振兴东北"战略实施以来，国家对中部地区的政策支持力度加大，其经济发展有着良好的优势，中部地区应该抓住这一机遇，进一步加快改革开放的步伐，推动工业化、城镇化、农业现代化进程，实现跨越式发展，以缩小和东部地区经济发展的差距，并最终使得中、东部地区居民收入差异得到有效的抑制。

②进一步推进西部大开发。广大西部地区是我国向西发展战略布局中的重要组成部分，向西开放的桥头堡，我国的贫困地区都在这一区域，对于缩小地区发展差距，进一步抑制我国居民收入差距有着决定性作用。2000 年以来"西部大开发"政策的实施虽然成效显著，西部地区的经济得到了快速的发展，但是经济发展和居民收入水平仍然和中部地区有一定的差距，与东部地区的差距更大。中央政府的财政和经济政策应该适当偏向西部贫困地区，进一步推动援藏援疆等政策，把西部大开发不断向前推进，这样才能有效遏制西部地区和中、东部地区逐渐扩大的发展差距，减小西部与中、东部地区居民的收入差距。

③加强东、中、西部地区的联动与协作，促进各区域间经济一体化进程。我国东、中、西部地区间经济具有较强的互补性，经济技术合作前景广阔，加强横向经济

联合不但可以优势互补、互惠互利、共同发展，而且也是缩小地区经济发展和收入水平不均衡的重要手段。东、西部地区在教育科技、基础设施建设和能源矿产资源开发等方面加强交流与合作，东部地区要通过对口支援和扶贫开发等方式加大对中、西部地区的支持力度，而中、西部地区可以为东部地区的发展提供广阔的市场和所需的能源。另外，东、中、西部地区应该加强在建设"丝绸之路经济带"中的协作，推动区域经济协调发展，逐步实现区域共同富裕。

【综合运用知识点评】

本实验从城乡差异和区域差距来考查我国居民收入的不均衡现象，首先利用非参数单样本的 Kolmogorov-Smirnov 检验和 Wilcoxon 符号秩检验对各地区与全国水平的差异进行了分析；其次利用非参数多样本的 Kruskal-Wallis 秩和检验和 Jonckheere-Terpstra 检验对我国东、中、西部地区居民收入水平及城乡差异进行了比较分析；最后得出结论并提出相应的对策建议。

【练习与作业】

应用非参数的方法分析影响我国各地区城镇居民消费的主要因素及其数量关系，以及消费与收入的地区差距。选择衡量城镇居民消费的指标为城镇居民家庭平均每人每年消费支出，用 y 表示；影响消费最主要的因素应该为收入，选择城镇居民人均年可支配收入为衡量收入的指标，用 x 表示。解决下面问题：

(1) 查找《中国统计年鉴（2013）》，收集并整理所需的数据。
(2) 所收集的数据是否服从正态分布，由非参数统计的分布检验予以说明。
(3) 分析说明我国东、中、西部城镇居民的收入和消费水平的差异。
(4) 分析说明我国东、中、西部城镇居民的收入和消费水平的变化趋势。

【参考文献】

[1] 李小丽，梁进社，张同升. 中国城乡居民收入差距的省区间比较分析[J].

人文地理，2003（4）．

　　［2］陈映．地区差距与区域经济协调发展［J］．云南社会科学，2004（6）．

　　［3］吴喜之，赵博娟．非参数统计［M］．北京：中国统计出版社，2006．

　　［4］李会宁，叶民强．我国东中西部三地区经济发展差距分析［J］．经济问题探索，2006（2）．

　　［5］王少国．我国城乡居民收入差别测度指标评析及修正［J］．山西财经大学学报，2006（2）．

　　［6］孙海刚．市场化进程中的中国地区经济差距成因研究［J］．财经研究，2007（9）．

　　［7］周少甫，亓寿伟，卢忠宝．地区差异、城市化与城乡收入差距［J］．中国人口·资源与环境，2010（8）．

　　［8］张启良，刘晓红，程敏．我国城乡收入差距持续扩大的模型解释［J］．统计研究，2010（12）．

　　［9］苏素，宋云河．中国城乡收入差距问题研究［J］．经济问题探索，2011（5）．

　　［10］谢建华，周竹君．中国东中西部地区农民收入水平影响因素比较［J］．农学学报，2013（3）．

综合实验二　兵团经济发展对教育、医疗卫生事业影响分析

【实验目的】

　　在实践问题的分析中，人们常常想知道两组或两组以上的观测结果是否有联系，以及联系的程度如何，就要用到相关分析的方法。常用的 Pearson 相关系数度量的是两个数值型变量之间的一种线性关系，而非参数统计中的 Spearman 秩相关系数和 Kendallτ 相关系数实际上度量的是变量秩的相关关系，是一种形式的相依或联系。因此，广义的相关，不仅指线性相关，而且泛指相依或联系。对变量之间的关系要进一步进行分析就要用到回归分析的方法，传统计量经济学中的一元回归模型参数估计应用的是最小二乘法（OLS），这一方法受数据本身的影响比较大，而且对随机扰动项的古典假定很严格，如果没有这些假定或者假定不成立，则模型的参数估计就无从谈起，这时 Theil 非参数回归方法是常用的可供选择的方法之一。

　　本实验以非参数统计相关系数和回归方法应用为主，应用 Pearson 简单相关系数、Spearman 秩相关系数和 Kendallτ 相关系数对兵团各师经济发展和教育、医疗卫生事业之间的相关性进行分析。在相关分析基础上，应用传统的最小二乘回归和非参数的 Theil 回归方法得到兵团各师经济发展对教育、医疗卫生事业影响的数量变化关系，总结实证分析结论，结合兵团各师实际情况提出相应的对策与建议。

【方法概述】

（一）相关分析

所谓相关是指两组或两组以上观测结果之间的联系或相依性，相关关系的大小程度一般用相关系数来衡量，常用的相关系数有三种：Pearson 简单相关系数、Spearman 秩相关系数和 Kendallτ 相关系数。

1. Pearson 简单相关系数

Pearson 简单相关系数，也称为皮尔逊线性相关系数，常用来度量两个定距或定比变量之间的线性相关关系的强度。

设二维变量（x，y）的样本观测值记为（x_1，y_1），（x_2，y_2），…，（x_n，y_n），则 Pearson 简单相关系数定义为：

$$r_{xy} = \frac{\sum_{i=1}^{n} (x_i - \bar{x})(y_i - \bar{y})}{\sqrt{\sum_{i=1}^{n} (x_i - \bar{x})^2} \sqrt{\sum_{i=1}^{n} (y_i - \bar{y})^2}} \tag{7-9}$$

总体相关系数 ρ，r_{xy} 为 ρ 的无偏估计。Pearson 简单相关系数显著性检验所用 t 统计量定义为：

$$t = r_{xy}\sqrt{\frac{n-2}{1-r_{xy}^2}} \sim t\ (n-2) \tag{7-10}$$

得到 p 值后与显著性水平 α 进行比较，进行判断。

2. 秩的定义

秩及与其相关的秩统计量是非参数统计的一个主要工具。设 x_1，x_2，…，x_n 是来自总体 x 的简单随机样本，x_1，x_2，…，x_n 中不超过 x_i 的数据个数，称为样本点 x_i 的秩，记为 R_i，即：

$$R_i = \sum_{j \neq i}^{n} I(x_j \leq x_i) \tag{7-11}$$

其中：$I\ (x_j \leq x_i) = \begin{cases} 1 & x_j \leq x_i \\ 0 & x_j > x_i \end{cases}$

3. Spearman 秩相关系数

Spearman 秩相关系数也称斯皮尔曼等级相关系数，是测量两个定序变量相关强度的重要指标，度量的是一种形式的相依或联系。

设二维变量（x，y）的样本观测值记为（x_1，y_1），（x_2，y_2），…，（x_n，y_n），将 x 和 y 分别排序，得到其各自的秩统计量，令 x_i 在 x 样本中的秩为 r_i（i = 1，2，…，n），y_i 在 y 样本中的秩为 s_i（i = 1，2，…，n），则 Spearman 秩相关系数定义为：

$$r_s = \frac{\sum\limits_{i=1}^{n}(r_i - \bar{r})(s_i - \bar{s})}{\sqrt{\sum\limits_{i=1}^{n}(r_i - \bar{r})^2 \sum\limits_{i=1}^{n}(s_i - \bar{s})^2}} = 1 - \frac{6\sum\limits_{i=1}^{n}d_i^2}{n(n^2-1)} \tag{7-12}$$

其中：$\bar{r} = \bar{s} = \dfrac{n+1}{2}$，$d_i = r_i - s_i$

Spearman 秩相关系数显著性检验所用统计量定义为：

$$Z = r_s \sqrt{n-1} \sim N(0,1) \tag{7-13}$$

得到 p 值后与显著性水平 α 进行比较，进行判断。

4. Kendallτ 相关系数

Kendallτ 相关系数也称为肯特尔等级相关系数，是测量两个定序变量相关程度的另外一个重要指标，度量的也是一种形式的相依或联系。

变量 x 的样本观测值记为（x_1，x_2，…，x_n），y 的样本观测值记为（y_1，y_2，…，y_n），首先定义符号函数：

$$\text{sign}(x_i, x_j, y_i, y_j) \begin{cases} 1, & (x_j-x_i)(y_j-y_i) > 0 \\ 0, & (x_j-x_i)(y_j-y_i) = 0 \\ 0, & (x_j-x_i)(y_j-y_i) < 0 \end{cases} \tag{7-14}$$

则 Kendallτ 相关系数定义为：

$$\tau = \frac{2}{n(n-1)}\sum_{1 \leq i < j \leq n}\text{sign}(x_i, x_j, y_i, y_j) = \frac{n_c - n_d}{n_c + n_d} = \frac{n_c - n_d}{n(n-1)/2} \tag{7-15}$$

其中：n_c 表示协同的数对数目，即前面符号函数取+1 的对数；n_d 表示不协同的数对数目，即前面符号函数取−1 的对数。

将 x_i 按从小到大排序，重新排序后有 $x_1 < x_2 <$，…，$< x_n$，每一个 y_i 也跟着它相应的 x_i 发生变化，并跟着 x_i 改名，为了简单方便起见，变化以后的序列仍然记为（x_1，y_1），（x_2，y_2），…，（x_n，y_n），此时，x 的秩已经按自然顺序由小到大排列，即 x 的观测值每两个秩之间都是一致对。这时，计算 Kendallτ 相关系数只需考虑重新排序后的 y。

$$\text{sign}(y_i, y_j) \begin{cases} 1, & y_j-y_i > 0 \\ 0, & y_j-y_i = 0 \\ 0, & y_j-y_i < 0 \end{cases} \tag{7-16}$$

$$\tau = \frac{2}{n(n-1)}\sum_{1 \leq i < j \leq n}\text{sign}(y_i, y_j) \tag{7-17}$$

Kendallτ 相关系数显著性检验所用统计量定义为：

$$Z = \frac{3\tau\sqrt{n(n-1)}}{\sqrt{2(2n+5)}} \sim N(0,1) \tag{7-18}$$

得到 p 值后与显著性水平 α 进行比较，进行判断。

（二）回归分析

一般，简单线性回归模型可以表示为：

$$y = \alpha + \beta x + \varepsilon \tag{7-19}$$

其中，y 为被解释变量，x 为解释变量，ε 为随机误差项。

给定一列数据 (x_1, y_1)，(x_2, y_2)，$\cdots$，(x_n, y_n)，就可以对上面模型的参数进行估计，得到样本回归线：

$$\hat{y}_i = \hat{\alpha} + \hat{\beta} x_i \tag{7-20}$$

1. 最小二乘回归法

假定 ε_i 满足高斯古典假定，即：

$$E(\varepsilon_i \mid x_i) = 0), \ Var(\varepsilon_i \mid x_i) = \sigma^2, \ Cov(\varepsilon_i, \varepsilon_j) = 0 \quad (i \neq j),$$
$$Cov(\varepsilon_i, X_i) = 0, \ \varepsilon_i \sim N(0, \sigma^2) \tag{7-21}$$

这时，可以应用普通最小二乘法（OLS）估计模型参数，即使得残差平方和达到最小。

$$\min\left(\sum e_i^2\right) = \min(y_i - \hat{\alpha} - \hat{\beta} x_i)^2 \tag{7-22}$$

可得回归模型（7-19）参数的 OLS 估计量：

$$\hat{\beta} = \frac{\sum(x_i - \bar{x})(y_i - \bar{y})}{\sum(x_i - \bar{x})^2} \tag{7-23}$$

$$\hat{\alpha} = \bar{y} - \hat{\beta}\bar{x} \tag{7-24}$$

只有 ε_i 满足高斯古典假定（7-21）式，OLS 估计量 $\hat{\alpha}$，$\hat{\beta}$ 才是总体参数 α，β 的最佳线性无偏估计式。如果古典假定不存在或不成立，最小二乘法就会失效，就无法对总体参数作出任何估计和统计推断。

2. Theil 回归方法

如果不考虑对随机误差项 ε_i 的古典假定（7-21）式，则 Theil 非参数回归方法是最常用的稳健回归方法之一，其基本原理也很简单。回归方程（7-20）的斜率是 $\hat{\beta}$，如果知道直线上的两个点，直线的斜率便可以由两点计算得到：

$$b_{ij} = \frac{y_j - y_i}{x_j - x_i} \tag{7-25}$$

设 (x_1, y_1)，(x_2, y_2)，$\cdots$，(x_n, y_n) 为 n 个观测点，则回归方程（7-20）的参数 $\hat{\beta}$ 和 $\hat{\alpha}$ 可以由下面两式得到：

$$\hat{\beta} = median(b_{ij}) = median\left(\frac{y_j - y_i}{x_j - x_i}\right), \ (1 \leq i < j \leq n) \tag{7-26}$$

$$\hat{\alpha} = median(y_j - \hat{\beta}x_j, \ j = 1, 2, 3, \cdots, n) \tag{7-27}$$

【实验背景】

（一）背景材料

新疆生产建设兵团（以下简称兵团）作为全国最大的农垦企业集团，自成立 50 多年以来，忠实地履行中央赋予的屯垦戍边使命，对加快新疆经济发展，促进民族团结，保持社会稳定，巩固边防，维护祖国统一，发挥着十分重要的作用。改革开放以来，特别是1982年兵团恢复以来，在兵团各师的经济迅速增长的同时，教育和医疗卫生事业得以蓬勃发展。但是由于兵团各师地理位置分布比较广阔，兵团"三带两区"经济带的发展水平很不均衡，因此各师的教育和医疗卫生发展水平差异也很大。随着兵团城镇化、新型工业化和农业现代化的推进，社会经济的发展和人口老龄化趋势的加快，各师对教育和医疗卫生的需求日益增强。如何正确认识并确定经济发展与教育和医疗卫生事业之间的关系，了解各师经济、教育和医疗卫生事业的优势和不足，对于相关部门制定正确的发展战略措施，推动兵团教育和医疗卫生事业与经济的协调发展具有重要意义。

（二）理论基础

1. 教育事业和经济发展的关系

"百年大计，教育为本"，教育事业关系到民族的前途和未来，关乎国家和地区经济的长远发展，社会的长治久安。教育作为一种社会现象，通过影响人们的思想行为，来增进人们的知识和技能，进而促进经济的发展和社会的进步，从其产生的那一刻起就与人们的经济活动密不可分。教育经济学认为：（1）经济发展为教育奠定基础，为其提供物质基础保障。经济发展是教育发展的重要因素和推动力，为教育提供人力、物力和资金，会促进教育的发展和完善。（2）经济发展对教育具有制约和导向作用。一个国家或地区的经济发展规模和速度水平决定和制约其教育发展所能具有的规模和速度，教育目标和目的，影响教育结构、教育制度、教学组织和教学方法等的变革。经济发展的不均衡，相应地会引起教育发展的不平衡，教育的不公平。

2. 医疗卫生事业和经济发展的关系

健康是促进人的全面发展的必然要求，医疗卫生事业关系到广大人民群众的身体健康和生老病死，与人民群众的利益密切相关，是社会持续发展的基础，一个重大民生工程，关系到经济与社会协调发展，是构建社会主义和谐社会的重要内容之一。卫生经济学认为：（1）医疗卫生对社会经济发展存在依存性，社会经济的发展是医疗卫生事业得以发展的前提和基础，是人民提高健康水平的根本保证，为医疗卫生事业的发展提供一定的人力、物力、财力、信息和技术支持。（2）社会经济发展对医疗卫生具有制约性。社会经济发展最终制约着一个国家或地区对医疗卫生投入的规模和力度，而且社会经济的发展能够带动医学技术的进步与提高，推动医疗卫生事业的前进和发展。

【实验步骤】

（一）相关概念界定

国内生产总值（GDP）：在一定时期内（一个季度或一年），一个国家或地区范围内的常住单位在经济活动中所生产出的全部最终产品和劳务的价值总和，是反映某一地区国民经济发展规模、速度、结构和效益的最常用的核心指标。因此，本实验选择兵团 14 个师的 GDP 作为各师经济发展水平的衡量指标，单位：亿元。

初高中在校生人数：一定时期内与某地区所管辖范围内全部的初中、高中有学籍关系，没有毕业或退学的学生人数。本指标由统计年鉴中的初中在校生人数和高中在校生人数直接加总得到。本实验选择这一指标来反映兵团各师的教育事业的发展水平，单位：千人。

医疗卫生机构数：从卫生行政部门取得"医疗机构执业许可证"，或从民政、工商行政、机构编制管理部门取得法人单位登记证书，为社会提供医疗保健、疾病控制、卫生监督服务或从事医学科研和医学在职培训等工作的单位数量。医疗卫生机构数包括医院、基层医疗卫生机构、专业公共卫生机构和其他医疗卫生机构的数目。本实验选择该指标来反映兵团各师的医疗卫生事业的发展水平，单位：个。

三带两区：兵团党委五届五次全委（扩大）会议提出，在今后一段时期要重点发展兵团区域经济，并将兵团经济大致分为"三带两区"，即天山北坡经济带（包括五师、六师、七师、八师和十二师等）、南疆经济带（包括一师、二师、三师等）、边境经济带（包括四师、九师、十师和十四师等）和八师石河子垦区、十三师哈密特色经济区。

（二）数据及其来源

本实验选择的衡量各师经济发展水平的指标是国内生产总值，教育事业发展水平指标为初高中在校生人数，医疗卫生事业发展水平指标为医疗卫生机构数。兵团各师三个指标的相应数据见表 7-13（详见数据文件 7-2. xls）。

表 7-13　　　　　2012 年兵团各师经济、教育和医疗卫生基本情况

师	初高中在校生人数（千人）	医疗卫生机构数（个）	国内生产总值（亿元）
一师	21.00	124	161.39
二师	17.02	113	76.04
三师	16.34	67	59.03
四师	15.78	60	87.12
五师	10.09	75	41.72
六师	17.68	174	156.52
七师	10.30	155	94.62
八师	21.51	391	276.12
九师	5.77	50	20.28
十师	8.56	37	29.19
建工师	6.10	18	43.28
十二师	5.28	25	50.31
十三师	4.83	48	40.00
十四师	1.95	12	10.41

其中：初高中在校生人数=初中在校生人数+高中在校生人数。

数据来源　新疆生产建设兵团统计局，国家统计局兵团调查总队．新疆生产建设兵团统计年鉴（2013）［M］．北京：中国统计出版社，2013.

（三）描述性统计分析

将表7–13中的数据输入 SPSS 软件，从菜单上依次选择 Analyze→Descriptive Statistics→Frequencies，打开 Frequencies 即频数分析对话框，如图7–17所示，可以计算2012年兵团各师经济、教育和医疗卫生基本情况的描述性统计量。

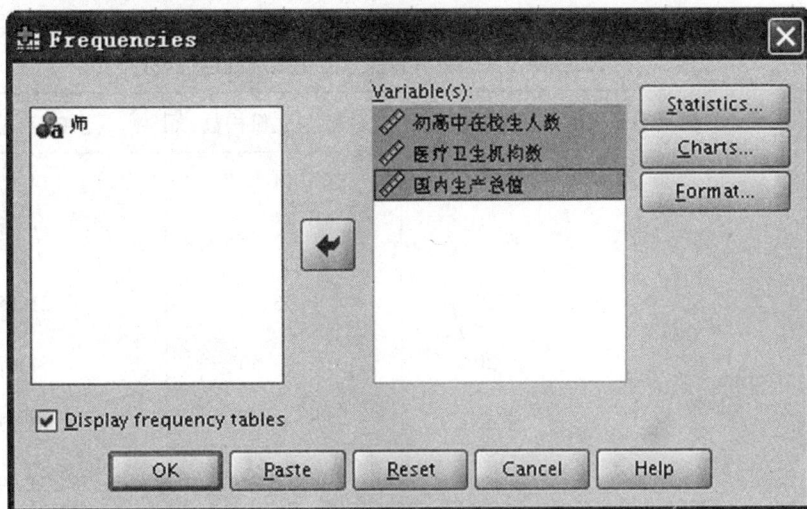

图7–17 Frequencies 对话框

把变量初高中在校生人数、医疗卫生机构数和国内生产总值选入 Variable（s）框中。单击 Statistics 计算基本描述性统计量，在弹出的 Frequencies：Statistics 对话框中，选择计算基本统计量，见图7–18。

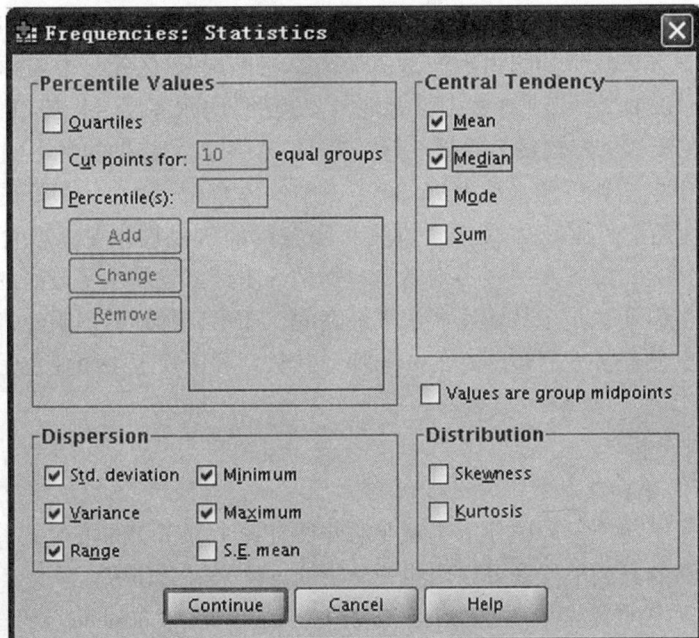

图7–18 Frequencies：Statistics 对话框

本实验在 Central Tendency 即定义描述集中趋势指标框中选择 Mean（均数）和 Median（中位数）。在 Dispersion 即定义描述离散趋势指标框中选择输出：Std. deviation（标准差），Variance（方差），Range（全距），Minimum（最小值），Maximum（最大值）。点击 Continue 按钮返回图 7-17，单击 OK 按钮，就可以在 SPSS 输出窗口中输出 3 个变量的基本描述性统计量分析结果，见表 7-14。

表 7-14　　　　　2012 年兵团各师经济、教育和医疗卫生情况描述性统计

		初高中在校生人数	医疗卫生机构数	国内生产总值
N	Valid	14	14	14
	Missing	0	0	0
Mean		11.59	96.36	81.8593
Median		10.20	63.50	54.6700
Std. Deviation		6.500	98.575	72.27101
Variance		42.246	9 717.016	5 223.098
Range		20	379	265.71
Minimum		2	12	10.41
Maximum		22	391	276.12

由表 7-14 可知，2012 年兵团 14 个师国内生产总值平均水平为 81.86 亿元，中位数为 54.67 亿元，八师的国内生产总值最高，为 276.12 亿元，十四师的国内生产总值最低，为 10.41 亿元；初高中在校学生人数平均水平为 11.59 千人，中位数 10.19 千人，在校学生人数最多的是八师，为 21.51 千人，最少的是十四师，为 1.95 千人；医疗卫生机构数平均水平为 96.36 个，中位数为 63.50 个，最好的是八师，为 391 个，最差的是十四师，为 12 个。可见兵团各师经济发展水平、教育水平、医疗卫生水平差异很大，发展水平很不均衡。八师是兵团经济发展水平最高的一个师，其教育和医疗卫生事业也是全兵团发展水平最高的，而十四师地处南疆经济比较落后的和田地区，是兵团经济发展最不好的一个师，其教育和医疗卫生事业也是全兵团发展水平最差的。

（四）相关分析

1. Pearson 简单相关系数

经济发展水平与教育和医疗卫生事业的发展有着十分密切的依存关系，这种变量之间的相关关系及其相关程度可以用相关分析的方法来进行研究。

将表 7-13 中的数据输入 SPSS，依次选择 Analyze→Correlate→Bivariate，打开 Bivariate Correlations 对话框，如图 7-19 所示。

将变量初高中在校生人数、医疗卫生机构数和国内生产总值选入 Variables 框中，

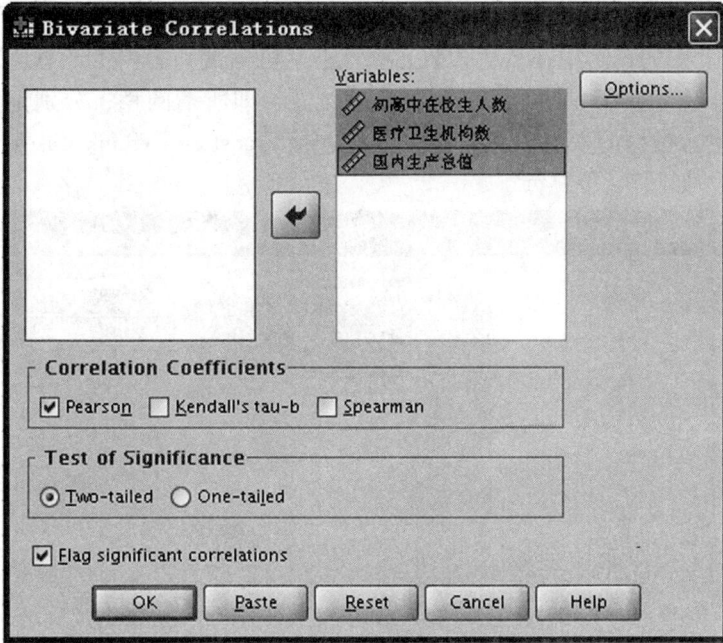

图7-19　Bivariate Correlations 对话框

在 Correlation Coefficents 框中选择 Pearson 选项，即计算 Pearson 简单相关系数。

在 Test of Significance 框中选择输出相关系数检验的 Two-Tailed （双边）概率 p 值。

选中 Flag significance correlation 选项输出星号标记，以标明变量间的相关性是否显著。点击 OK，便可得到计算结果，见表7-15。

表7-15　　2012 年兵团各师经济、教育和医疗卫生的 pearson 简单相关系数

		初高中在校生人数	医疗卫生机构数	国内生产总值
初高中在校生人数	Pearson Correlation	1	0.706 **	0.812 **
	Sig.（2-tailed）		0.005	0.000
	N	14	14	14
医疗卫生机构数	Pearson Correlation	0.706 **	1	0.934 **
	Sig.（2-tailed）	0.005		0.000
	N	14	14	14
国内生产总值	Pearson Correlation	0.812 **	0.934 **	1
	Sig.（2-tailed）	0.000	0.000	
	N	14	14	14

** Correlation is significant at the 0.01 level （2-tailed）.

表7-15 为 pearson 简单相关系数输出结果，可以看出，国内生产总值与初高中在校生人数的简单相关系数为 0.812，国内生产总值和医疗卫生机构数之间的相关程度也高达 0.934，并且两个相关系数显著性检验的 p 值为 0.000，小于显著性水平 0.05，都通过了显著性检验。可见，兵团各师教育、医疗卫生水平与经济发展水平之间存在较强的线性相关关系，而且有着正向的影响。

2. Spearman 秩相关系数

把表 7-13 中的初高中在校生人数、医疗卫生机构数和国内生产总值三个指标各自从小到大排序，便可以得到每个观测值的位置，即所谓的秩，分别记为 S，W 和 G，在 SPSS 中求数据的秩可以在菜单中依次选择 Transform→Rank Cases，打开 Rank Cases 对话框，如图 7-20 所示。

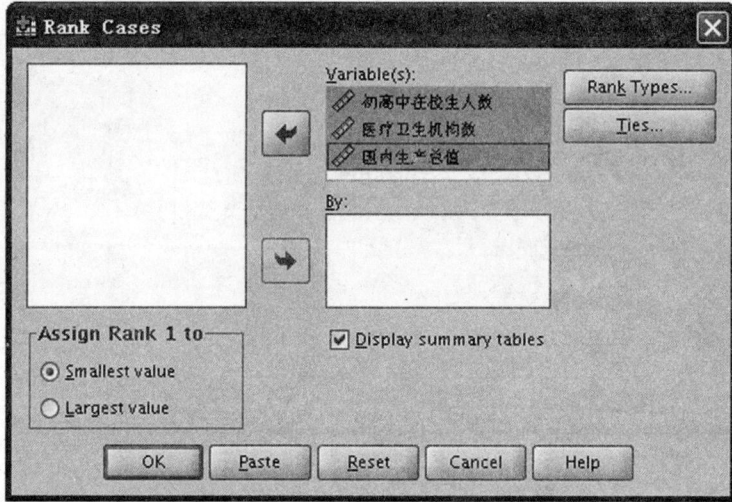

图 7-20　Rank Cases 对话框

将变量初高中在校生人数、医疗卫生机构数和国内生产总值选入 Variables 框中，其他选项系统默认，点击 OK，在 SPSS 数据编辑窗口可以得到相应变量的秩，如图 7-21所示，数据整理后得到表 7-16。

	师	初高中在校生人数	医疗卫生机构数	国内生产总值	R初高中	R医疗卫	R国内生
1	一师	21	124	161.39	13.000	11.000	13.000
2	二师	17	113	76.04	11.000	10.000	9.000
3	三师	16	67	59.03	10.000	8.000	8.000
4	四师	16	60	87.12	9.000	7.000	10.000
5	五师	10	75	41.72	7.000	9.000	5.000
6	六师	18	174	156.52	12.000	13.000	12.000
7	七师	10	155	94.62	8.000	12.000	11.000
8	八师	22	391	276.12	14.000	14.000	14.000
9	九师	6	50	20.28	4.000	6.000	2.000
10	十师	9	37	29.19	6.000	4.000	3.000
11	建工师	6	18	43.28	5.000	2.000	6.000
12	十二师	5	25	50.31	3.000	3.000	7.000
13	十三师	5	48	40.00	2.000	5.000	4.000
14	十四师	2	12	10.41	1.000	1.000	1.000

图 7-21　变量的秩

表 7-16   2012 年新疆兵团各师经济、教育和医疗卫生的秩

师	S	W	G
一师	13	11	13
二师	11	10	9
三师	10	8	8
四师	9	7	10
五师	7	9	5
六师	12	13	12
七师	8	12	11
八师	14	14	14
九师	4	6	2
十师	6	4	3
建工师	5	2	6
十二师	3	3	7
十三师	2	5	4
十四师	1	1	1

注：S 为初高中在校生人数的秩，W 为医疗卫生机构数的秩，G 为国内生产总值的秩。

由表 7-16 利用 Spearman 秩相关系数计算公式（7-12）或 Pearson 简单相关系数计算公式（7-9）便可以得到初高中在校生人数、医疗卫生机构数与国内生产总值之间的 Spearman 秩相关系数。

直接利用 SPSS 计算 Spearman 秩相关系数，在图 7-19 Bivariate Correlations 对话框中的 Correlation Coefficents 框中选择 Spearman 选项，其他选项系统默认，得到输出结果，见表 7-17。

表 7-17   2012 年兵团各师经济、教育和医疗卫生的 Spearman 秩相关系数

		初高中 在校生人数	医疗卫生 机构数	国内生产 总值
Spearman's rho	初高中在 校生人数			
	Correlation Coefficient	1.000	0.868 **	0.877 **
	Sig. (2-tailed)		0.000	0.000
	N	14	14	14
	医疗卫生 机构数			
	Correlation Coefficient	0.868 **	1.000	0.820 **
	Sig. (2-tailed)	0.000		0.000
	N	14	14	14
	国内生产 总值			
	Correlation Coefficient	0.877 **	0.820 **	1.000
	Sig. (2-tailed)	0.000	0.000	
	N	14	14	14

** Correlation is significant at the 0.01 level (2-tailed).

表 7-17 为 Spearman 秩相关系数输出结果，国内生产总值与初高中在校生人数的 Spearman 秩相关系数为 0.877，国内生产总值和医疗卫生机构数之间的 Spearman 秩

相关系数也达到 0.820，并且两个相关系数显著性检验的 p 值为 0.000，小于显著性水平 0.05，都通过了显著性检验。可见，兵团各师教育和医疗卫生与经济发展水平之间存在正相关关系，而且相依程度较高。

3. Kendall 秩相关系数

把表 7-16 中国内生产总值的秩 G，按从小到大的顺序排列，S 和 W 作相应的变化，在 SPSS 中可以依次选择 Data→Sort Cases，得到对话框 Sort Cases，见图 7-22，在 Sort By 中选择 Rank of 国内生产总值，即以其秩作为排序的标准，对表 7-16 中的数据进行排序。

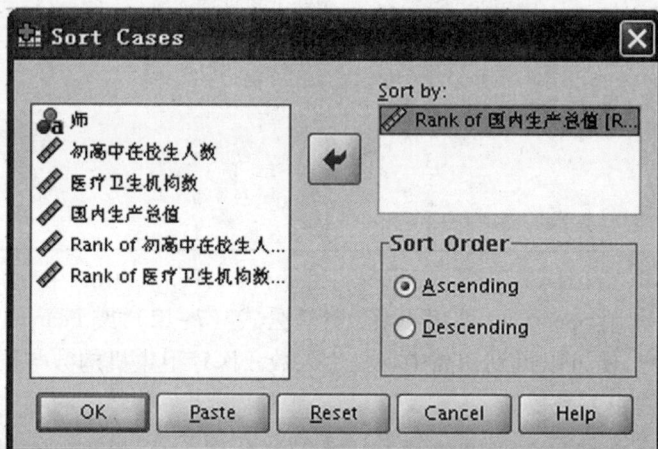

图 7-22　Sort Cases 对话框

点击 OK，可以得到结果如图 7-23 所示，数据整理以后见表 7-18。

	师	初高中在校生人数	医疗卫生机构数	国内生产总值	R初高中	R医疗卫	R国内生
1	十四师	2	12	10.41	1.000	1.000	1.000
2	九师	6	50	20.28	4.000	6.000	2.000
3	十师	9	37	29.19	6.000	4.000	3.000
4	十三师	5	48	40.00	2.000	5.000	4.000
5	五师	10	75	41.72	7.000	9.000	5.000
6	建工师	6	18	43.28	5.000	2.000	6.000
7	十二师	5	25	50.31	3.000	3.000	7.000
8	三师	16	67	59.03	10.000	8.000	8.000
9	二师	17	113	76.04	11.000	10.000	9.000
10	四师	16	60	87.12	9.000	7.000	10.000
11	七师	10	155	94.62	8.000	12.000	11.000
12	六师	18	174	156.52	12.000	13.000	12.000
13	一师	21	124	161.39	13.000	11.000	13.000
14	八师	22	391	276.12	14.000	14.000	14.000

图 7-23　国内生产总值的秩排序的结果

表 7-18　　　　　　　　　　2012 年兵团各师经济发展水平排序的秩

S	W	G
1	1	1
4	6	2
6	4	3
2	5	4
7	9	5
5	2	6
3	3	7
10	8	8
11	10	9
9	7	10
8	12	11
12	13	12
13	11	13
14	14	14

　　由表 7-13 利用 Kendall 秩相关系数计算公式（7-15）或由表 7-18 利用 Kendall 秩相关系数计算公式（7-17），可以计算得到初高中在校生人数、医疗卫生机构数与国内生产总值之间的 Kendall 秩相关系数。

　　直接利用 SPSS 计算 Kendall 秩相关系数，则在图 7-19Bivariate Correlations 对话框中的 Correlation Coefficents 框中选择 Kendall's tau-b 选项，其他选项系统默认，点击 OK，得到输出结果，见表 7-19。

表 7-19　　　　2012 年兵团各师经济、教育和医疗卫生的 Kendall 秩相关系数

		初高中在校生人数	医疗卫生机构数	国内生产总值
Kendall's tau_b	初高中在校生人数 Correlation Coefficient	1.000	0.714 **	0.714 **
	Sig. (2-tailed)		0.000	0.000
	N	14	14	14
	医疗卫生机构数 Correlation Coefficient	0.714 **	1.000	0.648 **
	Sig. (2-tailed)	0.000		0.001
	N	14	14	14
	国内生产总值 Correlation Coefficient	0.714 **	0.648 **	1.000
	Sig. (2-tailed)	0.000	0.001	
	N	14	14	14

** Correlation is significant at the 0.01 level (2-tailed).

　　表 7-19 为 Kendall 秩相关系数输出结果，国内生产总值与初高中在校生人数的

Kendall 秩相关系数为 0.714，国内生产总值和医疗卫生机构数之间的 Kendall 秩相关系数为 0.648，并且两个相关系数显著性检验的 p 值为 0.000 与 0.001，小于显著性水平 0.05，都通过了显著性检验。所以，兵团各师教育和医疗卫生水平与经济发展水平之间确实存在联系，而且是正向的相关关系。

（五）回归分析

由回归分析可知，兵团各师经济发展水平与教育水平和医疗卫生水平之间存在比较高的正向的相关关系，下面利用回归分析的方法对它们之间的关系作进一步的研究。

1. 经济发展水平对教育事业的影响分析

本实验选择的衡量教育水平的指标为初高中在校生人数，用 y 来表示，衡量经济发展水平的指标为国内生产总值，用 x 表示。利用回归分析的方法来研究被解释变量 y 和解释变量 x 之间的相关关系及其具体形式。

（1）最小二乘回归法

数据输入 SPSS 后，依次选择 Graphs→Legacy Dialogs→Scatter/Dot，，打开 Scatter/Dot 对话框，选择 Simple Scatter，打开 Simple Scatterplot 对话框绘制 y 与 x 之间的散点图，见图 7-24。

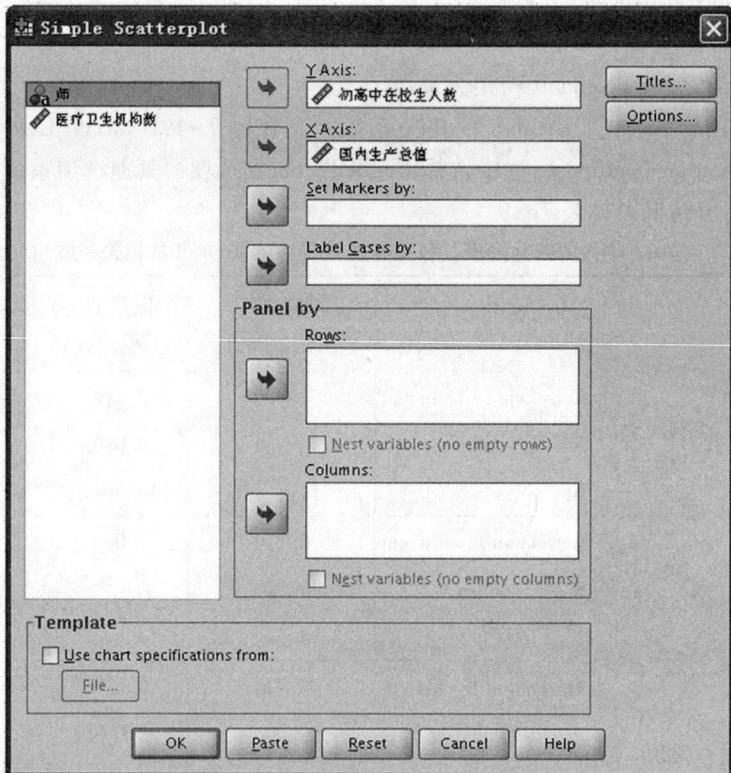

图 7-24 Simple Scatterplot 对话框

将初高中在校生人数选入 Y Axis 框作为纵坐标，国内生产总值选入 X Axis 框作为横坐标，点击 OK，便可得图 7-25。

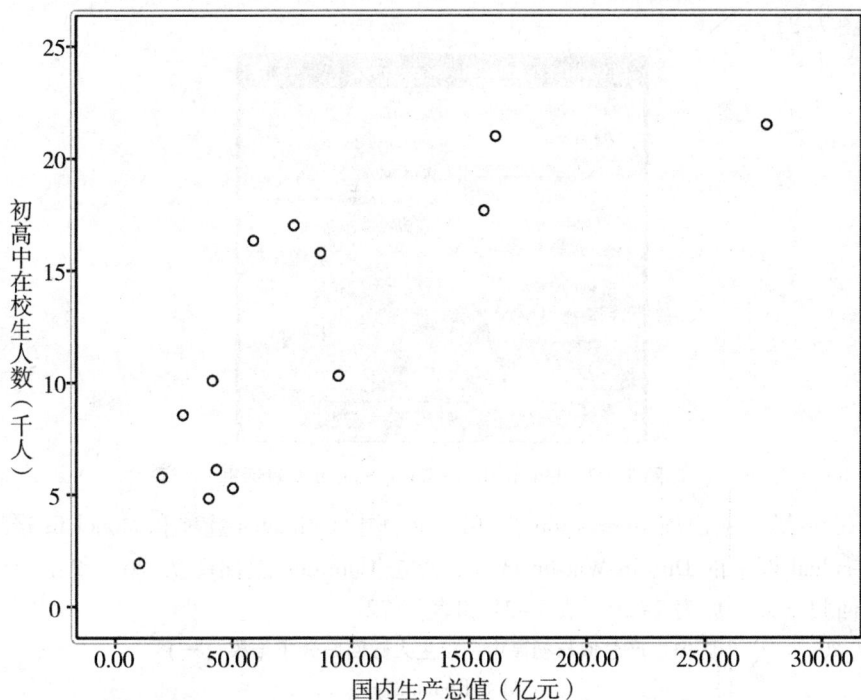

图 7-25 初高中在校生人数（y）与国内生产总值（x）之间的散点图

可以看出 y 与 x 之间大体呈现出线性关系，而且为较强的正向关系。所以，建立的计量经济模型为下面的一元线性回归模型：

$$y_i = \alpha_0 + \alpha_1 x_i + \varepsilon_i$$

利用 SPSS 软件进行回归，依次选择 Analyze→Regression→Linear，打开 Linear Regression 对话框，见图 7-26。

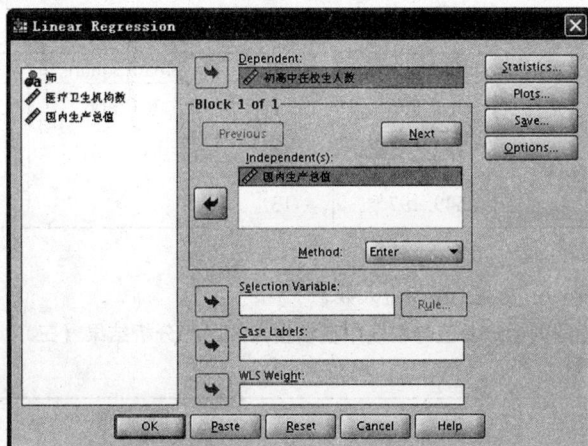

图 7-26 Linear Regression 对话框

将初高中在校生人数选入 Dependent 框中，作为因变量，国内生产总值选入 Independent 作为自变量。单击 Statistics 按钮，打开 Linear Regression：Statistics 对话框，见图 7-27。

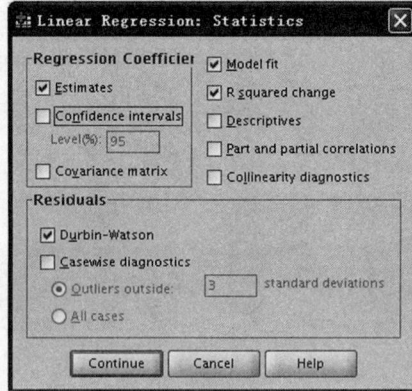

图 7-27　Linear Regression：Statistics 对话框

　　除 SPSS 默认输出项 Regression Coefficient 框中 Estimates 选项和 Model fit 选项外，选择 Residual 框中的 Durbin-Watson 选项，点击 Continue 返回图 7-26，单击 OK，便可得到回归结果，见表 7-20、表 7-21 和表 7-22。

表 7-20　　　　　国内生产总值与初高中在校生人数回归分析结果（一）

Model Summary[b]

Model	R	R Square	Adjusted R Square	Std. Error of the Estimate	Change Statistics					Dubin-Watson
					R Square Change	F Change	df1	df2	Sig. F Change	
1	0.812[a]	0.659	0.630	3.952	0.659	23.169	1	12	0.000	0.313

a. Predictors：（Constant）：国内生产总值.

b. Dependent Variable：初高中在校生人数.

表 7-21　　　　　国内生产总值与初高中在校生人数回归分析结果（二）

ANOVA[b]

Model		Sum of Squares	df	Mean Square	F	Sig.
1	Regression	361.806	1	361.806	23.169	0.000[a]
	Residual	187.391	12	15.616		
	Total	549.197	13			

a. Predictors：（Constant）：国内生产总值.

b. Dependent Variable：初高中在校生人数.

表 7-22　　　　　国内生产总值与初高中在校生人数回归分析结果（三）

Coefficients[a]

Model		Unstandardized Coefficients		Standardized Coefficients	t	Sig.
		B	Std. Error	Beta		
1	（Constant）	5.611	1.630		3.443	0.005
	国内生产总值	0.073	0.015	0.812	4.813	0.000

a. Dependent Variable：初高中在校生人数.

可以得到回归模型参数估计的结果为：

$\hat{y}_i = 5.611 + 0.073x_i$

　　(1.630)　(0.015)

t = (3.443)　(4.813)

$r^2 = 0.659$　F = 23.169　df = 12

$\hat{\alpha}_1 = 0.073$ 说明国内生产总值每增加 1 亿元，初高中在校生人数可以增加 73 人，即经济发展水平越高，教育发展水平也越高，这和实际相符。F 统计量为 23.169，对应的 p 值为 0.000，小于给定的显著性水平 0.05，说明回归方程显著成立。t 统计量为 4.813，对应的 p 值为 0.000，小于给定的显著性水平 0.05，说明自变量 x 对被解释变量 y 的影响显著。拟合优度 $r^2 = 0.659$，说明经济发展水平即解释变量国内生产总值 x 解释了教育水平即被解释变量初高中在校生人数 66% 的差异，拟合优度较好。

k = 1，n = 14，$\alpha = 0.05$，$d_L = 1.045$，$d_U = 1.350$，DW = 0.313 < 1.350，模型中存在自相关，这时最小二乘估计量虽然无偏、一致，但不再有效，下面直接用非参数稳健回归的方法进行分析。

（2）Theil 非参数回归方法

应用最小二乘法估计回归模型的参数，要求模型（7-19）的随机扰动项必须满足古典假定条件（7-21），只有这样得到的参数才具有良好的统计性质。Theil 非参数回归方法不考虑总体的分布情况，是一种比较常用的方法。双击 R 软件快捷方式图标，打开 R 软件主窗口，如图 7-28 所示。

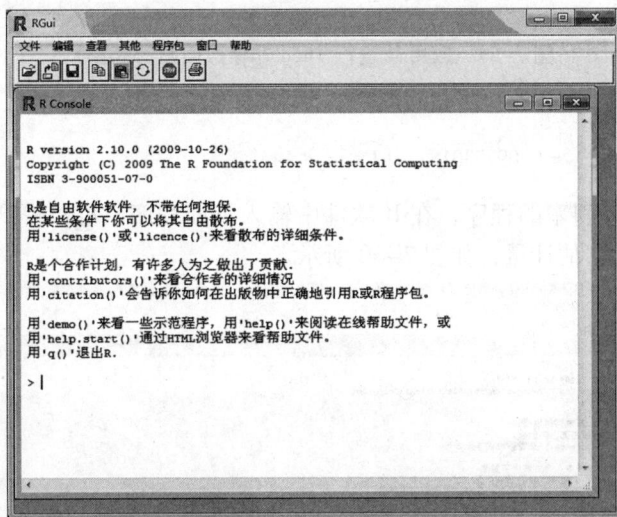

图 7-28　R 软件主窗口

根据公式（7-26）应用 R 软件估计 Theil 非参数回归直线斜率 α_1 的程序如下：

> x < - c（161.39, 76.04, 59.03, 87.12, 41.72, 156.51, 94.62, 276.12, 20.28, 29.19, 43.28, 50.31, 40.00, 10.41）

> y < - c（21.00, 17.02, 16.34, 15.78, 10.09, 17.66, 10.30, 21.51, 5.77, 8.56, 6.10, 5.28, 4.83, 1.95）

> S<-matrix（0，14，14）

> for（i in 1：13）{for（j in (i+1)：14）{S［i, j］<-（y［j］-y［i］）/（x［j］-x［i］)}}

>Sx<-c（S［1，2］，S［1：2，3］，S［1：3，4］，S［1：4，5］，S［1：5，6］，S［1：6，7］，S［1：7，8］，S［1：8，9］，S［1：9，10］，S［1：10，11］，S［1：11，12］，S［1：12，13］，S［1：13，14］）

> Sm<-median（Sx）

> Sm

将上面的程序输入 R 软件，如图 7-29 所示，便可得到 Theil 非参数回归斜率项的估计值。

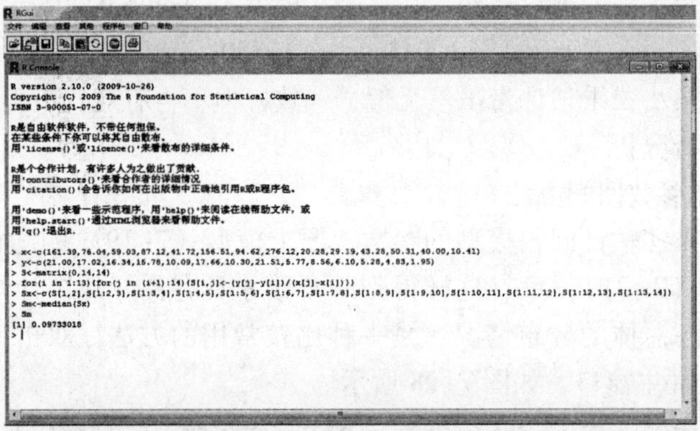

图 7-29　应用 R 进行 Theil 非参数回归（斜率）

"［1］0.09733018"为回归线斜率的估计值，即：

$$\hat{\alpha}_1 = \text{median}\left(\frac{y_j - y_i}{x_j - x_i}\right) = 0.09733018 \quad (1 \leqslant i < j \leqslant 14)$$

接着前面估计斜率的程序，在 R 软件中输入下面程序，可以得到 Theil 非参数回归直线截距项 α_0 的估计量，如图 7-30 所示。

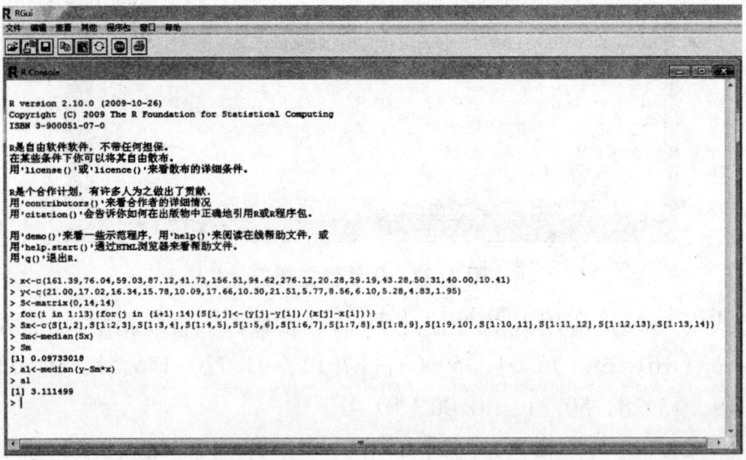

图 7-30　应用 R 进行 Theil 非参数回归（截距）

> al<-median（y-Sm*x）

> al

"［1］3.111499"为回归线截距的估计值，即：

$\hat{\alpha}_0 = \text{median}（y_j - \hat{\alpha}_1 x_j）= 3.111499$ 　（j=1，2，3，…，14）

可以得到经济发展水平与教育事业之间 Theil 回归的结果，即初高中在校生人数（y）与国内生产总值（x）之间的回归模型为：

$\hat{y}_i = 3.111 + 0.097 x_i$

即当国内生产总值每增加 1 亿元，初高中在校生人数可以增长 97 人。

2. 经济发展对医疗卫生的影响分析

本实验选择的衡量医疗卫生发展水平的指标为医疗卫生机构数，用 z 来表示，衡量经济发展水平的指标为国内生产总值，用 x 表示。利用回归分析的方法来研究 z 和 x 之间的相关关系及其具体形式。

（1）最小二乘回归法

同样可以由 SPSS 软件得到 z 与 x 之间的散点图，见图 7-31。

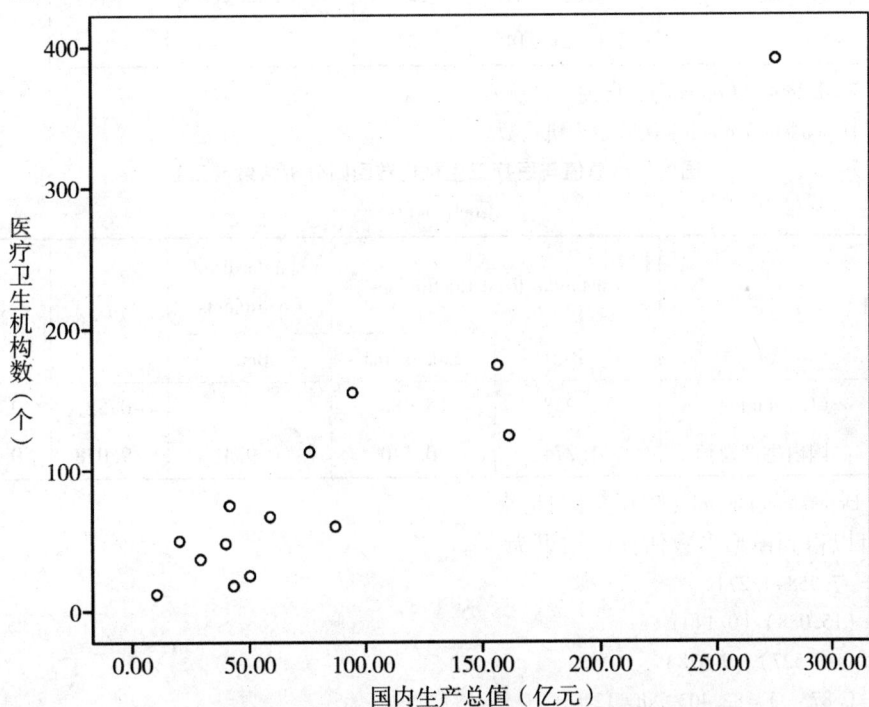

图 7-31　医疗卫生机构数（z）与国内生产总值（x）之间的散点图

可以看出 z 与 x 之间大体呈现出线性关系，建立的计量经济模型为下面的一元线性回归模型：

$z_i = \beta_0 + \beta_1 x_i + \varepsilon_i$

同样利用 SPSS 软件进行回归可以得到表 7-23、表 7-24 和表 7-25 所示的输出结果。

表 7-23　　　　　国内生产总值与医疗卫生机构数回归分析结果（一）

Model Summary[b]

Model	R	R Square	Adjusted R Square	Std. Error of the Estimate	Change Statistics					Dubin-Watson
					R Square Change	F Change	df1	df2	Sig. F Change	
1	0.934[a]	0.873	0.862	36.580	0.873	82.403	1	12	0.000	1.658

a. Predictors：（Constant）：国内生产总值.

b. Dependent Variable：医疗卫生机构数.

表 7-24　　　　国内生产总值与医疗卫生机构数回归分析结果（二）

ANOVA[b]

Model		Sum of Squares	df	Mean Square	F	
1	Regression	110 263.885	1	110 263.885	82.403	0.000[a]
	Residual	16 057.329	12	1 338.111		
	Total	126 321.214	13			

a. Predictors：（Constant）：国内生产总值.

b. Dependent Variable：医疗卫生机构数.

表 7-25　　　　国内生产总值与医疗卫生机构数回归分析结果（三）

Coefficients[a]

Model		Unstandardized Coefficients		Standardized Coefficients	t	Sig.
		B	Std. Error	Beta		
1	（Constant）	−7.958	15.088		−0.527	0.607
	国内生产总值	1.274	0.140	0.934	9.078	0.000

a. Dependent Variable：医疗卫生机构数.

可以得到模型参数估计的结果为：

$\hat{z}_i = -7.958 + 1.274 x_i$

　　（15.088）（0.140）

$t = $（−0.527）（9.078）

$r^2 = 0.873$　$F = 82.403$　$df = 12$

$\hat{\beta}_1 = 1.274$ 说明当国内生产总值每增加 1 亿元，医疗卫生机构数可以增长 1.274 个，即经济越发达，医疗卫生条件越好，与实际相符。F 统计量为 82.403，对应的 p 值为 0.000，小于给定的显著性水平 0.05，说明回归方程显著成立。t 统计量为 9.078，对应的 p 值为 0.000，小于给定的显著性水平 0.05，说明自变量 x 对被解释变量 z 的影响显著。拟合优度 $r^2 = 0.873$，说明经济发展水平即解释变量国内生产总值 x 解释了医疗卫生水平即被解释变量医疗卫生机构数 87% 的差异，拟合优度很好。

由图 7-31 可以看出，随着自变量 x 的增加，被解释变量 z 的方差有逐渐增大的趋势，即模型中存在异方差，参数的最小二乘估计量虽然是无偏的，但最小方差性不再成立，下面应用 Theil 非参数回归方法进行分析。

（2）Theil 非参数回归方法

同理，可以得到 z 与 x 的 Theil 非参数回归模型，相应的 R 软件程序与上面类似。

应用 R 软件可以得到回归直线斜率 β_1 和截距项 β_0 的估计量：

$$\hat{\beta}_1 = \text{median} \left(\frac{y_j - y_i}{x_j - x_i} \right) = 1.097661 \quad (1 \leq i < j \leq 14)$$

$$\hat{\beta}_0 = \text{median} (y_j - \hat{\beta}x_j) = 3.149313 \quad (j = 1, 2, 3, \cdots, 14)$$

可以得到经济发展水平与医疗卫生事业发展之间 Theil 回归的结果，即医疗卫生机构数（z）与国内生产总值（x）之间的回归模型为：

$$\hat{z}_i = 3.149 + 1.098x_i$$

即当国内生产总值每增加 1 亿元，医疗卫生机构数增加 1.1 个。

（六）结论及对策建议

1. 结论阐述

由上面对兵团 14 个师国内生产总值对初高中在校生人数和医疗卫生机构数的相关分析和回归分析，可以得出如下结论：

（1）兵团各师之间的教育发展水平和医疗卫生发展水平很不均衡，其主要原因是各师的经济发展水平有着巨大的差距。

（2）兵团各师教育发展水平与经济发展水平存在比较强的正向相关关系，医疗卫生水平与经济发展水平也存在着较强的正向相关关系，即兵团经济发展比较好的师，其教育和医疗卫生水平的发展也比较好。

（3）由最小二乘回归法得到的回归方程分别为：

$$\hat{y}_i = 5.611 + 0.073x_i \quad \text{和} \quad \hat{z}_i = -7.958 + 1.274x_i$$

即兵团各师国内生产总值每增加 1 亿元，教育发展水平即初高中在校生人数增加73 人，医疗卫生机构数增加 1.27 个。最小二乘回归必须满足古典假定，而模型存在自相关和异方差问题，最小二乘参数估计的结果不再有效。

（4）由于 Theil 非参数回归方法与随机扰动项的分布无关，得到的回归结果分别为：

$$\hat{y}_i = 3.111 + 0.097x_i \quad \text{和} \quad \hat{z}_i = 3.149 + 1.098x_i$$

可以得到兵团各师国内生产总值每增加 1 亿元，教育发展水平即初高中在校生人数将增加 97 人，医疗卫生机构数将增加 1.1 个。

2. 对策建议

针对以上对兵团各师经济发展水平与教育、医疗卫生的相关分析和回归分析的结论，结合 14 个师的实际情况，提出如下对策建议：

（1）各师应因地制宜，统筹推进"三化"建设步伐，实现跨越式发展，进而推动教育和医疗卫生的发展。无论是利用 Pearson 简单相关系数，还是 Spearman 秩相关系数和 Kendall 秩相关系数，都可以得到兵团各师的教育、医疗卫生事业发展水平与其经济发展水平呈现出高度的正相关。国内生产总值对教育水平、医疗卫生水平的最小二乘回归和 Theil 非参数回归结果表明，经济发展水平是影响教育、医疗卫生水平的重要因素，由 Theil 回归可知，国内生产总值每增加 1 亿元，教育发展水平即初高中在校生人数将增加 97 人，医疗卫生机构数将增加 1.1 个。这说明各师经济发展水平在很大程度上决定了其对教育和医疗卫生的投入水平和支持力度。而加快以城镇化为载体、新型工业化为支撑、农业现代化为基础的"三化"建设发展步伐，是各师促进经济发展、提升自身经济实力最根本、最有效的途径。各师经济发展规模和水平的提高，必然会带动教育、医疗卫生事业的发展，而教育、医疗卫生事业又会反过来促进经济的健康有效发展，形成良性循环，最终促使各师社会经济与教育、医疗卫生的协调发展。

（2）兵团各师应该借助国家援疆政策东风，抓住机遇，借助对口支援兄弟省市的"外力"，增强自身经济实力，提升教育、医疗卫生的发展水平。随着西部大开发政策的深入推进，国家加大了对新疆经济发展的政策支持力度，特别是 2010 年 5 月 20 日新疆工作座谈会以后，国家加强了对兵团的支持力度，各对口支援兄弟省市也加大了经济援疆的力度，特别是教育和医疗援疆进入一个新的阶段。兵团各师应该重视援疆人员的"传帮带"对本师教育和医疗卫生事业发展的促进作用，教师和医疗卫生人员也应该"走出去"交流与取经，增强教育和医疗卫生事业的自我发展能力。

（3）兵团"三带两区"区域经济发展很不平衡，教育发展水平和医疗卫生发展水平差异也很大，今后一段时间国家和兵团应该加强对南疆和边境经济带各师的投资和政策支持力度，特别是教育和医疗卫生事业的投资，实现兵团"三带两区"区域经济协调、平衡发展，缩小各师之间教育和医疗卫生水平的差异。

【综合运用知识点评】

本实验应用相关分析和回归分析的方法对兵团 14 个师的经济发展水平与教育、医疗卫生发展水平之间的关系进行研究。应用 Pearson 简单相关系数、Spearman 秩相关系数和 Kendall 秩相关系数对变量之间的依存关系进行了分析，并应用最小二乘回归和 Theil 非参数回归对变量之间的具体关系进行了进一步的剖析，得到经济发展对教育、医疗卫生影响程度的大小，最后总结分析结论并提出相应的对策建议。

【练习与作业】

应用非参数统计的方法分析影响我国各地区城镇居民消费的主要因素及其数量关系，以及消费与收入的地区差距。选择衡量城镇居民消费的指标为城镇居民家庭平均每人每年消费支出，用 y 表示；影响消费最主要的因素应该为收入，选择城镇居民人均年可支配收入为衡量收入的指标，用 x 表示。解决下面问题：

（1）查找《中国统计年鉴（2013）》，收集并整理所需的数据。

（2）所收集的数据是否服从正态分布，由非参数统计的分布检验予以说明。

（3）分析说明我国东、中、西部城镇居民的收入和消费水平的差异。

（4）分析说明我国东、中、西部城镇居民的收入和消费水平的变化趋势。

（5）应用所学相关分析的知识对我国城镇居民的消费水平和收入水平之间的关系进行分析。

（6）应用最小二乘法回归和 Theil 非参数回归找出我国城镇居民的消费水平和收入水平之间的数量变化关系。

【参考文献】

[1] 范先佐. 教育经济学 [M]. 北京：中国人民大学出版社，2008.

[2] 程晓明. 卫生经济学 [M]. 北京：人民卫生出版社，2007.

[3] 吴喜之，赵博娟. 非参数统计 [M]. 北京：中国统计出版社，2006.

[4] 庞皓. 计量经济学 [M]. 北京：科学出版社，2006.

[5] 汪希成，汪全勇，左兵. 新疆兵团教育、科技与经济发展的协调性分析 [J]. 石河子大学学报：哲学社会科学版，2005（12）.

[6] 高继宏，郑立峰. 新疆兵团教育事业的回顾与展望 [J]. 石河子大学学报：哲学社会科学版，2001（3）.

[7] 朱金鹤，李放，崔登峰. 新疆兵团区域发展的协调性研究：基于人口、资源与公共服务的视角 [J]. 西北人口，2013（1）.

[8] 刘军，杨川，方鹏骞. 新疆生产建设兵团卫生资源配置公平性探析 [J]. 医学与社会，2013（10）.

[9] 任永明，张建荣，宋劲军. 新疆生产建设兵团职业卫生现状与对策 [J]. 中国卫生监督杂志，2008（3）.

[10] 姚勇，新中国开发新疆的特殊道路——新疆生产建设兵团 [J]. 新疆大学学报：哲学·人文社会科学版，2007（11）.

综合实验三　新疆区域经济发展差异分析

【实验目的】

洛伦茨曲线、基尼系数、泰尔指数及非参数等方法作为现代统计分析方法的重要组成部分，被广泛用于从量化角度研究不同国家、地区及区域内部的经济发展或收入间的不平衡问题。通过本实验，应理解洛伦茨曲线、基尼系数及泰尔指数形成的序列值如何作为反映区域经济发展差异的重要预警指标，学会使用 Matlab 软件，运用多种方法，多角度进行差异分析。

【方法概述】

（一）洛伦茨曲线

洛伦茨曲线是由美国统计学家洛伦茨提出用来描述社会收入分配状况的一种曲线。同时，该曲线可以计算各地区经济差异状况，以反映区域经济水平的变动情况。设某区域 I 包含 n 个单元地区，每个单元地区人口为 p_i，每个单元地区某经济统计指标为 y_i（其中：$y_1 \leqslant y_2 \leqslant y_3 \cdots \leqslant y_n$）。令 $P_I = \sum\limits_{i=1}^{n} p_i$ 为该区域的总人口，$Y_I = \sum\limits_{i=1}^{n} y_i$ 为该区域的经济总量，$\rho_k = \sum\limits_{i=1}^{k} \dfrac{p_i}{P_I}$，$\varphi_k = \sum\limits_{i=1}^{k} \dfrac{y_i}{Y_I}$ 分别为人口与经济指标从第 1 个单元到第 k 个单元地区的累积比重。

（二）基尼系数（G）

基尼系数早在 1912 年由意大利教授 Gini 提出，用于反映各阶层人口的分配不均的程度。本实验将其引入作为衡量经济发展均衡程度的指标，并采用蒋志永所用方法假定收入分布是离散的（x_{1m}，p_{1m}），（x_{2m}，p_{2m}），…，（x_{nm}，p_{nm}），其中 x_{1m}，x_{2m}，…，x_{nm} 分别为 n 个地区 m 年的人均收入，p_{1m}，p_{2m}，…，p_{nm} 分别为 n 个地区人口占总人口的比例。m 年的基尼系数 G_m 可表示为：

$$G_m = \frac{\sum_{j=1}^{n} \sum_{i=1}^{n} |x_{jm} - x_{im}| p_{jm} p_{im}}{2 \sum_{k=1}^{n} x_{km} p_{km}} \tag{7-28}$$

它可以分解为各个区域因素之和，这些因素以 J_m 表示：

$$G_m = \sum_{j=1}^{n} \left[\frac{\sum_{i=1}^{n} |x_{jm} - x_{im}| p_{jm} p_{im}}{2 \sum_{k=1}^{n} x_{km} p_{km}} \right] = \sum_{j=1}^{n} J_m \tag{7-29}$$

这里

$$J_m = \frac{\sum_{i=1}^{n} |x_{jm} - x_{im}| p_{jm} p_{im}}{2 \sum_{k=1}^{n} x_{km} p_{km}} \tag{7-30}$$

（三）泰尔指数（T）

为了使用泰尔指数（又称泰尔熵），首先引出广义熵指数。它是当今国际上研究收入不平等问题较常用的指标，本实验将其作为分析经济发展差异的指标，其计算公式为：

$$GE \begin{cases} \sum_{i=1}^{n} V_i \left[\left(\dfrac{Y_i}{\bar{Y}} \right)^c - 1 \right], & c \neq 0, 1 \\[2mm] \sum_{i=1}^{n} V_i \left(\dfrac{Y_i}{\bar{Y}} \right)^c \log \left(\dfrac{Y_i}{\bar{Y}} \right), & c = 1 \\[2mm] \sum_{i=1}^{n} V_i \log \left(\dfrac{\bar{Y}}{Y_i} \right), & c = 0 \end{cases} \tag{7-31}$$

其中：Y_i 是第 i 个单位的收入，n 是单位数，$\bar{Y}$ 是 Y_i 的均值，V_i 为第 i 个单位的人口权重，参数 c 反映对收入转移的敏感程度。GE 指数可以按组内（一个组可以是一个区域、一个省或者一个部门）不平等和组间不平等进行分解，将组内与组间不平等综合成总体不平等。当 c = 0，1 时，GE 指数就具体转化为泰尔指数（Theil Index）（张吉鹏，吴桂英. 中国地区差距研究：一个评述 [D]. 复旦大学就业与社会保障研究中心，Working Paper，2004，No.25）。

当 c = 1 时，泰尔指数的基本分解公式为：

$$I = I_w + I_b = \sum_{g=1}^{G} U_g \left[\sum_{h \in S_g} U_{gh} \log \frac{U_{gh}}{V_{gh}} \right] \log \frac{V_g}{U_g} + \sum_{g=1}^{G} U_g \log \frac{U_g}{V_g} \tag{7-32}$$

其中：g 表示分类的大组，gh 表示大组 g 下面的各个分组，U_g 表示第 g 组收入在总收入中的份额，V_g 表示 g 组人口在总人口中的份额。U_{gh} 表示第 g 大组的第 h 小组收入在第 g 大组收入中的份额，V_{gh} 表示第 g 大组的第 h 小组人口在第 g 大组人口中的份额。第一项表示每组内各样本之间的差异，第二项表示各组间的人均收入差异。

$$I = I_w + I_b = \sum_k V_k I_{0k} + \sum_k V_k \log\left(\frac{\overline{Y}}{\overline{Y}_k}\right) \tag{7-33}$$

其中：V_k 是第 k 组人口的比重；I_{0k} 是第 k 组的泰尔零阶指数；$\overline{Y}_k$ 是第 k 组的平均收入，$\overline{Y}$ 是总平均收入。这样可将总体收入不平等 I 分解为每组内各样本之间的差异和各组间的人均收入差异。

参数 c=0 的泰尔指数不仅可以将总收入平等分解为组内收入不平等和组间收入不平等，还可以通过对收入不平等的变动度量，揭示组间和组内收入不平等变动的方向和幅度。本实验采用参数 c=0 的情形。

（四）Shorrocks 转换和矩阵（Transition Matrix）

Shorrocks 定义的时间依赖转换和矩阵，可以用来度量区域经济的变动程度。设开始年为 t~1，结束年为 t 的两列分配。然后，把人均 GDP 由低到高分成 5 等分，于是可建立一个 5×5 的跨期转换矩阵。转换矩阵的第 i 行第 j 列的元素 p_{ij}，是人均 GDP 在 t~1 年为第 i 等的地区在第 t 年转变到第 j 等的比例。为了考察人均 GDP 的变动情况，可以从收入转换矩阵中获得三个反映人均 GDP 变动性的参数：

第一，转换矩阵的 χ^2 值。如果是一个五分位矩阵，则 $\chi^2 = \sum_{ij} \frac{(p_{ij} - 0.2)^2}{0.2}$。该式度量了转换矩阵与完全非时间依赖矩阵的距离，即 χ^2 值越大越具有时间依赖性，被测量值变动越小；反之，χ^2 值越小表明越具有非时间依赖性，被测量值变动越大。

第二，平均五等分组流动比率。定义为：$\frac{1}{5} \sum_{i=1}^{5} \sum_{j=1}^{5} |i - j| \, p_{ij}$（经济发展程度依次是：第一组 ≤ 第二组 ≤ 第三组 ≤ 第四组 ≤ 第五组）。

第三，停留在同一五等分组的比率，也称不流动率。定义为：$\frac{1}{5} \sum_{i=1}^{5} p_{ii}$。

（五）非参数分析法

在统计图中，频数分布直方图是最简单的概率密度非参数估计，可作为总体变量连续密度函数的一种近似，但直方图是非连续的，而 Kernel 密度估计可以通过平滑的方法，用连续的密度曲线代替直方图，可以更好地描述变量的分布形态。概率密度函数的 Kernel 密度估计法自 Rosenblatt（1995）和 Parsen（1962）提出以来，由于其优良的统计特性和使用简便而迅速发展起来，较直方图方法估计更精确且光滑性好。其基本原理为：设序列 X 在点 x 处的概率密度函数 f（x）的估计式为：

$$f(x) = \frac{1}{Nh} \sum_{i=1}^{n} K\left(\frac{X_i - x}{h}\right) \tag{7-34}$$

其中，N 为观察值的个数，h 为窗宽或平滑参数，K（·）为核函数。核函数通常包括高斯核、Epanechnikov 核、三角核（Triangular）、四次核（Quartic）等类型。窗宽的选择决定了所估计密度函数曲线的平滑程度，窗宽越大，核估计的方差越小，密度函数曲线越平滑，但估计的偏差越大。

【实验背景】

改革开放 30 多年来，与全国其他地区一样，新疆社会经济各个方面都有了翻天覆地的变化，尤其是新疆经济更是呈现出强劲的增长势头。同时应看到，伴随着经济的不断发展，新疆区域经济发展不平衡问题日益突出，这一直是中央政府和新疆自治区政府高度关注的问题。新疆区域经济发展不平衡到底到了什么程度？呈什么样的变化趋势？为探讨这些问题，本实验从多个角度测量了新疆区域经济发展历年的实际差距及变动趋势，同时对造成这种差距可能的影响因素进行分析，探讨相应的对策与建议。

【实验步骤】

（一）数据说明

该部分分析数据源于《新疆 50 年》及 2005—2010 各年新疆统计年鉴；计算所使用的数据是以 1978 年为不变价的新疆各地州（市）1978 年至 2009 年人均 GDP，共15 个地州（市）。首先计算出各地州（市）以 1978 年为不变价的 GDP，然后除以各地州（市）年末人口数，得出各地区各年份不变价人均 GDP（详见数据文件7-3. xls）。

（二）新疆区域经济发展差异分析

1. 洛伦茨曲线

以 Matlab 软件作为分析工具，如图 7-32 所示，在 Matlab 命令窗口输入左面的程序，即可产生右面的洛伦茨曲线图形。由图 7-32 可以看出，八个主要年份的洛伦茨曲线，随着时期的后移曲线弧度越来越大，表明新疆区域经济发展水平差异呈逐渐加大趋势，2000 年、2005 年及 2009 年新疆区域经济发展水平差异尤为明显，2005 年达到最大，2009 年有下降。

2. 基尼系数（G）

表 7-26 表明基尼系数从 20 世纪 90 年代中后期开始明显递增，2005 年达到最大，这种状况基本持续到了 2008 年，2009 年有所下降，这一结论与前面的洛伦茨曲线分析结论相同。与全国比较可以看出，新疆区域经济差异高于全国水平。

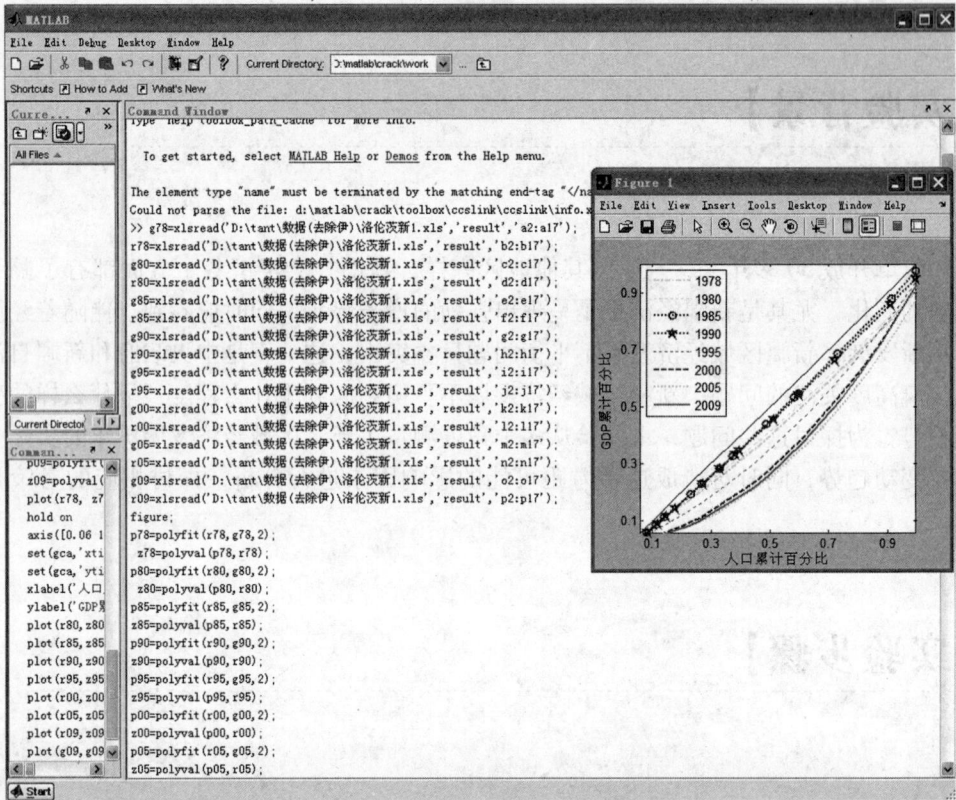

图7-32　绘制新疆各主要年份的区域经济差异状况的洛伦茨曲线

表7-26　　　　　　　　　　全国及新疆不同年份基尼系数

	1978	1979	1980	1981	1982	1983	1984	1985	1986	1987	1988
新疆	0.33	0.33	0.32	0.30	0.28	0.27	0.28	0.30	0.33	0.35	0.34
全国	0.46	0.45	0.45	0.45	0.44	0.44	0.43	0.43	0.43	0.42	0.42
	1989	1990	1991	1992	1993	1994	1995	1996	1997	1998	1999
新疆	0.31	0.32	0.35	0.37	0.42	0.38	0.37	0.40	0.40	0.40	0.41
全国	0.42	0.42	0.42	0.42	0.42	0.43	0.43	0.43	0.43	0.43	0.44
	2000	2001	2002	2003	2004	2005	2006	2007	2008	2009	
新疆	0.41	0.44	0.43	0.44	0.46	0.48	0.48	0.47	0.48	0.43	
全国	0.44	0.43	0.44	0.44	0.44	0.43	0.43				

注：①全国数据来源见刘树成，等．中国经济持续高速增长的特点和地区间经济差异缩小［J］．经济研究，2007（10）：23．②新疆数据源于《新疆50年》及2005—2010各年新疆统计年鉴。

表7-27中新疆各区域不同年份对基尼系数构成的贡献显示，南北疆经济差异是新疆区域经济差异的主要影响因素。需要指出的是，基尼系数在我国的研究中的适应性还存在一定的争议，但作为国际通用的指标之一，仍然可以用来衡量发展的不平衡

程度。

表 7-27　　　　新疆各区域不同年份对基尼系数构成的贡献（%）

	1978	1979	1980	1981	1982	1983	1984	1985	1986	1987	1988
北疆	59	62	62	61	60	59	59	60	61	62	61
东疆	5	5	5	5	5	5	5	5	5	5	5
南疆	36	34	33	34	35	36	35	35	34	34	35
	1989	1990	1991	1992	1993	1994	1995	1996	1997	1998	1999
北疆	59	59	58	58	58	56	53	54	54	53	42
东疆	5	4	5	6	6	6	5	5	5	5	5
南疆	37	37	36	36	36	38	42	40	41	41	54
	2000	2001	2002	2003	2004	2005	2006	2007	2008	2009	
北疆	53	55	55	55	56	55	54	54	54	54	
东疆	5	5	5	5	5	5	5	5	5	5	
南疆	42	40	40	40	40	40	40	41	41	42	

注：①数据源于统计资料《新疆 50 年》及 2005—2010 各年新疆统计年鉴；②北疆区域（乌鲁木齐市、克拉玛依市、石河子市、昌吉地区、伊犁地区、塔城地区、阿勒泰地区、博尔塔拉蒙古州）、东疆区域（吐鲁番地区、哈密地区）及南疆区域（巴音郭楞蒙古自治州、阿克苏地区、克孜勒苏柯尔克孜自治州、喀什地区、和田地区）。

3. 泰尔指数（T）

如表 7-28 所示，泰尔指数分析得出的主要结论：①差异的主要原因是新疆北疆、东疆及南疆区域间发展不平衡，同时从大部分年份来看北疆、东疆及南疆区域内差异有助于缩小总体差异；②总体差异有逐步扩大的趋势，2008 年达到最大，2009年有所下降，基本印证了洛伦茨曲线分析和基尼系数分析的结论。

表 7-28　　　　　　　　　　　　　　泰尔指数

时间	1978	1979	1980	1981	1982	1983	1984	1985	1986	1987	1988
区间	1.15	1.15	1.13	1.11	1.12	1.13	1.16	1.20	1.29	1.37	1.41
区内	0.00	0.03	0.02	-0.01	-0.04	-0.05	-0.04	-0.01	0.04	0.06	0.02
总差异	1.15	1.18	1.14	1.10	1.08	1.08	1.11	1.19	1.32	1.43	1.44
时间	1989	1990	1991	1992	1993	1994	1995	1996	1997	1998	1999
区间	1.52	1.49	1.56	1.66	1.87	1.83	1.72	1.75	1.79	1.74	3.24
区内	-0.05	-0.02	-0.12	-0.15	-0.14	-0.14	-0.12	-0.10	-0.11	-0.12	0.36
总差异	1.48	1.47	1.44	1.51	1.73	1.68	1.60	1.65	1.68	1.62	3.60
时间	2000	2001	2002	2003	2004	2005	2006	2007	2008	2009	
区间	1.89	1.89	1.86	1.92	2.04	2.15	2.22	2.18	2.25	1.95	
区内	-0.11	-0.11	-0.09	-0.08	-0.07	-0.08	-0.10	-0.10	-0.10	-0.04	
总差异	1.78	1.78	1.76	1.84	1.97	2.08	2.12	2.08	2.16	1.91	

注：①数据源于统计资料《新疆 50 年》及 2005~2010 各年新疆统计年鉴；②1999 年有些反常，为了不影响完整性将其列出；③区间指新疆的北疆、东疆及南疆，区内分别指新疆的北疆、东疆及南疆这三个区域内部。

4. Shorrocks 转换和矩阵（Transition Matrix）

1978—1980 年经济最不发达地区两年后仍处于落后状态，经济相对较好的地区有 20% 未发生变化，见表 7-29。

表 7-29　　　　　　　　　1978—1980 年新疆区域人均 GDP 转换矩阵

		1980				
		第一组	第二组	第三组	第四组	第五组
1978	第一组	1.00	0.00	0.00	0.00	0.00
	第二组	0.00	0.13	0.07	0.00	0.00
	第三组	0.00	0.07	0.13	0.00	0.00
	第四组	0.00	0.00	0.00	0.20	0.00
	第五组	0.00	0.00	0.00	0.00	0.20

1980—1985 年 5 年间，经济最不发达地区和经济相对较好的地区两比重均为 100%，见表 7-30。

表 7-30　　　　　　　　　1980—1985 年新疆区域人均 GDP 转换矩阵

		1985				
		第一组	第二组	第三组	第四组	第五组
1980	第一组	1.00	0.00	0.00	0.00	0.00
	第二组	0.67	0.33	0.00	0.00	0.00
	第三组	0.00	0.33	0.33	0.33	0.00
	第四组	0.00	0.00	0.33	0.67	0.00
	第五组	0.00	0.00	0.00	0.00	1.00

1985—1990 年 5 年间，经济最不发达地区和经济相对较好的地区两比重也均为 100%，见表 7-31。

表 7-31　　　　　　　　　1985—1990 年新疆区域人均 GDP 转换矩阵

		1990				
		第一组	第二组	第三组	第四组	第五组
1985	第一组	1.00	0.00	0.00	0.00	0.00
	第二组	0.00	0.67	0.33	0.00	0.00
	第三组	0.00	0.00	0.67	0.33	0.00
	第四组	0.00	0.33	0.00	0.67	0.00
	第五组	0.00	0.00	0.00	0.00	1.00

1990—1995 年 5 年间，经济最不发达地区和经济相对较好的地区两比重分别为 100% 和 67%，见表 7-32。

表 7-32   1990—1995 年新疆区域人均 GDP 转换矩阵

		1990				
		第一组	第二组	第三组	第四组	第五组
1990	第一组	1.00	0.00	0.00	0.00	0.00
	第二组	0.00	0.67	0.33	0.00	0.00
	第三组	0.00	0.33	0.00	0.33	0.33
	第四组	0.00	0.00	0.50	0.25	0.00
	第五组	0.00	0.00	0.00	0.33	0.67

    1995—2000 年 5 年间，经济最不发达地区和经济相对较好的地区两比重分别为 100% 和 67%，见表 7-33。

表 7-33   1995—2000 年新疆区域人均 GDP 转换矩阵

		2000				
		第一组	第二组	第三组	第四组	第五组
1995	第一组	1.00	0.00	0.00	0.00	0.00
	第二组	0.00	0.67	0.33	0.00	0.00
	第二组	0.00	0.33	0.67	0.00	0.00
	第四组	0.00	0.00	0.00	0.67	0.33
	第五组	0.00	0.00	0.00	0.33	0.67

    2000—2005 年 5 年间，经济最不发达地区和经济相对较好的地区两比重均为 100%，见表 7-34。

表 7-34   2000—2005 年新疆区域人均 GDP 转换矩阵

		2005				
		第一组	第二组	第三组	第四组	第五组
2000	第一组	1.00	0.00	0.00	0.00	0.00
	第二组	0.00	0.67	0.33	0.00	0.00
	第三组	0.00	0.33	0.67	0.00	0.00
	第四组	0.00	0.00	0.00	1.00	0.00
	第五组	0.00	0.00	0.00	0.00	1.00

    2005—2009 年 4 年间，经济最不发达地区和经济相对较好的地区两比重又重新变为 100%，见表 7-35。

表 7-35   2005—2009 年新疆区域人均 GDP 转换矩阵

		2009				
		第一组	第二组	第三组	第四组	第五组
2005	第一组	1.00	0.00	0.00	0.00	0.00
	第二组	0.00	1.00	0.00	0.00	0.00
	第三组	0.00	0.00	1.00	0.00	0.00
	第四组	0.00	0.00	0.00	1.00	0.00
	第五组	0.00	0.00	0.00	0.00	1.00

从以上表 7-29 至表 7-35 可以看出，1978—2009 年新疆区域经济的变动性越来越小，即经济发展较慢的地区始终发展较慢，经济发展较快的地区始终发展较快。为了进一步印证这一结论，我们计算了不流动率、五等分组的比率及 χ^2 值，如表 7-36 所示。

表 7-36   新疆区域人均 GDP 变动性指标

时期	不流动率	五等分组的比率	χ^2
1978—1980	0.33	0.03	7.02
1980—1985	0.67	0.93	15.22
1985—1990	0.80	0.27	13.33
1990—1995	0.52	0.50	9.28
1995—2000	0.73	0.27	11.11
2000—2005	0.87	0.13	15.56
2005—2009	1.00	0.00	20.00

注：数据源于统计资料《新疆 50 年》及 2005—2010 年各年新疆统计年鉴。

表 7-36 显示，不流动率和 χ^2（1990—1995 时期除外）绝大多数时期呈现扩大趋势；除 1990—1995 年外，五等分组的比率呈现逐渐下降趋势，与转换矩阵的结论一致。这说明新疆区域经济体间的发展不平衡，是在区域经济格局具有越来越稳定的惯性中发生的。

5. 非参数分析法

本实验采用高斯核密度函数，窗宽设定为 $h = 0.9SeN^{-\frac{1}{5}}$（即 $c = 0.9Se$，Se 为随机变量观测值的标准差）（窗宽的选择参见 Silverman（1986）、叶阿忠（2003））。

从增长的角度看，如果每个经济体都快速增长，随着时间的推移，经济体的密度图则会不断向右平移；从差距变动的角度看，如果经济体间的差距不断扩大，经济体的密度函数则越来越平坦或呈双峰状。从图 7-33、图 7-34 来看，无论是从人均 GDP 还是相对人均 GDP 来看，核密度图虽然都未出现双峰但越来越平坦，反映出新疆区域经济体间的差距在不断扩大，尤其是 2005 年；同时，各区域经济体人均 GDP 消除了全区域人均 GDP 影响后的相对人均 GDP 核密度估计与我们用洛伦茨曲线、基尼系数和泰尔指数分析所得结论一致。

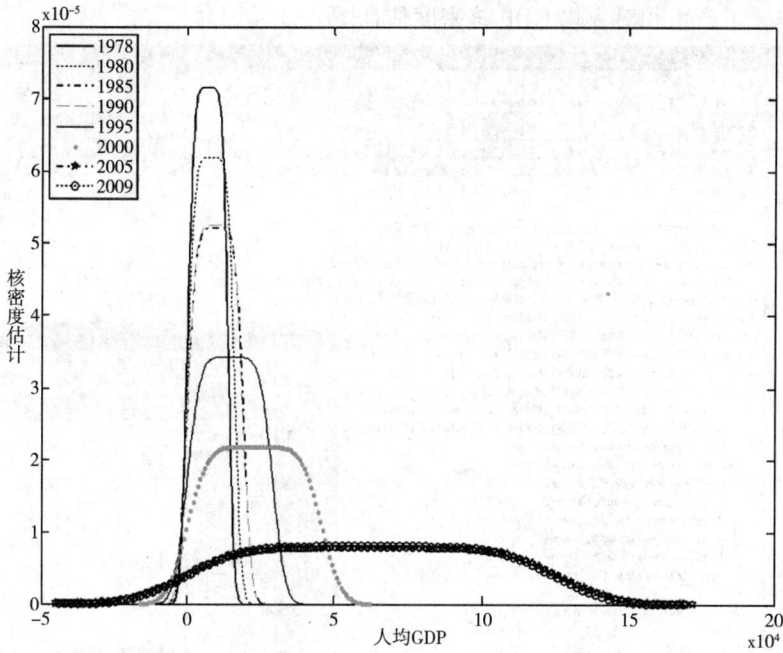

图 7-33　人均 GDP 核密度估计

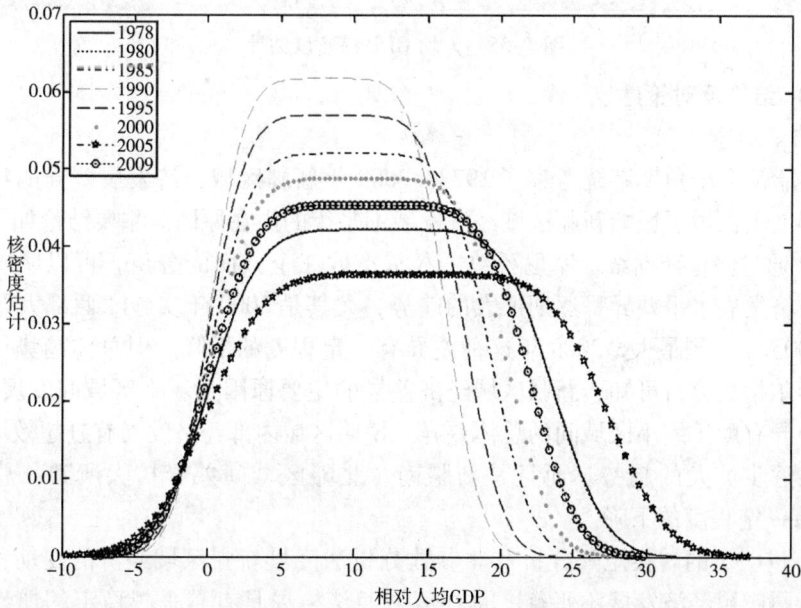

图 7-34　相对人均 GDP 核密度估计

注：①人均 GDP 分布的 Kernel 密度估计中，对 x 的取法（见徐现祥（2003））是将各年的人均 GDP 值等分为 100 份，$x_j = x_{min}/4 + (x_{max} - x_{min}) \, j/100$，其中 $j = 0, 1, 2\cdots, 199$；相对人均 GDP 分布的 Kernel 密度估计 $x_j = -0.02 + x_{min}/2 + (x_{max} - x_{min})/100$，其中 $j = 0, 1, 2\cdots, 199$。②相对人均 GDP 为新疆各区域人均 GDP 与全区人均 GDP 之比。

在 MATLAB 命令窗口输入图 7-35 中的程序便可产生人均 GDP 核密度估计图

（相同操作，可产生相对人均 GDP 核密度估计图）。

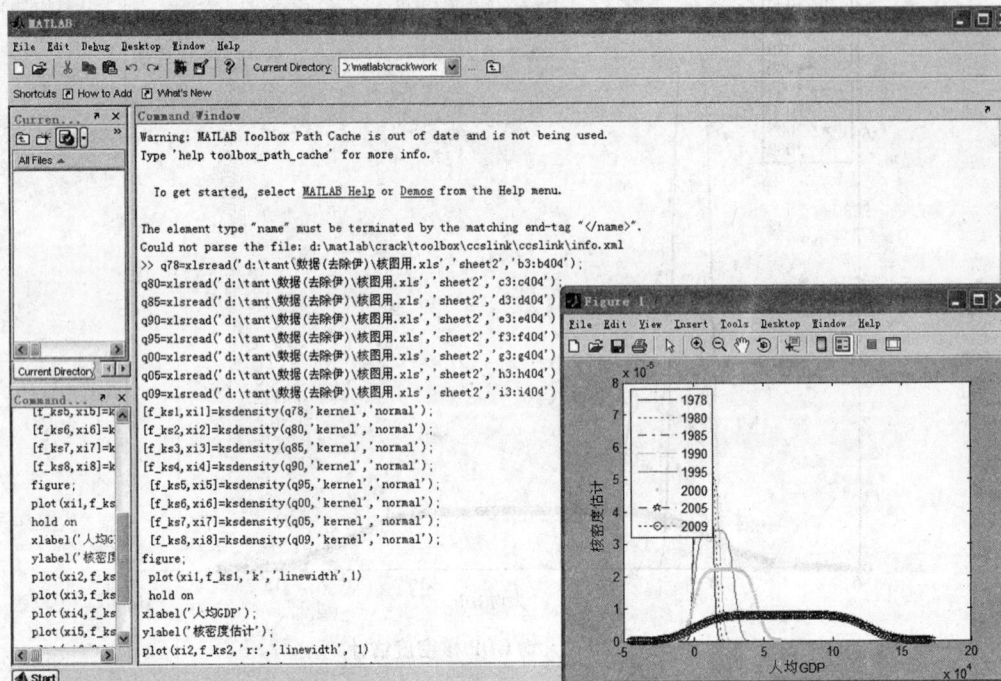

图 7-35　人均 GDP 核密度估计

（三）结论及对策建议

1. 结论阐述

本实验从多个角度系统考察了 1978—2009 年新疆区域经济发展差异的特点，并在一定程度上探讨了影响新疆区域经济发展不平衡的内在原因。主要结论如下：

（1）通过洛伦茨曲线、基尼系数、泰尔指数三个方面的分析，可以明确得出新疆区域经济发展水平差异呈逐期加大的趋势，尤其是 2000 年实施"西部大开发"战略后，2005 年达到最大，2009 年这种差异有一定程度的下降，但总体趋势仍维持高位。由泰尔指数分析可知，新疆区域经济差异的主要原因是新疆区域间发展不平衡，区域内差异有助于缩小区域间的总体差异，说明区域内部经济发展有赶超效应，但总体差异有逐步扩大的趋势，而且是新疆南、北疆区域间差异扩大所致，总体差异 2009 年有一定程度的下降。

（2）进一步的转换矩阵分析及非参数分析法度量新疆区域经济的变动程度，结论是：新疆区域经济发展不平衡，是在区域经济格局具有越来越稳定的惯性中发生的；无论是从人均 GDP 还是相对人均 GDP 来看，Kernel 密度估计都反映出新疆区域经济体间的差距在不断扩大，差距最大的年份是 2005 年。

总体上来讲，如果新疆区域各经济体仍继续按现有发展模式运行，将难以实现新疆区域经济体间的协调发展。

2. 对策建议

为此，可以认为今后新疆区域经济的发展应注意处理好以下几个关系：

（1）从以上分析可知，增加固定资产投资对缩小新疆区域经济差异有显著的促进作用，因此国家和自治区今后应根据新疆各区域发展的差异，合理规划并继续保持必要的固定资产投入，这将有利于新疆各经济体之间的协调发展。

（2）世界银行在 2000 年发表的《增长的质量》中提及三个资本的概念：第一个是物质资本；第二个是人力资本；第三个是自然资本。对于新疆来说，除了自然造成的经济体差异外，人力资本的差异是其差异的重要因素，缩小区域之间经济差异的重要措施应该是缩小人力资本投资和存量的差异。我们的分析也说明，人力资本供给情况及受教育情况不协调是造成新疆区域经济差异加大的原因之一。为此，今后一个时期在加快新疆教育事业发展的同时，应逐步改观新疆教育与经济发展不相协调的问题，积极为新疆产业升级进行必要的劳动力和专业人才储备。

（3）提升产业结构合理性和产业高级化，均对缩小经济体间经济差异有积极意义，而且协调好产业结构合理性、产业结构高级化与经济体间发展差异的关系，比单纯追求产业高级化更有利于缩小新疆区域经济发展的差异。因此，新疆各经济区域体应将提升产业结构合理性和产业高级化并重作为今后的发展方向，并根据自身经济发展的需要提升产业高级化的程度，不可盲目追求单一的产业结构的高级化。我们认为，产业结构合理化是经济发展的前提，产业结构高级化是经济增长的动力。协调好新疆区域经济发展与产业结构合理性和产业高级化两者的关系，是今后新疆区域经济发展必须面对的一个课题。

（4）地处西部边疆，少数民族人口居多是新疆显著的地域特点，为此应注重新疆少数民族人力资本的系统开发与利用，在注意和其他影响新疆区域经济发展差异因素相协调的同时，充分发挥其在缩小新疆区域经济发展差异中的积极作用。

协调发展是当今科学发展观的核心内容之一，是一种促进系统优化、共同发展、良性循环、有序运行的状态和过程，是实现和坚持地区经济的协调发展，落实科学发展观，构建和谐社会主义新疆的内在要求。今后一段时期是新疆经济发展的关键时期，必须努力推进新疆区内各经济体社会经济的协调发展，缩小新疆区域经济体间发展差异，以及缩小新疆和内地省区尤其是发达省区的经济发展差异，这是新疆走向繁荣和长治久安的基础和根本保证。

【综合运用知识点评】

本实验运用多个反应差异性的统计分析方法，从多个角度测量了新疆区域经济发展差异的现实状况，分别引入洛伦茨曲线、基尼系数、泰尔指数及非参数分析法等，在很大程度上保证了分析结论的稳健性，并根据所得结论系统地提出了相应的对策和建议。

【练习与作业】

以地区间、地区内部、一个部门或一个企业的资料为例，分析其经济发展、收入、能源资源消费及就业等的不平衡状况，找出可能的原因并提出相应的对策。

说明：①请注明数据来源；②注意所用数据的可信度。

【参考文献】

［1］林毅夫，刘培林．中国的经济发展战略与地区收入差距［J］．经济研究，2003（3）．

［2］杨晓光，樊杰，赵燕霞．20 世纪 90 年代中国区域经济增长的要素分析［J］．地理学报，2002（6）．

［3］管卫华，林振山，顾朝林．中国区域经济发展差异及其原因的多尺度分析［J］．经济研究，2006（7）．

［4］AGUIGNIER P. Regional Disparity Since 1978 ［M］. in FEUCHTWANG, SEPHEN, HUSSAIN, ATHAR, PAIRAULT AND THIERRY（ed.）, Transforming China's Economy in the Eighties：The Urban Sector. London：Zed Books Ltd., 1988.

［5］蒋志永．国际收入不平等变化的中国因素分析［J］．经济研究，2005（11）．

［6］刘树成，等．中国经济持续高速增长的特点和地区间经济差异缩小［J］．经济研究，2007（10）．

［7］张平．中国农村居民区域间收入不平等与非农就业［J］．经济研究，1998（8）．

［8］A. B. 阿特金森，等．收入流动性的实证研究［M］．姜超，等，译．北京：北京大学出版社，2005.

［9］SHORROCKS A. The Measurement of Mobility ［J］. Econometrica, 1978（46）：1031-1024.

［10］徐现祥，等．协调发展：一个新的分析框架［J］．管理世界，2005（2）．

［11］谭斌，等．新疆区域经济差异及其影响因素分析［J］．西部论坛，2012（5）．

［12］丘远尧．新疆五十年［M］．北京：中国统计出版社，2006.

第八章

国民经济
统计学实验

综合实验一　新疆兵团产业结构分析

【实验目的】

本实验以国民经济核算中 GDP 核算的应用为主，综合运用经济学原理知识、描述统计方法，从产业结构的现状、产业结构变动程度和速度、产业结构有序度、产业结构合理化程度等方面对兵团产业结构进行深入分析，由此找出兵团产业结构在以上方面存在的问题，并对调整产业结构提出合理的对策建议。

【方法概述】

（一）GDP 的计算方法

1. 生产法

GDP = $\sum$（各产业部门的总产出 - 该部门的中间消耗）= $\sum$ 各产业部门的增加值

2. 收入法

GDP = $\sum$ 各产业部门的（劳动者报酬 + 生产税净额 + 固定资产折旧 + 营业盈余）

$\quad$ = $\sum$ 各产业部门的增加值

3. 使用法

GDP = 最终消费+资本形成总额+净出口

$\quad$ = （居民消费+政府消费）+（固定资本形成总额+存货增加）+（出口−进口）

（二）产业结构分析方法

1. 产业结构变动程度和速度的测定方法

产业结构变动的程度，通常用结构变化值来衡量。结构变化值的计算公式为：

$$k = \sum | x_{ij} - x_{0j} |$$

其中，K 为区域产业结构变化值，X_{ij} 为研究末期（i）产业 j 的构成比例，X_{0j} 为研究基期（0）产业 j 的构成比例。该结构变化值仅反映产业结构变动的总体程度，而不是识别结构变动的方向。

结构变化速度的计算公式是：

$$S_i = K_i / N_i$$

其中，S_i 为 i 时段产业结构变化速度，K_i 为 i 时段产业结构变化值，N_i 为 i 时段所包括的年份数。

2. 产业结构变动方向和强度的测定方法

产业结构变动方向和强度可以用结构变化趋势值来表示。结构变化趋势值的计算公式为：

$$Q_j = X_{ij} / X_{0j}$$

其中，Q_j 为产业 j 从期初 0 到期末 i 的变化趋势值，X_{ij}、X_{0j} 分别为研究末期、基期第 j 产业的比重。Q_j 可能存在等于、大于和小于 1 三种情况，分别表示产业比重不变、上升（扩张）和下降（收缩）。

3. 产业结构有序度的测度方法

设 $X_i = （x_i（1），x_i（2），\cdots，x_i（n））$ 为产业结构向量，令 $x_i^0 = x_i（k） - x_i（1）$，$k = 1，2，\cdots$，则 X_i 的始点零画像为：

$$X_i^0 = （x_i^0（1），x_i^0（2），\cdots，x_i^0（n））$$

设 $X_0（x_0（1），x_0（2），\cdots，x_0（n））$ 为产业结构调整的目标向量，其始点零画像记为：

$$X_0^0 = （x_0^0（1），x_0^0（2），\cdots，x_0^0（n））$$

$$令 | s_0 | = \sum_{k=2}^{n-1} | x_0^0（k） | + \frac{1}{2} | x_0^0（n） |$$

$$| s_i | = \sum_{k=2}^{n-1} | x_i^0（k） | + \frac{1}{2} | x_i^0（n） |$$

$$| s_i - s_0 | = \sum_{k=2}^{n-1} | x_i^0（k） - x_0^0（k） | + \frac{1}{2} | x_i^0（n） - x_0^0（n） |$$

则：

$$\varepsilon_{0i} = （1 + | s_0 | + | s_i |）/（1 + | s_0 | + | s_i | + | s_i - s_0 |）$$

ε_{0i} 是实际产业结构向量 X_i 与目标产业结构向量 X_0 接近程度的测度。X_i 越接近 X_0，$| s_i - s_0 |$ 越小，ε_{0i} 就越大。当产业结构向量 X_i 与目标结构向量 X_0 完全重合时，$| s_i - s_0 |$ 为零，产业结构向量 X_i 的有序度 ε_{0i} 取最大值 1。产业结构有序度反映了一个国家或区域产业结构相对于目标结构的接近程度，可以作为测度国家或区域产业结构合理化水平的定量指标。

与区域经济发展水平相适应的产业结构，能够促进区域经济增长，是合理和理想的产业结构，而落后或超前于经济发展水平的产业结构，都将制约区域经济的增长。要评价一个地区的产业结构是否合理及合理化程度有多大，需要解决两个难题：首先，必须确立一个与经济发展水平相适应的目标结构，将其作为判断和评价的标准；其次，选择恰当的方法测度研究区域的产业结构与目标结构的差异化程度。差异化程度即为区域产业结构的合理化程度。目标产业结构可以是客观存在的，也可以是主观设计的，本实验拟采用世界"标准"产业结构作为目标结构，并采用刘思峰等 2004 年提出的产业结构有序度测度模型。

4. 产业结构合理化程度评析

评价产业结构短期变化的合理性，应该以宏观经济效益为标准。效益高的产业部门，其发展速度应该快一些，这些产业的增加值所占比重应该有所提高；相反，效益低的产业部门，其发展速度可以慢一些，这些产业的增加值所占比重应有所下降。实际的产业结构变化未必能与由效益决定的产业结构变化保持一致。可以认为，不能保持一致的部分就是产业结构变化中的不合理部分。对每一个产业来讲，其中不合理的比重有多大？对全部产业来讲总的不合理程度又有多大？李保瑜等 2005 年提供了解决这些问题的一种方法。该法具体步骤如下：

假设区域经济总体有 j 个产业，第 j 产业在第 t 年的增加值用 $g_{j,t}$ 表示，第 t 年的新增资本用 $k_{j,t}$ 表示，在第 t 年的劳动投入用 $l_{j,t}$ 表示。

第一，计算第 j 产业在第 t 年的增加值增长率 $y_{j,t}$（Y_t 则表示 t 年度各产业的增加值增长率 $y_{j,t}$ 的集合）：

$$y_{j,t} = (g_{j,t} - g_{j,t-1}) / (g_{j,t-1}) \quad j = 1, 2, \cdots$$

第二，计算第 j 产业前两年平均的劳动生产率（每个从业人员所生产的增加值）$v_{j,t}$（V_t 则表示 t 年 $v_{j,t}$ 的集合）：

$$v_{j,t} = \frac{1}{2}\left[\frac{g_{j,t-1}}{l_{j,t-1}} + \frac{g_{j,t-2}}{l_{j,t-2}}\right] \quad j = 1, 2, \cdots$$

第三，计算 j 产业前两年平均的资本生产率（单位投资所产生的新增价值）$p_{j,t}$（P_t 则表示 $p_{j,t}$ 的集合）：

$$p_{j,t} = \frac{1}{2}\left[\frac{g_{j,t-1} - g_{j,t-2}}{k_{j,t-1}} + \frac{g_{j,t-2} - g_{j,t-3}}{k_{j,t-2}}\right] \quad j = 1, 2, \cdots$$

第四，对各产业每年的增加值增长率、前两年平均劳动生产率和资本生产率数据分别进行标准化处理，以消除量纲影响。用 $y'_{j,t}$、$v_{j,t}$、$p_{j,t}$ 分别表示第 j 产业在 t 年的增加值增长率标准化值、劳动生产率标准化值、资本生产率标准化值，其计算公式分别为：

$$y'_{j,t} = [y_{j,t} - \min(Y_t)] / [\max(Y_t) - \min(Y_t)]$$
$$v_{j,t} = [v_{j,t} - \min(V_t)] / [\max(V_t) - in(V_t)]$$
$$p_{j,t} = [p_{j,t} - \min(P_t)] / [\max(P_t) - \min(P_t)]$$

第五，计算每个产业的综合经济效益并将其标准化。综合效益用 $z_{j,t}$ 表示，公式为：

$$z_{j,t} = \frac{1}{2}[v'_{j,t} + p'_{j,t}]$$

标准化后为：

$$z'_{j,t} = [z_{j,t} - \min{(Z_t)}] / [\max{(Z_t)} - \min{(Z_t)}]$$

$z'_{j,t}$ 表示 $z_{j,t}$ 的集合。

第六，将增长率标准化值与综合效益标准化值进行对比，确定其差额。该差额代表了以效益标准衡量的不合理速度，也代表了对实际速度进行修正的修正系数。对每个产业均可以计算其 t 年度的修正系数，计为 $f_{j,t}$：

$$f_{j,t} = z'_{j,t} - y'_{j,t}$$

第七，根据修正系数对各产业第 t 年的实际速度进行修正，得到各产业的合理速度 $y^h_{j,t}$：

$$y^h_{j,t} = y_{j,t} + \{f_{j,t} [\max{(Y_t)} - \min{(Y_t)}]\}$$

第八，以上年的实际增加值为基础，用合理增长速度可以计算出第 t 年底 j 产业的合理增加值 $g^h_{j,t}$：

$$g^h_{j,t} = g_{j,t-1} \times (1 + y^h_{j,t})$$

第九，用第 t 年度第 j 产业的实际增加值减去合理增加值，得到不合理增加值 $g^u_{j,t}$：

$$g^u_{j,t} = g_{j,t} - g^h_{j,t}$$

第十，各产业 t 年度的不合理增加值除以该产业该年实际增加值，就可以得到各产业年度产业结构变化中的不合理比重，计为 $R_{j,t}$。该比重反映的是以前两年的效益为衡量标准，本产业有多少个百分点没有与由效益所决定的产业结构保持同步变化。第 j 产业的不合理比重为：

$$R_{j,t} = g^u_{j,t} / g_{j,t}$$

第十一，在计算出各个产业的不合理比重后，可以进一步计算所有产业的整体不合理比重，即产业结构年度变化失衡指数。有三种计算失衡指数的方法可供选择：一是将各产业不合理比重直接相加计算简单平均数；二是用各产业在增加值中的实际比重作为权数计算加权平均数；三是将它们取绝对值之后，再用各产业在增加值中的实际比重作为权数计算加权平均数。本研究拟采用第三种方法。设 $w_{j,t}$ 为第 j 产业增加值比重，并设产业结构年度变化失衡指数为 R_t，则：

$$R_t = \sum_{j=1} w_{j,t} \times R_{j,t}$$

这个公式并不能直接运用，因为研究对象的经济水平与该表中划分的几个平均经济水平通常不相吻合，为此需采用加权平均的方法来测算研究对象的目标产业结构。权重系数以如下步骤和方法获得：首先以不同收入国家平均的人均 GDP 为分界点，将研究对象划分为几个类型，这样每个区域均处于两个分界点之间，然后用下面的公式计算权重系数：

$$\alpha_{ij} = (D_U - X_{ij}) / (D_U - D_L)$$

其中，D_U、D_L 分别表示 i 区域所处分界点的上限和下限，X_{ij} 表示 i 区域 j 年份的人均 GDP，α_{ij} 表示 i 区域 j 年份的权重系数。

【实验背景】

（一）背景材料

产业是一个国家经济的基石，现代经济发展归根到底是一个产业结构不断调整优化的过程。合理的产业结构是经济持续健康发展的重要保证，对产业结构进行深入分析，将为产业结构优化升级过程中的政策调整提供科学依据。

新疆生产建设兵团（以下简称"兵团"）曾在20世纪80年代和90年代进行多次产业结构调整，有力地促进了兵团经济的发展。但由于历史等原因，同国内发达地区相比，兵团产业结构依旧处于一种不合理的状态，制约了兵团经济的进一步发展。中共中央国务院提出"西部大开发"发展战略和国务院下发的〔2007〕32号文件，为地处西部的兵团实现跨越式发展提供了重大的历史机遇。国发〔2007〕32号文件充分肯定了兵团在建设新疆、保卫新疆、稳定新疆中的重要地位，并进一步提出了新任务，其中包括：充分发挥兵团集约化经营生产的优势，抓好优质棉花基地与粮食基地建设，努力建成全国节水灌溉示范基地、农业机械化推广基地和现代化农业基地；在兵团现有工业基础上，调整产业结构，加快推进新型工业化，形成有规模、有市场需求、有竞争能力的主导产业，形成兵团特色的经济发展新格局。"十一五"是兵团加快发展、壮大实力的关键时期。兵团经济社会发展的总体思路是："围绕一个目标"，即率先在西北地区实现全面建设小康社会的目标；"建设两大基地"，即依托兵团大农业优势和新疆矿产资源优势，建设农副产品加工基地和优势矿产资源开发利用基地；"实施四大战略"，即实施优势资源转换战略、开放带动战略、科教兴兵团和人才强兵团战略、可持续发展战略；"做好四篇大文章"，即加快农业产业化步伐、推进新型工业化和城镇化进程、加强生态环境建设、努力构建和谐社会。与此同时，兵团认真落实中央建设社会主义新农村的战略决策，结合兵团特殊体制和使命，将稳步推进屯垦戍边新型团场建设。要实现兵团的跨越式发展目标，无论是可持续发展，还是走新型工业化道路，都要求加快产业结构升级以适应兵团经济发展战略的需要，因此，深入分析兵团产业结构状况，进行产业结构调整，推动产业升级，促成发展方式的转变显得尤为重要。

（二）理论基础

20世纪30年代是现代产业结构理论的形成阶段，英国经济学家克拉克、德国经济学家霍夫曼、美国经济学家钱纳里和泰勒都对产业结构提出了自己的分类方法，并以其姓名为其产业结构的分类命名。克拉克和霍夫曼是现代产业结构理论研究的先驱，开创了产业结构研究的新格局。克拉克在前人研究的基础上，首次研究了产业结构的演进方向问题。库兹涅茨在继承了前人研究的成果的基础上，运用统计分析的方法，考察了就业结构和总产值变动的规律，得出了库兹涅茨定理。钱纳里等人在库兹涅茨研究成果的基础上对产业结构变动趋势进行深入分析，提出了产业增长的规律和产业发展模式。对产业结构的研究，也构成了发展经济学的重要内容。

20世纪80年代中期之前，国内学者关于产业结构的研究主要集中于如何通过国家计划的合理安排使国民经济各部门有计划、按比例协调发展这一目的上。80年代后期，国内学者尝试着应用西方经济学的范式分析我国的产业结构、产业分工、产业转移和升级问题。产业结构研究是我国经济学界所关注的重要问题之一，国内产业结构的研究文献可谓汗牛充栋，研究方向主要可以归纳为产业结构与经济发展、区域产业结构研究、产业政策研究等几个方面。

关于兵团产业结构的研究，在2001年前，主要倾向于定向研究，研究内容集中于兵团产业结构（张平，1993）调整目标、调整思路（高继宏，2000）等对策建议。之后，学者们将定量分析方法引入兵团产业结构分析，形成了较为丰富的研究成果（见本实验的参考文献）。本实验主要摘自孙法臣、谭斌发表的论文，笔者进行了编纂，从兵团产业结构状况、兵团产业结构变动与经济增长关系两方面，展现对兵团产业结构的分析内容。对于产业结构更广泛的探讨，放在了本实验的练习与作业中。

【实验步骤】

（一）兵团产业结构的状况分析

分析兵团产业结构的状况，一般可以从以下几方面进行：

1. 兵团三次产业增加值占GDP的比重分析

2003—2008年，兵团第一产业增加值占GDP的比重由42.3%降到34.9%，下降7.4个百分点；第二产业增加值占GDP的比重由24.8%上升至31.7%，上升6.9个百分点；第三产业增加值占GDP的比重由32.9%上升到33.4%，上升0.5个百分点。从三次产业结构的角度分析，在这期间，兵团的三大产业结构在逐步调整与优化：第一产业比重逐步下降，第二产业比重持续上升，第三产业比重稳中有升，兵团三次产业结构由2003年的42.3∶24.8∶32.9调整到2008年的34.9∶31.7∶33.4，三次产业增加值占GDP比重的差值逐步缩小，兵团产业结构逐步由第一产业"一家独大"的局面向一、二、三产业"三足鼎立"的格局转变（见表8-1）。

我们应该看到，兵团目前仍处于农业占主导地位的经济发展阶段，第二产业所占比重位居三次产业之末，这与目前我国社会向工业化社会过渡的趋势相悖，产业结构不符合全国经济发展的趋势，仍需要进行较大幅度的调整和优化。

表 8-1　　　　　　　　　　　　　兵团三次产业的结构状况

年份	增加值（亿元）			比重（%）		
	一产	二产	三产	一产	二产	三产
2003	109.0	63.9	84.8	42.3	24.8	32.9
2004	115.1	70.9	102.8	39.9	24.5	35.6
2005	130.6	83.4	117.1	39.4	25.2	35.4
2006	142.2	99.4	134.4	37.8	26.4	35.8
2007	162.6	127.4	151.2	36.8	28.9	34.3
2008	182.3	166.1	174.9	34.9	31.7	33.4

资料来源　孙法臣. 新疆生产建设兵团统计年鉴（2009）[M]. 北京：中国统计出版社，2009.

2003—2008 年，兵团第一产业增加值平均增长率为 16.2%，第二产业为 18.7%，第三产业为 14.7%。兵团第二产业增长速度居三次产业之首，反映出兵团第二产业对兵团经济的拉动作用逐步增强；第三产业平均增速虽位列三次产业平均增速之末，但其增长较为稳定，起伏较小；相比之下，第一产业平均增长率虽高于第三产业，位居三次产业次席，但是波动性也最大，2003 年高达 42.8%，2004 年却仅为 5.5%，两者相差 37.3 个百分点。第一产业增加值增长的波动比较大，这主要是由于第一产业受自然条件的影响比较明显，农业抵御自然灾害的能力不强，再加上兵团单一的种植结构，大大减弱了对市场风险的抵御能力。与三次产业占 GDP 比重变化相似，兵团三次产业平均增速虽存在差异，但相互之间差距较小，增速最高的第二产业分别比第一产业、第三产业高出 2.5 和 4.0 个百分点，这从一个侧面也反映出兵团第二产业尤其是工业发展相对滞后的现实（见表 8-2）。

表 8-2　　　　　　　　　　　　兵团三次产业增加值增长率（%）

年份	2003	2004	2005	2006	2007	2008	2003—2008
第一产业	42.8	5.5	13.5	8.9	14.3	12.1	16.2
第二产业	5.4	11.1	17.6	19.3	28.2	30.4	18.7
第三产业	10.0	21.4	13.9	14.8	12.5	15.7	14.7

资料来源　孙法臣. 新疆生产建设兵团统计年鉴（2009）[M]. 北京：中国统计出版社，2009.

2. 兵团三次产业的就业结构分析

2003—2008 年，兵团第一产业就业人员占总就业人员的比例由 50.6% 下降到 47.0%，降低了 3.6 个百分点；第二产业由 19.8% 下降到 18.5%，减少了 1.3 个百分点；第三产业由 29.6% 上升到 34.5%，增加了 4.9 个百分点。由此可见，兵团劳动力就业结构呈现一定的刚性特征，变化幅度不大（见表 8-3）。

表 8-3 　　　　　　　　　　兵团三次产业就业人员构成（%）

年份	2003	2004	2005	2006	2007	2008
第一产业	50.6	50.5	49.0	49.3	49.0	47.0
第二产业	19.8	18.7	19.5	18.6	19.2	18.5
第三产业	29.6	30.8	31.5	32.1	31.6	34.5

资料来源　孙法臣. 新疆生产建设兵团统计年鉴（2009）[M]. 北京：中国统计出版社，2009.

兵团劳动力就业结构的变化看起来与配第-克拉克定理相违背，但事实上兵团劳动力的变化规律是由兵团自身的特殊性决定的。兵团自成立至今是以大农业为主的经济实体，农业是兵团的主导产业，加之兵团的新垦土地面积逐步增加，使兵团第一产业劳动力比重居高不下。兵团第二产业劳动力就业人员不断下降主要由于兵团在进行国有企业改革的同时引进东部先进的生产技术和设备，劳动生产率不断提高，因此在兵团工业快速发展的同时并未出现第二产业就业人数大量增加的局面。由分析可知，在这六年间，兵团三次产业就业人员保持了相对的稳定性，就业人员结构没有发生较大变化。

3. 兵团三次产业固定资产投资构成分析

2003—2008 年，兵团第一产业固定资产占总投资额的比重由 26.2% 下降到 14.5%，降低了 11.7 个百分点，第二产业由 26% 增加到 44.6%，增加了 18.6 个百分点，第三产业由 47.8% 减少到 40.9%，降低了 6.9 个百分点，第一、三产业投资比重呈下降趋势，而第二产业投资比重持续上升（见表 8-4）。

表 8-4 　　　　　　　　　　兵团三次产业固定资产投资构成（%）

年份	第一产业	第二产业	第三产业
2003	26.2	26.0	47.8
2004	24.7	27.7	47.7
2005	21.2	28.8	50.0
2006	23.1	31.7	45.2
2007	19.5	43.0	37.5
2008	14.5	44.6	40.9

由表 8-4 可以看出，三次产业固定资产投资结构在这期间的变化趋势，与三次产业增加值比重、三次产业就业结构完全不同，兵团对产业结构的调整，突出体现在固定资产投资构成的变化。第二产业固定资产投资的比重逐年持续提高，主要是因为这期间兵团兴建了一批重点大项目，通过实施优势矿产资源转换战略，重点推进了以新疆天业为代表的氯碱化工、以大黄山鸿基焦化为代表的煤化工产业链项目。兵团重化工业取得突破性进展，固定资产投资向第二产业倾斜，体现出兵团实施新型工业化战略的推进，这也为第二产业"十一五"期间的快速发展奠定了基础。

2003—2008 年，兵团无论是增加值结构还是就业结构都呈现出产业结构逐步优化的趋势：第一产业增加值占 GDP 比重有所下降，第二产业增速较快，比重持续增加，显示了良好的发展势头，第三产业保持相对稳定的发展。但从整体上看，第一产业仍是兵团的支柱产业，虽然固定资产投资比重逐年下降，但其增加值比重和劳动力就业比重也始终位居三大产业之首，对兵团经济的发展起着举足轻重的作用。第二产业虽取得长足发展，但对兵团经济的拉动潜力还有待进一步挖掘，第三产业吸纳劳动力转移就业的作用也需要进一步发挥。

（二）兵团产业结构变动与经济增长关系分析

1. 兵团产业结构变动程度、速度、方向和强度分析

根据前面介绍的产业结构变动程度和速度的测定方法，可计算得到兵团、新疆、珠三角及全国几个时段三次产业结构变化值、结构变化速度及变化趋势值（见表8-5）。从表8-5可以看出，改革开放以来（1978—2009），兵团三次产业结构变化值远低于自治区、全国水平，更低于珠三角2004年的水平。兵团三次产业结构年变化速度为0.9%，仅为自治区、全国及珠三角（2004）的75%、74%和53%。从其他时段来看，1978—1990年三次产业结构变化值兵团仅为3.2%，同期自治区达到30.4%，且高于全国及珠三角（2004）水平；1990—2009年兵团三次产业结构变化加快，达到24.6%，而同期自治区达到44%，同样高于全国及珠三角（2004）水平，说明自治区在此期间一直在快速调整优化其产业结构；1995—2000年兵团三次产业结构变化达到11.3%，高于珠三角（2004）水平，低于自治区和全国水平；2000—2009年兵团三次产业结构变化基本与自治区持平，且高于珠三角（2004）和全国水平，这期间兵团产业结构调整较快。

表8-5　　　　兵团、自治区、珠三角及全国三次产业结构变化值、
变化速度及经济增长速度

时期	项目	单位	兵团	自治区	珠三角 （到2004年）	全国
1978—2009	结构变化值	%	27.8	36.8	44.0	37.4
	结构变化速度	%/年	0.9	1.2	1.7	1.2
	GDP 年递增速度	%	16.9	16.7	13.4	9.8
1978—1990	结构变化值	%	3.2	30.4	24.4	15.4
	结构变化速度	%/年	0.3	2.5	2.0	1.3
	GDP 年递增速度	%	20.7	17.0	12.7	9.0
1990—2009	结构变化值	%	24.6	44.0	33.8	33.0
	结构变化速度	%/年	1.3	2.3	2.4	1.7
	GDP 年递增速度	%	14.6	16.5	14.0	9.9
1995—2000	结构变化值	%	11.3	16.8	9.7	12.2
	结构变化速度	%/年	2.3	3.4	1.9	1.5
	GDP 年递增速度	%	7.6	10.9	10.3	9.0
2000—2009	结构变化值	%	14.2	14.4	10.0	9.0
	结构变化速度	%/年	1.6	1.6	2.5	1.1
	GDP 年递增速度	%	14.6	14.6	13.4	9.9

资料来源　由兵团、新疆、全国各年的统计年鉴数据计算得出。

在表8-5的基础上，进一步计算兵团及对比区域经济增长速度与结构变化速度相关系数，见表8-6。由表8-6可以看出，从划分的四个计算时段来看，珠三角、全国的经济增长速度与产业结构变化存在着比较显著的正相关关系，即支持"经济增长与结构变动相互促进"，只是计算时段包含的时期越多，正相关关系越弱；自治区经济增长速度与结构变化速度相关系数包含的时期越少，正相关关系越显著；随着时期的加长，经济增长与产业结构变化的关系变弱，并变为负数。兵团经济增长速度与其产业结构变化速度相关系数均为负数，说明无论是长期还是短期，兵团经济增长速度与其产业结构变化相关性都不明显。

表8-6 　　　　兵团及对比区域经济增长速度与结构变化速度相关系数

	第一计算时段	第二计算时段	第三计算时段	第四计算时段
兵团	−1.00	−1.00	−0.97	−0.41
自治区	1.00	0.26	−0.70	−0.74
珠三角（到2004年）	1.00	0.49	0.32	0.19
全国	1.00	0.53	0.36	0.01

注：第一计算时段包括1978—1990年、1990—2009年；第二计算时段包括1978—1990年、1978—2009年、1990—2009年；第三计算时段包括1978—1990年、1978—2009年、1990—2009年、1995—2000年；第四计算时段包括1978—1990年、1978—2009年、1990—2009年、1995—2000年、2000—2009年。

从三次产业结构变化趋势来看（见表8-7），兵团三次产业结构变化总的趋势是第一产业收缩，第二产业、第三产业扩张。但从总体上来讲，兵团第一产业收缩的速度慢于自治区、珠三角及全国水平，第二产业、第三产业扩张速度慢于自治区和珠三角水平，但基本与全国水平持平。根据配第-克拉克定理及库兹涅茨的研究可以看出，兵团经济尚处于经济起飞后经济增长的早期阶段。

表8-7 　　　　兵团、自治区、珠三角及全国三次产业结构变化趋势值（%）

区域	产业	1978—2009	1978—1990	1990—2009	1995—2000	2000—2009
兵团	第一产业	0.71	0.97	0.73	0.88	0.83
	第二产业	1.09	1.04	1.05	1.05	1.23
	第三产业	1.50	1.01	1.48	1.15	1.03
自治区	第一产业	0.49	1.11	0.45	0.72	0.84
	第二产业	1.99	0.68	1.46	1.13	1.18
	第三产业	2.07	1.65	1.25	1.11	0.90
珠三角（到2004年）	第一产业	0.26	0.83	0.32	0.68	0.76
	第二产业	1.19	0.85	1.40	1.00	1.10
	第三产业	1.56	1.52	1.03	1.13	0.94
全国	第一产业	0.37	0.96	0.39	0.76	0.70
	第二产业	0.98	0.86	1.13	0.97	1.02
	第三产业	1.78	1.32	1.35	1.19	1.09

资料来源　由兵团、新疆、全国各年的统计年鉴数据计算得出。

2. 兵团产业结构有序度的测度

世界银行在1998年的《世界发展报告》中，对世界各国划分了不同平均水平下的三次产业结构（见表8-8），本实验就以此为标准来测度兵团产业结构的有序度。

表8-8　　　　　　　　人均 GDP 与产业结构的国际比较（1998 年）

	人均 GDP （美元/人年）	第一产业 （%）	第二产业 （%）	第三产业 （%）
世界平均	4 890	5	34	61
低收入国家平均	520	20	41	39
中低收入国家平均	1 740	12	36	52
中等收入国家平均	2 990	9	35	56
中高收入国家平均	4 870	7	35	58
高收入国家平均	25 480	2	33	65

　　需要指出的是，表8-8 并不能直接运用，因为兵团、自治区及全国的经济水平与该表中划分的几个平均经济水平并不相吻合，为此本实验采用加权平均的方法来测算和确定兵团、自治区及全国的目标产业结构。权重系数以如下步骤和方法获得：首先以不同收入国家平均的人均 GDP 为分界点，将兵团、自治区及全国划分为几个类型，这样每个区域均处于两个分界点之间，然后用下面的公式计算权重系数：

$$\alpha_{ij} = (D_U - X_{ij}) / (D_U - D_L) \tag{8-1}$$

其中，D_U、D_L 分别表示 i 区域所处分界点的上限和下限，X_{ij} 表示 i 区域 j 年份的人均 GDP，α_{ij} 表示 i 区域 j 年份的权重系数。

　　依据前面介绍的产业结构有序度的测度方法，可将产业目标结构表示为：

$$\beta_{ijk} = \alpha_{ij} E_{LK} + (1 - \alpha_{ij}) E_{UK} \tag{8-2}$$

其中，E_{LK}、E_{UK} 分别是人均 GDP 世界各平均收入水平分界点下限和上限的 k 产业部门比重，β_{ijk} 为 i 区域 j 年份目标结构 k 产业部门比重。

　　由兵团、新疆、全国各年的统计年鉴数据计算得出兵团、自治区及全国 2001—2008 年的人均 GDP（见表8-9），由（8-1）式计算后得到 2001—2008 年兵团、自治区及全国产业目标结构的权重系数（见表8-10），运用（8-2）式计算后得到 2001—2008 年兵团、自治区及全国产业目标结构（见表8-11），进而可以计算得到兵团、自治区及全国三次产业结构有序度（见表8-12）。

表8-9　　　　　　　　　　　　　　人均 GDP　　　　　　　　　　　　单位：美元

	2001 年	2002 年	2003 年	2004 年	2005 年	2006 年	2007 年	2008 年
兵团	891.0	931.6	1 112.6	1 230.2	1 421.2	1 666.6	2 031.9	2 594.4
自治区	897.1	959.4	1 074.6	1 248.6	1 470.7	1 767.1	2 056.3	2 630.6
全国	924.4	985.6	1 100.8	1 275.9	1 562.6	1 864.9	2 307.2	3 015.4

资料来源　由兵团、新疆、全国各年的统计年鉴数据计算得出。

表 8-10 目标产业结构的权重系数

	2001 年	2002 年	2003 年	2004 年	2005 年	2006 年	2007 年	2008 年
兵团	0.696	0.663	0.514	0.418	0.261	0.060	0.767	0.316
自治区	0.691	0.640	0.545	0.403	0.221	0.979	0.747	0.287
全国	0.669	0.618	0.524	0.380	0.145	0.900	0.546	0.987

表 8-11 产业目标结构 (%)

	兵团			自治区			全国		
	第一产业	第二产业	第三产业	第一产业	第二产业	第三产业	第一产业	第二产业	第三产业
2001 年	17.57	39.48	42.95	17.53	39.45	43.02	17.35	39.34	43.31
2002 年	17.30	39.31	43.39	17.12	39.20	43.68	16.95	39.09	43.96
2003 年	16.11	38.57	45.31	16.36	38.73	44.91	16.19	38.62	45.19
2004 年	15.34	38.09	46.57	15.22	38.01	46.76	15.04	37.90	47.05
2005 年	14.09	37.31	48.60	13.77	37.10	49.13	13.16	36.73	50.11
2006 年	12.48	36.30	51.22	11.93	35.98	52.09	11.70	35.90	52.40
2007 年	11.30	35.77	52.93	11.24	35.75	53.01	10.64	35.55	53.82
2008 年	9.95	35.32	54.73	9.86	35.29	54.85	8.97	35.00	56.03

表 8-12 兵团、自治区及全国三次产业结构有序度

	兵团	自治区	全国
2001 年	0.5908	0.9428	0.9014
2002 年	0.6133	0.9378	0.8981
2003 年	0.8030	0.8467	0.8908
2004 年	0.7316	0.8942	0.9203
2005 年	0.7038	0.9052	0.9258
2006 年	0.6474	0.9466	0.9311
2007 年	0.6065	0.9173	0.9476
2008 年	0.5461	0.9394	0.9795

由表 8-13 可以看出，无论是兵团、自治区，还是全国，其产业结构均未达到与经济水平相适应的状态。但是应清楚地看到，无论是全国，还是自治区，其产业结构有序度均远高于兵团，而且兵团产业结构有序度 2003 年后呈明显下降的趋势。

表8-13   兵团、自治区及全国三次产业增加值构成比（%）

	兵团			自治区			全国		
	第一产业	第二产业	第三产业	第一产业	第二产业	第三产业	第一产业	第二产业	第三产业
2001 年	33.1	29.4	37.5	19.3	38.5	42.2	14.4	45.1	40.5
2002 年	35.7	28.3	36.0	18.9	37.4	43.7	13.7	44.8	41.5
2003 年	42.3	24.8	32.9	21.9	38.1	40.0	12.8	46.0	41.2
2004 年	39.9	24.5	35.6	20.2	41.4	38.4	13.4	46.2	40.4
2005 年	39.4	25.2	35.4	19.6	44.7	35.7	12.2	47.7	40.1
2006 年	37.8	26.4	35.8	17.3	47.9	34.8	11.3	48.7	40.0
2007 年	36.8	28.9	34.4	17.8	46.8	35.4	11.1	48.5	40.4
2008 年	34.9	31.7	33.4	16.4	49.7	33.9	11.3	48.6	40.1

3. 兵团产业结构合理化程度评析

利用兵团各年的统计年鉴上历年的三次产业增加值、从业人员数、固定资产投资额数据，依据前面介绍的产业结构合理化程度评析方法，兵团三次产业不合理比重及其产业结构变化失衡指数具体计算结果见表8-14。从表8-14 中可以看出：首先，从1999—2008 年兵团三次产业年度失衡指数来看，结构不合理变化的幅度波动较大，不合理的变化因素大约在1% ~33%之间。其次，从三次产业不合理比重来看，第一产业从2004 年后连续出现增长不足，第二产业2002—2005 年增长不足，2006 年后增长适度，第三产业2004 年前增长不足，2004 年后（除2007 年外）有过度增长的迹象。同时可以看出，兵团产业结构失衡指数对于兵团第一产业比重的正向变化及第二、三产业的负向变化非常敏感，而且第一产业比重上升幅度变大则产业结构失衡指数迅速增加，但第一产业比重下降过快也会造成新的产业结构失衡（如2002、2008两年）。

表8-14   兵团三次产业不合理比重及其产业结构变化失衡指数（%）

	1999 年	2000 年	2001 年	2002 年	2003 年	2004 年	2005 年	2006 年	2007 年	2008 年
第一产业	0.00	0.21	0.00	0.00	33.18	-16.55	-4.19	-11.18	-3.38	-17.14
第二产业	11.51	0.82	0.00	-6.64	-49.65	-5.02	-7.31	0.00	0.00	0.00
第三产业	0.00	-5.48	-6.69	8.40	-20.50	14.20	6.81	8.15	0.00	3.55
失衡指数	2.94	2.14	2.25	4.96	33.25	12.83	5.87	7.22	1.30	7.37

4. 主要结论

以上分析表明，兵团三次产业结构变化总的趋势是第一产业收缩而第二产业、第三产业扩张。但总体上来讲，第一产业收缩的速度慢于自治区、珠三角及全国水平，第二产业、第三产业增速也慢于自治区和珠三角（2004 年）水平。总之，以第一产业为主的较低层次的产业结构水平及产业结构整体效益水平低是兵团产业结构的主要特征。其主要原因：首先是由于兵团屯垦戍边的特殊使命，中央对兵团实行了特殊的管理体制。在经济一体化、全球化的背景下，兵团长期徘徊于计划经济和市场经济之间，经济发展思路、发展战略与市场化改革战略不协调，未能及时调整以适应变化了的新形势。其次是长期以来，兵团始终把农业作为主导产业。虽然兵团人在茫茫戈壁中垦良田、兴水利、造绿洲，建成了全国最大的农业节水灌溉示范基地，农业现代化水平走在全国前列，但这种以农为主的产业结构对兵团经济增长的制约作用越来越明显。

根据著名的配第-克拉克定理，也就是三次产业结构演变的过程及规律，可以初步判断出，兵团目前尚处于经济起飞后经济增长的早期阶段，即第一产业比重下降，而第二产业和第三产业比重上升。

钱纳里等人的研究结果表明，在人均收入为2 100美元时，产业结构变动速度及其对经济增长的推动作用达到极大值，而后下降。截止到2008年，兵团人均GDP已超过2 100美元，达到2 594.4美元。如果按照钱纳里等人的结论，目前及今后一个时期，产业结构变动和升级对兵团经济增长的作用将趋缓。但应该看到兵团产业结构变动和升级对于兵团经济增长仍然具有重要意义。虽然随着人均GDP的提高，产业结构将不断向合理化演进，但总量增长不会自动形成合理结构，故今后兵团还继续会有一个产业结构变化和升级的过程，而且兵团经济增长速度也会相当程度地依赖这种结构升级。因此，兵团还是应该调整结构，促进结构合理化，以此推动经济持续增长。

一般而言，产业结构高级化程度与经济规模、经济发展水平有着较大的正向关系，但本实验发现，兵团"结构变动与经济增长"关系无论是长期还是短期相关性都不明显。我们认为兵团在经济发展过程中，可能存在一些非结构性因素制约和影响着兵团经济增长与结构变动的协调性。有关文献也表明，产业结构高级化并不是推动其经济增长的唯一因素，有时甚至不是主要因素，而非结构性因素也是引致经济增长的重要因素，有时甚至是主要因素。

（三）兵团产业结构调整的对策

1. 建设现代农业，加快农业产业化进程

农业是兵团经济的基础，也是兵团的优势产业。长期以来，兵团农业发展一直以种植业为主，种植业又以棉花为主，但是连续多年和大面积的棉花种植已经使得兵团土地肥力和农业边际增长率很低，在一定程度上阻碍了兵团农业的持续、健康发展。为此，兵团农业应当实现由数量增长型向质量增长型的转变，而这一转变的关键在于兵团现代农业的发展，核心在于不断加快兵团农业产业化的进程。

2. 推进工业发展，加快新型工业化进程

按照钱纳里对工业化进程的划分，兵团工业发展处在工业化中期阶段水平。在工业化中期阶段，推进工业化进程、改善工业结构和发展水平、走新型工业化道路是经济社会发展的客观规律，也是当前和今后相当长一段时期兵团经济社会发展的战略选择。

（1）加快工业技术升级，构筑新型工业产业体系。兵团进入工业化发展中期阶段以后，应当实现由传统的初加工生产向高新技术为主导的新型工业化体系的转变。

为此，兵团应当适应经济全球化趋势，依托农业资源优势，以市场为导向，依靠科技进步，促进兵团工业总体技术水平实现质的跨越。一方面，在现有传统工业的基础上，重点发展名、优、特食品的深度加工产业，延长纺织产业链，发展农用机械、节水设备等支农工业，开发优质水泥、石材等新型建材工业，形成食品、纺织、支农、建材四大工业支柱。另一方面，建立以高科技产业为主导的新型工业体系，充分利用新疆特色药材资源，积极开发现代生物制药产品，研制利用棉仁蛋白、风能、太阳能以及蛋白土、膨润土等优势资源大力发展环保工业，充分利用石油煤炭资源发展现代煤化工产业，建立以高科技产业为主导、传统工业为基础的新型工业框架，实现兵团工业逐步向高级化阶段迈进。

（2）促进工业合理布局，积极引导产业向城镇集聚。兵团工业发展的区域差异明显，北疆各师的工业基础较好、资源丰富、交通便利，工业发展技术水平较高，工业加工能力较强，而南疆各师相对较弱，南北疆地区工业发展的差异也是导致兵团区域经济差异的重要因素之一。要促进兵团工业的协调发展，缩小区域经济差异，一方面应当促进工业合理布局，优先发展天山北坡经济带的石河子、五家渠和南疆经济带的阿拉尔、图木舒克四个城市和石河子经济技术开发区、奎屯天北新区、哈密大营房城区及第十二师分区等一批各具特色的工业园区，以点促线、以线带面，逐步形成分工合理、协作配套、优势突出、规模效应显著、与地方经济互为补充的产业集群；另一方面，兵团工业发展要统筹规划、合理布局，把兵团工业发展的布局重点放在城市、中心团场城镇和资源富集区，积极引导工业企业向城市和城镇集中，向工业园区集中，形成产业集群，以城市、工业园区为支撑点、辐射带动南北疆和边境经济带协调发展，最终实现兵团工业的合理分布和均衡发展。

（3）发挥兵团资源优势，积极承接发达地区产业转移。依靠、接替发达地区移出的边际产业是兵团加速产业发展的捷径之一。当前，国际经济处在重大变革之中，为我国西部地区包括兵团在内的产业升级和产业结构调整带来了重大机遇。兵团资源丰富，而资本稀缺，生产力水平和技术水平相对较低，这使得兵团具有两方面的优势：一是资源比较优势，如前所述，兵团具有发展工业的资源优势，决定了兵团的经济发展应当立足资源优势，发展资源型产业；二是后发优势，由于兵团工业技术水平较低，可以通过学习、引进等方式得到发达国家和发达地区的先进技术，从而降低发明新技术的开发成本和管理经验、规章制度等学习成本。目前，兵团经济发展正处在工业化中期阶段，应当充分认识到兵团所处的发展阶段和资源型产业仍将有很大的发展空间这一现状。为此，兵团必须紧紧抓住全球金融危机和"西部大开发"战略推进所带来的产业转移热潮，坚持以市场为导向的优势资源转换战略，积极构建农产品加工和油气矿产优势资源转换两大基地，以更加积极的姿态承接发达地区的产业转移，切实把兵团的资源优势转换为产业优势和经济优势。

3. 构建城镇体系，加快城镇化建设进程

从历史的角度来看，城镇化与产业结构水平具有一定的联系，一定的产业结构水平总是与相应的城镇化水平相适应，而且城镇化的发展也会在一定程度上促进产业结构的调整和升级。但是从产业结构水平来看，目前兵团农业比重过高，工业化水平过低，服务业不发达，这样的产业结构制约了兵团城镇化的发展。

城镇化是工业化的物质载体，城镇的集聚效应为兵团新型工业化的深化起到了积极作用，兵团产业结构的调整必然伴随着城镇化与工业化的发展。

为此，兵团应当立足区域地理、资源禀赋的差异，创新城镇发展定位，构建城市（师部所在地）、垦区、中心团场和大型连队为一体的城镇化发展体系，实施城市差异发展战略。在北疆地区，要积极推进石河子、五家渠等工业发达城市的新型工业化进程，通过引进科技含量高、经济效益好、资源消耗低、环境污染少、人力资源能够得到充分发挥的新型工业企业，壮大兵团经济实力，促进兵团产业结构的调整。在南疆地区，加强与地方政府的合作，加快阿拉尔、图木舒克等经济落后地区城市的基础设施建设，完善城市的生产生活服务功能，改善城镇的生态环境和居住环境，引导周边人口向城镇集中，形成兵团的经济增长极，从而提升兵团的城镇化水平。

4. 大力发展服务业，促进经济协调发展

在第三产业内部，由于不同产业对国民经济的贡献不同，为此应当把握第三产业发展的不同侧重点，以市场需求为导向，同时发挥政府的投资引导作用，推进第三产业结构的优化。社会服务业和批发零售贸易餐饮业适应城乡居民消费结构升级的趋势，社会服务业需求量变大，也具有较大的发展空间，主要应该引进先进的经营管理模式，促进其不断发展。教育、文化艺术和广播电影电视业的发展有助于提升兵团劳动力素质，为兵团经济的持续发展奠定基础，金融保险业、交通运输、仓储及邮电通信业等服务业的发展可以有效改善兵团的投资环境，应当引进新技术、创造新服务，在实现自身高效发展的同时，推动第三产业的结构优化。

【综合运用知识点评】

本实验采用描述统计的方法，首先对兵团产业结构状况进行分析，然后从兵团产业结构变动程度、速度、方向和强度，兵团产业结构有序度，兵团产业结构合理化程度等三个方面，分析兵团产业结构与经济增长的关系，最后阐释结论并提出调整兵团产业结构的相应对策建议。

【练习与作业】

产业结构研究是国民经济统计学 GDP 核算应用的内容之一，也是经济学界较为恒久的研究课题，一般可用三大产业的增加值占 GDP 的比重、三大产业从业人员数占全社会从业人员数的比重、三大产业固定资产投资占全社会固定资产投资的比重来分析某一区域产业结构状况，当然，也可以采用本实验中的方法来研究产业结构与经济增长的关系，还可以用多种方法分析产业结构的影响因素。此外，还可以将产业结构与一些专门的问题，如金融（人民币汇率、资本市场）、生态（循环经济、低碳经济）、城镇化进程、居民消费等问题结合起来进行分析。

请从中国统计年鉴、各省统计年鉴查找与研究主题相关的统计数据，选用适当的数量分析方法，对产业结构进行分析。（读者对以下具体要求做选择性练习）

具体要求：

（1）基于统计年鉴提供的 GDP 核算数据，尝试对兵团产业结构与其他省区的产业结构，进行动态及静态的对比分析；

（2）探讨影响兵团产业结构的各种因素；

（3）运用不同的实证方法，论证兵团产业结构的合理性，由此比较实证方法的适用性；

（4）分析环境污染与兵团产业结构调整的关系；

（5）探讨金融发展与兵团产业结构转型升级的关系；

（6）分析兵团产业结构与城镇化进程之间的关系；

（7）分析兵团居民消费与产业结构之间的关系；

（8）分析兵团各师之间是否存在产业结构趋同问题；

（9）在上述量化分析基础上，提出相应的结论和观点。

【参考文献】

［1］张平. 新疆兵团产业结构调整的目标、优劣势及政策［J］. 新疆农垦经济，1993（3）：21-24.

［2］高继宏. 调整优化兵团产业结构的构想与对策［J］. 新疆社会经济，2000（6）：25-30.

［3］金勇钢. 立足优势，调优兵团产业结构［J］. 中国农垦经济，2001（8）：27-29.

［4］樊根耀，吴磊，蒋莉. 新疆兵团产业结构与经济增长实证分析［J］. 石河子大学学报：哲学社会科学版，2007（2）：15-18.

［5］张少平，张军民. 新疆兵团产业结构与经济增长的相关性研究［J］. 经济视角，2009（11）：21-23.

［6］梅晓庆，李豫新. 兵团产业结构与经济规模关系的实证分析［J］. 新疆财经，2010（3）：15-19.

［7］戴华. 兵团产业结构调整：现状、问题及建议［J］. 新疆农垦经济，

2010（3）：47-51.

　　［8］宫文娣，张红丽，付金存. 基于灰色关联模型的新疆生产建设兵团产业结构调整分析［J］. 科技与社会，2010（5）：44-47.

　　［9］谭斌. 新疆生产建设兵团产业结构调整研究［J］. 西部论坛，2010（9）：101-108.

　　［10］孙燕萍，李辉，王永俊. 新疆兵团产业结构变迁与经济增长的关系研究［J］. 市场论坛，2010（11）：22-24.

　　［11］刘旺鸿. 新疆兵团就业结构与产业结构互动研究［J］. 黑龙江八一农垦大学学报，2011（4）：104-108.

　　［12］孙法臣. 兵团产业结构调整研究［J］. 石河子大学学报：哲学社会科学版，2011（10）：8-13.

　　［13］张争妍，李豫新，王睿哲. 新疆兵团产业结构效益实证分析［J］. 新疆农垦经济，2012（5）：45-49.

　　［14］李玉，孟梅，徐凤娟. 基于产业集聚的新疆生产建设兵团产业结构调整影响因素分析［J］. 科技和产业，2013（5）：16-19.

　　［15］李豫新，李芳芳，王睿哲. 基于粗糙集的产业结构合理化评价——以新疆生产建设兵团为例［J］. 新疆农垦经济，2013（6）：25-30.

　　［16］张振. 新疆生产建设兵团产业结构与经济增长关系研究［D］. 石河子大学硕士论文，2010.

　　［17］杨可晗. 兵团产业体系构建与优化研究［D］. 华中农业大学硕士论文，2010.

　　［18］郝奇. 新疆产业结构优化升级与经济增长研究［D］. 新疆大学硕士论文，2012.

综合实验二 "十二五"期间兵团第二产业主导产业的选择及培育

【实验目的】

本实验以国民经济核算中的投入产出核算的应用为主，综合运用经济学原理知识、描述统计、BP 神经网络方法和投入产出法等方法，深入分析各产业之间的经济技术联系。针对新疆生产建设兵团（以下简称"兵团"）第二产业，实验者需要对其中各行业之间的经济技术联系做深入了解，掌握选择主导产业的相关理论知识及选择方法，系统总结、分析所选择的"十二五"期间兵团第二产业主导产业，并结合兵团第二产业各行业和经济增长的实际，对如何培育主导产业提出合理的对策建议。

【方法概述】

（一）投入产出分析方法

投入产出分析方法就是以适当的国民经济产品部门分类为基础，通过投入产出表和消耗系数描述各部门之间错综复杂的投入产出数量关系，并建立相应的经济数学模型来分析这种数量关系。投入产出分析方法包括编制投入产出表、建立投入产出模型和投入产出的分析应用。

1. 投入产出表

（1）投入产出表的概念

投入产出表，又称部门联系平衡表或产业关联表，是以产品部门分类为基础的棋盘式平衡表，用于反映国民经济各部门生产中的投入和产出、投入的来源及产品或服务产出的使用去向，以及部门与部门之间相互提供、相互消耗产品的错综复杂的技术经济关系。

（2）投入产出表的结构及其内涵

各种投入产出表中最有代表性、最为完善、分析技术上也最为成熟的，就是全国性、价值型的静态社会产品投入产出表。其基本结构如表 8-15 所示。

表 8-15　　　　　　　　　　**全国价值型投入产出表**

		投入部门（中间产品）					最终产品			总产出
		部门 1	部门 2	…	部门 n	小计	消费	投资	出口	
产出部门（中间投入）	部门 1	x_{11}	x_{12}	…	x_{1n}	$\sum x_{1j}$	f_1			q_1
	部门 2	x_{21}	x_{22}	…	x_{2n}	$\sum x_{2j}$	f_2			q_2
	⋮	⋮	⋮	⋮	⋮	⋮	⋮			⋮
	部门 n	x_{n1}	x_{n2}	…	x_{nn}	$\sum x_{nj}$	f_n			q_n
	小　计	$\sum x_{i1}$	$\sum x_{i2}$	…	$\sum x_{in}$	$\sum\sum x_{ij}$	$\sum f_i$			$\sum q_i$
最初投入	固定资产折旧	d_1	d_2	…	d_n	$\sum d_j$				
	劳动者报酬	v_1	v_2	…	v_n	$\sum v_j$				
	生产税净额	s_1	s_2	…	s_n	$\sum s_j$				
	营业盈余	m_1	m_2	…	m_n	$\sum m_j$				
	增加值	y_1	y_2	…	y_n	$\sum y_j$				
总　投　入		q_1	q_2	…	q_n	$\sum q_j$				

暂不考虑作为合计数的"总投入"行与"总产出"列以及产出部门的"小计"栏，可将投入产出表划分为四大象限，各个象限分别表达了特定的经济内容。

"第 I 象限"位于投入产出表的左上角，又称"中间产品"或"中间消耗"象限，它具有严格的棋盘式结构，是整个投入产出表的核心。该象限的横行标题和纵栏标题是名称相同、排序也相同的产品部门，横行为提供中间产品的产出部门，纵栏为消耗中间产品的投入部门，表中每项数据都具有"产出"与"消耗"的双重含义，借以反映各部门之间相互提供和相互消耗中间产品的复杂数量关系。综合起来看，各行数据所表明的是某个部门生产的产品分配给有关各部门（包括本部门）作为中间产品使用的情况，各列数据所表明的则是某个部门为生产产品而消耗有关各部门（包括本部门）中间产品的情况。通过部门间的产品流量，可以深刻反映出国民经济内部的技术经济联系。

"第 II 象限"位于投入产出表的右上角，为"最终产品"或"最终使用"象限。该象限的横行标题为各产品部门，纵栏标题为最终产品，根据需要还可以进一步细分为消费、投资、进出口等最终使用项目。它表明各部门提供最终产品的数量和构成情况。

"第Ⅲ象限"位于投入产出表的左下角，为"最初投入"或"增加值"象限，该象限的横行标题为最初投入（增加值）及其各组成部门，纵栏标题为各产品部门。它表明各部门的最初投入（增加值）的数量及其构成。

"第Ⅳ象限"在投入产出分析中暂时空缺。从理论上讲，借用投入产出表的框架结构和分析思路，对该象限作出适当的扩充和处理后，可以反映国民收入的分配、再分配和金融往来等情况，但这些本身不属于投入产出分析的内容，故此处从略。

投入产出表实际上由两张大表构成：

横表：象限Ⅰ+象限Ⅱ，反映各部门的产出及其使用去向，即"产品分配"过程；反映各类产品用于中间消耗和最终使用的数量。

竖表：象限Ⅰ+象限Ⅲ，反映各部门的投入及其提供来源，即"价值形成"过程；反映中间投入的转移价值、固定资本投入的转移价值及新创造的价值数量。

"横表"和"竖表"各自存在一定的平衡关系，彼此之间又在总量上相互制约，构成投入产出表建模分析的基础框架。

2. 投入产出主要系数

（1）直接消耗系数

直接消耗系数也称为投入系数，是指某部门（j 部门）在生产经营过程中每生产一单位总产品对有关部门（i 部门）产品的直接消耗量。通常把直接消耗系数记作 a_{ij}，其计算公式为：

$$a_{ij} = \frac{x_{ij}}{q_j} \quad i, j = 1, 2, \cdots, n$$

所有 n^2 个直接消耗系数组成"直接消耗系数矩阵"：

$$A = (a_{ij})_{n\times n} = X\hat{q}^{-1} = \begin{pmatrix} x_{11} & x_{12} & \cdots & x_{1n} \\ x_{21} & x_{22} & \cdots & x_{2n} \\ \vdots & \vdots & \ddots & \vdots \\ x_{n1} & x_{n2} & \cdots & x_{nn} \end{pmatrix} \begin{pmatrix} q_1^{-1} & 0 & \cdots & 0 \\ 0 & q_2^{-1} & \cdots & 0 \\ \vdots & \vdots & \ddots & \vdots \\ 0 & 0 & \cdots & q_n^{-1} \end{pmatrix}$$

（2）全消耗系数

完全消耗系数，是指某部门（j 部门）每生产一单位最终产品对有关部门（i 部门）产品的完全消耗量，其中包括直接消耗和各次间接消耗。完全消耗系数记作 b_{ij}，其理论公式为：

$$b_{ij} = \frac{完全消耗量}{最终产品量} = 直接消耗系数 a_{ij} + 间接消耗系数$$

$$b_{ij} = a_{ij} + \sum_{k=1}^{n} a_{kj}a_{ik} + \sum_{k,s=1}^{n} a_{kj}a_{sk}a_{is} + \cdots + \sum_{k,s,\cdots,z=1}^{n} a_{kj}a_{sk}\cdots a_{iz} + \cdots$$

记完全消耗系数矩阵为 $B = (b_{ij})_{n\times n}$，则

$$B = (I-A)^{-1} - I$$

其中，$(I-A)$ 为里昂惕夫矩阵，$(I-A)^{-1}$ 为里昂惕夫逆矩阵（完全需求系数矩阵）。

（3）影响力系数

影响力系数是反映国民经济某一个部门增加单位最终使用时，对国民经济各部门所产生的生产需求波及程度。当影响力系数大于 1 时，表示该部门的生产对其他部门所产生的波及影响程度超过社会平均影响水平，该产业部门对社会生产具有较大的辐射能力；当影响力系数小于 1 时，则表示该部门的生产对其他部门所产生的波及影响程度低于社会平均影响水平。计算公式为：

$$\lambda_j = \frac{\sum_{i=1}^{n} \overline{b}_{ij}}{\frac{1}{n} \cdot \sum_{j=1}^{n} \sum_{i=1}^{n} \overline{b}_{ij}}, \quad j = 1, 2, \cdots, n$$

一般来说，影响力系数越大，该部门对其他部门的拉动作用越大。

（4）感应度系数

感应度系数是反映当国民经济各部门均增加一个单位最终使用时，某一部门由此而受到的需求感应程度，也就是该部门为满足其他部门生产的需要而提供的产出量。当感应度系数大于 1 时，表示该部门受到的感应程度高于社会平均感应度水平，对经济发展起着较大的制约作用；当感应度小于 1 时，则表示该部门受到的感应程度低于社会平均感应度水平。计算公式为：

$$\delta_i = \frac{\sum_{j=1}^{n} \overline{b}_{ij}}{\frac{1}{n} \cdot \sum_{i=1}^{n} \sum_{j=1}^{n} \overline{b}_{ij}}, \quad i = 1, 2, \cdots, n$$

一般来说，感应度系数越大，说明该部门对国民经济的推动作用越大。

3. 投入产出基本模型

（1）投入产出产品（行）模型

$f = (I-A) \ q \Leftrightarrow q = (I-A)^{-1}f = (B+I) \ f$

该模型用于考察总产出与最终产品、中间产品之间的数量平衡关系。据此，可以由总产出推算最终产品，或者由最终产品推算总产出。

（2）投入产出价值（列）模型

$y = (I-\hat{A}_c) \ q \Leftrightarrow q = (I-\hat{A}_c)^{-1}y$

该模型用于考察总投入（产出）与中间投入、最初投入（增加值）之间的数量平衡关系。据此，可以由总投入（产出）推算最初投入（增加值），反之亦然。

（二）BP 神经网络方法简介

人工神经网络（ANN）是建立以权重描述变量与目标之间特殊的非线性关系的模型，对事物的判断分析必须经过一个学习或训练过程。类似人脑认识一个新事物必须有一个学习过程一样，神经网络通过一定的算法进行训练。Rumellaart 将反馈传播（Back Propagation，BP）算法引入神经网络中，很好地实现了多层神经网络的设想。典型的 BP 网络是三层网络，是由输入层、隐含层和输出层组成的阶层型神经网络。在三层 BP 神经网络中，选择 f（ω，x）作为单输出的传递函数：

$$f(\omega, x) = \sigma\left(\sum_{j=1}^{m} \omega_j \sigma\left(\sum_{k=1}^{n} \omega_{ki} x_k \right) \right)$$

其中，x_k 为输入向量，ω_{ki}（k=1，2，3，…，n）为输入层到隐含层的权，n 为输入向量的个数，ω_j（j=1，2，…，m）为隐含层到输出层的权，m 为隐层神经元的个数。$\sigma(x)$ 为神经元函数，可以采用多种形式，这里采用双曲正切曲线，即 Sigmoid 函数：$\sigma(x) = 1-e^{-2x}/1+e^{-2x}$。

【实验背景】

（一）背景材料

2005 年以来，新疆兵团党委明确提出充分利用兵团农业和矿产资源优势，重点发展食品饮料、纺织服装、新型建材、农用机械、矿业开发、氯碱化工等六大产业，把潜在的资源优势变成现实的经济优势；坚持实施大企业、大集团战略，进一步整合优化自然资源、资本、技术、人才等要素配置，大力培育对兵团产业发展起到重大带动作用、有竞争优势的大企业、大集团。这一系列的重大部署为兵团"十一五"的发展做出了重要的战略指导。2007 年 8 月，温家宝总理视察新疆和兵团时做出重要指示，支持兵团加快新型工业化步伐，并明确提出"国家对西部地区、民族地区、边疆地区，以及对新疆的支持政策，同样适用于新疆生产建设兵团"。这些政策为兵团做大做强"六大产业"，加快工业快速发展，提供了前所未有的机遇。2010 年 5 月 17 日至 19 日召开的中央新疆工作座谈会，将城镇化、新型工业化、农业现代化（以下简称"三化"）确立为兵团经济发展的根本方向。在此会议精神指导下，2010 年 5 月 26 日召开的兵团党委六届四次全委会议，将推进"三化"进程列入了兵团未来跨越式发展和长治久安的重点任务。兵团推进"三化"，尤其是推进工业化进程，离不开第二产业的优先发展。如何选择并培育"十二五"期间兵团第二产业中的主导产业，加快推动资源优势向经济优势转化，通过主导产业的拉动效应加速产业结构的调整，促进兵团经济整体发展，从而推进兵团"三化"进程，在当前显得尤为重要。

（二）理论基础

主导产业（Leading Industry）的概念最早是由 W. W. 罗斯托（1959）在其经典著作《经济成长的阶段》中提出的主导部门（Leading Sector）引申出来的。美国经济学家库兹涅茨认为，罗斯托有关主导产业的界定没有提出选择依据，从而严重地影响了主导产业理论的应用性。随后，美国经济学家赫希曼在其发展经济学经典著作《经济发展战略》一书中提出选择主导产业的"产业关联度标准"。产业关联度高的产业对其他产业会产生较强的前向关联、后向关联和旁侧关联。选择这些产业作为政府重点扶持发展的主导产业，可以促进整个产业的发展。

美国发展经济学家赫希曼首次提出了依据产业关联度确定主导产业的准则，美国经济学家罗斯托采用部门总量的分析方法，以西方国家经济发展史料为基础，对主导产业的形成和作用机制进行了研究，试图揭示经济成长阶段的依次更替与经济部门重要性的依次变化之间的关系。在20世纪二三十年代，库兹涅茨在对资本主义经济发展进行动态考察以及研究经济周期时，发现了各产业的发展具有与技术创新相联系的生命周期。德国经济学家霍夫曼（1931）认为在经济发展的特定阶段，总有一个最先进的产业，它作为主导产业，在净产值上超过所有其他产业并极大地影响着经济增长过程；随着工业化进程的发展，又会出现新的主导产业走到前列，并代替原来的优势产业的位置。罗斯托（1960）在其《经济的成长过程》一书中通过结构分析和心理分析相结合的方法，考察了经济成长的历史演变过程。他把经济成长阶段划分为传统社会、为"起飞"创造前提、启动、成熟、高额群众消费、追求生活质量六个阶段，而每个阶段的演进都是以主导产业部门的更替为特征的。

Gerking（1976）提出对产业间系数做出估计，以便将投入产出模型置于随机框架内，从而在投入产出应用领域如经济结构分析和预测中，就不会忽略这种点估计产生的不确定性。Rey和Sergio（2004）构建了投入产出模型与计量经济模型合成的联合模型（EC+IO模型），他们把不确定性的主要来源归为经济计量模型参数的不确定性、经济计量扰动项的不确定性、投入产出系数的不确定性，然后通过蒙特卡罗模拟，分析了不确定性因素是如何通过联合模型影响到内生变量的干扰项，以及不确定性因素的相对重要程度。Osterhaven和Vander Linden（1997）与Osterhaven和Hoen（1998）将空间结构分解分析法运用于六个欧洲国家1975年和1985年的投入产出表，根据贸易形式的转变以及各自国内生产结构的变化，讨论了收入变动的来源。Hitomi等人（2000）采用日本九个地区1980年、1985年以及1990年的投入产出表讨论了地区产出增长的来源、地区生产技术以及最终需求。

我国对主导产业的研究起始于20世纪80年代中期，研究成果主要集中在主导产业的概念、主导产业的选择基准及评价指标体系、主导产业选择综合评价方法的构建和投入产出法在主导产业选择中的应用这四个方面。

我国学者们对主导产业的界定存在一些细节上的差异，但对于主导产业所涵盖的主要内容的看法还是基本一致的，主要将主导产业的概念界定集中在这样几个方面：高增长速度、新技术的应用，以及在产业升级过程中的导向作用。

我国学者基于一些相关经济理论及国外的研究成果，提出了一些主导产业选择的基准，并应用于主导产业的选择研究。其中比较有代表性的有：周振华（1992）根据比较优势理论提出的主导产业选择三基准，党耀国（2004）提出的四基准，张圣祖（2001）结合国际上发展中国家通用的选择主导产业的基准提出了区域主导产业选择的五基准，陈刚（2004）提出的五基准，关爱萍（2002）结合我国的具体情况及区域差异的客观实际提出的六基准，以及张魁伟（2004）在他的博士论文《区域主导产业选择与培育研究》中提出的七基准。从国内研究文献中可以看出，学者们并没有依据经济发展的阶段来探讨主导产业的选择，而是主要在探讨主导产业的概念、基准。此外，针对主导产业选择的基准，我国学者基本上还是在国外三大基准的基础上，结合本国或本地区的实际情况，添加了一些基准。然后在这些基准的指导下，构建了不同的主导产业评价指标体系。以上学者建立主导产业评价指标体系的思维方式对构建兵团主导产业评价指标体系有一定程度的借鉴作用。

  早期的主导产业选择是根据主导产业选择基准进行定性分析，如郭克莎（2003）从增长潜力、就业功能、带动效应、生产率上升率、技术密集度、可持续发展这六个方面对制造业中的各产业分别进行了排序，再从中选出在这六个方面都排在前列的产业，即为主导产业。随后，学术界开始采用定量的方法来选择主导产业，如魏敏、李国平（2004）将陕西省42个行业合并成10个行业后，计算出各行业在各指标上的数值，然后按照人工赋权法给予综合排名，最后选出排名居前的行业，再结合陕西实际情况筛选出主导产业。在使用综合评价方法选择主导产业方面，国内学者的研究一般都是在主导产业评价指标体系的基础上，利用综合评价方法给出排序，由此选出排序靠前的作为主导产业。田金信、万立军（2006）以主导产业评价指标体系为基础，应用BP神经网络模糊推理对山西省8个资源型城市的主导产业进行了评价，结果符合专家意见法和模糊逻辑的评价结果，且误差更小。解志红、张卫国（2009）在吸收西方主导产业理论的基础上，构建了区域中心城市工业选择基准，并建立了BP人工神经网络的辨识模型，最后结合重庆市的工业主导产业选择进行实证研究，分别计算重庆市现有主要工业部门的相关指标，并运用人工神经网络辨识模型确定了重庆市的工业主导产业。茹少峰、田真（2009）应用非参数的DEA模型对陕西省主要八大工业产业做了有效性分析，从而确定了陕西省工业主导产业。高中理、吴殿廷（2010）借助SPSS分析软件，采用因子分析法，计算出选择辽宁主导产业的五个主要因子和因子得分函数，依据因子得分函数和各因子的方差贡献率计算出39个行业部门的综合得分，并结合定性分析，从中选择8个产业部门作为辽宁工业中的主导产业。王建鸣、蒋元涛、王宗军（2004），宋辉、王会强（2007）采用AHP层次分析法对主导产业指标体系的各指标进行赋权。周加来、张东东（2005）采用模糊评价法对主导产业进行综合评价排序，进而选出主导产业。纵观上述多种综合评价法，主成分分析法适合单层指标体系的分析，而层次分析法和模糊评价法在权数处理方面主观判断成分过大，可信度不够，人工神经网络法虽然可以根据已学会的知识和处理问题的经验对复杂问题作出合理的判断决策，对未来作出有效的预测和估计，但当评价指标数量庞大时，很难区分数值离差的大小精度，会使得重要指标判别失效。

  对于投入产出法在主导产业选择中的应用方面，国内相关文献并不多，赵昌昌、王贵森、张兴旺、王粒芽（2006）利用投入产出表设计出系统的主导产业评价指标体系，并据此选择出陕西省的主导产业。邵颖红、肖小飞（2009），王剑（2009）均用感应度系数和影响力系数这两个指数来对相关地区的主导产业进行分析和选择。显然，仅从感应度系数和影响力系数这两方面来选择主导产业是非常片面的，且并不能反映出主导产业的特征。胡江红（2010）利用安徽省2007年投入产出表计算主导产业选择的相关指标系数，从产业关联方面分析安徽省各产业的影响力、感应度、技术、劳动投入结构、经济效益等指标系数与主导产业的关系，综合各因子的影响力大小，依照排名得出主导产业，最后对安徽省主导产业的选择给出建议。这种利用投入产出表计算出反映主导产业特征的指标系数法对本实验的研究有很强的借鉴性。

  从以上国外学者对主导产业的概念界定、主导产业的选择基准及主导产业变迁理论的研究可以看出，国外学者并没有纠缠于对主导产业概念的界定和不同区域下主导产业选择基准的研究，而是比较强调主导产业的特征，以此来评判是否为主导产业，这种洞察本质的思维方式为本实验的研究提供了方向性指导，同时国外学者的研究为本实验提供了丰富的理论基础。

从研究文献还可以看出，学术界对兵团主导产业的选择及发展的研究还不够持续，研究成果还比较少。兵团产业结构的演进和兵团第二产业的壮大，为研究兵团主导产业提供了相应的机会，而兵团 2007 年价值型投入产出表的成功编制，更为系统全面分析兵团各行业间的经济技术联系提供了有力的支持。

基于此，本实验在分析"十一五"期间兵团第二产业发展状况的基础上，对"十二五"期间的兵团主导产业进行选择，并以此提出重点培育和发展主导产业的对策建议。

【实验步骤】

（一）"十一五"期间兵团第二产业发展状况评析

"十一五"期间，在国家西部大开发战略引导下，兵团坚持优势资源转换战略，大力推进新型工业化进程，经济实力明显增强。2009 年兵团三次产业结构由上一年的 35∶32∶33 调整为 33∶34∶33，第二产业比重 30 年来首次稳定超过第一产业。兵团经济结构调整实现历史性重大突破，可持续发展后劲大大增强，第二产业凸显重要。

"十一五"期间的后四年兵团经济总量每年超过 400 亿元，年均增长 12.9%。其中，2010 年兵团生产总值达到 770.62 亿元，比上年增长 26.2%，经济高速增长。与"十一五"规划目标相比，2010 年兵团生产总值实际完成 118.56%，超额完成了规划目标。兵团"十一五"规划目标的超额完成，主要来自于第二产业的贡献。兵团第二产业在"十一五"期间的发展，主要体现在以下几个方面：

1. 增加值持续高速增长

"十一五"期间，兵团第二产业增加值由 2006 年的 99.42 亿元增加到 2010 年的 262.27 亿元，年均增长 27.44%，远超过第二产业增加值年均增长 16.2% 的"十一五"规划目标。第二产业各年增加值的具体情况见图 8-1。

兵团第二产业增加值 2007—2010 年各年的环比增长速度分别为 28.19%、30.32%、24.37%、26.94%，形成了持续高速增长的态势。

2. 固定资产投资比重持续上升

"十一五"期间，兵团第二产业固定资产投资占全社会固定资产投资比重持续上升，具体情况见图 8-2。

"十一五"期间，兵团第二产业固定资产投资占全社会固定资产投资的比重由 2006 年的 31.7% 增加到 2010 年的 51.4%，超过了第一、第三产业固定资产投资之

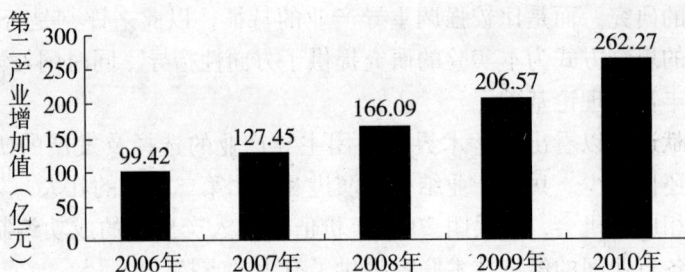

图 8-1 "十一五"期间兵团第二产业各年增加值总量

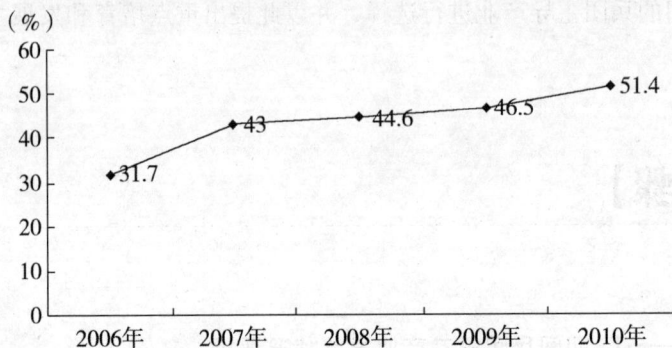

图 8-2 "十一五"期间兵团第二产业固定资产投资占全社会固定资产投资比重

和。可见，"十一五"期间兵团第二产业固定资产投资占全社会固定资产投资的比重持续上升的同时，固定资产投资的重心已转至第二产业。

3. 支柱产业的产业关联性强

在投入产出分析方法中，用影响力系数可以反映一个产业影响其他产业的波及程度；用感应度系数可以反映一个产业受其他产业的波及程度。当一个产业部门的影响力系数和感应度系数都较大时，则称该产业部门的产业关联性强，可将其视为主导产业。

通过兵团 2007 年价值型投入产出表计算出来的感应度系数和影响力系数，可以看出"十一五"期间第二产业支柱产业的产业关联性。

（1）"十一五"期间兵团第二产业支柱产业拉动效果明显

根据兵团 2007 年投入产出表，通过计算可得第二产业各行业的影响力系数，具体数据见表 8-16。

兵团"十一五"规划中，将食品及医药工业、纺织工业、农用装备制造业、化工及矿业、建材工业、能源工业确定为要集中力量发展的六大支柱行业。而这六大行业的影响力系数在表 8-16 中并不能完全对应找到，且排名并非都在前六。需要说明的是，兵团 2007 年投入产出表中的行业分类，是按"纯产品部门"分类的，与兵团"十一五"规划中六大支柱行业基本对应的行业是食品制造及烟草加工业，纺织业，金属冶炼及压延加工业，化学工业，仪器仪表及文化办公用机械制造业，电力、热力的生产和供应业，这六大行业的影响力系数均大于 1，说明"十一五"期间，第二产业支柱产业对经济的拉动效果明显。

表 8-16 第二产业各行业的感应度系数和影响力系数

	感应度系数	排名	影响力系数	排名
煤炭开采和洗选业	2.2376276	3	0.8284350	20
石油和天然气开采业	1.1231014	7	0.3707219	23
金属矿采选业	0.6556306	15	0.8165219	21
非金属矿及其他矿采选业	0.8959063	12	1.0716215	15
食品制造及烟草加工业	0.9372432	10	1.1536406	12
纺织业	0.5467204	20	1.1535883	13
纺织服装鞋帽皮革羽绒及其制品业	0.4430723	22	1.0053699	17
木材加工及家具制造业	0.9191534	11	1.3080138	2
造纸印刷及文教体育用品制造业	0.6274272	16	1.1779508	9
石油加工、炼焦及核燃料加工业	1.3148363	5	0.7853268	22
化学工业	2.4477988	2	1.2189890	8
非金属矿物制品业	0.7129697	14	1.0704041	16
金属冶炼及压延加工业	1.2557457	6	1.3036607	3
金属制品业	1.7207056	4	1.2432829	6
通用、专用设备制造业	0.9387330	9	1.1602391	10
交通运输设备制造业	0.5933310	17	1.3332195	1
电气机械及器材制造业	0.5727348	19	1.2520295	5
通信设备、计算机及其他电子设备制造业	0.4423119	23	0.3707219	23
仪器仪表及文化、办公用机械制造业	0.5832416	18	1.2677140	4
工艺品及其他制造业	0.4112892	24	0.3707219	23
废品废料	1.1169207	8	0.9889355	18
电力、热力的生产和供应业	4.7484711	1	1.1553004	11
燃气生产和供应业	0.3764513	25	0.9781123	19
水的生产和供应业	0.5384823	21	1.1327734	14
建筑业	0.8786623	13	1.2325288	7

资料来源 新疆生产建设兵团2007年投入产出表。

（2）"十一五"期间兵团第二产业支柱产业推动作用显著

根据2007年兵团投入产出表，通过计算可得第二产业各行业的感应度系数，具体数据见表8-16。从表8-16可以看出，"十一五"期间第二产业六大支柱产业即食品制造及烟草加工业，纺织业，金属冶炼及压延加工业，化学工业，仪器仪表及文化、办公用机械制造业，电力、热力的生产和供应业的感应度系数分别为0.9372432、0.5467204、1.2557457、2.4477988、0.5832416、4.7484711，其中除纺织业和仪器仪表及文化办公用机械制造业的后向关联比较强，致使其感应度系数比较小外，其余支柱产业的感应度系数都接近 1。化学工业和电力、热力的生产和供应业更因其强大的前向关联将其感应度系数推向更高。这说明"十一五"期间，第二产业支柱产业对经济的推动作用显著。

4. 支柱产业经济效益良好

（1）"十一五"期间第二产业支柱产业各经济效益指标状况良好

"十一五"期间，兵团重点发展的食品及医药工业、纺织工业、农用装备制造业、化工及矿业、建材工业、能源工业等支柱行业，在全员劳动生产率、工业销售率、利润总额、全部就业人员年平均人数等方面都有显著提高，具体情况见表 8-17。

表 8-17　　　　　　　"十一五"期间第二产业支柱产业经济效益状况

	2006 年	2007 年	2008 年	2009 年	2010 年
全员劳动生产率（元/人年）					
有色金属矿采选业	478 011	677 731	375 322	90 308	390 107
食品制造业	167 418	200 581	161 518	187 863	73 342
纺织业	32 215	43 236	39 697	33 644	78 296
石油加工、炼焦及核燃料加工业	59 630	75 040	222 453	49 593	133 150
化学原料及化学制品制造业	50 464	149 684	151 637	162 705	235 961
黑色金属冶炼及压延加工业	35 239	56 424	124 260	135 369	154 141
工业销售率（％）					
有色金属矿采选业	100.13	115.10	93.42	159.08	98.98
食品制造业	101.62	93.36	93.96	68.06	88.18
纺织业	95.39	94.28	98.67	100.19	105.51
石油加工、炼焦及核燃料加工业	82.56	100.25	102.43	94.01	100.81
化学原料及化学制品制造业	98.60	99.01	97.78	96.61	100.04
黑色金属冶炼及压延加工业	97.64	103.42	104.24	96.99	98.41
利润总额（万元）					
有色金属矿采选业	9 956	19 803	6 734	231	8 450
食品制造业	12 347	19 138	22 560	12 940	−29 006
纺织业	7 133	10 501	−640	−9 014	70 168
石油加工、炼焦及核燃料加工业	1 183	1 936	10 333	−5 176	10 423
化学原料及化学制品制造业	1 459	44 778	66 827	58 174	135 658
黑色金属冶炼及压延加工业	−109	538	1 202	38 808	82 262
全部就业人员年平均人数（人）					
有色金属矿采选业	285	279	321	65	379
食品制造业	3 365	4 623	5 944	3 880	10 607
纺织业	16 081	15 789	17 167	9 443	22 092
石油加工、炼焦及核燃料加工业	824	988	1 016	1 253	2 385
化学原料及化学制品制造业	621	5 141	9 416	10 091	10 931
黑色金属冶炼及压延加工业	640	712	558	7 907	11 494

资料来源　《新疆生产建设兵团统计年鉴》2007—2011 年各期。

从表 8-17 可以看出，由于受金融危机的影响，虽然 2009 年有色金属矿采选业，石油加工、炼焦及核燃料加工业的全员劳动生产率有所下降，纺织业，石油加工、炼焦及核燃料加工业的利润总额减少，但这些"十一五"期间的第二产业支柱产业2010年在各经济效益指标上均得到反弹。另外，"十一五"期间第二产业其余支柱产业在全员劳动生产率、工业销售率、利润总额、全部就业人员年平均人数方面状况均比较好。2006—2010年从总量上看，有色金属矿采选业的全员劳动生产率最高，化学原料及化学制品制造业实现的利润总额最大，纺织业吸纳的就业人员最多。总体来看，"十一五"期间第二产业支柱产业各经济效益指标状况良好。

（2）"十一五"期间第二产业支柱产业综合经济效益居所有产业前列

"十一五"期间，第二产业各行业的经济效益综合指数如表8-18所示。

表8-18　　　　"十一五"期间第二产业各行业的经济效益综合指数

	经济效益综合指数（%）				
	2006年	2007年	2008年	2009年	2010年
煤炭开采和洗选业	224.31	234.80	241.40	220.58	299.00
黑色金属矿采选业	1051.66	—	475.85	33.37	187.65
有色金属矿采选业	145.08	1311.34	612.06	317.07	592.55
非金属矿采选业	183.40	125.03	134.87	170.50	187.02
农副食品加工业	210.79	152.52	146.65	157.02	188.70
食品制造业	83.59	209.35	186.54	147.22	73.16
饮料制造业	72.94	150.98	259.42	243.36	320.60
纺织业	54.25	107.91	87.26	78.87	174.89
木材加工及木、竹、藤、棕、草制品业	—	—	61.35	112.97	238.06
家具制造业	174.20	124.26	128.77	188.89	177.38
造纸及纸制品业	69.52	27.17	180.05	171.99	159.19
印刷业和记录媒介的复制	48.30	124.87	145.58	111.94	178.56
石油加工、炼焦及核燃料加工业	—	127.57	291.42	13.75	182.95
化学原料及化学制品制造业	167.21	465.22	201.20	171.23	281.22
医药制造业	—	153.48	82.15	118.93	164.37
化学纤维制造业	127.68	336.03	28.64	251.97	250.53
塑料制品业	187.74	154.86	120.50	115.87	162.85
非金属矿物制品业	146.50	178.32	216.03	190.28	174.37
黑色金属冶炼及压延加工业	88.17	98.57	148.88	29.77	256.13
有色金属冶炼及压延加工业	—	—	—	—	111.29
金属制品业	75.93	137.13	129.91	118.68	264.70
通用设备制造业	42.48	72.76	78.71	81.83	149.40
专用设备制造业	114.41	125.81	98.44	119.52	135.86
交通运输设备制造业	-395.78	39.24	-5.28	12.43	136.04
电气机械及器材制造业	—	134.31	145.20	172.67	83.94
仪器仪表及文化、办公用机械制造业	—	—	187.91	48.59	1529.42
电力、热力的生产和供应业	99.60	182.19	148.57	153.53	206.45
燃气生产和供应业	—	62.61	182.02	-64.59	283.92
水的生产和供应业	12.60	54.11	108.65	84.06	115.81

资料来源　《新疆生产建设兵团统计年鉴》2007—2011年各期。

从表8-18可以看出，"十一五"期间，兵团第二产业各行业的综合经济效益比较好。虽然有色金属矿采选业，纺织业，专用设备制造业，交通运输设备制造业，食品制造业，医药制造业，化学纤维制造业，石油加工、炼焦及核燃料加工业，黑色金属冶炼及压延加工业，仪器仪表及文化、办公用机械制造业，燃气生产和供应业等受金融危机的影响在 2008 年或 2009 年经济效益下滑，但到 2010 年时已有复苏，经济效益指标好转，这说明这些支柱产业抵御风险能力比较强，能持续发展。另外，在兵团第二产业所有行业中，金属矿采选业，食品饮料制造业，化学工业，金属冶炼和金属制品业，以及仪器仪表及文化、办公用机械制造的综合经济效益指标是较高的，这说明"十一五"期间兵团第二产业支柱产业综合经济效益居所有行业前列。

从以上对"十一五"期间兵团第二产业增加值、第二产业固定资产投资占全社会固定资产投资比重，以及兵团六大支柱产业的产业关联性和综合效益分析来看，"十一五"期间兵团第二产业发展状况良好，六大支柱产业也都得到了较好的发展，对经济的拉动和推动作用明显，经济效益综合指数较高。

虽然兵团经济总体保持良好发展态势，但也要清醒地意识到，制约经济社会发展的一些矛盾和问题仍然比较突出，积极因素和不利因素并存。2010 年，兵团农副产品加工业、化学原料及化学制品制造业、纺织业、食品制造业和非金属矿物制品业五个行业企业数占全部工业企业的 47%，完成工业产值占全部工业总产值的 64% 以上。35 个工业行业中有 20 个行业产值占全部工业总产值比重均不到 1%。规模以上工业中化学原料及制品制造业、非金属矿物制品业和纺织业三大行业共实现利润总额 27.03 亿元，占规模以上工业利润总额的 50%。以上表明兵团经济发展依赖农副产品加工和矿产开发利用等资源性行业程度较高，经济增长点比较单一。那么，"十二五"期间兵团第二产业的主导产业该如何选择？这对推进兵团新型工业化进程显得尤为重要。

（二）"十二五"期间兵团第二产业主导产业的选择

纵观世界各国经济的发展历程，可见一国或某一区域经济的成长过程就是主导产业序列合理更替的过程。主导产业的发展带动着产业结构的优化与升级，引导经济持续快速健康地发展。"十一五"期间兵团主导产业的发展，为兵团经济带来了连续 4 年跨越 400 亿的成绩，为实现兵团跨越式发展奠定了基础。"十二五"期间，重新认清兵团第二产业各部门的优势，厘清并确立兵团第二产业主导产业，培育及优先发展符合兵团实际的第二产业主导产业是十分必要的。为此，本实验在建立兵团主导产业评价指标体系的基础上，应用 BP 神经网络方法，选择出"十二五"期间兵团第二产业主导产业。

1. 兵团主导产业评价指标体系的建立

（1）主导产业选择基准

在不同的社会背景和生产组织方式下，主导产业选择基准各不相同，国内外学者对此都有积极的探索和研究。本实验在借鉴国内外学者提出的主导产业选择基准的基础上，结合兵团的实际状况，认为兵团主导产业的选择应符合以下几个基准：

①产业发展规模基准

产业规模是衡量产业发展的重要标志，既是某一产业现有发展水平的体现，也为将来的发展奠定重要基础。一个产业是否属于主导产业，首先要看其是否形成了一定的发展规模。这可以通过产业规模比重、总产值比重、固定资产比重、利税比重和销售收入比重来反映。其数学表达式为：

产业规模比重 $= Q_i / \sum Q_i$

总产值比重 $= Y_i / \sum Y_i$

固定资产比重 $= M_i / \sum M_i$

利税比重 $= NT_i / \sum NT_i$

销售收入比重 $= R_i / \sum R_i$

其中，Q_i 是产业 i 的产业规模，Y_i 是产业 i 的总产值，M_i 是产业 i 的固定资产，NT_i 是产业 i 的利税，R_i 是产业 i 的销售收入。

②需求收入弹性基准

需求收入弹性基准是日本经济学家筱原三代平在 20 世纪 50 年代中期提出的确定主导产业的两个基准之一。所谓的需求收入弹性是需求增长率与收入增长率之比，表示需求增长对收入增长的依赖程度，其大小反映了某一产业产品的潜在市场份额的大小。需求收入弹性基准可用需求收入弹性和吸纳就业率来反映。其数学表达式为：

需求收入弹性 $= \dfrac{\Delta Q}{Q} \Big/ \Delta Y / Y$

吸纳就业率 $= L_i / \sum L_i$

其中，ΔQ 是产业产品需求变化，ΔY 是人均收入增量，L_i 是行业 i 的劳动就业人数。

③生产率上升率基准

这一标准是筱原三代平提出的另一个主导产业的选择标准，与上述的需求收入弹性标准一起被称为"筱原二基准"。生产率上升率反映出随着时间的推移，某种产业由投入成本高的产业成长为生产成本低、创造利润大的产业。生产率上升快的产业，伴随着技术的不断进步，生产成本会出现大幅下降。同时这一产业的投入产出率也会较高，资源得到较充分利用。这一基准可用劳动生产率上升率、技术进步率来反映。其数学表达式为：

劳动生产率上升率 $= \Delta \dfrac{Q_i}{Q} \Big/ \dfrac{Q_i}{Q}$

技术进步率 $= \Delta Y/Y - \partial \Delta L/L - \beta \Delta K/K$

其中，Q_i/Q 为劳动生产率，$\Delta Y/Y$ 为生产增长率，$\Delta L/L$ 为劳动增长率，$\Delta K/K$ 为资金增长率，∂ 表示劳动对国民收入所做贡献的百分比，β（$\beta = 1 - \partial$）表示资金对国民收入所做贡献的百分比。

④产业关联基准

产业关联基准是指产业之间技术结构和产品需求结构的扩散程度及其相互依存、相互推动的程度。主导产业应具有较强的前向、后向和旁侧关联效应，关联度高的产业得到优先发展，就可以发挥主导产业对其他产业的带动和推动作用，从而产生经济发展中的连锁反应并加速经济发展，因此必须选择产业关联度高的产业为主导产业。

这一基准可用感应度系数和影响力系数来反映。其数学表达式为：

感应度系数：$\delta_i = \sum_{j=1}^{n} \bar{b}_{ij} / \frac{1}{n} \sum_{j=1}^{n} \sum_{i=1}^{n} \bar{b}_{ij}$，$i = 1, 2, \cdots, n$

影响力系数：$\lambda_j = \sum_{i=1}^{n} \bar{b}_{ij} / \frac{1}{n} \sum_{j=1}^{n} \sum_{i=1}^{n} \bar{b}_{ij}$，$j = 1, 2, \cdots, n$

⑤比较优势基准

各个地区在自然资源、劳动力资源、科技资源和经济技术条件上都存在较大的差别，比较优势就是要求从客观的区域经济优势出发，在全国产业区域专业化分工格局的基础上，根据国家宏观产业政策，结合本区域产业技术的进步程度及相应的潜在能力，遵循需求导向、发挥优势、扬长避短的原则，来选取能够取得相对比较利益的区域主导产业，并有阶段性地调整产业重点发展方向。比较优势基准可用区位熵、比较市场占有率来反映。其数学表达式为：

$$区位熵 = \frac{Y_{ij}/Y_i}{Y_j/Y}$$

$$比较市场占有率 = \frac{Y_i/Y_j}{L_i/L_j}$$

其中，Y_{ij} 为第 i 区域第 j 产业的产值，Y_j 表示全国第 j 产业产值，Y_i 为 i 区域工业产值，Y 为全国工业总产值，L_i 表示产业 i 的劳动从业人数。

⑥经济效益基准

主导产业的选择和发展，要看其是否具有良好的经济效益。结合资源比较优势，看其是否具有现实的经济优势。经济效益基准就是依据现有的生产力水平，对其经济效益进行比较，通过对各产业部门的经济效益进行综合评价来确定开发的重点。在产业选择中，选择那些投资少、产出多、见效快的产业作为主导产业，这样就能加快一国或地区经济发展。这一基准可用比较劳动生产率、产值利税率、销售利润率来反映。其数学表达式为：

$$比较劳动生产率 = \frac{\Delta Q_i / Q_i}{\Delta Q_j / Q_j}$$

$$产值利税率 = \frac{Y_i}{NT_i}$$

$$销售利润率 = \frac{P_i}{Q_i}$$

⑦可持续发展基准

经济的可持续发展要求选择主导产业时不能只考虑经济因素，也必须考虑到环境和社会因素，实现全面和谐的发展。主导产业的投入要素在较长时期内应具有持续性，才能保证其投入供给的持久性，确保经济的持续性增长。新时代经济可持续发展道路下对主导产业的选择，尽量在考虑经济性的同时选择那些低投入、高产出、低污染的产业，尽可能选择把对环境污染物的排放消除在生产过程中的产业。这一基准可用产值能耗来反映。其数学表达式为：

$$产值能耗 = \sum P_i / Y_i$$

其中，$\sum P_i$ 为 i 产业综合能源消耗量，Y_i 为 i 产业总产值。

（2）主导产业评价指标体系

依据上述主导产业的选择基准，本实验构建了如表8-19所示的兵团主导产业评价指标体系，并据此拟采用BP神经网络方法来选择"十二五"期间兵团第二产业主导产业。

表8-19　　　　　　　　　"十二五"期间兵团主导产业评价指标体系

一级指标	二级指标
产业发展规模基准	X_1：产业规模比重（%）
	X_2：总资产比重（%）
	X_3：固定资产比重（%）
	X_4：销售收入比重（%）
	X_5：利税比重（%）
需求收入弹性基准	X_6：需求收入弹性
	X_7：吸纳就业率（%）
生产率上升基准	X_8：劳动生产率上升率（%）
	X_9：技术进步率（%）
产业关联基准	X_{10}：感应度系数
	X_{11}：感应度系数
比较优势基准	X_{12}：区位商
	X_{13}：比较市场占有率（%）
经济效益基准	X_{14}：比较劳动生产率（%）
	X_{15}：产值利税率（%）
	X_{16}：销售利润率（%）
可持续发展基准	X_{17}：产值能耗（吨标准煤/万元）

一级指标左侧合并单元格："十二五"期间兵团主导产业评价指标体系

2. "十二五"期间兵团第二产业主导产业的选择

对于主导产业的选择方法，学者们做了很多尝试，如功效系数法、模糊决策评价法、灰色聚类分析法、层次分析法、主成分分析和因子分析法、人工神经网络法等。由于主导产业评价指标体系具有层次性、权重相对客观性，而主成分分析和因子分析一般不能进行指标层次处理，功效系数法、模糊决策评价法、灰色聚类分析法、层次分析法，在权数处理方面有着主观判断成分过大、可信性不足等缺憾，故本课题选择了既能进行层次处理，又能客观赋权的BP人工神经网络法。

（1）数据来源说明

本实验数据来源于《新疆生产建设兵团统计年鉴》（2008、2009、2010各年）、《新疆统计年鉴》（2008、2009、2010各年）及2007年新疆生产建设兵团投入产出表。

兵团 2007 年投入产出表中第二产业分为 25 个行业，鉴于《新疆生产建设兵团统计年鉴》中工业规模企业主要经济指标这一项并没有将石油和天然气开采业、通信设备计算机及其他电子设备制造业、工艺品及其他制造业这三个行业纳入统计之列，且兵团 2007 年投入产出表中这三个行业并没有消耗其他产品部门的中间投入，另外，在按行业分各规模企业主要经济指标时，纺织服装鞋帽皮革羽绒及其制品业、废品废料这两个行业也未被统计，以及由于兵团建筑业在主导产业选择指标体系中的数据相当匮乏，故在对第二产业主导产业进行选择时，备选对象是第二产业里除这 6 个行业之外的其余 19 个行业。具体标准化后的数据见表 8-20。

表 8-20　　　　　　基于主导产业评价指标体系的各产业标准化后数据

	X_1	X_2	X_3	X_4	X_5	X_6	X_7	X_8	X_9	X_{10}	X_{11}	X_{12}	X_{13}	X_{14}	X_{15}	X_{16}	X_{17}
煤炭开采和洗选业	-0.2862	-0.2189	-0.1622	-0.4006	0.0835	0.5182	0.1205	-0.3016	0.3965	1.0093	-1.7897	-0.4995	-0.5362	-0.7131	0.6563	1.2296	-0.3684
金属矿采选业	-0.4820	-0.5955	-0.5585	-0.5801	-0.5651	-0.0540	-0.6888	-0.3314	0.5774	-0.5159	-1.8611	-0.8286	-0.8756	-0.1313	0.5287	0.9077	-0.3699
非金属矿采选业	-0.4806	-0.6358	-0.6167	-0.5854	-0.6227	-1.2090	-0.6355	-0.3184	0.3412	-0.2842	-0.3314	1.0773	0.4476	-0.5337	0.1465	0.9492	-0.4728
食品制造及烟草加工业	2.6937	1.9012	0.8774	2.2490	1.7547	0.4763	1.8146	-0.2863	0.5725	-0.2444	0.1604	1.6932	1.7651	0.7488	0.4327	0.2201	-0.1619
纺织业	0.4701	0.2116	0.1045	0.4688	-0.0467	-0.2840	1.8455	-0.2579	0.2504	-0.6209	0.1601	2.3937	2.7961	-0.5532	0.3649	-0.0647	-0.4465
木材加工及家具制造业	-0.5090	-0.6529	-0.6340	-0.5944	-0.6432	0.0127	-0.7554	0.5811	-0.1684	-0.2618	1.0861	-0.5576	-0.5850	3.4851	0.0914	-0.1973	-0.5326
造纸印刷文体教育体育用品制造业	-0.3926	-0.5663	-0.5490	-0.4918	-0.4455	0.3310	-0.4882	-0.1890	0.4959	-0.5430	0.3062	0.8124	0.6989	-0.3721	0.7303	0.7452	-0.3663
石油加工、炼焦及核燃料加工业	-0.3953	1.9872	2.2147	2.0445	2.1305	-1.0971	1.5483	-0.4996	-3.0499	0.1197	-2.0482	-0.9382	-0.1469	-1.0412	0.6683	0.2736	0.3399
化学工业	2.6953	1.9872	2.2147	2.0445	2.1305	1.6984	1.5483	-0.1586	0.5625	1.2120	0.5523	1.3616	1.1250	0.9663	0.6683	0.2736	0.6588
非金属矿物制品业	0.2712	0.2357	0.2287	0.0576	0.8764	0.1941	0.6015	-0.2966	0.3164	-0.4606	-0.3387	0.3852	0.2445	-0.2466	0.7584	0.8311	0.4360
金属冶炼及压延加工业	-0.4082	-0.5643	-0.5748	-0.5313	-0.7041	-2.8603	-0.6203	-0.2719	0.1441	0.0627	0.1600	-0.9021	-0.9420	0.1660	-0.7306	-0.6618	3.6196
金属制品业	-0.4660	-0.6059	-0.6009	-0.5525	-0.6333	-0.2401	-0.6789	-0.2135	0.3198	0.5110	0.6980	-0.6265	-0.6257	0.0382	0.0167	-0.0067	-0.5518
通用、专用设备制造业	-0.4473	-0.5980	-0.6191	-0.5417	-0.6095	1.1997	-0.5867	0.1436	0.1658	-0.2429	0.2000	-0.1372	-0.1782	-0.4143	0.0932	0.0661	-0.5119
交通运输设备制造业	-0.5204	-0.6510	-0.6326	-0.6058	-0.6551	1.0638	-0.7508	4.0144	-2.5168	-0.5759	1.2373	-0.5763	-0.6582	0.2370	-1.3836	-0.8219	-0.4370
电气机械及器材制造业	-0.5221	-0.6559	-0.6334	-0.6084	-0.6424	0.1934	-0.7546	-0.2251	0.3418	-0.5958	0.7504	-0.9671	-0.9852	0.5751	0.0958	-0.0515	-0.5246
仪器仪表及文化、办公用机械制造业	-0.5287	-0.6569	-0.6325	-0.6142	-0.6457	-0.6467	-0.7538	-0.4416	0.2105	-0.5856	0.8445	-0.4629	-0.6523	-0.7231	-0.1052	-0.0654	-0.5630
电力、热力的生产和供应业	0.3488	1.3178	1.7295	0.4486	0.5721	0.3394	0.6956	-0.2665	0.3921	3.4300	0.1704	-0.1655	0.0283	-0.2237	0.4413	0.2438	1.1307
燃气生产和供应业	-0.5240	-0.6213	-0.5666	-0.6040	-0.6950	0.5545	-0.7409	-0.4075	0.3200	-0.7850	-0.8921	-0.8096	-0.6467	-0.6394	-3.5022	-3.4520	-0.4914
水的生产和供应业	-0.5170	-0.6181	-0.5892	-0.6026	-0.6395	-0.1902	-0.7206	-0.2736	0.3283	-0.6288	0.0353	-0.2525	-0.2735	-0.6248	0.0288	-0.4188	-0.3870

资料来源　由《新疆生产建设兵团统计年鉴》2009、2010 年各期，《新疆统计年鉴》2009、2010 年各期，新疆生产建设兵团 2007 年投入产出表计算整理。

（2）基于 BP 神经网络的"十二五"期间兵团主导产业选择

运用 Matlab 7.1 中神经网络工具箱，输入 17 个变量，建立神经网络模型，容易得到各变量在隐含层的权，具体如下：

$$\omega_{1i} = (\ -0.00315 \quad -0.00315 \quad 0.27464 \quad 0.12649 \quad 0.27171\ )'$$
$$\omega_{2i} = (\ 0.17650 \quad -0.15991 \quad -0.21887 \quad -0.16898 \quad 0.03550\ )'$$
$$\omega_{3i} = (\ 0.23219 \quad -0.17911 \quad 0.32703 \quad 0.06723 \quad -0.12528\ )'$$
$$\omega_{4i} = (\ 0.20623 \quad 0.04352 \quad -0.05298 \quad 0.19119 \quad 0.11668\ )'$$

$$\omega_{5i} = (\quad 0.30293 \quad 0.43119 \quad 0.02193 \quad 0.37731 \quad -0.31775\ )'$$

$$\omega_{6i} = (\quad 0.30651 \quad -0.13414 \quad -0.14953 \quad 0.23189 \quad 0.14336\ )'$$

$$\omega_{7i} = (\ -0.40704 \quad -0.50224 \quad 0.41682 \quad -0.32545 \quad -0.21313\ )'$$

$$\omega_{8i} = (\quad 0.10417 \quad -0.12778 \quad -0.01876 \quad -0.27126 \quad 0.29794\ )'$$

$$\omega_{9i} = (\quad 0.06648 \quad -0.05643 \quad 0.01177 \quad -0.12879 \quad -0.05094\ )'$$

$$\omega_{10i} = (\ -0.18937 \quad 0.05066 \quad 0.17001 \quad 0.01991 \quad 0.09182\ )'$$

$$\omega_{11i} = (\ -0.25791 \quad -0.09787 \quad 0.23734 \quad 0.15486 \quad -0.03261\ )'$$

$$\omega_{12i} = (\quad 0.05878 \quad 0.23421 \quad -0.36109 \quad 0.08612 \quad -0.36853\ )'$$

$$\omega_{13i} = (\ -0.06518 \quad -0.13797 \quad 0.27248 \quad -0.36085 \quad 0.19515\ )'$$

$$\omega_{14i} = (\quad 0.30298 \quad 0.28968 \quad 0.17564 \quad -0.03813 \quad -0.00103\ )'$$

$$\omega_{15i} = (\ -0.19554 \quad 0.09011 \quad -0.11625 \quad 0.30382 \quad 0.14649\ )'$$

$$\omega_{16i} = (\ -0.05478 \quad 0.13977 \quad -0.13642 \quad -0.03610 \quad 0.25494\ )'$$

$$\omega_{17i} = (\quad 0.12766 \quad -0.18386 \quad 0.22323 \quad 0.08663 \quad -0.24114\ )'$$

即输入层到隐含层的权为：

$$W_1 = (\omega_{1i},\ \omega_{2i},\ \cdots,\ \omega_{17i})$$

同时可知，隐含层到输出层的权为：

$$W_2 = (-1.10951 \quad 0.40613 \quad 0.49208 \quad -0.49074 \quad 0.28469)$$

由 $f(\omega,\ x) = \sigma\left(\sum_{j=1}^{m}\omega_j\sigma\left(\sum_{k=1}^{n}\omega_{ki}x_k\right)\right)$，利用 Matlab7.1，可得：

$$
\begin{aligned}
Y = (\ &0.0280 \quad -0.3152 \quad 0.7047 \quad -0.4655 \quad 0.8998 \quad 0.0977 \quad 0.2522 \\
&-0.8657 \quad -0.9013 \quad -0.3618 \quad 0.7919 \quad 0.6452 \quad -0.2417 \\
&-0.1766 \quad 0.0602 \quad 0.5768 \quad 0.2123 \quad -0.8462 \quad 0.1622\ )
\end{aligned}
$$

（3）"十二五"期间兵团主导产业情况

应用 BP 神经网络对各产业进行排序，具体如表 8-21 所示：

表 8-21　　　　　　　　　各产业输出值及排序情况

产业	纺织业	金属冶炼及压延加工业	非金属矿采选业	金属制品业	仪器仪表及文化、办公用机械制造业	造纸印刷及文体教育体育用品制造业	电力、热力的生产和供应业	水的生产和供应业	木材加工及家具制造业
输出值	0.8998	0.7919	0.7047	0.6452	0.5768	0.2522	0.2123	0.1622	0.0977
排名	1	2	3	4	5	6	7	8	9

产业	电气机械产业及器材制造业	煤炭开采和洗选业	交通运输设备制造业	通用、专用设备制造业	金属矿采选业	非金属矿物制品业	食品制造及烟草加工业	燃气生产和供应业	石油加工、炼焦及核燃料加工业	化学工业
输出值	0.0602	0.0280	-0.1766	-0.2417	-0.3152	-0.3618	-0.4655	-0.8462	-0.8657	-0.9013
排名	10	11	12	13	14	15	16	17	18	19

从表 8-21 中可以看出，经过 BP 神经网络评价，综合排名靠前的产业为纺织业，金属冶炼及压延加工业，非金属矿采选业，金属制品业，仪器仪表及文化、办公用机械制造业。由于投入产出表是按产品部门分类，而统计年鉴是按行业部门分类，这种

部门划分的标准及统计口径的不同造成了两者部门名称的不同。依据《新疆生产建设兵团统计年鉴（2010）》中的行业划分标准，表 8-21 中所选出的主导产业，从行业细分来看，非金属矿采选业包含石灰石、石膏开采，建筑装饰用石开采，耐火土石开采，黏土及其他土砂石开采，石棉、云母矿采选等；金属冶炼及压延加工业包含炼铁、钢压延加工、铁合金冶炼、常用有色金属冶炼、常用有色金属压延加工等；金属制品业包含金属结构制造，金属门窗制造，金属工具制造，集装箱及金属包装容器制造，建筑、安全用金属制品制造等；仪器仪表及文化、办公用机械制造包含供应用仪表及其他通用仪器制造、工艺美术品制造、农用装备制造等。事实上，所选的 5 个主导产业涵盖了纺织服装、农业装备制造、矿产开发、建材等行业。

3. 结论

本实验采用 BP 神经网络方法选择出的兵团"十二五"期间第二产业主导产业（纺织业，金属冶炼及压延加工业，非金属矿采选业，金属制品业，仪器仪表及文化、办公用机械制造业），与兵团"十二五"规划中所确立的支柱产业（食品医药、纺织服装、氯碱化工及煤化工、特色矿产资源加工、新型建材产业、装备制造业）基本一致。其中，纺织业，金属冶炼及压延加工业，金属制品业，仪器仪表及文化、办公用机械制造业是来自于制造业的主导产业，非金属矿采选业是来自于采选业的主导产业。2008 年，兵团制造业总产值占工业的比重为 88.4%，2009 为 89.1%。在兵团新型工业化进程中，制造业是推动兵团经济增长的主导产业。其中，依托优质棉花资源，规模不断扩大的纺织行业一直是带动兵团整体产业发展的经济动力。同时，非金属矿采选业的发展，也是利用了矿产资源的优势，将其进行了充分的转换。而金属冶炼及压延加工业、金属制品业也是兵团的特色产业，引领着兵团经济的稳步前进，对于仪器仪表及文化、办公用机械制造这个兵团的新兴产业来说，它在未来的发展具有相当大的潜力。总体言之，这些产业以其技术含量高而具有广阔的市场前景，应作为兵团重点扶持、优先发展的产业。

（三）培育"十二五"期间兵团第二产业主导产业的对策建议

主导产业的发展是带动其他产业的发展、调整和优化产业结构、加快兵团推进"三化"进程的关键，是实现兵团跨越式发展的强大力量。在各省份对口支援新疆和兵团的历史机遇下，应充分利用中央给予新疆和兵团在资源税改革、企业税减免、社会投资等方面的政策，抢占兵团主导产业发展先机。如何根据兵团的自身条件将这股力量释放出来？这就需要对主导产业进行培育，促使其快速发展。对于如何培育"十二五"期间兵团主导产业，本实验具体给出如下对策建议：

1. 纺织业发展的对策建议

兵团纺织业自 1958 年以来，经过 50 多年的发展，已基本形成以棉纺织业为主体，印染、毛纺织、针织纺织、化纤、服装等门类较为齐全的纺织工业体系。纺织业属轻工业，其机械设备技术的自动化程度会严重影响其生产周期、产量。根据本书第五章对兵团纺织业的投入产出分析可知，"十二五"期间，纺织业的发展能拉动通用、专用设备制造业总计增加 31 178.72 万元增加值，能拉动电器机械及器材制造业总计增加 8 642.57 万元增加值。这都反映了机械设备制造对纺织业的重要性。

对于兵团棉纺织业来说，应当运用高新技术和先进适用技术更新、改造现有落后工艺和设备，提高技术装备水平。鼓励重点骨干企业与相关行业合作，积极创建企业技术开发中心，产生协同效应，实现资源共享，从而降低单个企业的技术创新成本，减少创新风险。坚持技术引进和技术创新相结合，加快培育自主创新能力，把集成创新，引进技术的消化、吸收、再创新作为提升自主创新能力的主要途径。另外，多渠道、多层次加大棉纺科技投入，不断改善科研基础条件，加强科研基础条件平台和科技成果转化平台建设。同时，学习对口支援省市企业先进技术，为兵团主导产业延长产业链做好准备。

在延长产业链方面，纺织业虽已跃居兵团主导产业之首，成为兵团经济的大头，但其棉花总量中80%都是按原棉出售，而用于深加工的棉花量只有20%的状况一直制约着兵团纺织业的进一步成长。发展棉纺企业、延长棉花产业链、增加附加值是兵团各级亟待解决的重点问题。对于棉纺业，要通过在北疆依托天盛、华芳、如意等企业，以石河子为中心，辐射博乐、五家渠、奎屯等垦区，建设以棉、毛纺织为主，针织、印染后整理及服装协调发展，物流、设计等配套完善的纺织产业集群，在南疆依托新越丝路、海龙等企业，以阿拉尔为中心，辐射库尔勒、小海子等垦区，建设以棉纺织、针织和人造纤维为重点的纺织产业集群的方式延长纺织服装产业链。通过兵团目前以新型纺纱、中高档坯布和棉毛服装面料生产加工为主的方式，做大做强纺纱、织造等纺织前端产业，进一步开发高支纱、精梳纱、高档面料、服装等高端产品，促进兵团棉纺织业由扎花、纺纱等产业链的初级阶段水平向织布、织造、印染、家纺、服装等具有高附加值的产业链终端延伸。产业链条的延伸，不仅通过纺织加工业带动其下游的棉花种植、采摘以增加第一产业收入和推进采棉机的生产，为兵团团场农户家庭创收，还通过纺织产品深加工来推动物流、贸易带动第三产业的发展。根据投入产出分析可知，纺织业的发展能拉动农、林、牧、副、渔业在"十二五"期间总计增加 717 631.2 万元增加值，交通运输及仓储业在"十二五"期间总计增加65 856.11万元增加值。

品牌服装是纺织业的高端产品，能为纺织业创造极高的附加值。所以，对于纺织业链条上游部分，要积极引进内地效益好的企业来兵团落户办厂，同时也要不断探索创建具有兵团自主品牌的成衣制造公司，通过园区聚集的方式，将兵团具有优势的原材料就近进行资源转换，为成衣制造提供源源不断的生产原料，同时也能促进成衣制造公司积极进行技术升级来创建优质品牌。在积极争取石河子经济技术开发区扩区、阿拉尔工业园区和五家渠工业园区升级为国家级经济技术开发区的同时，也要积极推进设立喀什、霍尔果斯特殊经济开发区兵团园区，并充分利用好新批准建设的农十四师皮墨北京工业园区、农七师五五工业园区等8个兵团级工业园区的产业聚集效应和主导产业辐射能力。通过加大兵团各工业园区的聚集来壮大主导产业，推进兵团各地区经济齐发展，为兵团实现跨越式发展奠定良好的基础。

2. 金属冶炼及压延加工业和金属制品业发展的对策建议

自2005年兵团提出发展支柱产业以来，建材工业就一直是兵团重点考虑的行业。由于建材工业是国民经济的基础原材料行业，其对经济的推动作用不可小觑。

金属制品业包括结构性金属制品制造、金属工具制造、集装箱及金属包装容器制造、金属丝绳及其制品的制造、建筑或安全金属制品制造、金属表面处理机热处理加工、不锈钢及类似日用金属制品制造等。对于兵团的金属冶炼及压延加工业，在产业园方面要向五家渠经济技术开发区聚集，同时创造条件发展阿克苏–库车组群的金属加工业。对于金属冶炼业，科技进步和科技创新是实现金属冶炼业"低碳"发展的重要支柱。由于国内"稀土"矿产出口量一度不合常理地激增，将公众的视野吸引至有色金属行业，从而使得"稀土"贱卖、开采过度、产能过剩等问题逐渐浮出水面。对于兵团的金属冶炼业来说，虽没有出现国内普遍存在的这种情况，但兵团金属冶炼及压延加工企业以及金属制品业还是需加快产品结构调整和产品技术升级，努力提升出口产品的技术档次，以避免重蹈内地"稀土"业的覆辙。

此外，在全国各省高喊调整产业结构、转变发展方式、防止产能过剩的口号下，兵团也应注意规划好建材行业的产量。要以转变发展方式为主线，大力推进自主创新、节能减排，积极发展循环经济，建设资源节约型、环境友好型、质量效益型产业；大力发展水泥深加工业，放手发展新型建材业，促进产业结构进一步优化升级，全面提升行业管理水平，水泥行业在发展预拌砂浆、预拌混凝土、水泥制品、建筑集料的同时，产业链可适时延伸至建筑业；充分利用工业固体废弃物放手发展新型建材业，大力发展新型墙体材料，以节能减排、保护环境为重点，全面推行清洁生产，力争"十二五"碳排放取得较大进展。

3. 非金属矿采选业发展的对策建议

对于兵团规模比较大的非金属矿企业，如二师金川矿业有限公司、六师大黄山煤矿、十师屯鑫能源开发有限公司、十二师昌平矿业有限责任公司、十三师红山煤业总厂，要根据国家产业政策，学习对口支援省市企业先进技术，稳定协调原矿和初级加工产品，减少能耗高、对环境污染严重的粗加工产品的生产规模。制定优惠政策，鼓励这些企业大力发展非金属矿深加工产品，重点发展与当前国家新兴产业相配套的非金属矿深加工产品，如开发研制与信息、新材料、新能源、航空航天、生化、特种涂料等新兴产业有关的摩擦密封材料，保温、隔热、防火和节能材料，轻质高强建筑装饰材料，环保材料及新型耐火材料。

要通过将矿产资源加工业重点向产业聚集园区和资源富集地集中，提高矿产资源开发率。对于兵团的非金属矿采选业来说，由于深加工新型矿物材料产业属于技术密集型产业，其产业空间布局的选择关系到能否实现非金属矿产资源产业结构能否优化升级，是非金属矿产资源产业能否成为兵团经济持续增长点的关键。所以，要引进内地的各种破碎、细磨、超细磨设备及各种干式和湿式精细分级设备，同时积极培训能操作这些精密设备的专业人才。对于兵团目前将非金属矿物进行粉碎的简单加工，如饲料用的石灰石粉，铸造用的膨润土以及普通的非金属矿物填料，要积极向深度加工转变，如微电子工业应用的胶体石墨、高纯石英，密封材料用的膨胀石墨，造纸工业用的高岭土、重质碳酸钙颜料，涂料工业用的有机膨润土，纳米复合材料用的蒙脱石，新型导电材料用的石墨层间化合物，等等。

4. 仪器仪表及文化、办公用机械制造业发展的对策建议

根据国家统计局《国民经济行业分类》（GB/T4754-2002），文化、办公用机械制造业包括六小类：电影机械制造，幻灯及投影设备制造，照相机及器材制造，复印和胶印设备制造，计算器及货币专用设备制造，以及其他文化、办公用机械制造。仪器仪表是具有自动控制、报警、信号传递和数据处理等功能，广泛应用在工业生产中的一种高精密行业，在推动科学技术和国民经济的发展方面具有非常重要的地位。随着新技术的迅速发展，文化、办公设备制造业在传统光、机、电一体化基础上，广泛融合了计算机、测量控制、激光、视频、通讯、网络、智能、软件等现代技术，提升了行业整体技术水平，大大拓展了产品品种，扩大了服务领域，在我国逐步形成了为文化产业、社会消费和现代办公事业提供成套先进技术装备的现代文化、办公设备制造行业。

在全国文化产业方兴未艾之时，兵团的仪器仪表业和文化产业也处于破蛹之际。由投入产出分析可知，仪器仪表及文化办公用机械制造业在自身小幅发展的同时，能拉动金属冶炼及压延加工业、金属制品业以及金融业的大幅发展。在"十二五"期间，仪器仪表及文化、办公用机械制造业对这三个行业增加值增量的拉动作用分别为35 896.8 万元、75 751.6 万元、37 752 万元。

兵团经济、科学技术和国防建设在相当长一段时期将保持快速发展，对仪器仪表的总体需求将有明显增长，这主要体现在电力、公用设施工程、环保、医疗、商品质量检验、住宅建设、汽车、农林牧渔等行业对仪器仪表的需求旺盛，正成为市场需求的热点。这就需要兵团政府在投资、政策引导方面给予这些行业一定的扶持。

【综合运用知识点评】

本实验采用描述统计的方法，首先对"十一五"期间兵团第二产业发展状况进行了评析，然后基于兵团 2007 年投入产出表，依据主导产业选择基准，构建了"十二五"期间兵团主导产业评价指标体系，运用 BP 神经网络方法，选择出了"十二五"期间兵团第二产业的主导产业，最后阐释结论并提出了培育"十二五"期间兵团第二产业主导产业相应的对策建议。

【练习与作业】

近年来，为促进经济可持续发展，加快调整经济结构，学术界基于全国和各省区

的投入产出表，对各种区域或行业的主导产业进行了许多研究，所用方法比较丰富。投入产出方法不仅可以用来研究经济系统各部分之间的经济技术联系，也可以用于分析社会经济结构及其技术经济，还可以用于预测、决策和规划。此外，还可以用于研究一些专门的社会问题，如环境保护、人口、就业、收入分配等问题

请根据我国或某一区域 2007 年的投入产出表，结合适当的数量分析方法，选择我国或某一区域的主导产业，论证数据的匹配程度，并可采用投入产出模型，对"十二五"期间我国或某一区域的主导产业对经济增长的推动作业进行预测分析（读者对以下具体要求做选择性练习）。

具体要求：

（1）基于 2007 年的投入产出表并结合适当的数量分析方法，选择出我国或某一区域的主导产业；

（2）分析各产业之间经济技术联系变动的数量特征和趋势；

（3）探讨影响各产业之间经济技术联系变动的各种因素；

（4）论证所选择的主导产业的合理性和可靠性；

（5）根据投入产出模型，对"十二五"期间我国或某一区域主导产业对经济增长的影响进行预测分析；

（6）尝试采用 RAS 法修订的某一区域 2007 年的直接消耗系数表，据此选择主导产业，与基于 2007 年的投入产出表中直接消耗系数表选择出的主导产业进行对比，观测两者之间是否有所不同；

（7）在上述量化分析基础上，提出相应的结论和观点。

【参考文献】

［1］陈刚．区域主导产业选择的含义、原则与基准［J］．理论探索，2004（2）．

［2］谷秀华．长春市"十一五"期间主导产业的选择及培育研究［J］．经济地理，2005（5）．

［3］樊根耀．新疆兵团主导产业选择的量化分析［J］．工业技术经济，2006（12）．

［4］杨戈宁，刘天卓．区域主导产业概念辨析及选择指标的探讨［J］．科学学研究，2007（2）．

［5］周建华，黄设等，陈旭阳．论杭州工业主导产业的选择和培育［J］．统计研究，2007（10）．

［6］胡建绩，张锦．基于产业发展的主导产业选择研究［J］．产业经济研究，2009（4）．

[7] 邵颖红，肖小飞．基于投入产出法的天津市主导产业选择研究［J］．大众商务，2009（11）．

[8] 西蒙·库兹涅茨．现代经济增长［M］．戴睿，易诚，译．北京：北京经济学院出版社，1989.

[9] 赫尔希曼．经济发展战略［M］．曹征海，潘照东，译．北京：经济科学出版社，1991.

[10] 罗斯托．从起飞进入持续增长的经济学［M］．贺力平，等，译．成都：四川人民出版社，1998.

[11] 小宫隆太郎，奥野正宽，铃村兴太郎．日本的产业政策［M］．黄晓勇，等，译．北京：国际文化出版公司，1988.